Das Brave-Mädchen-Syndrom

William Fezler
Eleanor S. Field

Das Brave-Mädchen-Syndrom

Warum Frauen sich selbst vergessen

pal

CIP-Titelaufnahme der Deutschen Bibliothek

Fezler, William:
Das Brave-Mädchen-Syndrom : warum Frauen sich selbst
vergessen / William Fezler ; Eleanor S. Field. (Aus dem
Amerikan. von Lydia Roeder). - 2. Aufl. - Mannheim : PAL,
1990
  Einheitsacht.: The good girl syndrome <dt.>
  ISBN 3-923614-29-2
NE: Field, Eleanor S.:

Copyright © 1985 by William Fezler, Ph.D.
© der deutschen Ausgabe 1988
by PAL Verlagsgesellschaft, Mannheim
Alle Rechte vorbehalten
Herstellung: C. Bockfeld
ISBN 3-923614-29-2

Inhaltsverzeichnis

Vorwort
Lernen Sie, Erfolg zu haben

Haben Sie den Eindruck, daß Sie in Ihrem Leben oft das tun, was andere von Ihnen erwarten? Während *diese anderen* denken, wie wunderbar Sie sind, ihre Erwartungen zu erfüllen, sind Sie sehr unzufrieden, fühlen sich nicht geschätzt und haben ständig einen Zorn, auf den Sie sich keinen Reim machen können.

Das geht auch anderen so. Dieses Problem ist so weit unter den Frauen, die wir in unserer Praxis sehen, verbreitet, daß man es fast als eine emotionale Epidemie bezeichnen könnte. Alle Frauen von 16 bis 60, gleichgültig, ob ledig oder verheiratet, ob Karriere- oder Hausfrau (oder beides), werden, *nur weil sie Frauen sind*, gelegentlich das Opfer von verheerenden Gefühlen der Frustration und Minderwertigkeit.

Haben Sie manchmal das Gefühl, daß Ihnen Dinge, die Sie sich wirklich wünschen, nicht zustehen, weil Ihr Mann das Geld verdient und nicht Sie? Wenn Sie arbeiten, erleben Sie dann, daß die Männer von Ihnen erwarten, daß für Sie andere Spielregeln gelten als für sie? Wenn Sie am Arbeitsplatz für etwas kämpfen, haben Sie das Gefühl, die Männer schauen Sie an, als seien Sie ein Barracuda? Ist Ihnen aufgefallen, daß Männer spezifische Erwartungen, die die kleinsten und einfachsten Dinge im Leben betreffen, an Ihr Verhalten haben? Sie sollen den Mann für sich im Restaurant bestellen lassen. In geschäftlichen Angelegenheiten sollen Sie sich seiner Meinung beugen. Sie sollen in Gegenwart seiner männlichen Freunde nicht zu viel reden. Sie sollen Ihre Ferien nehmen, wenn es ihm paßt. Sie sollen immer da sein, wenn er von der Arbeit nach Hause kommt.

Die Liste der Erwartungen, die die Männer vielleicht an Sie haben, ist endlos. Manche Erwartungen treffen vielleicht auf Sie zu und manche nicht. In allen steckt jedoch die gleiche Bedrohung: Sie sind in dem Maße <brav>, in dem Sie Männern das geben, was sie wollen, und die Regeln befolgen, die diese für Sie aufgestellt haben. Sie opfern Ihre persönliche Befriedigung, um von den Männern, deren Anerkennung Sie suchen, zu hören, wie nett und süß Sie sind. Leider ist diese Anerkennung, die Sie dafür bekommen, daß Sie deren Bedürfnisse befriedigen, kein Ersatz für die Befriedigung Ihrer eigenen Bedürfnisse. Die unvermeidliche Folge ist ein unterschwelliger Ärger, der sich von Zeit zu Zeit in „unerklärlichen" Wutausbrüchen äußert, die die Männer in Ihrem Leben verwirren.

Während viele Mädchen, die etwas freier aufgewachsen sind, vielleicht nicht die gleichen Vorurteile wie ihre Mütter haben, erwartet man diese heute noch genauso von Frauen wie vor 10 bis 15 Jahren. Wir werden Ihnen zeigen, wie Sie diese eingefleischten Vorurteile bekämpfen können. Für die meisten Frauen besteht ein sehr großer Unterschied zwischen dem, was sie in ihrer Kindheit gelernt haben, und dem, was nötig ist, um als Erwachsene persönliche Erfüllung zu finden und sich weiterzuentwickeln. So kommt es oft zu großen Konflikten zwischen den bewußten Bedürfnissen der 80-iger Jahre und den unbewußten Botschaften, die aus der frühen Kindheit herrühren und Ihnen sagen, wie Ihre Bedürfnisse aussehen „sollten".

Die selbstschädigenden Botschaften, die dazu dienen, die Erwartungen der anderen mehr zu erfüllen als die eigenen, kann man in 12 grundlegende Bereiche oder Einstellungen unterteilen, mit denen Sie vielleicht Schwierigkeiten haben (Kapitel 1 bis 12). Zusammen ergeben diese Einstellungen das, was man in der Psychologie ein Syndrom nennt, eine Sammlung von Problemen oder Symptomen, die zusammen ein größeres Problem bilden. Wir nennen dieses größere Problem das <Brave-Mädchen-Syndrom>, weil Sie als Belohnung dafür, daß Sie ihm zum Opfer fallen, von den Männern, die von ihm profitieren, als <brav> bezeichnet werden.

Obwohl diese Einstellungen ursprünglich von Männern zu ihrem eigenen Vorteil ausgedacht wurden, werden Sie feststellen, daß Frauen, die diesem Syndrom verfallen sind, einer überwältigenden Zahl von Autoritäten gehorchen und nicht nur den Männern. Sie gehorchen fast jedem, denn das <Brave-Mädchen-Syndrom> birgt in sich den Glauben, daß die meisten Menschen besser sind als man selbst. Dadurch entsteht ein Teufelskreis von Frustrationen, in dem man sich minderwertig fühlt, weil so viele andere besser sind, und in dem man glaubt, andere seien besser, weil man sich minderwertig fühlt. Die einzige Lösung hierfür ist, die Einstellungen, aus denen sich das Syndrom zusammensetzt, aufzugeben.

Es ist an der Zeit, sich zu ändern. Das ist das Ziel der Patienten, die unsere Praxis aufsuchen. Manche kommen zu uns, weil sie sich ihres Ärgers und ihres unterdrückten Zorns in der Beziehung zu ihren Männern bewußt sind. Andere kommen, weil sie sich schlecht fühlen oder deprimiert sind. Wieder andere kommen mit einer Unzahl von Beschwerden, die von Problemen wie Übergewicht und übermäßigem Rauchen bis hin zu Angst vor dem Fliegen, vor dem Autofahren, vor großen Menschenansammlungen oder vor dem Fahrstuhlfahren reichen. Ob die Schmerzen körperlicher oder seelischer Art sind, spielt eigentlich keine Rolle. Das Syndrom muß bekämpft werden.

Ehe wir Ihnen zeigen, wie Sie das tun können, möchten wir Ihnen einen kleinen Einblick geben, wie wir das <Brave-Mädchen-Syndrom> entdeckten.

Vor vielen Jahren saßen wir beide anläßlich eines Seminars beim Abendessen zusammen und fachsimpelten. Wir kamen zufällig auf ein Thema, das uns beide beschäftigte - unsere weiblichen Patienten. Wir waren überrascht, als wir feststellten, daß uns unsere langjährigen Erfahrungen mit Frauen zu dem gleichen Ergebnis führten. Die traditionelle Psychologie schien bei Männern besser als bei Frauen zu funktionieren. Es schien, als ob dieses Fachgebiet von Männern für Männer eingerichtet worden war. Wir wissen nicht, warum uns das so erstaunte. Heute erscheint es uns ganz logisch. Da Männer und Frauen verschieden sind, sind auch ihre Probleme unterschiedlich.

Als erstes hatten wir beide festgestellt, daß viele Frauen ihren Ärger öfter hinunterschlucken als Männer: Nach außen hin waren sie völlig ruhig, innerlich aber kochten sie. Viele Patienten erzählten uns: „In meinem Äußeren wirke ich duckmäuserisch und tugendhaft, aber innerlich koche ich vor Wut." Wir lernten, daß Frauen ihren Ärger für sich behielten und nach außen hin so lieb taten, weil sie meistens anderen, sehr oft Männern, eine Freude machen wollten. Wir erkannten auch, daß die meisten Frauen, die ihren

Ärger nicht ausdrücken konnten, auch große Probleme mit ihrer Identität und ihrem Selbstwert hatten. Sie fühlten sich minderwertig. Die Meinung, die sie von sich hatten, stammte von den Männern in ihrem Leben - oder von anderen Autoritätspersonen.

Seit diesem Abend fanden wir immer mehr selbstschädigende Überzeugungen und Verhaltensweisen, die für Frauen typisch sind, und die alle von ihrem Selbstbild und ihrem Mangel an Selbstvertrauen herrührten. Viele Frauen erkannten, daß etwas mit ihnen nicht stimmte, und wollten etwas dagegen tun. So bildeten wir spezielle Selbsthilfe-Gruppen, die wir <Brave-Mädchen-Seminare> nannten, und in denen Frauen sich über ihre Problemen klarwerden konnten. Wir haben erkannt, daß Frauen viele Einstellungen und Probleme, die sie an der Verwirklichung ihrer Wünsche hindern, gemeinsam haben. Die zwölf, die wir hier zur Sprache bringen, treten immer wieder auf. Wir haben herausgefunden, daß Frauen, die eine dieser schädlichen Einstellungen besitzen, gewöhnlich noch andere haben. Das <Brave-Mädchen-Syndrom> ist ein Phänomen, das bei Frauen auftritt (obwohl sich Männer mit Teilen von ihm identifizieren können), und sein grundlegendes Thema ist der Mythos des <Gutseins>. Gleichgültig, in welcher Form es auftritt, ein <braves Mädchen> opfert sich immer, ohne Rücksicht auf sich selbst, für die anderen auf, und hat immer das Gefühl, im Stich gelassen zu werden. Innerlich ist es ständig wütend und frustriert, weil es sich nie ganz auszahlt, das „Richtige" zu tun.

Wir sind froh, daß wir uns für eine neue Psychologie der Frau geöffnet haben, denn nirgendwo in der psychologischen, psychiatrischen oder Selbsthilfe-Literatur wird auf diese Sammlung selbstschädigender Einstellungen, die unter Frauen so weit verbreitet sind, auch nur hingewiesen. Jetzt aber, dank des Erfolges und der Hilfsbereitschaft unserer Patientinnen und Selbsthilfe-Gruppen, freuen wir uns, Ihnen eine gute Nachricht geben zu können. Wir sind davon überzeugt, daß wir für Frauen Wege gefunden haben, mit dem Problem des <Braven-Mädchen-Syndroms> fertig zu werden.

Warum haben wir uns so viele Jahre mit dem <Braven-Mädchen-Syndrom> beschäftigt? Wir sind Therapeuten. Es ist für uns wichtig, Menschen dabei zu helfen, sich besser zu fühlen. Manchmal können wir uns mit den gleichen Problemen identifizieren, mit denen unsere Patientinnen zu kämpfen haben. Auch wenn sich diese Probleme auf unterschiedliche Weise äußern, eines haben sie alle gemeinsam: Sie fühlen sich unzulänglich, weil sie die Erwartungen eines anderen nicht erfüllen. Mit den Jahren haben wir gelernt, eigene Maßstäbe für unseren Selbstwert zu setzen. Wir brennen darauf, Ihnen dabei zu helfen, dasselbe für sich selbst zu tun.

Wir möchten Sie in die Lage versetzen, das <Brave-Mädchen-Syndrom> aus Ihrem Leben zu verbannen und eine Frau zu werden, die das Gefühl hat, daß sie alleine durch ihr Frausein in Ordnung ist. „Clearing" erlaubt Ihnen, Sie selbst zu *sein*, und das meiste aus sich und aus dem zu machen, was Sie sein möchten, und daran Spaß zu haben, eine Frau zu sein. Sie sind kein Mann in der Gestalt einer Frau, und Sie müssen es auch nicht sein. Sie sind ein völlig neues Individuum, ein Mensch, der die Fähigkeit hat, seine eigenen Regeln als Maßstab für sein Selbstwertgefühl zu formulieren.

Wir bieten Ihnen unser Bestes: einen Plan für Ihre Veränderung und eine Aufforderung, zu handeln. Sie müssen sich immer wieder daran erinnern, daß Sie sich ändern können, wenn Sie das möchten. Wir benutzen eine Methode, die an Ihrem *Verhalten* ansetzt und deshalb sehr schnell Erfolge bringt. Die Bücher, die vor diesem erschienen sind, sind stärker analytisch orientiert als das unsrige. Obwohl wir auch daran interessiert sind, herauszufinden, *wie* es dazu kam, daß Sie heute bestimmte Einstellungen besitzen, sind wir mehr an Strategien interessiert, die Sie benötigen, um sich *ändern* zu können. Mit einem verhaltenstherapeutischen Ansatz zu arbeiten, bedeutet für Sie, zuerst Ihr Verhalten zu ändern, *ehe* Sie erwarten, daß sich Ihre Einstellung verändert. Beispielsweise setzen Sie sich zuerst durch. *Dann* verspüren Sie Selbstvertrauen. Sie stellen Ihre eigenen Regeln auf. *Dann* haben Sie das Gefühl, unabhängig zu sein. Sie tun, was Sie möchten. *Dann* fühlen Sie sich wohl in Ihrer Haut.

Gewöhnlich versuchen die Menschen vergeblich, ihre Probleme in umgekehrter Reihenfolge zu lösen. Sie wollen sich besser fühlen, *bevor* sie tun, was notwendig ist, um sich besser fühlen zu können. Immer wieder hören wir Frauen, die es gut meinen, sagen: „Ich würde mehr ausgehen, wenn ich mehr Selbstvertrauen hätte” oder „Ich weiß, daß ich bei der Arbeit kein Blatt vor den Mund nehmen würde, wenn ich mehr von meiner Meinung überzeugt wäre” oder „Wenn ich nicht so sehr das Gefühl hätte, von meinem Mann abhängig zu sein, dann würde ich mal alleine Urlaub machen.” Diese Frauen möchten mehr Selbstvertrauen haben, selbstsicherer und unabhängiger sein, *bevor* sie einen Grund haben, sich so zu fühlen. Gehen Sie aus, nehmen Sie bei der Arbeit kein Blatt vor den Mund, fahren Sie alleine in den Urlaub. *Dann* werden Sie das Selbstvertrauen, die Selbstsicherheit und Unabhängigkeit verspüren, nach der Sie sich so sehr sehnen. Das ist der verhaltenstherapeutische Ansatz. Ändern Sie *zuerst* Ihr Verhalten. Die guten Gefühle kommen dann von alleine. Wir legen großen Wert darauf, daß Sie *zuerst* handeln. *Danach* wird sich ein gesundes Selbstbild einstellen und nicht vorher. Wir wollen Ihnen sagen: Warten Sie nicht darauf, bis es Ihnen danach ist, die notwendigen Schritte in die Freiheit zu unternehmen. Unternehmen Sie diese *jetzt*. Wir werden Ihnen zeigen, wie.

Viele von Ihnen mögen skeptisch sein. Vielleicht haben Sie über Ihre Probleme in Büchern nachgelesen oder über sie nachgedacht, hatten aber das Gefühl „Ja, so geht es mir, aber was kann ich dagegen *tun*?”. Dieses Buch zeigt Ihnen eine neue Art, die Dinge zu betrachten. Jedes unserer Kapitel zeigt Ihnen klare Strategien, wie Sie für das Heute Verantwortung übernehmen, Ihr selbstzerstörerisches Verhalten aufgeben und die Frau werden können, die als Frau in dieser Welt Erfolg haben kann. Sie lernen, was Sie erwarten können, und wie Sie mit Männern umgehen können, wenn Sie beginnen, sich zu ändern. Was noch wichtiger ist, Sie lernen, wie Sie sich die einmal geschaffene positive Veränderung *bewahren* können. Wie man sich auf den Erfolg einstellen kann, ist ebenso ein Geheimnis, als wie man ihn erlangen kann. Zum Schluß werden Sie das positive Ergebnis Ihrer vollständigen Befreiung vom <Braven-Mädchen-Syndrom> erleben.

Es dauert seine Zeit, bis aus einem aufgeweckten und sensiblen Kind ein frustriertes und ärgerliches erwachsenes

<braves Mädchen> wird. Deshalb ist es so wichtig, daß Eltern dieses Buch lesen. Sie haben die Möglichkeit, ihren Kindern während der Jahre, in denen ihre Persönlichkeit am meisten geformt wird, zu helfen. Auch Ehemänner und Liebhaber können die Frau, die sie lieben, unterstützen. Auch Verwandte und Freunde können Ihnen helfen, Ihrem Ärger und Ihrer Frustration ein Ende zu bereiten. Dieses Buch ist für *jeden* gedacht, dem etwas an Ihrem Wohlergehen liegt. Letztendlich liegt die Verantwortung für eine Veränderung jedoch alleine bei Ihnen. Deshalb wird dieses Buch den meisten <braven Mädchen> eine Hilfe sein, die seinen Ratschlägen in die Freiheit folgen. Wir haben Ihren Weg bis in jede Einzelheit mit größter Sorgfalt vorbereitet - und mit viel Liebe. Machen Sie sich bereit für ein wunderbares Abenteuer. Sie feiern den Beginn eines neuen Lebens - Ihres eigenen.

William Fezler
Eleanor S. Field

Einleitung
Kennen Sie diese Frau?

*„Mein ganzes Leben habe ich
nur darauf gewartet,
daß die Männer mir sagten,
was ich tun sollte."*

Margie N., Patientin

Margie, 27, ist mit John, einem ehrgeizigen Computerspezialisten verheiratet. Sie versucht, sich weiterzuentwickeln, sich eine eigene Persönlichkeit in der Beziehung aufzubauen. Immer wenn sie jedoch versucht, Verantwortung zu übernehmen und etwas für sich selbst zu tun, versuchen ihre Mitmenschen, ihr Schuldgefühle einzureden.

Margie wollte Gerichtsreporterin werden. Sie glaubte, sie hätte einen Weg gefunden, ihre Fähigkeiten zu nutzen, und gleichzeitig mehr Geld für sie beide zu verdienen. John griff sie sofort an: „Woher willst du die Zeit für die Ausbildung nehmen, wenn du nicht mal Zeit für mich hast?" John erwartete von Margie, daß sie 24 Stunden am Tag für ihn auf Abruf bereitstand, sei es mitten in der Nacht als Sekretärin oder für seine Geschäftskontakte am Wochenende als Begleitperson, und all das, damit er in seiner Karriere vorankam.

Als ihre Mutter für John Partei ergriff und ihr sagte, es sei nicht schön, ihren Mann zu vernachlässigen, gab Margie ihre Pläne auf. Während diese Entscheidung ihre Mutter und ihren Mann glücklich machte, zog sich Margie vor Wut und Ärger immer mehr von ihnen zurück. Sie spricht kaum noch mit ihrer Mutter, und den einst aufregenden Sex mit ihrem Mann verabscheut sie heute.

Sally, 44, wurde vor kurzem geschieden und steht zum ersten Mal in der Arbeitswelt. Sie arbeitet als Einkäuferin für eine Einzelhandelskette. Jeder liebt die „süße Sal", besonders die Großhändler, die ihre Preise erhöhen, wenn sie auf dem

Markt auftaucht. Da Sally sie nicht beleidigen will, bezahlt sie immer zuviel für ihre Produkte. Leider wird Sally nicht lange in der Geschäftswelt bestehen können, wenn es ihr wichtiger ist, geliebt zu werden, als Gewinn zu machen.

Sandy, 36, wird von ihrem Mann Jim und ihren drei Kindern tyrannisiert. Sie müßte einmal Urlaub machen, nur ein paar Tage von allen weg sein, aber sie weiß nicht, wie sie das bewerkstelligen soll, ohne ihre Position als Hausmärtyrer zu verlieren. Jim ist ein großer Schmeichler, und die Kinder haben sich das von ihm bis zur Perfektion abgeschaut. Immer, wenn sie etwas wollen, fangen sie so an: „Sei ein Engel und ....." oder „Sei so lieb und....." oder „Sei ein Schatz und ....." In den Augen ihrer Familie ist Sandy eine Heilige, aber in ihren eigenen Augen ist Sandy auf der Suche nach einer Identität, die nicht so völlig aufopfernd ist.

Eines Abends, als sie gerade mit dem Abendessen, für dessen Vorbereitung Sandy den ganzen Tag gebraucht hatte, fertig waren, erklärte sie ihrer Familie, daß sie kommenden Sommer fünf Tage im Ferienhaus einer Freundin in Kanada verbringen wollte. Es hatte zwar niemand Einwände, aber genausowenig zeigten sie richtige Zustimmung. „Oft weiß man, was die Menschen denken, ohne daß sie es sagen müssen", erklärte Sandy. „Ich konnte ihr Schweigen nicht ertragen." Der Sommer ist gekommen und wieder vergangen und Sandy war immer noch nicht in Kanada.

Diese drei Frauen sind sehr unterschiedlich. Aber eines haben sie zumindest gemeinsam - alle drei haben andere Menschen über ihr Leben bestimmen lassen, um dafür Zustimmung zu erhalten und geliebt zu werden.

Wie oft wurden Sie schon ein <braves Mädchen> genannt oder haben jemand anderen so genannt? Wie oft haben Sie sich schon gefragt, was daran so gut ist, brav zu sein? Haben Sie sich je gefragt, warum Sie sich, wenn Sie brav sind, oft unzulänglich oder selbstbewußten Menschen gegenüber gar minderwertig fühlen? Haben Sie sich je gefragt, warum die meisten Regeln, die Ihr Leben bestimmen, von anderen Menschen aufgestellt wurden? Finden Sie es nicht manchmal seltsam, daß, je mehr Sie geben, um so weniger für Sie selbst übrigbleibt ? Haben Sie jemals inmitten eines arbeitsreichen Tages innegehalten und darüber nachgedacht, warum Sie so viele Dinge aus dem Gefühl der Schuld und Angst heraus tun? Wie oft haben Sie schon auf etwas verzichtet, weil „das nicht nett wäre"?

Woher kommen all diese Hindernisse, die Sie vom Glück fernhalten? Wer sagt Ihnen, Sie müßten „brav" sein? Warum hören Sie darauf? Brauchen Sie eine Autorität, die Ihnen sagt, was Sie in Ihrem Leben tun sollen, oder Ihnen bestätigt, was Sie tun, wie man lebt, was richtig, falsch und wichtig ist?

„Brave Mädchen" gehorchen einer Unmenge von Autoritäten. Veronica diskutiert nie mit ihren Professoren im College, weil es „nicht nett ist", zu widersprechen. Marilyn macht immer das, was ihr Mann zuhause von ihr verlangt, weil es zu ihren „Pflichten als Ehefrau" gehört. Hazel kämpft und tritt im Büro für ihren Chef ein, weil „er es von ihr erwartet". Conny bekommt Schuldgefühle, wenn sie im Supermarkt mit elf Artikeln an der Schnellkasse steht, obwohl sie nur zehn kaufen darf. Scheinbar gibt es Menschen, die Ihnen vorschreiben, was Sie zu tun haben, und Sie bei jeder Gelegenheit tadeln.

Wenn Sie diesen Anweisungen folgen, haben Sie dann das Gefühl, Sie kämen zu kurz? Scheint es, daß die *anderen,* wenn Sie deren Regeln befolgen, mehr als Sie selbst davon profitieren? Es gibt viele Arten von „braven Mädchen", aber alle leiden sie unter diesem allgemeinen unerfreulichen Zustand.

Das Komische daran ist, es ist sehr leicht, ausgenutzt und manipuliert zu werden, ohne es selbst zu merken. Genauso leicht fällt man darauf herein, zu glauben, daß man es tatsächlich verdient hat, schlecht behandelt zu werden. Manche „brave Mädchen" gehen sogar so weit, daß sie ihre Fähigkeit, die schlechte Behandlung zu ertragen, für ein Zeichen noch größerer „Bravheit" halten.

Wenn man die Regeln anderer befolgt, ist das jedoch nur für die anderen von Vorteil. Dieses Buch befaßt sich mit den grundlegenden Regeln der Macht. Die hier beschriebenen Prinzipien werden von jedem angewandt, der etwas von einem anderen will, - etwas, was dieser Mensch, ohne von der „autoritären" Person ein wenig manipuliert zu werden, normalerweise nicht zu geben bereit wäre. Wir haben das Wort „autoritär" in Anführungsstriche gesetzt, weil der Ausdruck willkürlich ist. Die meisten Autoritäten, die Ihnen sagen, was gut für Sie ist, haben sich selbst ernannt und haben nur soviel Einfluß über Sie, wie Sie ihnen geben wollen.

Wenn Sie Freiheit gewinnen und Herr über Ihr eigenes Leben werden wollen, müssen Sie sich von dem Glauben befreien, daß andere Menschen Ihnen überlegen sind. Sie brauchen diesen Menschen nicht zu hassen. Sie haben es einfach nicht nötig, daß er oder sie Ihnen sagt, wer Sie sind.

Die Entdeckung des Braven-Mädchen-Syndroms

Wie schon erwähnt, haben wir das Brave-Mädchen-Syndrom ganz zufällig entdeckt. Wir wurden dazu angeregt, als wir die Unterschiede zwischen Männern und Frauen, insbesondere bezüglich ihres Umgangs mit Ärger, beobachteten. Wir waren erstaunt, wie ähnlich sich Frauen, die Probleme hatten, in ihren selbstschädigenden Überzeugungen waren. Jahrelang haben wir versucht, unsere Ergebnisse zu analysieren und Ordnung in das Gewirr von Meinungen zu bringen. Nach vielen Sitzungen mit Dutzenden von Frauen kamen wir zu der Erkenntnis, daß die Unfähigkeit, Wut auszudrücken, nur ein Teil dieser komplizierten Denkweise war. Es gab darüberhinaus noch elf weitere Problembereiche, die die Frauen daran hinderten, in ihrem Leben das zu bekommen, was sie wollten.

Sandy zum Beispiel hat nicht nur Schwierigkeiten, ihren Ärger auszudrücken, wenn ihre Familie versucht, sie zu beherrschen. Sie ist auch ein Opfer der Einstellung: „Ich bin so, wie die Männer mich sehen." Von Männern, die in ihrem Leben wichtig sind, kann sie nicht auch nur das kleinste Anzeichen von Mißbilligung ertragen; sei es auch nur sekundenlanges Schweigen oder eine hochgezogene Augenbraue. Sie bekommt ihre Identität durch die Art, wie ihre Familie sie behandelt, und wenn diese ihr Verhalten nicht gutheißt, findet Sandy es auch nicht gut. Sie verzichtet lieber auf den lange überfälligen Urlaub, den sie wohlverdient hat, als möglicherweise in den Augen der Familie als „schlechtes" Mädchen dazustehen.

Das Problem, das wir wahrscheinlich am häufigsten bei einer Frau vorfinden, ist ihre Überzeugung, daß mit ihr von Natur aus etwas nicht stimmt. Rachel, die mit 29 Jahren schon unzählige Stellen und Beziehungen gehabt hat, glaubt ernsthaft daran, daß sie „von Anfang an zum Scheitern verurteilt" ist, ganz gleich, was sie anpackt. Scheinbar macht sie immer mit etwas Schluß, weil es „zu gut ist, um von Dauer zu sein". Mit anderen Worten, sie glaubt, sie sei zu unvollkommen, um es andauern zu *lassen*. Ihre letzte Stelle als Beraterin in einem Rehabilitationszentrum für Drogenabhängige konnte nicht von Dauer sein, weil ihre Kollegen früher oder später merken würden, daß sie der Arbeit eigentlich gar nicht „gewachsen" war. Um sich das Trauma einer vorhersehbaren Entlassung zu ersparen, ging sie freiwillig. Mark, ihr letzter Freund, würde schließlich sicher erkennen, daß sie nicht die Frau seiner Träume war. Also verließ sie ihn zuerst. „Sie alle werden mich früher oder später auf jeden Fall durchschauen", erklärte sie uns. „Es ist besser, wenn ich gehe, bevor es so weit ist."

Erst wenn Rachel glaubt, daß alles mit ihr in Ordnung ist, daß ihr nichts fehlt, wird sie in ihrem Leben nicht mehr auf der Flucht sein - einer Flucht vor sich selbst. Es ist alles in Ordnung mit Rachel, bis auf ihre Überzeugung, daß etwas nicht mit ihr stimmt.

Frauen, die wie Rachel glauben, daß sie fehlerhaft und minderwertig sind, fallen gewöhnlich auch einem weiteren Problem zum Opfer: Sie glauben, daß Männer überlegener und besser sind als sie. „Es wäre eine traurige Welt", lacht ein Opfer dieses Problems, „wenn ich die Beste wäre, die es gibt."

Marcia, eine 35-jährige Rechtsanwältin ist zweimal geschieden und kinderlos. Sie glaubt fest daran, daß Männer besser sind, und wünscht sich von ganzem Herzen, sie wäre als Mann auf die Welt gekommen. Die meiste Zeit ihres Lebens hat sie versucht, wie ein Mann zu sein. Als Teenager und zwischen 20 und 30 opferte sie ihre ganze Zeit dafür, in der Schule erfolgreich zu sein, und später, um mit den Männern um akademische Titel zu konkurrieren. Sie hatte selten Verabredungen, und wenn, dann nur um zu vermeiden, daß ihre Freunde sie für „merkwürdig" hielten. Marcia betrachtet ihre beiden Ehen als „Experimente im Leben, die einfach nicht funktioniert haben."

Auch wenn sie es nicht zugeben will, hat sie furchtbare Angst davor, ein Kind zu bekommen. Ein Kind zu haben, ist eine Aufgabe, die zu weiblich ist für eine Frau, deren einziges Lebensziel ist, männliche Überlegenheit zu erlangen. Solange Marcia sich nicht mit diesem Problem des Braven-Mädchen-Syndroms befaßt, wird sie nicht frei sein, das zu sein, was sie ist - eine Frau.

Von dem Augenblick an, in dem wir das Brave-Mädchen-Syndrom entdeckten, beschlossen wir, uns auf erwachsene Frauen zu konzentrieren, die Opfer einer oder aller dieser selbstschädigenden Überzeugungen waren. Wir wußten, wir mußten herausfinden, wodurch sie so geworden waren, und was man dagegen tun konnte. Wenn Sie am Ende dieses Kapitels angelangt sind, erkennen Sie vielleicht, daß Sie selbst oder eine Freundin ein Opfer des Braven-Mädchen-Syndroms sind. Diese Erkenntnis versetzt Ihnen vielleicht einen Schock - weil es immer beunruhigend ist, sich selbst mit anderen Augen zu sehen, *und* weil sie vielleicht erkennen, wie viele sehr verschiedene Frauen immer noch als unglückliche „brave Mädchen" leiden.

Das Gefängnis, in einer Welt zu leben, die von außen kontrolliert wird

Die Opfer des Braven-Mädchen-Syndroms leben in einer Welt, die von außen gesteuert wird. Die Regeln, nach denen sie leben, stammen nicht von ihnen selbst. Diese Welt wird von Männern beherrscht, und die Regeln, von denen sie gesteuert wird, wurden von Männern zum Vorteil für die Männer erstellt. *Alle* Mythen, aus denen sich das Brave-Mädchen-Syndrom zusammensetzt, wurden von Männern zu ihrem eigenen Vorteil geschaffen. Es besteht kein Zweifel, daß die Männer in unserer Gesellschaft das Sagen haben. Damit die Frauen mitspielen, mußten sich die Männer natürlich auch gewisse Belohnungen oder Vorteile einfallen lassen, um Sie dazu zu bekommen, sie gewähren zu lassen. In den nächsten Kapiteln werden wir uns eingehend damit befassen, wie diese Belohnungen für Ihren Gehorsam aussehen. Auch wenn Sie sich für eine der aufgeklärtesten Frauen halten, werden Sie sicher so manche Überraschung erleben!

Üblicherweise wurden die Frauen dazu erzogen, <brave Mädchen> zu sein. Es wurde ihnen beigebracht, ihre Individualität, ihre Errungenschaften, ihre Gefühle und sogar ihre Ziele zu opfern, um sich anderen zu unterwerfen. Das <brave Mädchen> erfüllt in erster Linie „die Wünsche der anderen". Es definiert sich durch seine Beziehung zu den anderen. Das führt zu Wut, Groll und Ohnmacht und manchmal auch zu Krankheit. In den 70-iger Jahren schrieb der Psychologe Dr. Claude Steiner den Bestseller „Scripts People Live". Obwohl er es nicht wußte, beschrieben seine Skripten oftmals Opfer des „Braven-Mädchen-Syndroms". Zum Beispiel beschreibt er „Mutter Hubbart", die Frau hinter der Familie, der beigebracht wurde, für Mann und Kinder zu sorgen und durch die Erfolge der anderen Zufriedenheit zu erlangen. Wenn die Kinder groß sind, hat sie nichts mehr, um sich Zufriedenheit zu schaffen. Das Problem dabei ist - sie nimmt sich nie die Zeit, für sich selbst etwas zu tun. Sie glaubt tatsächlich, daß sie nicht stark sein soll; sie soll nur für die Bedürfnisse anderer Augen haben.

Es mag Ihnen völlig normal erscheinen, in einer Gesellschaft zu leben, in der Männer die Besseren sind. Für viele Frauen sind diese Lebensbedingungen unvermeidbar; sie kennen nur diese Welt. Denken Sie zum Beispiel an Ihre Kindheit zurück. Als Sie noch klein waren, waren Sie vielleicht ein „braves kleines Mädchen", das nur Mammi und Papi zufriedenstellen wollte. Ihr ganzes Leben war auf sie ausgerichtet. Sie gaben Ihnen alles - auch Ihre Identität und Ihr Selbstwertgefühl. Auch wenn sie Sie sehr liebten, wollten sie doch nur, daß Sie nach ihren Vorstellungen lebten.

Da sie es waren, die die Regeln aufstellten, dachten sie, sie könnten Ihnen ihre Wertschätzung „wegnehmen", wenn Sie nicht taten, was sie wollten. So wurde das „brave Mädchen" entwöhnt. Es wurde ihm beigebracht, auf den Topf zu gehen, es wurde angezogen und geformt, um den strengen Regeln der Gesellschaft gerecht zu werden. Vielleicht waren Ihre Kleider rosa, vielleicht auch nicht, Ihr Haar lang oder kurz, aber Ihr Benehmen war wahrscheinlich unterwürfig. Vielleicht hat man Ihnen sogar erlaubt, kreativ oder ein wenig selbständig zu sein. Diese Regungen waren jedoch nur in einem bestimmten Rahmen erlaubt, nämlich solange sie „gesellschaftsfähig" waren und „bei anderen Anklang" fanden.

„Wenn du das tust, habe ich dich nicht mehr lieb" oder „Der liebe Gott mag böse kleine Mädchen nicht" - diese Worte bekommen kleine Mädchen in unserer Kultur oft zu hören. Ich war „gefangen im Namen der Liebe", sagt Amanda. „Jedesmal, wenn ich nicht tat, worum meine Mutter mich gebeten hatte, sagte sie, ich sei böse, und sie hätte mich nicht mehr lieb." Amanda bekam schnell heraus, daß man Liebe und Zustimmung erntet, wenn man die Regeln anderer befolgt (äußere Kontrolle), daß man jedoch nur auf Ablehnung und Verurteilung stößt, wenn man so lebt, wie man selbst möchte. Kay, eine der ängstlichsten Frauen, denen wir je geholfen haben, sagte: „Als ich sechs war, war ich davon überzeugt, ich käme sofort in die Hölle, wenn ich auch nur einen Flecken auf meinem Sonntagskleid hätte. Kein Wunder, daß ich es heute hasse, in Gesellschaft zu sein und auf Parties zu gehen!"

Was noch wichtiger ist: Viele Mädchen, die lernen, nach äußeren, statt ihren inneren Signalen zu handeln, spüren eine seltsame Spannung in sich aufkommen. Mit vier Jahren, oder als Sie in die Schule kamen, haben Sie vielleicht bemerkt, daß kleinen Jungen im Gegensatz zu Ihnen erlaubt wurde, sich mehr eigene Regeln zu erstellen, mehr äußere Regeln zu brechen und viel häufiger das zu tun, was sie wollten. Wenn Sie dann nach dem Grund fragten, haben Ihre Lehrer oder Eltern vielleicht einfach gesagt: „Jungen sind nun mal eben Jungen." Mit anderen Worten „Jungen dürfen die Regeln brechen, Mädchen aber nicht." Wenn Sie sich auch so verhalten wollten wie die Jungen, durften Sie es nicht. Kein Wunder, daß Sie verwirrt waren.

Wenn ein Junge macht, was er will, heißt das, er ist stark und selbständig. Wenn ein Mädchen macht, was es will, dann ist es böse, eigensinnig und ungehorsam. Dies wird selten so offen ausgesprochen, aber die Botschaft ist klar. Die Wirkung ist so groß, daß sich Papis kleines Mädchen, wenn es erwachsen ist, immer noch nach dem richtet, was die anderen von ihm erwarten, anstatt das zu tun, was es selbst tun möchte - das heißt, wenn es sich überhaupt jemals Gedanken darüber machen durfte, was es gerne möchte. Warum eine Frau von Geburt an auf ihre Abhängigkeit vorbereitet wird, während Männer dazu erzogen werden, unabhängig zu sein, und wie Sie das in Ihrem Leben ändern können, das sind die Hauptthemen dieses Buches. Mittlerweile werden Sie wahrscheinlich sehen, daß diese Erziehung kein Zufall ist! Sie werden jedoch auch lernen, daß es möglich ist - und sich auszahlt, sich zu befreien!

Porträt eines typischen Falles

Viele unserer früheren Fälle waren Opfer des Braven-Mädchen-Syndroms, auch wenn wir das zu der Zeit noch nicht gemerkt haben. Ihre üblichen Beschwerden waren *so* weit verbreitet, daß sie nicht anders zu sein schienen als die meisten anderen Frauen. Die Frauen, mit denen wir sprachen, hatten grundsätzlich das Gefühl, nicht genug vom Leben zu haben. Nach Jahren fanden wir heraus, daß sie sich dadurch von anderen Frauen unterschieden, daß ihre Beschwerden *chronisch* und *schwerwiegend* war. Häufige Kommentare waren: „Ich war so lange unglücklich, daß ich vergaß, wie es war, glücklich zu sein" oder „Ich dachte, daß es jedem schlechter geht, wenn er älter wird" oder „Ich haßte es, so zu leben, aber ich war einfach zu müde, um etwas dagegen zu tun". Viele Frauen hatten dieses Gefühl über viele Jahre hinweg. Es ging bis in ihre Kindheit zurück. Es übertraf andere Gefühle so stark, daß diese Frauen es nicht ertragen konnten, morgens aufzustehen. Was sich vielleicht am selbstzerstörerischsten auswirkte, war die Tatsache, daß die meisten dieser Frauen das Gefühl hatten, ihr Leben sei voll von Gedanken wie „Ich sollte" und „Ich müßte eigentlich" statt „Ich will".

Ein typisches Beispiel für einen dieser Fälle war Kathy, die mit 25 immer noch bei ihren Eltern lebte, weil diese sie „brauchten" und es „nicht richtig wäre, sie zu verlassen." Als allererstes und am deutlichsten fühlte Kathy, daß tief in ihrem Innern mit ihr etwas nicht stimmte. Sie glaubte, sie hätte einen Knacks oder ein grundlegendes Problem tief in ihrem Innern, das sie selbst verursacht hatte, und das sie bewältigen mußte, bevor sie sich jemals Hoffnungen auf Glück und Erfüllung machen konnte. „Ich hatte schon immer ein Gefühl von Unzulänglichkeit", sagte sie, „als ob ich für keinen gut genug wäre." Diese Sorge ging einher mit ihrer Überzeugung, daß Männer besser waren als Frauen: Sie waren von Geburt an klüger in wichtigeren Bereichen.

Deshalb sollte man ihnen kraft ihrer Überlegenheit gehorchen. „Wer würde schon auf ein Nichts wie mich hören?" waren Kathys erste Worte, die wir nie vergessen werden.

Kathy war rigide und unflexibel. Sie glaubte, daß Regeln heilig waren und von überlegenen Männern wie ihrem Vater geschaffen wurden, denen man als Gegenleistung für die männliche Wertschätzung blind folgen sollte, so wie sie es als „kleines Mädchen" getan hatte. Ihr Vater, ein hoher Offizier beim Militär, ließ sich auf keine Diskussion ein. Richtig war richtig und falsch war falsch. „Brave Mädchen" ehrten ihre Eltern und gehorchten ihnen ohne Widerrede. „Vater weiß es am besten", antwortete sie, als wir sie fragten, warum sie als Kind nie Fragen gestellt habe. Sie hatte nie den Unterschied gelernt zwischen dem Befolgen von Regeln, die von einem Elternteil, der sie liebte, aufgestellt wurden, und denen, die von jemandem geschaffen wurden, um sie zu manipulieren. Sie vertraute allen Autoritäten, ohne zu fragen. Sie besuchte bis zur achten Klasse eine Pfarrschule, in der ihr die Schwestern blinde Hingabe gegenüber dem Heiligen Vater beibrachten. Ihr Gefühl, was „rechtmäßig" und „brav" war, hing davon ab, wie gut sie die Regeln, die von den wichtigen Männern in ihrem Leben aufgestellt wurden, befolgen konnte. Sie hatte sexuelle Beziehungen, traute sich aber nicht zu sagen, daß es ihr Spaß machte, aus Angst, die Achtung ihrer Partner zu verlieren und als „schlecht" abgestempelt zu werden. Kathy beschrieb ihre ersten sexuellen Erfahrungen als „Katastrophe", weil die Jungen sie kalt und frigide nannten, weil sie sich nicht gehen ließ. „Sie würden denken, daß etwas nicht mit mir stimmt, wenn ich zu sexy wäre", erklärte sie.

In ihrem letzten Jahr auf der Hochschule hatte sie einen Freund. Es war Kurt, ein Mann, der ihrem Vater sehr ähnlich war und von einer Frau erwartete, daß sie beim Sex nicht errregt war und tat, was man ihr sagte. Sie war nicht glücklich in der Beziehung, aber sie trennte sich nicht, weil er sagte, sie sei so süß und nett und er liebe sie. Auch ihre Eltern wollten, daß sie ihn heiratete. Kurt kam „aus gutem Hause", arbeitete viel und wohnte nah genug, so daß er sie jeden Tag besuchen konnte.

Kathys Gefühl für ihre Identität kam nicht aus ihr selbst

heraus, sondern daher, wie die Männer sie sahen. Deren Zustimmung bedeutete alles für sie. Um sicherzugehen, daß ihr diese Anerkennung erhalten blieb, versuchte sie, so wenig wie möglich aufzufallen, um nicht das Risiko einzugehen, Aufsehen zu erregen oder einen Mann zu beleidigen. Bis sie sich überwand, zu uns zu kommen, hatte Kathy es vermieden, die unbekannten schönen Seiten in sich selbst zu erforschen. Sie hatte sie alle versteckt, weil sie „brav sein wollte."

Im Laufe unserer Sitzungen bestand eine der Übungen darin, Kathy zu fragen, welche Regeln sie gerne für sich selbst aufstellen würde. Zuerst schien Kathy Angst davor zu haben, mit einer ehrlichen Antwort herauszurücken. Sie hätte zu viele Schuldgefühle und würde sich Sorgen machen, wenn sie irgendeine Regel brach, als daß sie es riskierte, sich selbst eine Regel aufzustellen. „Eigene Regeln? Wovon sprechen Sie überhaupt?" sagte sie mit völliger Selbstverleugnung. Kathy würde sich nicht einmal erlauben, zuzugeben, daß sie darüber nachdachte, was sie sich wünschte - das wäre viel zu egoistisch. Erst als sie mit uns warm geworden war, fing sie langsam an, zuzugeben, daß sie ihre Eltern und ihren Freund verlassen wollte, sich eine Arbeit suchen und sehen wollte, wie sie in der Welt alleine zurechtkam. Sie hielt diese Träume für unvernünftig, und sie hatte sie deshalb bis jetzt noch niemanden erzählt. Da sahen wir Kathy zum ersten Mal wütend, was uns jedoch nicht überraschte. Wir wußten, daß Kathy fast immer einen Ärger in sich verspürte, ihn aber nie zeigte. Ihre Gedanken an Unabhängigkeit, wenn sie auch nur flüchtig waren, lösten fast schon eine Urangst in ihr aus. „Die fressen mich mit Haut und Haaren", rief sie, als wir ihr sagten, daß sie die Kraft dazu hatte, in der von Männern beherrschten Arbeitswelt ihre Frau zu stehen. „Und außerdem, wer würde mich schon einstellen?"

Kathy mag Ihnen vielleicht als Extremfall erscheinen, das ist sie aber nicht. Tatsächlich vermittelt er nicht einmal eine Spur der Intensität von Kathys unterdrückten Gefühlen. Aus Erfahrung wissen wir, daß Frauen anfänglich diesen Teil von sich verleugnen - bis wir ihnen diesen noch mehr bewußtmachen, indem wir ihnen die anderen typischen Problembereiche vor Augen führen. Erst wenn Sie Ihre Probleme kennen, können Sie etwas dagegen tun.

Sind Sie ein <braves Mädchen>? Ein Test

Fangen wir an. Wir haben in unserer Arbeit mit Frauen ein spezielles und gründliches Programm zusammengestellt, das Ihnen helfen kann, jeden Problembereich, der Sie vielleicht zu einem zu <braven Mädchen> machen könnte, zu bewältigen. Ihr erster Schritt in die Unabhängigkeit besteht darin, einfach festzustellen, wieviel von einem <braven Mädchen> Sie an sich haben.

Unser Programm besteht aus zwölf Teilen. Jeder einzelne beschäftigt sich mit einem anderen Problembereich, mit dem Sie Schwierigkeiten haben könnten. Je mehr diese Problembereiche auf Sie zutreffen, desto <braver> sind Sie in Bezug auf die männerorientierte Welt, und desto mehr befriedigen Sie die Bedürfnisse anderer auf Kosten Ihrer eigenen. Um Ihnen zu helfen, Ihre Hauptprobleme selbst zu erkennen und die Einstellungen herauszufinden, die genau auf Sie zutreffen - die Ihr Leben bestimmen - möchten wir Sie bitten, diesen Test zu machen. Wir haben hinter jeder Frage die Nummer des Kapitels angeführt, damit Sie beim Beantworten der Fragen wissen, auf welchen Problembereich sie sich bezieht.

Vielleicht glauben Sie, genau zu wissen, ob Sie ein <braves Mädchen> sind oder nicht. Dieser Test wird Sie jedoch vielleicht überraschen. Es ist ganz einfach. Lesen Sie die folgenden vierzig Fragen, die Ihnen zeigen sollen, bis zu welchem Grad Sie selbst oder eine andere Person Ihre Gefühle bestimmen. Beantworten Sie die Fragen so wahrheitsgemäß wie möglich. Wenn die Beschreibung *so gut wie nie* auf Sie zutrifft, kreuzen Sie die 0 an; wenn das genannte Verhalten *manchmal* bei Ihnen vorkommt (gewöhnlich nicht, aber gelegentlich schon), kreuzen Sie die 1 an; und wenn es *fast immer* auf Sie zutrifft (wenn es mehr zu Ihnen paßt als nicht), kreuzen Sie die 2 an.

1. 0 1 2 Sie glauben, daß etwas Grundlegendes nicht mit Ihnen stimmt, das Sie unglücklich macht. (1)

2.   0 1 2   Sie trauen sich nicht, mit einem Mann eine Verabredung zu vereinbaren oder ihn zuerst anzurufen - er könnte Sie für zu forsch halten. (11)

3.   0 1 2   Sie fühlen sich wohler, wenn Sie keinen Sex haben. (6)

4.   0 1 2   Sie fühlen sich schuldig, wenn Sie Ihren Kopf durchsetzen, auch wenn es nur um Kleinigkeiten geht. (10)

5.   0 1 2   Sie glauben, daß Sie „schlecht" sind, weil Sie zu oft an Sex denken. (6)

6.   0 1 2   Der Gedanke daran, daß Sie für sich selbst sorgen müssen, erfüllt Sie mit Schrecken. (12)

7.   0 1 2   Sie widersprechen nicht, auch wenn Ihnen etwas nicht richtig erscheint. (4)

8.   0 1 2   Der ideale Mann für Sie sollte besser sein als Sie - größer, klüger, älter, erfahrener. (9)

9.   0 1 2   Sie fühlen sich schuldig, wenn Sie sich vor einer Arbeit im Haushalt drücken, das Haus nicht putzen oder zur Abwechslung mal Ihren Mann für sich selbst kochen lassen. (7)

10.   0 1 2   Sie suchen ständig die Zustimmung der Männer, ob am Arbeitsplatz oder zuhause. (7)

11.   0 1 2   Es wäre Ihnen unangenehm, mit Ihren Kindern über Sex zu sprechen, auch bei einem ernsthaften Gespräch. (6)

12.   0 1 2   Tief in Ihrem Herzen glauben Sie, „eine Frau kann nicht gleichzeitig Erfolg in der Liebe und im Beruf haben." (8)

13. 0 1 2 Sie glauben, daß Männer in weltlichen, wichtigen Bereichen zum Beispiel im Geschäftsleben, in der Politik und in der Wissenschaft von Natur aus klüger sind. (2)

14. 0 1 2 Es fällt Ihnen schwerer, zu einem Mann als zu einer Frau nein zu sagen, wenn er etwas von Ihnen verlangt, wozu Sie keine Lust haben, wie zum Beispiel einen Botengang zu machen oder einen Gefallen zu tun. (3)

15. 0 1 2 Eine innere Stimme sagt Ihnen, daß es die Aufgabe einer guten Frau ist, ihren Mann in seiner Karriere zu unterstützen, auch wenn er ihr nicht dabei hilft. (5)

16. 0 1 2 Sie glauben ernsthaft, daß Sie ein besserer Mensch sind, wenn Sie sich für andere aufopfern, auch wenn Sie dafür Ihre eigenen Wünsche zurückstecken müssen. (5)

17. 0 1 2 Sie geben alle anderen männlichen Freunde auf, wenn Sie mit einem Mann eine feste Bindung eingehen. (4)

18. 0 1 2 Tief in Ihrem Innern sorgen Sie sich, daß Sie egoistisch sind, wenn Sie unabhängig sein wollen. (12)

19. 0 1 2 Bei wichtigen Entscheidungen in Ihrem Leben suchen Sie immer noch die Zustimmung Ihrer Eltern und nicht nur deren Rat. (12)

20. 0 1 2 Sie trauen sich nicht, sich bei der Liebe selbst zu erregen oder zu befriedigen. (6)

21. 0 1 2 Sie gehen zu Treffen, Hochzeiten, Begräbnissen eher, weil Sie es für Ihre Pflicht halten, als daß Sie es selbst möchten. (4)

22. 0 1 2 Sie glauben, daß Sie keine Wut zeigen dürfen. (11)

23. 0 1 2 Sie respektieren alles, was schon immer so war, zum Beispiel Arbeitspläne, Essenszeiten, einer Dame die Tür aufzuhalten, und stehen jeder Veränderung skeptisch gegenüber. (9)

24. 0 1 2 Sie fühlen sich schuldig, wenn Sie „das Geld Ihres Mannes (oder Geliebten)" ausgeben. (5)

25. 0 1 2 Sie essen wie ein Spatz, wenn Sie mit einem Mann in ein teures Restaurant gehen. Auch wenn Sie hungrig sind, halten Sie es nicht für richtig, zu viel zu essen. (7)

26. 0 1 2 Sie glauben, daß der wichtigste Platz einer Frau zuhause ist. (8)

27. 0 1 2 Sie müssen jedesmal an Ihre Mutter oder Ihren Vater denken, wenn Sie eine Regel nicht beachten, die sie Ihnen als Kind beigebracht haben. (10)

28. 0 1 2 Sie verabreden sich mit Freunden und Familienmitgliedern, auch wenn Sie sie gar nicht sehen wollen, und nehmen es ihnen übel, wenn Sie ihretwegen keinen Spaß haben. (5)

29. 0 1 2 Es ist schwierig für Sie, Komplimente zu akzeptieren. Oft denken Sie, die Menschen machten die Komplimente nur aus reiner Höflichkeit. (1)

30. 0 1 2 Sie tragen zur Arbeit angemessene Kleidung, auch wenn Sie sie nicht ausstehen können und lieber ein bequemes Kleid oder lange weite Hosen anziehen würden. (2)

31. 0 1 2 Seit über einem Monat haben Sie nichts wirklich Neues mehr getan. (8)

32. 0 1 2 Um zu bekommen, was Sie wollen, schmollen Sie, reden kein Wort mehr oder zeigen Ihren Unmut.(11)

33. 0 1 2 Sie denken mit Schrecken daran, daß ein Elternteil oder eines Ihrer Kinder Sie beim Sex „erwischen" könnte. (6)

34. 0 1 2 Sie sind der Meinung, daß man Regeln befolgen sollte, weil sie von Menschen aufgestellt wurden, deren Urteil besser ist als das Ihre. (3)

35. 0 1 2 Wenn Sie eine Regel brechen, haben Sie ein schlechtes Gewissen und meinen, Sie müßten dafür bestraft werden. (10)

36. 0 1 2 Sie nehmen die traditionelle „Rolle der Frau" an. Sie spülen das Geschirr, bügeln und putzen, auch wenn Sie vielleicht lieber mit Ihrem Mann bei einigen Arbeiten tauschen würden. (9)

37. 0 1 2 Sie haben das Gefühl, daß Ihnen etwas fehlt, wenn kein Mann Sie liebt. (7)

38. 0 1 2 Sie würden fast alles tun, um einem Streit oder einer Auseinandersetzung aus dem Weg zu gehen. (12)

39. 0 1 2 Sie hören sich selbst Dinge sagen wie zum Beispiel: „Das war schon immer so", „Man kann gegen das System nicht anrennen", „Man kann gegen die Bürokratie nicht ankämpfen", „Das ist nur natürlich". (9)

40.   0 1 2   Sie haben bei der Arbeit ein ungutes Gefühl, weil Sie fürchten, Ihr Vorgesetzter oder Ihre Arbeitskollegen könnten Ihr „wahres" Ich entdecken. (1)

Zählen Sie nun Ihre Punkte zusammen. Folgende Auflösung wird Ihnen zeigen, bis zu welchen Grad Sie Opfer des Braven-Mädchen-Syndroms sind.

0 bis 20   Sie sind bereits eine unabhängige Frau. Sie stellen Ihre eigenen Regeln für Ihre Selbstverwirklichung auf. Lesen Sie dieses Buch als Bestätigung für Ihr Verhalten oder um einem anderen Menschen zu helfen.

21 bis 50   Das Brave-Mädchen-Syndrom lauert am Horizont. Lesen Sie die Anweisungen, die im nächsten Abschnitt hervorgehoben werden, um herauszufinden, worauf Sie Ihre Energie konzentrieren müssen. Es sind vielleicht nur ein paar Bereiche, an denen Sie arbeiten müssen.

51 bis 80   Sie sind eindeutig dem Braven-Mädchen-Syndrom zum Opfer gefallen. Sie müssen sich voll auf die Schritte konzentrieren, die nötig sind, um jeden Problembereich zu bewältigen. Wenn Sie glauben, daß dieses Buch Ihnen nicht genügend helfen kann, wenden Sie sich bitte an einen Therapeuten.

Wie Sie sich Ihren eigenen Plan für Ihre Veränderung erstellen können

Wir wollen nun Ihr Testergebnis genauer analysieren, damit Sie wissen, wo Ihre Stärken und Schwächen in Ihrer Beziehung zu Männern liegen. Dadurch können Sie sich selbst Ihren Plan aufstellen, wie Sie die Techniken, die wir in den nächsten Kapiteln beschreiben werden, anwenden wollen. Wie die Frau in dem folgenden Beispiel Ihnen zeigen wird, werden Sie vielleicht feststellen, daß Sie sich nur auf einige Problembereiche in diesem Buch konzentrieren müssen. Der erste Schritt zur Lösung der Probleme ist jedoch, genau zu wissen, woran man überhaupt arbeiten muß!

Schauen wir uns noch einmal den „Braven-Mädchen"-Test an, den Sie gerade gemacht haben. Ziehen Sie auf einem separaten Stück Papier drei Spalten mit den Überschriften: *Trifft fast nie zu, trifft manchmal zu* und *trifft fast immer zu*. Gehen Sie den Test nochmals durch und schreiben Sie die jeweiligen Beschreibungen in die passenden Spalten. Schauen Sie, wie Nancy B., eine 36-jährige Hausfrau und freie Schriftstellerin, diesen Plan für ihre Veränderung ausgefüllt hat:

Trifft fast nie zu

• Hat ein nagendes Gefühl bei der Arbeit, daß Chef oder Kollegen ihr „wahres" Ich entdecken werden. (1)
• Fällt ihr schwerer, zu einem Mann nein zu sagen als zu einer Frau (3)
• Trägt Kostüm oder Jacke bei der Arbeit, auch wenn es ihr unbequem ist. (2)
• Hört ihre innere Stimme sagen, daß es die Aufgabe einer Frau ist, ihrem Mann bei der Karriere zu helfen. (5)
• Fühlt sich ohne Mann, der sie liebt, unvollkommen. (7)
• Identität hängt von der Anerkennung der Männer ab. (7)
• Ißt wie ein Spatz, um von einem Mann als weiblich angesehen zu werden. (7)
• Glaubt, daß eine Frau nicht beides haben kann, Liebe und Erfolg. (8)
• Glaubt, daß der wichtigste Platz einer Frau das Zuhause ist. (8)
• Kommt sich undankbar vor, wenn sie sich einem Mann gegenüber durchsetzt. (10)
• Fürchtet, egoistisch zu sein, wenn sie unabhängig sein will. (12)
• Schmollt, um etwas zu bekommen oder ihren Unmut zu zeigen. (11)
• Würde alles tun, um eine Auseinandersetzung zu vermeiden. (12)

Trifft manchmal zu

• Glaubt, daß etwas mit ihr nicht stimmt. (1)
• Tut Dinge eher, weil sie sie tun sollte, als, weil sie es selbst möchte. (4)
• Nimmt typisch „weibliche" Rolle an, weil es die Gesellschaft so verlangt. (9)
• Traut sich nicht, mit einem Mann ein Treffen zu vereinbaren oder auf andere Art die Initiative zu ergreifen. (11)
• Glaubt, Aufopferung für andere ohne Rücksicht auf sich selbst mache sie zu einem besseren Menschen. (5)
• Glaubt, daß es sie auf eine höhere, geistige Ebene bringt, wenn sie Sex verleugnet. (6)
• Hält sich für „schlecht", weil sie Sex braucht, um Spaß am Leben zu haben und sich attraktiv zu fühlen. (6)
• Hätte Angst, sich beim Sex selbst zu befriedigen. (6)
• Fühlt sich schuldig, wenn sie sich vor einer Hausarbeit drückt. (7)
• Hat Einstellungen, die Sie an die Vergangenheit binden. (9)
• Fühlt sich schuldig, wenn sie „das Geld des Ehemanns" ausgibt. (5)
• Muß an Mutter oder Vater denken, wenn sie eine Regel aus ihrer Kindheit nicht befolgt. (10)
• Sucht bei wichtigen Entscheidungen immer die Zustimmung der Eltern. (12)
• Macht Bemerkungen wie zum Beispiel, daß die Dinge sich nie ändern würden. (9)

Trifft fast immer zu

• Glaubt, daß Männer besser sind. (2)
• Findet, daß die Regeln von Menschen aufgestellt werden sollten, die überlegen sind. (3)
• Meint, es sei nicht richtig, Regeln zu brechen, auch wenn sie für sie selbst nicht gut sind. (4)
• Geht nie allein mit einem anderen Mann weg, wenn ihr Partner nicht dabei ist. (4)
• Macht Unternehmungen mit Freunden und der Familie, auch wenn sie gar keine Lust hat, und nimmt es ihnen übel,

wenn sie sich nicht amüsiert. (5)

• Diskutiert selten und spricht nie mit ihren Kindern über die schönen Seiten des Sex. (6)

• Hat Angst, daß ein Elternteil oder ein Kind sie beim Sex „erwischt". (6)

• Hat seit mehr als einem Monat nichts wirklich Neues mehr getan. (8)

• Möchte, daß ihr Mann besser ist als sie. (9)

• Meint, sie sei schlecht und habe Strafe verdient, wenn sie eine Regel bricht. (10)

• Glaubt, es sei unweiblich, Wut zu zeigen. (11)

• Hat Schwierigkeiten, Komplimente anzunehmen. (1)

• Der Gedanke, sich selbst versorgen zu müssen, erfüllt sie mit Schrecken. (12)

Nun wollen wir das Ergebnis analysieren. Wir werden uns näher mit unserem Beispiel befassen, damit Sie eine bessere Vorstellung davon bekommen, wie wir die Problembereiche des Braven-Mädchen-Syndroms herausfinden, die auf Sie zutreffen.

Nancy B. bekam 38 Punkte zusammen. Wenn wir uns die Spalten genau betrachten, sehen wir, daß es viele Widersprüche gibt. Zum Beispiel erfüllt sie der Gedanke, sich selbst versorgen zu müssen, mit Schrecken, aber gleichzeitig hält sie es für unweiblich, ihren Ärger darüber auszudrücken. Das ist nichts Ungewöhnliches für ein „braves Mädchen".

Sehen Sie sich jetzt die Bereiche an, die am häufigsten in der Spalte *trifft fast nie zu* vorkommen. Diese Spalte zeigt Ihre *starken* Seiten. Im oben erwähnten Fall erkennen wir drei Punkte aus dem Problembereich Nr.7: „Ich bin so, wie die Männer mich sehen." Frauen, die Opfer dieses Problembereichs sind, bilden sich ihre Identität abhängig davon, wie die Männer sie sehen, und nicht, wie sie sich selbst sehen. Da Nancy B. sagt, drei Verhaltensweisen aus diesem Bereich kämen fast nie vor, können wir annehmen, daß sie ein gutes Selbstbild hat. Sie braucht keine Männer, um ihr ein Selbstwertgefühl zu geben. Später werden wir aber sehen, was dem zu widersprechen scheint. Sie kreuzt bei der Aussage, daß „Männer besser sind", die 2 an. Sie hält etwas von sich, hat Selbstvertrauen bei eigenen Entscheidungen und hält dennoch die Männer für überlegen.

Sehen Sie sich als nächstes die Bereiche an, die am häufigsten in der Spalte *trifft fast immer zu* vorkamen. Hier finden Sie Ihre speziellen Problembereiche, nämlich die Verhaltensweisen, die Sie am stärksten zu einem Opfer des Braven-Mädchen-Syndroms machen.

In unserem Beispiel kommt der Problembereich Nr.4 „Regeln sind heilig" und der Bereich Nr.6 „Brave Mädchen genießen Sex nicht wirklich" zweimal vor. Für Nancy B. scheint es in ihrem Leben nur entweder schwarz oder weiß zu geben. Sie glaubt, gehorchen zu müssen, auch wenn sie dafür ihre Freiheit opfern muß. So muß sie auch nicht darüber nachdenken, ob es nicht auch noch eine andere Möglichkeit gibt, nämlich grau anstatt scharz oder weiß. Sie würde eher Regeln befolgen, die nicht gut für sie sind, als sich ihre eigenen zu machen. Damit einher geht ihr Glaube, ihren Spaß am Sex verleugnen zu müssen, wodurch sie die Freiheit der sexuellen Erfüllung aufgibt, um einen anderen Konfliktbereich zu vermeiden.

„Ich bin so, wie mich die Männer sehen" (7), „Regeln sind heilig" (4), „Brave Mädchen genießen Sex nicht wirklich" (6) - diese Problembereiche sind in diesem Profil besonders auffällig, weil sie so häufig vorkommen, aber nur einseitig bewertet werden. Dadurch können wir über Nancy B. einige Schlußfolgerungen ziehen. „Ich bin so, wie mich die Männer sehen" (7) erscheint nie in der Spalte *Trifft fast immer zu,* und „Regeln sind heilig" (4) und „Brave Mädchen genießen Sex nicht wirklich" (6) tauchen nie in der Spalte *Trifft fast nie zu* auf. Das zeigt uns, daß Nancy B. ein starkes Gefühl für ihre Identität hat, aber trotzdem zwei Probleme: Regeln zu mißachten, die für sie nicht gut sind, und Sex zu genießen.

Wir konnten Nancy B. helfen, indem wir die in den Kapiteln 4 und 7 beschriebenen Strategien anwandten. Wir forderten sie auf, alle Regeln, die sie befolgte und die sie an ihrem persönlichen Glück hinderten, aufzulisten. Zusammen untersuchten wir genau, ob es wirklich sinnvoll war, diese Regeln zu befolgen, selbst wenn Nancy sich dadurch als „braves Mädchen" fühlte. Als nächstes erklärten wir ihr die in Kapitel 6 beschriebenen Übungen zur Sensibilisierung ihrer Sinne, damit sie sich über ihre sexuellen Tabus hinwegsetzen und Erfüllung finden konnte. Heute hat sich

Nancy von ihren selbstschädigenden Gedanken befreit und ist voll in der Lage, in ihrer eigenen Welt erfolgreich nach ihren Vorstellungen zu leben.

Sie können sich Ihren eigenen Plan für Ihre Veränderung zusammenstellen, indem Sie Ihren Test auswerten. Achten Sie auf die Probleme, die mehr als einmal in der Spalte *Trifft fast immer zu*, aber nie in der Spalte *Trifft fast nie zu* vorkommen. Sie werden die Kapitel, die diese Probleme behandeln, zuerst lesen wollen und auch damit beginnen wollen, einige der darin aufgeführten Strategien auszuprobieren.

Jedes Kapitel beginnt damit, Ihnen zu zeigen, *woher* Ihr Problem kommt - die Umstände, die dazu führten, daß Sie in erster Linie ein Opfer dieses Problems wurden. Dann werden wir Ihnen genau erklären, *wie* Ihr Problem aussieht - das alltägliche Verhalten, durch das es zum Ausdruck kommt. Als nächstes erfahren Sie, *warum* Sie an diesem selbstschädigenden Verhalten festhalten. Zum Schluß zeigen wir Ihnen als Allerwichtigstes, wie Sie Ihre Probleme überwinden können, indem Sie bewährte Strategien anwenden, die wir aufgrund von gültigen Prinzipien der Verhaltenstherapie entwickelt haben.

Am Ende jedes Kapitels zeigen wir Ihnen viele dieser Strategien. Sie sind für jeden durchführbar. Wir werden Ihnen zeigen, wie Sie sie anwenden können, um wirklich positive Ergebnisse zu erzielen. Wenn Sie das Brave-Mädchen-Dasein aufgeben, werden Sie reich dafür belohnt. Wie Sie bald sehen werden, sind die Früchte der Freiheit süß.

Das <Brave Mädchen> versus persönliche Freiheit: Eine Herausforderung

Wir haben diesen Test und diesen Veränderungsplan entwickelt, damit Sie sich Ihrer selbst mehr bewußt werden, und um Ihnen ein paar Strategien an die Hand zu geben, sich selbst zu befreien. Wenn Sie sich erst einmal kennen, - was Sie im Zaum hält und was Sie tun müssen, - dann können Sie beginnen, die Freiheit zu erklimmen.

Die meisten von ihnen, die dieses Buch lesen, haben bereits den ersten Schritt getan. Sie haben beschlossen, daß Sie anderen Menschen nicht Ihre ganze Macht schenken wollen. Sie wollen nicht mehr über die Fehler der anderen hinwegsehen, ihnen auf Gnade oder Ungnade ausgeliefert sein, gleichgültig, für wie „gut" sie Sie halten, wenn Sie das tun. Sie beginnen, sich weiterzuentwickeln, wenn Sie sich der Dinge bewußt sind. Mit dem Wissen um Ihre Kraft, sich selbst zu ändern, kommt die Zufriedenheit mit sich selbst.

Nehmen Sie gemeinsam mit uns diese Herausforderung an! Schauen Sie Ihre Verhaltensweisen und die Belohnungen für Ihr Verhalten genau an, während wir die zwölf Problembereiche beschreiben, die das Brave-Mädchen-Syndrom ausmachen. Seien Sie ehrlich zu sich selbst, wenn Sie sich selbst einschätzen. Haben Sie keine Angst, sich so zu sehen, wie Sie wirklich sind. Haben Sie keine Angst, die Strategien zu erproben. Sie sind einfach, wirkungsvoll und der wichtigste Teil in unseren Kapiteln. Wenn Sie sich erst einmal geändert haben, werden Sie den Unterschied an sich *spüren*, was aber noch wichtiger ist, die anderen werden ihn *sehen!*

Vergessen Sie jedoch nicht, sich eine Pause zu gönnen. Seien Sie nicht zu streng mit sich. Auch wenn Sie nur einen kleinen Schritt nach vorne machen, bedenken Sie, daß Sie versuchen, die Frau zu werden, die Sie gerne sein würden. Denken Sie an die wunderbaren Möglichkeiten. Dann handeln Sie und schaffen Sie sich eine wundervolle neue Realität. Sie haben ganz sicherlich die Kraft dazu!

1
„Mit mir stimmt etwas nicht"

*„Seit ich denken kann,
laufe ich vor mir selbst weg...
wahrscheinlich, weil ich mich
selbst nicht sehr mag."*

Claire S., 34 Jahre

Claire ist Hausfrau und Mutter von zwei Kindern. In ihrer
Ehe mit Mike ist sie bis auf einen Punkt glücklich: Mike hat
ein ungeheures Bedürfnis, zu dominieren, und hält Claire
somit in einer starken Abhängigkeit. Claire läßt sich Mikes
Benehmen gefallen, weil sie glaubt, sie verdiene es nicht
besser. „Ich weiß, mit mir kann etwas nicht stimmen, weil
ich so fühle", erklärt sie uns. „Mike ist wirklich ein
wunderbarer Ehemann." Weil sie glaubt, es sei ihr Fehler -
ihr Makel -, daß sie in der Beziehung unglücklich ist,
erwartet sie auch nicht, daß sich ihr Mann in irgendeiner
Weise ändern sollte.

Sie kam mit der typischen Haltung des <braven Mäd-
chens> zu uns. Wir sollten ihr helfen, den Druck, der auf ihr
lastete, abzubauen; sie glaubte, es gäbe keine konkreten
äußeren Gründe für die Anspannung, die sie verspürte. Wir
kamen sofort zum Kern des Problems, indem wir unseren
verhaltenstherapeutischen Ansatz benutzten. Wir baten
Claire, *genau* zu beschreiben, was Mike tat, um ihre Unabhängigkeit zu vernichten. Claire sagte schnell: „Er läßt nicht
zu, daß ich mir ein eigenes Auto kaufe. Wenn ich nur ab und
zu aus dem Haus käme, würde ich mich nicht so eingesperrt
fühlen. Aber er sagt, überall, wo ich hinwolle, könne er mich
auch hinfahren."

„Er läßt Sie nicht?" wiederholten wir. Claire sprach über
ihn wie ein Kind über seinen Vater. „Ja, also ...", zögerte
sie, „er will es nicht." Wir machten ihr sofort deutlich, daß es
ein enormer Unterschied ist, ob man etwas nicht tun darf,

oder ob man es nicht tut aus Angst, die Wertschätzung des anderen zu verlieren. Dann stellten wir die alles entscheidende Frage: „Glauben Sie, Sie *verdienen* ein eigenes Auto?" Sie zögerte einen Augenblick, dann lächelte sie. „Natürlich, verdammt nochmal!"

Dann halfen wir Claire zu erkennen, daß sie sich so *verhielt*, als ob sie es nicht verdient hätte, sich selbst ihre Wünsche zu erfüllen, unabhängig davon, ob es anderen paßte oder nicht. Mit unserer Hilfe begann Claire, manches von dem zu tun, was sie tun wollte. Die anderen sollten sich zur Abwechlung mal nach ihr richten. Claire tat genau das. Sie fragte nicht mehr um Erlaubnis, sondern kaufte sich einfach einen wunderschönen Gebrauchtwagen, um ihr Gefühl des Gefangenseins zu vermindern. Mike war erstmal aufgebracht. Das war in Ordnung - es war zu erwarten gewesen. Jeder regt sich auf, wenn die Dinge nicht so laufen, wie er es gerne hätte. Aber niemand kann ewig verrückt spielen, und mit der Zeit machte er sich mit dem Gedanken vertraut. Er gewöhnte sich daran.

Sie können, wie Claire, Ihre Bedürfnisse nur unterdrücken, wenn Sie *glauben*, daß mit Ihnen etwas nicht stimmt und Sie nichts verdienen. Menschen, die Sie unterdrücken *wollen,* wissen das, und nutzen das vielleicht zu ihrem Vorteil aus.

Seit der Geschichte mit Eva, die Adam mit dem Apfel in Versuchung führte, stellt die Gesellschaft die Frau in einem schlechten Licht dar. Wir werden Ihnen jedoch helfen, sich in einem besseren Licht zu sehen. Am Ende dieses Kapitels zeigen wir Ihnen eine Strategie, wie Sie Ihr Selbstbild stärken und die negativen Dinge, die Sie möglicherweise von sich glauben, bekämpfen können. Ihr Selbstbild *reagiert* äußerst empfindlich auf äußere Einflüsse, aber Sie haben die Macht, die Dinge zum Besseren zu wenden. Wenn Sie sich selbst sagen „Mit mir ist alles in Ordnung, ich bin o.k., so wie ich bin", können Sie sich eine völlig neue Welt erschließen. Wir beginnen alle am gleichen Punkt. Was Sie von dort aus erreichen, hängt davon ab, wozu Sie glauben, fähig zu sein. An sich zu glauben ist der Schlüssel zu Ihrer persönlichen Kraft und zu einem neuen glücklicheren Ich.

Der weit verbreitete Mythos, daß Frauen unvollkommen sind

Woher kommt Claires Gefühl der Minderwertigkeit? Noch wichtiger: Warum fühlen sich viele Frauen genauso minderwertig wie Claire? Zumindest oberflächlich betrachtet scheint es, daß jeder versucht, den Frauen weiszumachen, daß etwas nicht mit ihnen stimmt. Manche Frauen glauben, daß ihre Probleme daher rühren, daß sie in der Bibel schlecht dargestellt werden, besonders im Paradies. Frauen haben uns gefragt: „Warum ist es immer die Frau, die schuld ist, wenn etwas schiefgeht? Will uns das die Bibel sagen?" oder „Ich bin sicher, daß es ein Mann war, der geschrieben hat, daß Gott sagte, Evas Strafe dafür, daß sie den Apfel gegessen hat, solle sein, daß der Mann über sie herrsche." Seit der Geschichte mit Adam und Eva glauben manche Frauen, daß sie ihrem Mann nicht nur bedingungslos gehorchen müßten, sondern auch, daß Selbständigkeit ihrer unwürdig und vielleicht sogar schädlich sei.

Ein anderer Problembereich für Frauen sind unsere Märchen. Nirgendwo wird die Passivität der Frauen mehr belohnt als in den goldenen Klassikern, die wir als Kinder gelernt haben. Colette Dowling erörtert diesen Punkt in ihrem Buch <Der Cinderella Komplex> so: „Wie Aschenputtel warten die Frauen von heute immer noch auf ein äußeres Ereignis, das ihr Leben verändert." Für viele ist das Mädchen, das in Not ist, die ideale Frau: Die einzige Möglichkeit, den Prinzen auf sich aufmerksam zu machen, ist, ein Problem zu haben, das nur er lösen kann.

Die Botschaft hierin ist, daß man ein schreckliches Problem haben oder zumindest passiv sein muß, um von einem Mann geliebt zu werden. Rapunzel, Schneewittchen, Dornröschen und Aschenputtel - sie alle brauchten Männer, die sie aus Situationen befreien mußten, aus denen sie nicht von selbst herauskamen. Durch Märchen lernen Mädchen, daß hilflos zu sein der ideale Weg ist, attraktiv zu sein und sich einen Mann zu angeln. Also wartet man auf den Prinzen in der glänzenden Rüstung, weil man nie gelernt hat, daß man sich selbst retten kann.

Wie so viele Mythen, die man Ihnen beigebracht hat, scheint diese Idee der Hilflosigkeit nicht zu funktionieren. Haben Sie sich je gefragt: „Warum hat sich Rapunzel nicht einfach selbst die Haare geschnitten, sie an den Fenstersims gebunden, ist den Turm hinuntergeklettert und hat ihr Leben weitergeführt, anstatt auf einen Mann zu warten, der das für sie tut? Warum mußten Schneewittchen und Dornröschen ewig herumliegen und auf den Kuß eines Mannes warten? Warum hat Aschenputtel nicht versucht wegzulaufen?" Die Antwort auf diese Fragen ist einfach: Die Männer, die diese Geschichten geschrieben haben, und die Gesellschaft, die sie unterstützte, wollen Sie glauben machen, Sie bräuchten die Männer und könnten ohne diese nicht leben. Sie sollen deren Regeln befolgen, weil dies das System unterstützt, das sie geschaffen haben.

Die Frauen haben diesen Mythos über ihren Wert unbewußt am Leben erhalten. Vielleicht, weil sie keine Alternative sahen. Auf jeden Fall können Frauen, die glauben, sie seien nicht frei, ihren Töchtern auch nicht beibringen, freiheitlich zu denken. Wenn man glaubt, man sei zu unvollkommen, um selbständig zu denken, dann sucht man unweigerlich nach jemandem, der für einen denkt. Deshalb glauben Frauen, ohne es zu bemerken, manchmal, daß sie nicht für sich selbst sorgen können. Das Problem wird perfekt, da Mädchen lernen, sie sollten sich einen Mann suchen, der für sie sorgt.

Alexandra, 53, wird von ihrem Mann Bill, der sie anbetet, wie eine Prinzessin behandelt. Von dem Tag an, als sie mit 18 heiratete, hatte sie keinen Finger mehr rühren müssen. Köche, Dienstmädchen, Lebensmittellieferanten, Gärtner und andere Gehilfen machten alles für sie. So gut Bill auch zu ihr ist, Alexandra ist unzufrieden. „Wissen Sie, was dieser Mann macht, wenn wir in einem Restaurant sind?" fragte sie uns. „Er weigert sich, mir noch ein Wasser zu bestellen, solange ich mein Glas noch nicht völlig ausgetrunken habe. Solange auch nur noch ein Tropfen Wasser im Glas ist, ruft er nicht den Ober!" Wir wissen, daß die meisten unserer Leser dies für kein allzu ernstes Problem halten mögen, aber für Alexandra war es eines. Wir erwähnen es an dieser Stelle, weil es so schön zeigt, wie eine Frau so in ihrer *Rolle* der Abhängigkeit gefangen sein kann, daß sie nicht einmal das kleinste Problem lösen kann. Die Lösung für Alexandras Problem war, sich selbst ein Wasser zu bestellen. „Warum bin ich nicht selbst darauf gekommen", rief sie, als wir ihr den Vorschlag machten. Warum kam sie nicht darauf? Weil sie *erwartet*, abhängig zu sein. Film und Fernsehen fördern ebenfalls das Bild der unfähigen und kindlichen Frau. Wie Marlon Brando in dem Film <Der Pate> noch 1972 sagt: „Sorglosigkeit ist Sache von Frauen und Kindern." Wieder soll man daraus lernen, daß es für Frauen völlig in Ordnung ist zu versagen. Es ist immer ein Mann da, der die Sache hinterher wieder in Ordnung bringt.

Was diese erlernte Hilflosigkeit bedeutet

Wie Sie erkennen, wird vielen Frauen wie Alexandra in unserer Gesellschaft gelehrt, hilflos zu sein. Manche sagen sogar, man hätte ihnen beigebracht, masochistisch zu sein. Im allgemeinen ist ein Masochist ein Mensch, der Gefallen daran findet, mißbraucht und beherrscht zu werden. Wenn Sie eine der vielen Frauen sind, die sich von einem Mann herumkommandieren lassen, dann erhalten Sie vielleicht freundlicherweise seine Anerkennung und er drückt Ihnen den Stempel des <Bravseins> auf. Als Belohnung dafür, sich herumkommandieren zu lassen, werden Sie als brav bezeichnet. Manche Frauen gehen sogar noch einen Schritt weiter - sie sehen ihr passives Bravsein als einen Weg an, um eine Märtyrerin und Heilige zu werden.

Eine Patientin von uns, Kim R., war eine lebhafte 34-jährige Frau, die sehr gerne wieder auf die Schule gehen wollte. „Ich habe das Gefühl, daß ich mich nicht weiterentwickle, wenn ich nichts Neues lerne", sagte sie. Sie hatte durch ihre Heirat die Chance verpaßt, das College abzuschließen, aber sie konnte nicht genau sagen, was sie jetzt davon abhielt. Sie schaute sich regelmäßig Seminarprogramme an, füllte Bewerbungsformulare aus, kaufte sich die entsprechenden Lehrbücher, bezahlte sogar die Aufnahmegebühr, erschien aber nie zum Unterricht. Sie berichtete, daß ihr Mann sie sogar unterstützte, indem er sagte: „Du kannst alles tun, was du willst, Liebling."

Jedesmal jedoch, wenn Kim Schritte unternahm, um zu Wissen und Unabhängigkeit zu kommen, zog sich ihr Mann Marty für einige Zeit zurück. Kim sah das als Zeichen dafür an, daß er Angst hatte, zeitweise von ihr getrennt zu sein. „Er wurde immer so deprimiert, wenn ich nicht bei ihm war", erzählte sie. Dann sagte sie, er täte ihr so leid, daß sie es nicht fertigbrachte, ihn für die Zeit des Unterrichts alleine zu lassen. Das wäre nicht „nett", erklärte sie uns. „Also gab ich die Schule auf, um nett zu meinem Mann zu sein." Nach einiger Zeit konnten wir ihr klarmachen: „Kim, Sie leiden nur, um eine Heilige genannt zu werden. Das ist jedoch eine sehr kleine Belohnung für Ihr Opfer." Dann gaben wir ihr eine Aufgabe. Kim sollte eine Liste von all den Vorteilen zusammenstellen, die Marty durch ihr Verhalten als Heilige hatte, alle Vorteile, die Marty dadurch hatte, daß er Kim von der Schule abhielt. Auf der Liste stand, was zu erwarten war: Kameradschaft, zeitige Mahlzeiten, mehr Geld in der Haushaltskasse. Aber es gab eine Überraschung: ein größeres Ego. Kim erklärte es so: „Ich glaube, ich habe einfach nicht gemerkt, daß er sich, obwohl er was anderes sagte, neben mir toller vorkam, wenn ich ungebildet war." Plötzlich sah sie sich und Marty in einem deutlicheren Licht. Es war nichts Heiliges oder Lobenswertes daran, aus welchem Grund auch immer, unwissend zu bleiben. Sie nimmt nun an Abendkursen an der Universität teil und besteht ihre Kurse mit Leichtigkeit.

Viele Männer lieben hilflose Frauen, weil sie keinen Aufruhr machen; sie bringen das System der Regeln nicht durcheinander. Sie belohnen diese Art des Leidens mit Anerkennung, und die Frauen werden umso masochistischer. Die Psychiaterin Natalie Shaines bemerkte in ihrem Buch <Sweet Suffering>, daß „sich der masochistische Mensch immer im Unrecht fühlt." Sie fährt fort: „Wenn jemand Kompetentes kommt und sagt, daß Sie unrecht haben, und das stimmt, dann ist der masochistische Mensch nicht in der Lage zu kämpfen." Shaines sagt, Beeinflußbarkeit ist das Kennzeichen eines wahren Masochisten, die völlige Bereitwilligkeit, die Annahmen und Argumente eines anderen zu akzeptieren.

Im folgenden werden wir Ihnen zeigen, wie Sie die negativen Einflüsse der anderen abwehren und die *positiven* Aussagen, die *Sie* selbst über sich machen, mehr annehmen können. Letztendlich ist nämlich der Rat, den Sie sich selbst geben, der allerwichtigste. Nur Sie selbst wissen, was am besten für Sie ist. Der einzige, auf den Sie sich verlassen können, um es zu bekommen, sind Sie selbst.

Es ist gefährlich, das Gefühl zu haben, daß man immer für Sie sorgen wird

Wie Sie vielleicht schon wissen, und wie Kim es Ihnen schon gezeigt hat, kann die Überzeugung, es werde immer für einen gesorgt, gefährlich sein. Dafür gibt es viele Gründe, aber der wesentlichste und wichtigste ist, daß es nicht wahr ist - es ist genauso ein Märchen wie die Geschichten vom Aschenputtel und Rapunzel.

Wie problematisch die Überzeugung ist, daß man jemanden braucht, der für einen sorgt, zeigt sich in vielerlei Hinsicht. Besonders deutlich wird es, wenn Frauen für sich selbst sorgen müssen, z.B. in Folge einer Scheidung. In einer Zeit, in der jede zweite Ehe in einer Scheidung endet, geraten viele Frauen mittleren Alters, die seit über 20 Jahren nur Hausfrauen waren, plötzlich in finanzielle Not. Diedre, 32, seit einem Jahr geschieden, kämpft darum, mit ihrem geringen Einkommen ihre vier kleinen Kinder durchzubringen. Sie hat zwei Jobs, sieht ihre Kinder fast nie, weil sie nachts und an den Wochenenden arbeitet und dazu noch einen normalen 8-Stunden Tag hat. Trotzdem ist sie auf Geld von ihrer verwitweten Mutter angewiesen, um durchzukommen. Sie erzählt uns, ihr Exmann Eric, ein Schönheitschirurg, „verdient fünfmal soviel wie ich als Empfangsdame, und trotzdem gibt er mir weniger als die Hälfte seines Einkommens für den Unterhalt und die Kinder."

In den ersten Jahren ihrer Ehe, Diedre war damals Anfang Zwanzig, arbeitete sie hart, damit Eric seine medizinische Ausbildung zu Ende bringen konnte. Nach seinem Examen beschlossen sie, eine Familie zu gründen. Schon bald, nachdem das letzte Kind geboren war, begann Eric, immer wieder Affären zu haben, aber Diedre glaubte, die Ehe solle bestehen „bis der Tod uns scheidet", und beschloß, es hinzunehmen. Sie bat Eric, mit ihr zur Eheberatung zu gehen, aber er weigerte sich. Vor etwas mehr als einem Jahr verließ er sie wegen einer 22-jährigen Sekretärin. Diedre faßte es verärgert so zusammen: „Die ganze Gesellschaft spricht davon, wie großartig es ist, Frau und Mutter zu sein, aber wenn alles in die Brüche geht und du allein mit vier Kindern auf dich gestellt bist, wo ist dann die Gesellschaft?" Diese Klage hören wir oft von Frauen, die bitter einsehen mußten, daß Männer eben *nicht* immer für sie da sind. Sie haben gelernt, daß nur das Wissen, wie sie für sich selbst sorgen können, oder daß sie sich selbst versorgen können, ihnen eine Sicherheit bietet.

Frauen am Arbeitsplatz: Ein Problem

Wie viele von ihnen wissen, löst die Berufstätigkeit nicht das Problem der Abhängigkeit. Im Gegenteil, es schafft wieder eine Menge neuer Probleme. Sie müssen nicht nur gegen das System ankämpfen, sondern stehen auch noch einem anderen Gegner gegenüber: sich selbst.

Cindy, eine 60-jährige Buchhalterin, bekam Magengeschwüre, weil sie ständig Angst hatte, entlassen zu werden. Cindy war zwanghaft genau bei ihrer Arbeit - sie war so hartnäckig, daß sie die ganze Belegschaft mit ihrer haarspalterischen Genauigkeit verrückt machte. Morgens war sie als erste im Büro und abends ging sie als letzte. Sie arbeitete bis tief in die Nacht hinein, um einen Termin einzuhalten, auch wenn sie wußte, daß die Arbeit noch Zeit hatte. Die Bleistifte waren immer gespitzt, das Schreibzeug schön geordnet, alle Eintragungen waren peinlich genau geführt und ihre Arbeit war fast perfekt. Es verging jedoch kaum eine Stunde, in der sie nicht befürchtete, ihre Stelle, die sie schon über 30 Jahre hatte, zu verlieren.

„Ich wurde erzogen, eine Dame zu sein", sagte Cindy, „mit Puppenhäusern, Stricknadeln, Rüschenkleidern und Porzellangeschirr." Ihre Mutter redete ihr ein, daß ihre Liebe zu Fakten und Zahlen etwas Dummes sei, und daß sie das nur nicht so wichtig nehmen sollte. „Hör auf, so klug wie die Männer sein zu wollen", riet ihre Mutter ihr. Sie rebellierte gegen ihre Mutter, jedoch nur bis zu einem gewissen Grad. Sie wurde Buchhalterin. Die tadelnde Stimme ihrer Mutter begleitete sie jedoch durch ihr ganzes Leben. Diese redete ihr immer ein, es stimme etwas nicht mit ihr, weil sie sich für die Karriere entschieden hatte, und noch dazu für eine Karriere als Buchhalterin, und daß sie in der Männerwelt niemals bestehen könnte. „Jeder hat seinen Platz auf dieser Welt", pflegte ihre Mutter zu sagen, „und deine Aufgabe ist nicht, es den Männern gleichzutun." Unweigerlich mußte sie in der von <Männern beherrschten Welt der Zahlen> scheitern. Die ganzen Jahre hindurch, in denen sie arbeitete, unternahm sie nichts, um ihren Stress abzubauen oder die Magengeschwüre zu vermindern, da sie wußte, in welcher hoffnungslosen Lage sie sich befand. Sie war eben kein Mann und hatte deshalb allen Grund, sich ständig Sorgen zu machen, wie sie in einem von Männern regierten Unternehmen bestehen sollte. Diese selbstschädigenden Gedanken hielten Cindy davon ab, etwas daran zu ändern. Als wir Cindy ihr Problem und die Gründe für ihr Verhalten bewußtmachen konnten, entwickelte sie sehr schnell eine Strategie, um dies zu ändern.

Eine Strategie, die besonders gut funktioniert, um die Stimmen in ihrem Kopf abzustellen und einen klaren Kopf zu bekommen, beschreiben wir in Kapitel 6. Jedesmal, wenn Cindy die Stimme ihrer Mutter sagen hörte, daß sie in einem Männerberuf nichts verloren hätte, atmete sie mehrmals tief durch und machte diese Übung, um die unerwünschte Stimme aus ihrem Kopf zu vertreiben. „Es war mir nie bewußt, wie sehr ich in meiner Vergangenheit gefangen war", sagte Cindy. „Ich schenkte immer noch Dingen Beachtung, die mir meine Mutter erzählt hatte, als ich fünf Jahre alt war!" Obwohl es ab und zu immer noch vorkommt, daß Cindy die innere Stimme ihrer Mutter hört, die sie in ihrem Verhalten einschränken will, hat sie aufgehört, ihr Beachtung zu schenken. In anderen Übungen, die wir für Cindy ausgesucht hatten, sollte sie bei bestimmten Aufgaben ihre selbst gesetzten Termine nicht einhalten und sich außerplanmäßig Zeit für Plaudereien und Spaziergänge nehmen. Dies half ihr, ihr zwanghaftes Verhalten, das für ihre Magengeschwüre verantwortlich war, zu durchbrechen.

Warum hilflose Mädchen im Beruf scheitern

„Ich werde die Männer nie verstehen", klagte uns Betty, 25, ihr Leid. „Sie sind wie Dr. Jerkyll und Mr. Hyde. Einmal tun sie so, als ob ich eine Prinzessin wäre, und das nächste Mal behandeln sie mich wie ein Stück Dreck." Bettys 3-jährige Ehe mit Joshua war „wie im siebten Himmel" gewesen. Immer, wenn Betty sich etwas wünschte, dann pflegte sie ihre Augen zu verdrehen und Joshua in süßem Ton zu bitten, es für sie zu erledigen. Wenn sie aber halbtags in seinem

Bekleidungsgeschäft arbeitete, war das völlig anders. Plötzlich war es für ihn nicht mehr niedlich, wenn Betty vor Kunden mit ihm flirtete oder ihn bat, alles für sie zu erledigen, wie zum Beispiel ihr zu sagen, wo die Ware lag, oder die Kasse zu bedienen. Die Hilflosigkeit, von der Joshua zuhause so angetan war, ging ihm bei der Arbeit völlig gegen den Strich.

Viele <brave Mädchen> stellen häufig fest, daß Männer etwas, das ihnen zuhause gefällt, in der Geschäftswelt gar nicht mehr gut finden. Zuhause fühlt sich der Mann vielleicht durch die Hilflosigkeit der Frau wie ein König. Hier lernen Frauen, daß sie hilflos sein müssen, um von ihren Männern geliebt zu werden. Am Arbeitsplatz kostet ihn diese Hilflosigkeit jedoch Geld. Eine hilflose Frau bringt die ganze Arbeit durcheinander. Frauen, die gelernt haben, sich hilflos zu geben, um zuhause Unterstützung zu bekommen, müssen plötzlich feststellen, daß bei der Arbeit die Sache ganz anders läuft. Bei der Arbeit wird man von anderen unterstützt, wenn man fähig ist und sich selbst zu helfen weiß.

Leslie, 34, eine Patientin von uns, die beinahe ihre Stelle als stellvertretende Betriebsleiterin verloren hätte, ist ein gutes Beispiel dafür, wie eine hilflose Frau in der Arbeitswelt scheitert, und wie sie sich ändern kann. Leslie lief immer zu ihrem Chef, sogar zu ihren Untergebenen, und schlug die Hände voller Verzweiflung über die scheinbar unüberwindlichen Probleme mit dem Personal über dem Kopf zusammen. „Ich weiß einfach nicht, was ich machen soll", klagte sie immer. „Es ist einfach zuviel." In den zehn Jahren, in denen sie mit Herb verheiratet war, erreichte sie mit einem solchen Verhalten immer, was sie wollte. Wenn der Wasserhahn undicht war, eine Sicherung durchbrannte oder sich das Geschirr stapelte, dann mußte sie Herb nur sagen, daß es zuviel für sie war, und er kümmerte sich mit Freude darum. Er schien es zu genießen, daß er der Stärkere war.

Freundlich erklärten wir Leslie, „durch solches Verhalten erreichen Sie vielleicht zuhause, was Sie wollen, aber am Arbeitsplatz bekommen Sie durch ein solches Verhalten nur Ärger." Für Leslie gab es zwei Möglichkeiten. Sie konnte so weitermachen und andere ihre Arbeit erledigen lassen, oder sie konnte lernen, sich zu ändern, mit anderen Worten, aufzuhören, anderen ihr Leid zu klagen, wenn sie in Bedrängnis war, und selbst nach einer Lösung suchen. Auf jeden Fall ehrlich zu sein und zuzugeben: „Mit mir ist alles in Ordnung".

Leslie beschloß, ihr Verhalten zu ändern. Mit unserer Hilfe lernte sie, alle selbstschädigenden Bemerkungen, die sie gegenüber sich selbst machte, mit positiven zu bekämpfen. Wenn ihr die Arbeit über den Kopf wuchs, baten wir sie, sich einfach mehrmals zu sagen: „Ich kann es schaffen, wenn ich mich nur darauf konzentriere." Bald hörte sie auf, zu jammern, und dann glaubte nicht nur sie an sich selbst, sondern auch ihre Kollegen glaubten an sie. „Ich habe meine Lektion gelernt", sagte Leslie lächelnd in ihrer letzten Sitzung mit uns. „Die Leute am Arbeitsplatz helfen denen, die sich selbst helfen."

Einige typische Beispiele

Nachdem wir uns nun das Wesen und den Ursprung dieser selbstschädigenden Einstellung von der Hilflosigkeit der Frauen betrachtet haben, wollen wir einen Schritt weitergehen, indem wir diese aus Ihrem Denken verbannen. Wir werden klären, *wie* sich diese Einstellung in Ihrem Verhalten niederschlägt. Wir möchten, daß Sie folgende Frage beantworten können: „Wenn ich dieses Problem hätte, wie würde ich mich *verhalten?"* oder „Wie würde ein anderer mein Verhalten *sehen* ?"

Auf folgende Art und Weise teilen die Frauen am häufigsten mit: „Etwas stimmt nicht mit mir".

• Andere müssen Ihre Entscheidungen bestätigen.
• Sie können keine Komplimente annehmen.
• Sie versagen sich die schönen Dinge des Lebens, die Sie lieben - Rosen, Kosmetika und anderes -, da Sie glauben, diese nicht zu verdienen.

Wie wir im Fall von Leslie gesehen haben, kommt der Erfolg im Beruf dadurch, daß man die Menschen motiviert, einen zu unterstützen, anstatt zu jammern. Georgia, 43, die in einem Unternehmen arbeitete, das Papiertüten herstellte, war fünf Jahre lang nicht befördert worden. Wie Leslie strahlte sie eine Hilflosigkeit aus, die alles andere als Vertrauen erweckte, weder bei Kollegen, noch bei den Vorgesetzten. Georgia schlug zwar nicht bei jedem Problem die Hände über dem Kopf zusammen, wie es Leslie tat, aber sie zeigte, daß in mancherlei Hinsicht etwas nicht in Ordnung mit ihr war. Sie traf nie eine wichtige Entscheidung in ihrer Arbeit, ohne vorher ihre männlichen Kollegen zu Rate zu ziehen: „Dieses Design ist besser, findest du nicht auch Hank?" oder „Ist diese Farbe nicht besser, George?" oder „Die anderen finden auch, daß ...". Wenn sie Komplimente bekam, wehrte sie diese mit den Worten ab: „Ach, das kann doch jeder" oder „Ich glaube, ich habe nur Glück gehabt" oder „Mit dem Konzept, das ich hatte, muß jeder gut dastehen." Die Schwächen, die Georgia nicht mit Worten ausdrücken konnte, machte sie durch ihren Lebensstil deutlich. Sie zog sich unscheinbar an, trug nie Schmuck und benutzte nur selten Make-up. Georgia ließ jeden im Büro wissen, daß ihr Leben privat, wie im Geschäft eintönig war - sie machte nie Urlaub und ging nie aus.

Als wir schon Monate mit Georgia gearbeitet hatten, fragten wir sie schließlich: „Wieviele Menschen in Ihrem Büro, glauben Sie, würden gerne wie Sie sein?" Sie antwortete sofort: „Niemand. Ich selbst will nicht mal ich sein." Dann fragten wir sie: „Könnte Sie jemand motivieren, der so ist, wie Sie nicht *sein* möchten?" Als Georgia in der Lage war, sich mit den Augen der anderen zu sehen, wußte sie, warum sie nicht aufgestiegen war: Es gab nichts an ihrem Verhalten, was bei anderen Vertrauen erwecken konnte, weil sie kein Vertrauen zu sich selbst hatte. Wir sagten ihr, sie müsse sich *zuerst* so verhalten, als *hätte* sie Selbstvertrauen, und bald würden es die anderen glauben und sie selbst schließlich auch. Sie begann, selbst Entscheidungen zu treffen, sagte „Danke" zu wohlverdienten Komplimenten, machte etwas aus ihrem Äußeren und erzählte den Kollegen, wieviel Spaß sie an den Wochenenden hatte (wir stellten ein spezielles Programm zusammen, um ihr Privatleben aufzumöbeln). Einige Monate später gab es Menschen, die wie Georgia sein wollten, und diese kamen zu ihr, wenn sie Rat brauchten. Menschen, deren Rat gefragt ist, werden befördert, und Georgia wurde es auch. Sie bekam mehr als doppelt soviel Gehalt wie vorher.

• Sie treffen jemanden, den Sie sehr mögen, und denken: „Das ist nicht von Dauer. Sobald er merkt, was für ein Mensch ich wirklich bin, ist es vorbei".

Ein gutes Beispiel für dieses Denken fanden wir bei Mary, einer Frau von Ende 30, die behauptete, sie wolle unbedingt einen Mann und Kinder. Sie hielt sich fit mit Gymnastik, zog sich gut an, sprach artikuliert und machte viele ansprechende Männer auf sich aufmerksam. Jedesmal jedoch, wenn einer ihr seine Liebe gestand und sie heiraten wollte, hatte Mary den unwiderstehlichen Drang, vor der Situation wegzulaufen. Die gleichen Probleme hatte sie mit Freunden, die starke Gefühle für sie empfanden. Mary wollte die positiven Gefühle, die die anderen ihr entgegenbrachten, erwidern, aber jedesmal, wenn ein Mann sagte, daß er sie liebte, bekam sie solche Angstanfälle und Bauchschmerzen, daß sie gezwungen war, die Beziehung abzubrechen. Die Worte „Ich liebe dich" ließen in Mary unerträgliche Schuldgefühle hochkommen. Sie kam sich dann wie eine hinterlistige und unwürdige Verführerin vor, die ihr ahnungsloses Opfer in eine romantische Phantasiewelt einwickelte, die sich sofort in Rauch auflösen würde, wenn er entdeckte, wie Mary wirklich war. Dieses Gefühl der Unzulänglichkeit rührte von ihren Eltern her, die immer einen Jungen haben wollten. Ihr Glaube, daß sie fehlerhaft und minderwertig sei, brachte Mary zwar das Mitleid der anderen ein, aber der Preis dafür war zu hoch. Wir versuchten Mary klarzumachen, daß sie in Ordnung war, so wie sie war. Mit dieser Einstellung würde sie keine Schuldgefühle mehr haben, wenn jemand sie begehrte, denn sie war eine intelligente und attraktive Frau. Wir gaben ihr eine Strategie an die Hand. Sie sollte sich jedesmal laut verbessern, wenn ihr ein negativer Gedanke durch den Kopf ging. Mit der Zeit konnte Mary ihr Verhalten ändern. Zwei Jahre später bekamen wir eine Einladung zu ihrer Hochzeit.

• Sie fühlen sich permanent unwohl bei Ihrer Arbeit, da Sie glauben, daß Ihr Chef und die Kollegen Ihr <wahres Ich> entdecken werden.
• Sie entschuldigen sich übertrieben für nahezu alles.
• Sie kritisieren sich häufig.

Während Marys negatives Bild von ihrem <wahren Ich> ihre persönlichen Beziehungen ruinierte, gefährdete Mandy, eine 28-jährige Rechtsanwaltsgehilfin, ihre Arbeitsstelle durch ihre ständige Angst, die Männer, für die sie arbeitete, würden sie durchschauen. Ihre Mutter, deren zwanghafter Sauberkeitsfimmel schon fast krankhaft wurde, als Mandys Vater sie wegen einer anderen „leidenschaftlicheren" Frau verließ, nannte Mandy immer eine „Schlampe". Gleichgültig, wie oft das kleine Mädchen sein Zimmer aufräumte, sich das Gesicht wusch, frische Kleider anzog, nie war es gut genug für die Mammi. Und jetzt war es genauso: Gleichgültig, wie oft die erwachsene Mandy eine Seite perfekt tippte, etwas perfekt ablegte oder einen Telefonanruf perfekt erledigte, wußte sie, daß es doch nicht gut genug war, damit ihre Chefs nicht merkten, was für eine Schlampe sie „in Wirklichkeit" war. Wenn ihr Chef klagte, weil er sich den Magen verdorben hatte, dann sagte Mandy: „Das tut mir leid", und glaubte ernsthaft, sie sei irgendwie dafür verantwortlich. Wenn sie sich nicht für Dinge entschuldigte, für die sie eigentlich nichts konnte, machte sie sich selbst klein, indem sie sagte: „Ich bin so dumm" oder „Ich komme immer zu spät" oder „So bin ich eben" oder „Ich kriege es einfach nie hin."

Wir bemühten uns, ihr zu zeigen, daß die „wahre" Mandy nicht das war, was ihre Mutter oder auch wir von ihr dachten, sondern das, wofür sie sich *selbst* hielt. Wir wiesen sie an, sich immer wieder folgende Worte vorzusagen, bis sie diese selbst glaubte: „Ich bin wirklich gut. Ich bin wirklich fähig." Aber *bevor* sie ihre Meinung über sich selbst änderte, sollte sie zuerst ihr Verhalten ändern. Sie sollte bei der Arbeit immer ein kleines Notizbuch bei sich führen. Immer wenn sie sich bei einer Entschuldigung ertappte, sollte sie aufschreiben, was sie getan hatte: die Zeit, den Ort und die Tätigkeit. *Wann* ist es passiert? *Wo* ist es passiert? Was machte sie gerade zu der Zeit? Als sie z.B. in der Vorhalle des Bürogebäudes stand und um 9Uhr30 mit einem Kollegen sprach, sagte sie: „Ich bin so eine Niete." Diese Aussage mußte sie *sofort* in ihr Buch eintragen. Nach einigen Tagen wußte sie sehr genau, an welchen Situationen sie arbeiten mußte. In Mandys Fall war es meistens am Spätnachmittag, an ihrem Schreibtisch und beim Telefonieren. Sie bemühte sich besonders, bei diesen Tätigkeiten nicht mehr so zu *reagieren*, als ob etwas nicht mit ihr stimmte.

• Sie haben das Gefühl, Sie müßten sich immer verteidigen und rechtfertigen („Ich habe es getan, weil ....”; „Sie würden es genauso machen, wenn ...”; „Ich möchte mal sehen, ob Sie es besser können.”)
• Sie geben zu viele Gründe, um Ihr Verhalten zu rechtfertigen.
• Sie sind zu eigensinnig, indem Sie jede Meinungsverschiedenheit als persönlichen Angriff auffassen.

Viktoria, 58, ist ein typisches Beispiel für ein <braves Mädchen>. Ihre Überzeugung, daß mit ihr etwas nicht stimmt, machte sie so aggressiv und eigensinnig, daß sie die Liebe von Stan, mit dem sie schon fast vierzig Jahre verheiratet war, aufs Spiel setzte. Viktorias fünf Kinder waren alle erwachsen und hatten ihre eigene Familie. Obwohl diese sie liebten und auch oft besuchten, wurde Viktoria von dem Gefühl der Nutzlosigkeit und Minderwertigkeit geplagt. Dieses Gefühl kam auf, als die Kinder aus dem Haus gingen. Da sich Viktoria nie um ihrer selbst willen als wichtig gefühlt hatte, brauchte sie die Rolle als Mutter, um ihr Dasein zu rechtfertigen. Als sie diese nicht mehr hatte, kam das alte Gefühl der Unvollkommenheit zurück. Stan unterstützte sie und half ihr, aber Viktoria begann, hinter allem, was er sagte, eine Anspielung zu hören. Wenn er sagte: „Ich sehe, du warst einkaufen”, dann sagte sie verteidigend: „Wir hatten nichts mehr zu essen. Du willst doch etwas essen, oder?” Oder sie sagte: „Du würdest auch einkaufen gehen, wenn du so wie ich nichts anderes zu tun hättest”, oder „Was soll ich denn sonst den ganzen Tag machen?” Dann brachte sie eine ganze Flut von Begründungen, um ihr harmloses Verhalten gegenüber Stan zu rechtfertigen. Sie konnte nie eine einfache Bemerkung machen wie: „Ja, wir haben ein paar Sachen gebraucht.” Stattdessen mußte sie alle möglichen Gründe dafür nennen, daß sie einkaufen war: „Es gab ein Sonderangebot”, oder „Ich mußte meine Wertmarken verbrauchen, ehe sie verfallen”, oder „Ich mußte heute gehen, da ich morgen so viel Arbeit habe” - als ob jemand an ihrer Tüchtigkeit oder Entscheidungsfähigkeit zweifeln würde. Ihre überempfindliche Reaktion endete immer mit einer eigensinnigen Rede. Zuerst verteidigte sich Viktoria, dann rechtfertigte sie sich, danach griff sie Stan an, und alles innerhalb kürzester Zeit: „Ich habe das Recht, einkaufen zu gehen, wenn es mir paßt. Was glaubst du, wer du bist? Du hast kein Recht, mich so anzugreifen."

Niemand hatte Viktoria angegriffen. Sie griff sich selbst an. Am schwersten war es für uns, Viktoria zu helfen, selbst zu erkennen, was sie tat. Lange Zeit konnte sie einfach nicht verstehen, daß sie sich verteidigte, übermäßig rechtfertigte und eigenwillig war. Zuerst baten wir sie, sich *jedes Mal*, *wenn* sie wieder eine Erklärung für ihr Verhalten gab, aufzuschreiben. Dann besprachen wir Punkt für Punkt, ob es wirklich nötig war, sich zu rechtfertigen, und welches die Gründe für jede Verhaltensweise waren. Schließlich sah sie, daß es nicht nötig war. Wir machten deutlich, daß es vollkommen in Ordnung war, sie selbst zu sein, und daß sie tun konnte, was sie wollte, ohne einen Grund dafür angeben zu müssen.

• Sie kümmern sich immer zuerst um andere, weil Sie denken, Sie verdienten es als letzte, an die Reihe zu kommen.
• Sie erwarten von anderen nie, daß diese Ihnen einen Gefallen tun oder wegen Ihnen auf etwas verzichten.
• Sie lassen, wenn Sie in Gesellschaft sind, immer die Männer das Wort führen.
• Sie haben nur mit Freunden oder Bekannten Ihres Mannes oder deren Frauen zu tun (Sie sind keine eigenständige Persönlichkeit, um einen eigenen Freundeskreis zu verdienen).
• Sie kommen sich, wenn Sie in Gesellschaft von Männern sind, oft wie ein Kind vor.

Alice, 42, Mutter von drei Kindern und aktiv tätig in mehr als einem Dutzend Bürgerinitiativen, spricht immer ein wenig zurückhaltender und kleinlauter, wenn sie mit Männern zusammen ist. Wenn sie sich jedoch mit anderen Frauen trifft, macht sie einen starken und selbstsicheren Eindruck. Ihr ganzes Leben ist darauf ausgerichtet, die Männer in ihrem Leben glücklich zu machen. Sie kümmert sich um die

Freunde ihres Mannes, läßt diese immer zuerst das Wort ergreifen, arrangiert Überraschungsparties, kauft Geschenke, auch wenn es dafür keinen besonderen Anlaß gibt, und stellt Aktivitäten auf die Beine. Sie käme jedoch nie auf die Idee, daß das auch jemand für sie tun könnte. Warum sollten sie das tun? Sie hatte es gar nicht verdient. Wir sehen wieder, Alice, wie die anderen Frauen, über die wir schon gesprochen haben, bekommt genau das, was sie *erwartet*. Von dem Tag an, an dem sie erwartet, wie eine eigenständige Persönlichkeit behandelt zu werden, wird sie auf dem Weg in die Unabhängigkeit sein.

Jede dieser Frauen zeigte dieses Problem auf andere Art, aber alle glaubten, daß sie in gewisser, aber grundlegender Hinsicht, minderwertig waren. Es gibt so viele Möglichkeiten, sich selbst abzuwerten. Wie wir schon gesagt haben, Sie sind letztlich immer nur so <gut>, wie Sie es von sich selbst glauben, und das zeigen Sie mit Ihrem Verhalten im Alltag. Wir werden Ihnen zeigen, wie Sie sich so verhalten können, damit es den Anschein hat, als ob Sie etwas von sich halten. Schauen wir uns jedoch zuerst folgendes an.

Die Belohnung dafür, daß man sich selbst abwertet

Was haben Frauen davon, wenn sie von sich denken, mit ihnen stimme etwas nicht, und sich dann auch so verhalten? Was für eine schreckliche Verschwendung. Wenn Sie lernen wollen, eine eigenständige Persönlichkeit zu werden, dann ist es sehr wichtig für Sie, die Beweggründe für Ihr Verhalten zu kennen und zu wissen, was es Ihnen bringt, wenn Sie sich so verhalten. Für alles, was Sie tun, gibt es einen Grund. Nur wenn Sie sich im klaren sind, was Sie tun, um Ihre Lage aufrechtzuerhalten, können Sie beginnen, sie zu ändern.

Es kann viele Vorteile haben, wenn Sie denken, etwas stimme mit Ihnen nicht. Einige kennen Sie vielleicht schon, andere werden eine Offenbarung für Sie sein, und einige werden Sie erst mit etwas Geduld und Entschlossenheit akzeptieren wollen. Wenn Sie sich dafür entscheiden, daran zu glauben, daß mit Ihnen etwas nicht stimmt, dann werden Sie vielleicht feststellen, daß Sie folgende Vorteile davon haben:

• Eine passende Ausrede, warum Sie in Ihrem Leben nicht bekommen können, was Sie sich wünschen. Sie haben nicht den *Vorteil*, ein Mann zu sein.
• Ein Grund, um jedes Risiko zu vermeiden, das damit verbunden ist, wenn Sie mit anderen konkurrieren. Sie können auch jeder Niederlage und Kritik entgehen.
• Viel Mitleid und Aufmerksamkeit für Ihre traurige Lage.
• Sie dürfen sich an Männer anlehnen so wie früher an Ihre Eltern. Sie müssen nicht das Risiko eingehen, Verantwortung für Ihr eigenes Leben zu übernehmen.
• Sie müssen nicht mit anderen konkurrieren, wenn man von Ihnen weniger erwartet.

Das sind einige der Belohnungen, wenn Sie von sich glauben, eine hilflose Frau zu sein. Diese halten Ihr Selbstbild so gering, daß Sie nicht viel mit sich anfangen können. Das Problem dabei ist, daß es zwar bequemer ist, so zu denken, aber die Folgen hart sind: Wut und Verzweiflung.

Neulich schauten wir uns einige der vielen an uns gerichteten Briefe von Frauen an, die zu uns in Therapie kommen wollten. Jede dieser Frauen war unglücklich, aber an einer Bemerkung erkannten wir, welche es ernst meinten: „Ich muß mich ändern." Das ist der allerwichtigste Bestandteil für ein besseres Leben. Wenn Sie beschlossen haben, sich zu *ändern*, dann sind Sie schon halb am Ziel. Schauen wir uns nun genau an, wie Sie das erreichen können.

Wie Sie lernen können, von sich überzeugt zu sein

Der erste Schritt, eine negative Einstellung aus Ihrem Kopf zu verbannen, besteht darin, einen Weg zu finden, wie Sie sich von dem Verhalten befreien können, das diese Einstellung hervorbringt. Sie kennen jetzt das Was, Wie und Warum der ersten selbstschädigenden Einstellung des <Braven-Mädchen-Syndroms>. Nun, da Sie das verstanden haben, und sich vielleicht auch selbst besser kennen, können Sie diesen letzten, siegreichen Schritt tun.

Der allerwichtigste Schritt ist, diese Einstellung direkt durch Ihr Verhalten in Frage zu stellen. Sie müssen nicht alle

Gründe kennen, *warum* Sie sich ändern wollen. Sie müssen nur wissen, daß Sie etwas ändern wollen. Für den Anfang wollen wir Ihnen einige konkrete Strategien vorschlagen, wie Sie Ihre Meinung von sich ändern können. Alle unsere Vorschläge beziehen sich darauf, wie Sie Ihr Selbstvertrauen stärken können. Wenn Sie beginnen, besser von sich zu denken, dann werden Sie merken, daß Sie Ihr Leben und auch die verrückten Situationen, in die Sie scheinbar immer geraten, besser im Griff haben. Wenn Sie das nächste Mal vergessen, in der Wohnung abzustauben, dann werden Sie keine Schuldgefühle haben. Genauso werden Sie nicht das Gefühl haben, mit einer Freundin ausgehen zu müssen, nur weil Sie denken, Sie „sollten" das tun. Erproben Sie diese Strategie und schauen Sie, was passiert.

• Wenn Sie sich das nächste Mal dabei ertappen, daß Sie sich etwas sagen wie: „Mir fehlt einfach das, was man braucht, um mit einem Mann konkurrieren zu können", dann setzen Sie dieser Bemerkung eine positive Alternative entgegen. Das ist Ihre Strategie. *Ersetzen Sie die negative Einstellung durch eine positive.* Sagen Sie sich: „Ich habe alles, was ich brauche, um mit einem Mann konkurrieren zu können, und das werde ich auch tun." Ihr Ich glaubt das, was Sie ihm sagen. Sagen Sie sich, daß Sie großartig sind, und schließlich werden Sie es auch glauben!

Ein sehr gutes Beispiel dafür, wie man positive Gedanken nutzen kann, um sein Selbstbild zu stärken, ist Vickie, ein 15-jähriges <braves Mädchen>. Sie kam zu uns auf der Suche nach Hilfe, um in der Schule nicht durchzufallen. Vickie glaubte alles, was „überlegene" Erwachsene ihr erzählten. Wenn ihr Mathelehrer meinte: „Du bist zu dumm, um den Stoff zu kapieren. Gib es lieber auf", dann nahmen die Leistungen von Vickie in allen Fächern ab, sogar in denjenigen, in denen sie Einser hatte. Wir arbeiteten mit Vickie daran, einige positive Einstellungen zu entwickeln, mit deren Hilfe sie die negativen Worte ihres gedankenlosen Lehrers bekämpfen konnte. Sie sagte zu sich selbst: „Ich bin intelligent. Ich habe die Fähigkeit, in jedem Fach, auf das ich mich konzentriere, gut zu sein. Ich werde es schaffen." Innerhalb eines Monats bekam Vickie wieder Einser in den

Fächern, in denen sie gut war, und sogar ihre Noten in Mathematik besserten sich. Eine Untersuchung hat gezeigt, daß Lehrer einen gewaltigen Einfluß auf ihre Schüler haben. Die Leistungen von Schülern entsprechen oft mehr den Erwartungen ihrer Lehrer als ihrer Intelligenz. Noch wichtiger ist jedoch, was man von sich selbst erwartet. Wenn man erwartet, erfolgreich zu sein, dann wird man wahrscheinlich auch Erfolg haben.

Ein weiteres interessantes Beispiel ist Terri, eine attraktive geschiedene Frau Mitte dreißig, die es als nicht damenhaft ansah, einen Mann anzusprechen, der ihr gefiel, und mit dem sie eine Beziehung aufbauen wollte. Terri war schrecklich einsam. Jedes Mal aber, wenn wir sie ermutigten, stark zu sein und den ersten Schritt zu tun, entgegnete sie: „Was wird er von mir denken?" Es gab einen Mann, den Terri immer im Supermarkt traf, und den sie zu gerne kennengelernt hätte. Nach einigen Diskussionen fanden wir eine spezielle Kombination von Gedanken, die Terri helfen würden. Wenn sie das nächste Mal den attraktiven Fremden bei den Tomaten im Supermarkt sehen würde, sollte sie sich leise vorsagen: „Er wird mich mögen, wenn ich ihn anspreche." Das erste Mal, als Terri versuchte, diese Strategie auszuprobieren, kniff sie, aber das nächste Mal überwand sie sich und sprach ihn an. Sie verabredeten sich und sie gefiel ihm, da sie den ersten Schritt unternommen hatte. Er gab zu: „Ich hatte einfach nicht den Mut, mich Ihnen zu nähern. Ich machte mir Sorgen, was Sie von mir denken würden!"

Unsere Strategie hatte ähnlichen Erfolg bei Grace, einer 42-jährigen Hausfrau, die sich für unscheinbar und uninteressant hielt. Ihr geringes Selbstwertgefühl spiegelte sich in ihrem Verhalten wieder. Sie benutzte nie Make-up, machte ihre Haare nicht zurecht, trug weite, unattraktive Kleider und ihr Gang war schleppend. „Warum verhalten Sie sich wie ein Versager?" fragten wir sie. „Weil ich einer bin!" gab sie sofort zur Antwort. „Nur weil Sie *glauben*, daß Sie ein Versager sind", gaben wir zurück. „Sagen Sie sich, Sie seien jemand anderer, und dann *sind* Sie auch jemand anderer." Es war schon ein Stück Arbeit, doch schließlich bekamen wir Grace dazu, sich dreimal am Tag fünf Minuten lang immer wieder vorzusagen: „Ich bin hübsch ... Ich bin hübsch ... Ich bin hübsch ... " Als wir sie das nächste Mal sahen, trug sie Lippenstift und ein Kleid, das ihre Taille betonte. „Ich bin zu hübsch, um es nicht zu zeigen", erklärte sie zu unserer Freude.

Ein schlechtes Selbstbild kann jede Phase Ihres Lebens beeinträchtigen. Wir berieten Esther, eine 52-jährige Frau und Mutter, die so von dem Mythos, daß Frauen miserable Autofahrer sind, überzeugt war, daß sie sich nicht traute, auf einer Schnellstraße zu fahren. Sie bildete sich wirklich ein, daß etwas mit ihr nicht stimmte, wenn sie hinter dem Steuer saß. Wir arbeiteten eine ganze Reihe von Übungen für Esther aus. Als erstes sollte sie sich zuhause fünf Minuten lang, dreimal am Tag selbst sagen: „Ich bin eine gute Autofahrerin; ich habe alles unter Kontrolle." Als nächstes sagte sie sich diese positiven Gedanken, während sie in ihrem geparkten Auto saß, dann während sie in Seitenstraßen fuhr und schließlich beim Fahren auf der Schnellstraße. Drei Monate später glaubte Esther, daß beim Autofahren alles mit ihr in Ordnung ist - und so war es auch!

Glauben Sie, daß alles mit Ihnen in Ordnung ist, dann ist es auch so. Das einzige, das „nicht stimmt", ist der Glaube, daß etwas nicht stimmt. Sie sind in Ordnung, *so wie Sie sind*.

2
„Männer sind besser"

„Meine Eltern wollten immer einen Jungen.
Also versuchte ich, so zu sein".

Sandy R., Patientin, 27 Jahre alt

Sandys Eltern haben nie direkt gesagt: „Wir wünschen uns, du wärst ein Junge". Aber das mußten sie auch nicht. Diese Botschaft wurde ihr, solange sie sich zurückerinnern kann, durch die Art und Weise, wie ihre Eltern ihre beiden Brüder im Vergleich zu ihr behandelten, vermittelt. Wenn Kip oder Sean eine eins in der Schule bekamen oder sich in etwas anderem hervortaten, dann kochte die Mutter ein besonderes Essen, und der Vater gab ihnen ein zusätzliches Taschengeld. Wenn Sandy ihrer Mutter beim Aufräumen besonders gut geholfen hatte oder der Kuchen, den sie gebacken hatte, besonders gut schmeckte, dann wurde das nicht gefeiert, und es gab keine finanziellen Belohnungen. Wen wundert es also, daß Sandy mit dem Glauben aufwuchs, daß nur die Arbeit von Männern etwas wert ist? Die Männer mußten besser sein, weil das, was sie *tun,* besser ist, oder?

Sandys Situation ist nicht ungewöhnlich. Tatsächlich wird Frauen oft, wie wir gesehen haben, auf sehr subtile Weise beigebracht, sie sollten wie ein Mann sein. Dies ist die logische Schlußfolgerung für den Mythos, mit dem wir uns in diesem Kapitel beschäftigen: Männer sind besser. Diese Irreführung verschlimmert sich noch: „Da mit mir etwas nicht stimmt und Männer besser sind, sollte ich versuchen, wie ein Mann zu sein".

Frauen, die versuchen, wie ein Mann zu sein, haben jedoch schlechte Karten: Sie können nicht etwas sein, was sie nicht sind. Noch schlimmer ist: Je mehr Frauen versuchen, wie Männer zu sein, umso mehr Macht geben sie den Männern. Jemanden nachzuahmen ist die beste Art, ihm zu schmeicheln. Es ist an der Zeit, damit aufzuhören, Männer auf ein Podest zu stellen, indem Sie versuchen, wie diese zu sein.

Auf den folgenden Seiten wollen wir Ihnen *genau* zeigen, wie Sie beginnen können, Männer als gleichwertige und nicht überlegene Wesen zu behandeln. Sie werden lernen, wie Sie die Angst vor den Regeln, die Männer für Sie aufstellen, ablegen können. Sie werden nur weiterhin eingeschüchtert sein, wenn Sie glauben, derjenige, der Sie einschüchtert, sei besser als Sie. Am Ende dieses Kapitels werden Sie wissen, wie Sie einen Mann - oder jemand anderen - daran hindern können, Sie zu manipulieren. Sie erfahren auch, wie Sie sich wie jemand verhalten können, der gleichwertig ist, und wie Sie all die Gründe für die vermeintliche Überlegenheit der Männer aus der Welt schaffen können. Sie werden dann genauso stark sein wie jeder Mann, der in Ihr Leben tritt.

Die Entwicklung des Mythos, daß Männer besser sind

Wie Sie wissen, unterstützen und fördern Hunderte von Jahren und dutzende von Kulturen den Glauben, daß Männer besser sind. Ihr Gefühl der Minderwertigkeit wurde über viele Jahre hinweg genährt.

In vielen alten Kulturen wurde die Frau - die Göttin, die Erdmutter - als den Männern überlegen angesehen, da sie die Fähigkeit besaß, Leben zu gebären. Einige Feministinnen und Psychologen glauben, daß sich der Mann der Macht der Frauen bemächtigt hat und diese von sich abhängig machte, da er glaubte, er stehe in der Natur an zweiter Stelle. In anderen Kulturen hielt man den Mann aufgrund seiner größeren körperlichen Stärke für den Überlegenen. Er konnte Kriege führen und war Frauen körperlich überlegen.

Der alte Glaube von der körperlichen Überlegenheit des Mannes als Beweis für seine Überlegenheit hat sich bis heute erhalten. Wenn Sandys Brüder ihr ein Spielzeug wegnahmen, dann warnte ihre Mutter sie: „Laß es ihnen. Sie sind stärker als du. Es hat keinen Sinn, sich zu wehren". Als Kip und Sean zur Marine mußten, veranstalteten Sandys Eltern die größte Party, die ihr Haus je gesehen hatte, während Sandys Eintritt ins College von fast keinem bemerkt wurde. Wieder folgerte Sandy, daß das, was Männer machen, besser sein muß: Es erregte mehr Aufsehen. Es war wichtiger, bei der Marine zu sein, als Lehrer zu sein. Diese Botschaft kommt von den höchsten Rängen der Regierungen und wird von Familie zu Familie weitergegeben. Die Frau zieht immer den kürzeren.

Während es verständlich ist, wie sich die Männer über die Jahrhunderte hinweg als das Geschlecht, das körperlich überlegen ist, einen Namen machen konnten, sehen wir, daß Frauen wie Sandy davon überzeugt sind, daß der Mann ihnen nicht nur körperlich überlegen ist, sondern auch geistig und spirituell. Er ist stärker, klüger und Gott näher.

Es ist interessant, daß die Psychiatrie und Psychologie den Mythos, daß Männer besser sind, dort fortsetzen, wo die Religion aufhörte. Das ist jedoch nicht überraschend, wenn Sie bedenken, daß Religion, Philosophie, Psychologie, die Wissenschaft und sogar die Künste über Jahrhunderte hinweg Sache der Männer waren. Es gab nur wenige berühmte Künstlerinnen. Dies liegt wohl kaum daran, daß es Frauen an Talent fehlt, sondern vielmehr daran, daß die Kunst ein Geschäft ist und die Männer das Geschäftsleben kontrollieren. Männer beauftragen Männer, für Männer in von Männern besetzten Institutionen zu malen. Können Sie sich vorstellen, daß eine Frau beauftragt wird, etwas für die Sixtinische Kapelle zu malen?

Die Freudsche Lehre, diese große psychologische Bewegung des 20. Jahrhunderts, hält Frauen für minderwertige Wesen, sagt ihnen nach, sie hätten einen <Penis-Neid>. Sandy sagte uns: „Ich ging aufs College, um Psychologie zu studieren, aber mir wurde nur beigebracht, was die Männer erreicht haben. Man könnte glauben, nicht eine einzige Frau auf dieser Welt hätte je einen originellen Gedanken gehabt." Nicht nur die Religion, auch die Wissenschaft hat den Mythos der männlichen Überlegenheit unterstützt. Obwohl Frauen heute beachtliche Fortschritte gemacht haben, blüht dieser Mythos der männlichen Überlegenheit immer noch in den Künsten, in der Geschäftswelt und, wie wir gesehen haben, oft in der häuslichen Welt. Wir wollen Ihnen in diesem Kapitel zeigen, wie Sie Ihre weiblichen Werte der Liebe und Freundlichkeit angesichts der männlichen Philosophie, die darauf beruht, daß alles nach ihren Regeln laufen muß, bewahren können. In der Welt, die wir Ihnen zeigen wollen, werden Sie erkennen, daß Sie weder den einen, noch den anderen Regeln folgen müssen. Sie können Ihre eigenen Regeln, die Sie für richtig halten, aufstellen.

Wie Ihnen Ihre Eltern beibringen, daß Männer besser sind

Sie haben vermutlich als erstes etwas über Männer gelernt, indem Sie Ihren Vater und Ihre Mutter beobachteten. Keine unserer Institutionen kann den Mythos der männlichen Überlegenheit so vollkommen am Leben halten wie die Ehe. Viele kleine Mädchen lernen ihr Verhalten nach dem Modell zu formen, das sie in der ungleichen Beziehung ihrer Eltern erleben.

Kelly, 24, war drei Monate mit Brian verheiratet, als sie uns aufsuchte, weil sie nicht mit der Beziehung klarkam. Wir sahen bald, daß ihre Schwierigkeiten von dem Unterricht, den sie früh in ihrem Leben von ihren Eltern erhalten hatte, herrührten. Ihre Mutter hielt Kellys Vater für einen „starken" Mann, weil er alle Anordnungen traf, die sie widerspruchslos befolgte. Die Essenszeiten, der Wohnort, die Kleidung sogar die Unterhaltung wurden vom Vater bestimmt. Die Mutter hätte nicht die Marke des Waschmittels gewechselt, ohne zuerst Vater zu fragen. Da Kellys Mutter dieses Verhalten als ein Zeichen von Stärke sah, hielt Kelly es für positiv und suchte nach einem Mann, der dieselben „positiven" Qualitäten hatte wie ihr Vater. Sie verliebte sich in Brian. Als sie jedoch mit ihm zusammenlebte, entsprach er nicht ihren Erwartungen. Er fragte sie, was sie abends machen wollte, was sie essen wollte, wieviel Geld sie für Kleidung haben wollte, wo und in welcher Art von Gegend sie gerne leben wollte. In Kellys Augen war Brian schwach. Ein *richtiger* Mann würde diese Entscheidungen für sie treffen. Wir halfen Kelly, ihr Bild von Männlichkeit neu zu definieren: die Stärke zu haben, andere das tun zu lassen, was für diese gut ist, auch wenn es einem vielleicht nicht besonders viel bringt. Kelly sah schließlich, daß Brian in Wirklichkeit viel stärker war als ihr Vater. Er hatte die Stärke, die Frau, die er liebte, so zu lassen, wie sie war.

Die Familie lehrt ein Mädchen, Männer für besser zu halten, indem es sieht, wie ein Mann im Haushalt die wichtigen Entscheidungen trifft, der Mutter sagt, was sie zu tun hat, und wie er finanziell für die Familie sorgt. Viktoria, eine 38-jährige Postangestellte, stand vor der schwierigen Entscheidung, ob sie ihrem 14-jährigen Sohn Eric erlauben sollte, mit seinem Vater zu leben. Sie fragte uns traurig: „Gehört ein Sohn nicht zu seinem Vater?" Warum? Weil Männer besser sind. Der Vater kann die richtigen Entscheidungen für Erics Zukunft treffen. Der Vater kennt sich in der Geschäftswelt aus und kann Eric sagen, wie er darin überleben kann. Der Vater kann besser für ihn sorgen. Das, was Viktoria ihrem Sohn geben kann - Liebe, Fürsorge, Verständnis, Gefühle - ist vielleicht nicht gut genug, damit Eric den Anforderungen des Lebens gewachsen ist. Wir halfen Viktoria zu erkennen, daß sie so gut wie jeder Mann war, und ihr Konflikt hörte auf. Sie sah ein, daß das, was sie ihrem Sohn geben konnte, genauso wertvoll war wie das, was sein Vater ihm geben konnte. Sie kämpfte schließlich dafür, ihren Sohn behalten zu können, und sie gewann.

Die Rolle der Schule und der Medien

Im Alter von sechs oder sieben Jahren verlassen viele <brave Mädchen> das Elternhaus, in dem der Vater herrschte, und betreten eine andere männerorientierte Institution: die Schule. Auch wenn Ihre Lehrer Frauen waren, so waren es wahrscheinlich Männer, die dafür verantwortlich waren, was Sie lernten. Nur wenige Rektoren und Mitglieder des Schulausschusses waren oder sind Frauen, ganz zu schweigen von den Mitgliedern des Kultusministeriums, die diese beaufsichtigten. Es ist also nicht verwunderlich, daß Frauen, auch wenn sie Lehrerinnen sind, nur eine untergeordnete Rolle zu spielen scheinen.

„Ich bin nun schon fast 25 Jahre von der Schule runter", sagt Tracy, 42 Jahre alt und Chefin ihrer eigenen Gruß-karten-Firma, „aber immer noch kann ich ihren prägenden Einfluß spüren." Es vergeht kein Tag, ohne daß ich spüre, daß es unmöglich ist, mit den Männern zu konkurrieren, da sie besser sind." Obwohl sie gegenwärtig in der Geschäftswelt erfolgreich ist, fiel ihr dieser Erfolg nicht in den Schoß. Viele ihrer Schwierigkeiten rührten von den Narben her, die die Schule hinterlassen hatte. Tracy beschreibt das so: „Es war keine Frage in meiner Schule, daß Jungens besser waren als Mädchen. Mädchen konnten nicht Klassensprecher werden. Mädchen war es nicht erlaubt, Kapitän einer Mannschaft zu werden. Mädchen durften noch nicht mal klug sein. Man verachtete mich, weil ich die besten Noten hatte. Die Jungens sprachen nicht mit mir, weil sie eifersüchtig waren. Die Mädchen ignorierten mich, weil sie Angst hatten, die Jungens würden es mißbilligen, wenn sie mit mir befreundet waren. Ich war einsam. Ich glaube, man kann sagen, daß ich es trotz meiner Erziehung zu etwas gebracht habe." Wir halfen Tracy, Frieden zu schließen und noch effizienter zu arbeiten, indem sie die Annahme der männlichen Überlegenheit in Frage stellte und sich immer wieder sagte: „Männer sind nicht besser. Ich bin so gut wie jeder andere auch". Sie hatte keine Schwierigkeiten, es mit ebenbürtigen Menschen aufzunehmen.

Obwohl sich einiges geändert hat, arbeiten unsere Schulen immer noch in vielerlei Hinsicht gegen Sie. Es besteht weiterhin die starke Neigung, Mädchen anstrengende Disziplinen, die ihnen einen Spitzenverdienst in der Marktwirtschaft bringen könnten, vorzuenthalten. Hauswirtschaftslehre ist immer noch vorwiegend Frauensache. In einigen Schulen ist es für die Mädchen Pflicht, diese Kurse zu besuchen. Können Sie sich die Aufregung vorstellen, die aufkommen würde, wenn Männer verpflichtet wären, an diesen Kursen teilzunehmen? (Keine schlechte Idee übrigens. Jeder sollte wissen, wie man kocht und für sich sorgen kann). Während es Frauen seit kurzem erlaubt ist, an mehr Wettkampfarten teilzunehmen, treten sie selten, wenn überhaupt, gegen Männer an, und Frauensport erfährt so gut wie nie die gleiche Beachtung. Sie werden nie in derselben Mannschaft sein.

Noch schlimmer ist, daß eine Frau den Einfluß der Schule noch lange nach Beeindigung der Schule verspürt, und er sich in vielen Fällen durch das ganze Leben zieht.

Thelma, 58 Jahre alt, bekam einen Nervenzusammenbruch, als ihr Mann Jay nach 25 Jahren an Nierenversagen infolge seiner Alkoholabhängigkeit starb und sie ohne einen Pfennig zurückließ. „Wenn sie uns doch nur in der Schule gefordert hätten", sagte sie weinerlich, „anstatt uns in die Haushaltsführung zu stecken. Wenn sie uns nur gezeigt hätten, wie man Geld verdient. Das Traurige ist, daß ich intelligent war. Ich war gut in Mathe und den Naturwissenschaften. Ich konnte mir einfach nicht vorstellen, wie Algebra oder Biologie oder Wirtschaft mir helfen sollten, eine Familie großzuziehen." Wie so viele Frauen in Thelmas Alter drückte Thelma wieder die Schulbank und fing ganz von vorne an. Sie studierte Wirtschaftswissenschaft. In einer Gesellschaft, deren wichtigste Institutionen nur Männer drängt, sich hervorzutun, müssen Sie sich selbst drängen, besser zu sein.

Die Idee der männlichen Überlegenheit ist in der Familie, der Schule, im Sport und in den Medien weit verbreitet. Wenn das <brave Mädchen> zur jungen Frau heranwächst, dann wendet sie sich vielleicht zur Unterhaltung der Rock- oder Popmusik zu und sucht dort nach Modellen. Aber was hört sie? Ein junges Mädchen wird, von wenigen Ausnahmen abgesehen, mit offenkundigen Botschaften männlicher Überlegenheit konfrontiert: männlichen Bedürfnissen, männlichen Wünschen, männlichen Visionen von Macht und Glück. „Es ist erniedrigend", sagte Morgan, ein 15-jähriges Mädchen, das zu uns kam, um ihre Unzufriedenheit abzubauen. „Die reden so, als ob wir nur für Sex oder Vergnügen gut sind".

„Immer nur Männer haben in diesen Songs das Sagen", sagte Lisa, ein 12-jähriges Mädchen, dem wir halfen, vom Kokain loszukommen. „Sie singen davon, mit den Jungs high zu werden und mit ihnen zu fliegen, aber sie sagen uns nicht, was wir tun können, wenn wir auf dem Boden aufschlagen. Dann lassen die Kerle uns sitzen."

Als wir Lisa das erste Mal sahen, trug sie eine Gürtelschnalle mit der Aufschrift: Jungens Spielzeug. Wir fragten sie, ob sie von den Männern als Spielzeug gesehen werden wollte. „Das ist besser als nichts", antwortete sie. Ihr Vater hatte ihre Mutter so behandelt. Er benutzte sie, um seine Bedürfnisse zu befriedigen, und verließ sie, als Lisa erst drei Jahre alt war. Von da an hatte ihre Mutter für Lisa und sich gesorgt, indem sie auf den Strich ging, kurze Affären hatte oder andere finanzielle Vereinbarungen traf, die alle darin bestanden, die Bedürfnisse der Männer zu befriedigen und dafür kleine Gegenleistungen zu erhalten. „Koks macht es leichter", erklärte Lisa. „Er hält dich davon ab, an morgen zu denken, wenn sie dich nicht mehr wollen."

Wir konnten Lisa helfen, als wir die Gründe für ihre Einstellung, daß Männer etwas Besseres sind, die es verdienen, Mädchen wie Spielzeug zu behandeln, verstanden. Lisa sagte: „Wenn du deinen Lebensunterhalt verdienst, dann kannst du alles tun." Wir konzentrierten deshalb unsere Bemühungen darauf, ihr zu vermitteln, Geld auf ehrliche Weise durch ihre eigene Arbeit zu verdienen. Als sie einen Ferienjob als Botin für ein Photoatelier bekam, begann sie, besser von sich zu denken und ihr Kokainproblem anzugehen. Sie hatte keine Angst mehr, an morgen zu denken.

Film und Fernsehen sind ebenso wie die Musikindustrie schuld an dem Bild, daß es das vorrangige Ziel im Leben einer Frau ist, den Männer zu helfen und sie zu unterstützen. Manche Menschen sind der Meinung, daß diese Haltung die traditionellen männlichen Ideen der Gewalt verherrlicht. Einige unserer jüngeren Patientinnen zeigen uns, wie wahr das ist. Jody war zum Beispiel ein 14-jähriges Mädchen, das an uns von der Jugendfürsorge verwiesen wurde. Seit ihrem siebten Lebensjahr, als sie in der Schule, im Vorratsraum des Hausmeisters, Feuer gelegt hatte, war sie immer wieder in Schwierigkeiten gewesen. Ihre Eltern hatten Eheprobleme und stritten sich so häufig, daß sie Jody völlig vernachlässigten. Ihre Streiche wurden mit zunehmendem Alter immer ernster, bis sie im Alter von 13 Jahren einem Mitschüler im Verlaufe eines Streites um den ersten Platz in einer Warteschlange mit einem Bleistift ein Auge ausstieß. Jody kam ins Jugendgefängnis. Zu diesem Zeitpunkt trafen wir sie. Nach nur wenigen Sitzungen erzählte sie uns, daß man ihr beigebracht hatte, Männer seien besser, und daß sie dachte, sie sollte wie ein Mann sein. Mit Gewalt konnte sie Männlichkeit zeigen: „Ich bin zäh", pflegte sie zu sagen. „Ich brauche niemanden". Wir arbeiteten mit Jody daran, sich selbst zu mögen und zu akzeptieren. Aber zuerst mußten wir ihr helfen, sich selbst zu finden. Sie lernte, daß es schwierig war, sich selbst zu mögen, wenn man noch nicht einmal weiß, wer man ist, und, wenn all das, was das Auge sieht, eine verzweifelte Nachahmung dessen ist, was man glaubt, sein zu *müssen*. Unser *erster* Schritt bestand darin, sie davon zu überzeugen, daß sie damit aufhören mußte, so sein zu wollen wie ein Mann.

Schulen und Medien, die Modelle für junge Menschen

kreieren, die weit von dem wahren Selbst entfernt sind, erweisen diesen keinen guten Dienst. Sie halten den Mythos aufrecht, daß andere besser sind als sie. Noch schlimmer, sie halten sie davon ab, sich zu mögen und sie selbst zu sein.

Wie sich der Mythos, daß Männer besser sind, in der Geschäftswelt widerspiegelt

Die größte Macht liegt in der heutigen Zeit nicht bei der Regierung, sondern bei der Wirtschaft. Geld regiert die Gesellschaft, und die Firmen verwenden ihr Geld, um *ihre* Bedürfnisse zu befriedigen. Firmen bestimmen über mehr als nur über Geld. Im Grunde genommen beeinflussen sie unser Wirtschaftsleben und unser Denken. Unglücklicherweise besteht die Mehrzahl derjenigen, die das Sagen haben, selbst heute noch aus Männern.

Laut einer Untersuchung aus dem Jahre 1984 von Catalyst, einer gemeinnützigen Organisation, die an der Förderung der Frauen in der Geschäftswelt arbeitet, haben 64% der größten amerikanischen Firmen immer noch keine und nur acht Prozent zwei oder mehr Frauen im Vorstand. Nur eines der 1000 größten Unternehmen hat eine Frau als Präsidentin, nämlich Katharine Graham von <The Washington Post>.

Noch schlimmer ist, daß Frauen in den meisten Bereichen des Arbeitslebens scheinbar nicht Fuß fassen können. Ohne Geld oder den Einfluß auf die Verteilung von Geldern können Frauen nicht erwarten, daß sie dieses System, das durch Geld regiert wird, wirklich verändern können.

Da das Geschäftsleben gleichbedeutend ist mit Geld und mit Macht, bringt eine von Männern beherrschte Geschäftswelt ganz deutlich zum Ausdruck, daß Männer besser sind. Wir haben mit Frauen aus allen Ebenen des Geschäftslebens gesprochen. Alle stehen vor diesem Problem. Wir berieten einmal Kate, die Leiterin der Zweigstelle einer großen Bank. Sie hatte enorme Schwierigkeiten, in ihrem Unternehmen aufzusteigen. Kate beharrte darauf, daß sie besser war als die Mitbewerber, aber sie bekam von den männlichen Vorgesetzten, die für Beförderungen zuständig waren, nie eine Chance. Durch unsere Beratung erkannte Kate, daß sie ihre Erfolgschancen, ohne es zu bemerken, zerstörte. „Wenn ich einem männlichen Vorgesetzten begegne", sagte sie, „dann lächle ich und versuche, seine Aufmerksamkeit zu gewinnen. Ich werde dadurch anscheinend mehr beachtet." Wir erklärten Kate, daß ein geschäftsmäßiges Lächeln und ein direkter Blickkontakt passender wären. Kate erregte die falsche Art von Aufmerksamkeit, nämlich die, die man durch Flirten bekommt, - ein Verhalten, das sie von ihrer Mutter gelernt hatte, die vor langer Zeit zu ihr gesagt hatte: „Kein Mann kann einer Frau, die ihm ins Auge sticht, wider-stehen". „Wenn sich ein Mann mit mir unterhält", fuhr sie fort, „gebe ich ihm in allem recht. Wenn ich doch einmal meine Meinung äußere, dann formuliere ich sie in einer Frage. Selbst meine Körpersprache ist respektvoll." Wir erklärten ihr: „Sie tun alles, um zu versagen. Sie müssen ihre „weiblichen" Verhaltensweisen, die Unterlegenheit signali-sieren und die dem Mann das Gefühl der Überlegenheit geben, ablegen. Sie müssen lernen, sich als *Jemand* im Firmengefüge zu sehen." Mit Hilfe von Rollenspielen lernte Kate, Menschen direkt in die Augen zu sehen, gelassen zu lächeln, sich ihnen ein wenig zuzuwenden, die Hände ruhig zu halten und in einfachen und knappen Worten ihre Mei-nung zu sagen. Sie war dadurch erfolgreich und wurde befördert.

Wie Sie anderen zeigen, daß Sie sich minderwertig fühlen

Viele <brave Mädchen> glauben vielleicht nicht, daß sie sich den Männern fügen. Aber Unterwürfigkeit gegenüber Män-nern hat viele Gesichter. Vielleicht haben Sie sich schon so oft in einer bestimmten Art und Weise verhalten, daß Sie sich dessen gar nicht mehr bewußt sind. Vielleicht bemerken Sie auch gar nicht, wie Ihr Selbstwertgefühl darunter leidet. Hier sind einige der üblichen Verhaltensweisen, über die unsere Patientinnen berichtet haben. Einige sind Ihnen vielleicht ver-traut.

• Ihre Meinung ändern oder einen Gedanken umformulieren, weil ein Mann Anzeichen von Mißbilligung zeigt.
• Einen Mann am Arbeitsplatz mit Getränken und Essen umsorgen, damit er sich in seiner männlichen Rolle wohl-fühlt.

• Sich beschämt oder minderwertig fühlen, wenn ein männlicher Kollege nicht Ihre Meinung teilt.
• Die Erlaubnis von einem Mann einholen, etwas zu sagen, zu kaufen oder zum Trinken zu bestellen, weil Sie Angst haben, ihn zu verärgern.

Gail, 36 Jahre alt, ist Chefsekretärin des Präsidenten in einer großen Firma, die Lichtelemente herstellt. Sie verbaute sich durch ihre selbstschädigende Einstellung, daß Männer besser sind, alle ihre Chancen, jemals mehr zu verdienen. Mehr als fünf Jahre lang hatte ihr Chef Chad ihr eine Gewinnbeteiligung und eine eventuelle Partnerschaft in der Firma versprochen, wenn sie sich „geduldete". In der Zwischenzeit war Gail ein menschlicher Fußabtreter, der jede von Chads Forderungen erfüllte - sie schenkte ihm Kaffee ein, entfernte Fussel von seinem Anzug und reinigte sein Büro. Sie behandelte ihn mit einer fürstlichen Ehrerbietung. Sie redete selten, wenn sie nicht dazu aufgefordert wurde, lief rot an, wenn irgend *jemand*, selbst der Hausmeister nicht einer Meinung mit ihr war, und sie änderte schnell ihre Meinung, um die Anerkennung aller zu erhalten. Gail erniedrigte sich so sehr, daß sie ausgenutzt wurde.

Wir halfen Gail zu erkennen, daß das Wort Partnerschaft Gleichberechtigung beinhaltet. Wir fragten sie: „Warum sollte Chad an einem minderwertigen Geschäftspartner interessiert sein?" Wenn Chad ihr jemals die Partnerschaft, auf die sie so lange gewartet hatte, anbieten sollte, dann mußte sie ihn dazu bringen, sie als gleichwertig anzusehen. Sie tat dies zuallererst, indem sie *Stellung bezog*. Sie kündigte Chad an, daß sie die Firma verlassen würde, wenn er ihr nicht innerhalb eines Jahres die Gewinnbeteiligung und Partnerschaft anbieten würde. Sie hörte auf der Stelle mit ihrem fürsorglichen Verhalten auf, das ihre Minderwertigkeit widerspiegelte. Sie *rechnete* damit, die Anerkennung der Männer zu verlieren und auf Widerspruch zu stoßen. Aber sie hielt durch. Sie sprach aus, was ihr durch den Kopf ging, wenn ihr danach war, und brauchte hierfür von niemandem die Genehmigung, außer von sich selbst. Sie war so sehr von den Reaktionen ihrer Kollegen auf ihr neues Verhalten beeindruckt, daß sie Chad nach einem Jahr verließ und eine eigene Firma gründete. „Ich erkannte schließlich", lächelte sie, „alles, was er kann, kann *ich* auch."

• Einen Anzug oder ein Blazer bei der Arbeit tragen, wenn Sie lieber ein Kleid oder Freizeitkleidung tragen möchten.
• Ihre Gedanken gegenüber Männern eher als Fragen als als Feststellungen formulieren.
• Unterwürfige Körpersprache.

Chris, eine Rechtsanwaltsgehilfin Mitte zwanzig, beklagte sich, daß die männlichen Rechtsanwälte in ihrer Firma ihr nicht genügend Respekt entgegenbrachten. „Keinen interessiert, was ich sage". Wir wiesen Chris darauf hin, daß die Menschen gewöhnlich von anderen so gesehen werden, wie sie sich selbst sehen. Dies drückt sich in der Art aus, wie Sie sich verhalten. Chris verhielt sich so, als ob sie keinen Respekt vor ihrer eigenen Meinung hätte, weil sie nie Stellung bezog. Sie hatte eine Menge geeigneter Kleider, die sie bei der Arbeit tragen wollte. Stattdessen aber trug sie langweilige ausgebeulte Kleider, aus Angst, sich so zu geben, wie sie war. Ihre Körpersprache verriet, daß sie dachte, jeder andere sei besser als sie. Wenn sie sich mit einem Mann unterhielt, lehnte sie sich zurück und hielt ihre Hände nahe vors Gesicht, als ob sie sich vor einem Schlag schützen wollte, oder sie verschränkte ihre Arme so fest, daß sie sich dabei fast die Rippen brach. All diese Gestiken zeigten, daß sie ihn für den Überlegenen hielt. Immer, wenn sie etwas zu sagen hatte, formulierte sie es als Frage, anstatt es direkt auszusprechen, so daß es nicht auffiel, wenn sie „falsch" lag. Wir zeigten Chris, wie sie sich im Büro Respekt verschaffen konnte, indem sie einfach ihr Verhalten änderte. Wir sagten ihr, sie solle ihrem eigenen Urteil trauen und bei der Arbeit Kleider tragen, die ihr wirklich gefielen. Dann arbeiteten wir daran, wie sie mit ihrer Körpersprache mehr Selbstsicherheit signalisieren konnte. Sie sollte sich der Person, mit der sie sich unterhielt, leicht zuwenden und ihre Arme locker hängenlassen. Schließlich sollte sie damit aufhören, die Männer auf ein Podest zu stellen, indem sie ihre Ideen als Fragen formulierte. Waren die auf allen Gebieten kompetent? Warum mußte sie fragen? Anstatt zu sagen: „Ist das heute nicht ein schöner Tag?" sollte sie einfach sagen: „Das ist ein schöner Tag" oder „Das war eine kluge Entscheidung." Chris würde auf diese Weise ihre eigene Meinung zum Ausdruck bringen und zeigen, daß sie Respekt verdiente.

• Den Mann die Entscheidungen treffen lassen, angefangen über die Wohngegend, über die Schule, die die Kinder besuchen sollen, über die Farbe des Hauses bis hin, welches Restaurant man aufsucht.
• Fest daran glauben, daß Männer klüger sind als Frauen.
• Sexistische Bemerkungen über andere Frauen machen, angefangen von den unfähigen weiblichen Autofahrern bis zu den unmöglichen weiblichen Vorgesetzten.
• Angst haben vor einem weiblichen Präsidenten.
• Weibliche Politiker als „nicht fraulich" oder „fehl am Platze" abtun.

Hattie, eine 48 Jahre alte Kosmetikerin suchte uns mit der Idee auf, sie könnte ihr Geschäft mehr ankurbeln, wenn sie ihre „Persönlichkeit verändern" würde. „Ich weiß ganz genau, daß ich mich vor Kunden nicht mehr retten könnte, wenn ich mehr Schwung hätte." Zuerst lachten wir, aber bald sahen wir, daß es in Hatties Persönlichkeit ein Problem gab, das korrigiert werden mußte - ihre Überzeugung, daß Männer besser waren. Wir entdeckten diese Überzeugung bei unserer routinemäßigen Unterhaltung über ihre Interessen. Es stellte sich heraus, daß Hattie gerne Bücher las. Noch wichtiger, als wir sie fragten, welches ihre Lieblingsbücher seien, war keines von diesen von einer Frau geschrieben worden. Als wir Hattie darauf hinwiesen, erwiderte sie: „Die wissen doch nichts. Warum sollte ich ein Buch von denen lesen?" Weiterhin brachte sie ihre Ansicht zum Ausdruck, für wie „dumm" sie es hielt, wenn Frauen versuchten, in der Regierung oder im Geschäftsleben „die Hosen anzuhaben". Frauen waren einfach nicht gut genug, um die Geschicke des Landes zu steuern oder Gesetze zu erlassen. Wir wußten, daß Hattie, wenn sie ihr eigenes Geschlecht so vor uns niedermachte, dies auch gegenüber ihren ausschließlich weiblichen Kunden tat. Wir gaben Hattie deutlich zu verstehen, daß der erste Schritt zum Ausbau ihres Geschäftes darin bestehe, positiv über Frauen zu sprechen, das Ich ihrer Kundinnen aufzubauen, indem sie diese als gleichwertig und nicht den Männern unterlegen behandelte. Wir ermutigten sie auch, Bücher von Frauen zu lesen, um sich von der Vorstellung zu befreien, daß nur Männer intelligent seien. Hattie war von dem, was sie las, beeindruckt, und nun beeindruckt sie ihre Kunden. Ihr Geschäft blüht.

• Komplimente eher von einem Mann als von einer Frau annehmen
• Sich wegen eines Rates eher an einen Mann als an eine Frau wenden (Männer sind in allem Experten).
• In einem Geschäft Verkäufer einstellen, weil Sie glauben, diese wissen mehr und machen ihre Arbeit besser als Verkäuferinnen.

Caroline, eine 24-jährige Studentin der Archäologie, verlor beinahe ihre beste Freundin Janet, weil sie glaubte, Männer seien besser. Die zwei waren wie Geschwister gewesen, sind in derselben Nachbarschaft aufgewachsen, ihre Eltern waren eng miteinander befreundet. Sie waren auf dieselbe Schule gegangen und studierten sogar dasselbe Fach. Nun aber waren sie zerstritten, und Caroline war deprimiert. Wir fragten sie, ob Janet einige Male zu den Sitzungen mitkommen konnte, damit wir uns ein besseres Bild machen konnten, was zwischen ihnen ablief. In weniger als 10 Minuten war das Problem klar. Janet erklärte es so: „Gleichgültig, welchen Rat ich Caroline gebe, sie fragt noch jemand anderen - und zwar immer einen Mann. Wenn ich ihr sage, daß ihr blau gut steht, dann glaubt sie mir das solange nicht, bis ein Kerl ihr das bestätigt. Wenn ich ihr sage, daß sie ein tolles Lächeln drauf hat, dann schaut sie mich an, als wolle sie fragen: <Wen interessiert es schon, was du denkst?> Wenn ein Mann, gleichgültig, wie alt oder unattraktiv der ist, ihr etwas Nettes sagt, dann schwebt sie eine Woche lang auf Wolken. Wenn sie im Studium Hilfe braucht oder ein alltägliches Problem hat, dann wendet sie sich nie an mich - nur an einen Mann. Ich komme mir wie ein Mensch zweiter Klasse vor. Ich dachte, Freundinnen sollten sich wichtig sein." Die Wahrheit war zu Tage getreten. Die Hilfe und Komplimente von Männern waren für Caroline wichtiger als die von Janet, weil Janet eine Frau war. Caroline begann, ihre Beziehung zu Janet wieder zu festigen, indem sie die

Vorstellung, daß Männer besser sind, in Frage stellte. Als sie Frauen den Männern als ebenbürtig ansah, schätzte sie Janets Meinung ebenso wie die der Männer.

Zweifelsohne könnte man diese Liste unendlich fortsetzen. Es ist gefährlich, wenn Ihre täglichen Aktivitäten Sie veranlassen, Ihre Macht und damit Ihr Wohlbefinden aufzugeben. Schauen wir uns nun an, warum Sie denken, Sie seien minderwertig. Das ist der nächste Schritt, um Ihre Denkweise zu ändern. Sie müssen lediglich sich selbst genug vertrauen, um zu sich ehrlich zu sein.

Der psychologische Gewinn dafür, daß Sie sich für minderwertig halten

Schauen wir uns an, welche Vorteile Sie davon haben, sich für minderwertig zu halten. Es gibt viele Gründe, die Sie teilweise vielleicht schon kennen. Wir führen nur einige der ungesunden Vorteile auf, die Sie daraus ziehen, wenn Sie andere über sich stellen. Kommen Ihnen einige dieser Begründungen bekannt vor?

• Wenn Männer besser sind und auf alles eine Antwort wissen, dann muß man nicht für sich selbst denken.
• Man kann andere für alles verantwortlich machen, was schief läuft.
• Wenn Sie denken, Männer seien besser, dann müssen Sie nicht den Gefahren und Risiken einer Veränderung ins Auge schauen.
• Sie bekommen Applaus von den Männern, zu denen Sie aufschauen, und Zustimmung von anderen Frauen, die wie Sie denken.
• Sie haben ein Gefühl der Sicherheit, auch wenn sie nur eine Illusion ist. Einige Frauen wollen ihre Gleichwertigkeit nicht akzeptieren. Das bedeutet, daß Männer sie nicht besser beschützen können als sie sich selbst.
• Sie brauchen nicht erwachsen zu werden, wenn Sie nach einer überlegenen Person Ausschau halten, die Sie führt.
• Sie fühlen sich gut, wenn Sie glauben, daß es etwas Größeres und Besseres gibt als Sie.

72

• Sie glauben, Sie seien ein besserer Mensch, wenn Sie jemandem folgen, der „besser" ist als Sie.

Das sind einige der üblichen Gründe dafür, daß Sie die Männer gewähren lassen. Diese Gründe bringen Ihnen vielleicht Vorteile - aber es sind keine *echten* Vorteile. Sie gewinnen durch sie keine wirkliche Macht oder Identität. Macht und Identität können nur von *Ihnen* kommen. Denken Sie daran, daß ein Mann *nur* soviel Macht hat, wie Sie ihm geben. Sie können den alles entscheidenden Beschluß fassen, sich zu ändern und sich für gleichwertig zu halten. Hier sind einige wunderbare Strategien, um Gleichheit zu erlangen.

Einige leicht erlernbare Übungen, um Gleichberechtigung zu erlangen

Der wichtigste Weg, sich für ebenso gut wie ein Mann zu halten, besteht darin, Ihre Überzeugungen bei den Hörnern zu packen und sie in Frage zu stellen. Die folgenden Übungen zeigen Ihnen, wie man das macht. Machen Sie eine Übung nach der anderen. Sie brauchen nicht zu hetzen. Beginnen Sie mit der Übung, die Ihnen am leichtesten fällt, und arbeiten Sie sich allmählich zu denen vor, die Ihnen schwieriger erscheinen. Es ist nicht notwendig, die Prinzipien zu verstehen, die hinter diesen Übungen stehen. Machen Sie sie einfach. Wir wissen, daß Sie darüber erstaunt sein werden, wieviel Sie durch eine kleine Änderung in der richtigen Richtung erreichen können.

• Stellen Sie die Annahme in Frage, daß Männer besser sind. Sagen Sie sich: „Männer sind *nicht* besser. Ich bin so gut wie jeder andere auch" - das, was wir auch Tracy rieten, um besser in der Geschäftswelt mithalten zu können.

• Entlarven Sie die Manipulationen der Männer. Anstatt wütend zu sein, wenn ein Mann versucht, Sie zu manipulieren, versuchen Sie mit fester Stimme zu sagen: „Ich glaube, Sie halten nicht viel von meiner Meinung. Warum denken Sie so?"

Obwohl wir vielen Frauen diese Strategie mit großem Erfolg vermittelt haben, erinnern wir uns immer wieder, wenn wir sie beschreiben, an Fanny K., eine besondere Patientin. Fanny ging auf die 50 zu, ihre Kinder waren erwachsen und standen auf eigenen Beinen, und ihr Mann verhielt sich so, „als ob er nicht wüßte, daß es mich auch noch gibt". „Was macht er, um bei Ihnen diesen Eindruck zu erwecken?" fragten wir, um die Einzelheiten zu erfahren. „Er ignoriert jeden Vorschlag, den ich mache", sagte sie. „Zum Beispiel?" fragten wir. „Ich sagte ihm, er solle das Wohnzimmer grün streichen. Er strich es braun", antwortete sie. Als wir Fanny fragten, was sie daraufhin getan habe, sagte sie: „Ich sagte ihm, daß er mir nie zuhöre". Für uns war es offensichtlich, daß Raymond dies so viele Male von Fanny gehört hatte und er sich deshalb einfach so verhielt, wie sie es von ihm erwartete. Wir sagten ihr: „Wenn Raymond das nächste Mal Ihre Wünsche ignoriert, dann sagen Sie ihm, was es für Sie *bedeutet,* wenn er sich so verhält. Dann fragen Sie ihn, warum er sich so verhält". Als wir Fanny das nächste Mal sahen, strahlte sie über das ganze Gesicht. „Ich sagte Raymond, er solle keine grüne Krawatte zu einem blauen Anzug tragen", informierte sie uns. „Als er die Krawatte nicht auszog, sagte ich ihm, ich hätte das Gefühl, daß ich mich oder meine Meinung nicht besonders schätze, wenn er meinen Rat ignoriere. Dann fragte ich ihn, warum er nicht auf mich höre. Er gab zu, daß dies für ihn der einfachste Weg war, um seinen Willen durchzusetzen. Wenn es mich jedoch so sehr verletze, dann würde er es nicht mehr machen." Fanny wandte diese Strategie jedes Mal an, wenn sie sich ignoriert fühlte, und bald besserte sich die Beziehung der beiden. Machen Sie den Menschen immer die Folgen ihres Handelns klar, und wie deren Verhalten bei *Ihnen* ankommt. Sind die Folgen für Sie unangenehm, dann fragen Sie sie, *warum* sie sich so verhalten. Wenn man manipulatives Verhalten entlarvt, dann verschwindet es gewöhnlich.

• Teilen Sie dem Mann mit, wie Sie sein Verhalten empfinden. Anstatt ihn zu beschimpfen, lassen Sie ihn die Konsequenzen seines Verhalten wissen. Ist es Wut, verletzte Gefühle, Erniedrigung, Verzweiflung, Depression .... ?

• Haben Sie keine Angst, anderer Meinung zu sein, wenn Sie überzeugt sind, jemand hat unrecht.

• Machen Sie von den Ratschlägen Gebrauch, die wir Kate gaben, um geschäftstüchtiger zu werden und vorwärtszukommen. Schauen Sie einem Mann direkt in die Augen, wenn Sie mit ihm sprechen. Halten Sie Ihren Kopf aufrecht und haben Sie keine Angst vor einem offenen und ausgeprägten Lächeln.

• Vertreten Sie entschlossen Ihre Meinung. Formulieren Sie Ihre Bemerkungen positiv.

• Achten Sie auf Ihre Körpersprache, wie wir es Chris gezeigt haben, um sich in der Rechtsanwaltskanzlei Respekt zu verschaffen. Stehen Sie gerade oder neigen Sie sich leicht nach vorne. Lassen Sie Ihre Hände entspannt herunterhängen und zeigen Sie damit, daß Sie keine Angst haben, sich in der Gegenwart eines „Überlegenen" zu öffnen.

• Schreiben Sie alle Gründe auf, die vielleicht noch dafür sprechen, daß Männer besser sind. Versuchen Sie dann, sich selbst einige dieser Eigenschaften anzugewöhnen. Bewundern Sie einen Mann wegen seiner Körperstatur, dann treiben Sie Sport, stämmen Sie Gewichte, machen Sie Karate und trainieren Sie Ihre Muskeln. Sind Sie beeindruckt, daß sich Männer in den Naturwissenschaften auskennen, dann belegen Sie einen Kurs oder nehmen Sie sich einen Lehrer, der Ihnen Chemie, Biologie oder Mathematik beibringt. Sind Sie von seinem technischen Wissen über Autos beeindruckt, dann gehen Sie in eine Bücherei oder Buchhandlung und eignen Sie sich das nötige Wissen an. Versetzt Sie die Fähigkeit des Mannes, sich in Finanzangelegenheiten auszukennen, in Erstaunen, dann studieren Sie Wirtschaftszeitungen und entsprechende Bücher. Jeder kann sich diese Fähigkeiten aneignen. Sie haben von Natur aus nichts mit dem Geschlecht zu tun.

Mit der Überzeugung, Männer seien besser, machen Sie aus Ihrem Alltag nicht das, was Sie machen könnten. Der 32-jährigen Marissa, die mit Bernie, den sie als Nörgler bezeichnete, verheiratet war, erging es so: „Mein Leben ist die reinste Hölle", sagte sie. „Tag ein, Tag aus nörgelt er an mir herum, bis er seinen Willen bekommt. Er schlägt mich nicht und er schreit nicht, er nörgelt einfach. Ich halte das nicht aus. Wenn er nicht will, daß ich mit einer Freundin ins Kino gehe, dann sagt er mir das immer wieder, bis ich aufgebe. Ich habe einfach nicht soviel Ausdauer wie ein Mann." Marissa war schon besiegt, ehe sie anfing, da sie in ihrem Kopf einen ungleichen Kampf vorhersah. Wir gaben Marissa eine Strategie an die Hand, die totsicher hilft, wenn man sich gegen einen Mann wehren will, der versucht, einen zu unterdrücken. Wir sagten ihr, sie solle Bernie einfach nörgeln *lassen*. Sie rege sich darüber viel zu sehr auf. Sie müsse sich selbst ein paar hilfreiche Worte sagen. Zusammen entwickelten wir eine Affirmation, die sich Marissa immer wieder sagen sollte, um Bernies negatives Verhalten in ein positives zu verwandeln: „Ich liebe es, wenn Bernie nörgelt. Damit zeigt er, daß er sich um mich sorgt." Als Marissa Bernies Verhalten akzeptierte und mit ihm rechnete, hatte es keinen Einfluß mehr auf sie, und daraufhin hörte er auch damit auf. Bernie hatte keinen Grund mehr, an ihr herumzunörgeln. Marissa tat trotzdem, was sie wollte. Wir können auch mit Freude sagen, daß Bernie dank Marissas Hilfe ein viel liebenswürdigerer Mensch geworden ist.

Sie kennen nun einige Techniken, um Ihre Überzeugung, daß Männer Ihnen überlegen sind, abzulegen. Um einen Mythos zu vertreiben, gibt es nichts Besseres, als zu handeln. Wenn Sie den notwendigen ersten Schritt getan haben, werden Sie erstaunt sein, wie leicht es in Wirklichkeit ist, etwas zu ändern. Sie *wissen,* daß Sie das schaffen können.

3
„Der Stärkere hat das Recht zu herrschen"

*„Eine Frau könnte niemals Staatspräsident werden.
Wer sollte den Staatshaushalt im Gleichgewicht
halten und unsere Feinde bekämpfen? Ganz zu
schweigen, was passieren würde,
wenn sie ihre Tage hätte ..."*

Marion R.,
ein <braves Mädchen>, 27 Jahre

Es ist unglaublich, wie viele Frauen Marions Meinung über eine Frau in einer Machtposition teilen. Marions Ansichten sind nicht ungewöhnlich. Marion selbst ist eine Durchschnittsfrau; sie wuchs bei fürsorglichen Eltern aus dem Mittelstand auf, die sie dazu erzogen hatten, bescheiden zu sein und hart zu arbeiten. Anfang zwanzig heiratete sie Harold, der ihren zwei kleinen Kindern ein guter und fürsorglicher Vater und ihr ein treuer Ehemann war. Als wir jedoch ganz zufällig auf die Neuigkeiten des Tages zu sprechen kamen und die Frage aufkam, ob eine Frau Präsidentin sein sollte, reagierte diese ruhige, höfliche Frau plötzlich heftig. Scheinbar hatten wir sie an ihrem wunden Punkt getroffen, nämlich an ihrer Überzeugung, daß Männer besser sind. Wenn man glaubt, daß Männer besser sind, führt das zwangsläufig zu der selbstschädigenden Einstellung, die in diesem Kapitel erörtert werden soll: „Es ist das Recht des Stärkeren zu herrschen." Wenn etwas nicht mit Ihnen stimmt und Männer besser sind, scheint es nur logisch, daß Männer das Sagen haben sollten. Stephanie, eine unserer Patientinnen, drückte es so aus: „Wer will schon von einer Frau regiert werden? Frauen fehlt einfach das, was man braucht, um die richtigen Entscheidungen zu treffen."
    Wenn man die Seifenblase des <Braven-Mädchen-Syndroms> zersticht, kommt eine einfache Wahrheit zum Vorschein: Männer - oder andere, von denen man sich

regieren läßt - haben nur so viel Macht, wie man ihnen gibt. Wahrscheinlich waren Sie übertrieben „großzügig" und haben ihnen zu viel Macht gegeben, - selbst die Macht, Regeln aufzustellen.

Wenn Sie es zulassen, daß ein anderer für Sie die Regeln aufstellt, besteht die größte Gefahr darin, daß nur der, der sie aufgestellt hat, davon profitiert - und nicht Sie. In diesem Kapitel werden wir Ihnen zeigen, wie Sie die Macht, die Sie so großzügig und zu Ihrem eigenen Schaden verschenkt haben, zurückgewinnen können. Sie werden den Unterschied zwischen Alleinherrschaft und Selbstbestimmung kennenlernen, und wie man die Prinzipien der Macht einsetzt, um unabhängiger zu werden. Sie werden die Gründe, warum Sie sich von anderen regieren lassen, verstehen lernen. Sie werden zuverlässige und einfache Strategien erfahren, durch die Sie lernen, genug Vertrauen zu sich selbst zu haben, um Ihre eigenen Regeln aufzustellen - Regeln, die gut für Sie sind.

Selbstbestimmung und Alleinherrschaft

Eines unserer Ziele in diesem Kapitel ist, daß Sie Selbständigkeit erlangen. Zum besseren Verständnis möchten wir Ihnen erklären, was wir darunter verstehen. Wie wir gesehen haben, wurden viele von ihnen in eine Welt hineingeboren, in der die Männer die Spielregeln machen. Das scheint nur natürlich. Selbständigkeit bedeutet, nach eigenen Regeln zu leben. Alleinherrschaft bedeutet ungeteilte Oberherrschaft einer einzigen Person. Was wäre Ihnen lieber?: daß Sie die Regeln für Ihr Leben aufstellen, oder daß das eine andere Person tut? Während in Urzeiten der Mann die Alleinherrschaft über die Frau aufgrund seiner *Größe* hatte, hat dieser körperliche Unterschied in einer zivilisierten Gesellschaft keine wirkliche Bedeutung mehr. Diese alte Vorstellung hat sich jedoch bis heute erhalten. Psychologische Untersuchungen haben gezeigt, daß unter Männern dem größten Mann die höchste Glaubwürdigkeit eingeräumt wird und man ihm am ehesten Glauben schenkt. Natürlich gibt es keine *auf Tatsachen* beruhende Grundlage für die Annahme, daß ein großer Mann klüger ist als ein kleiner, genausowenig dafür, daß ein Mann klüger ist als eine Frau.

Trotzdem ist der Mythos „groß ist besser" immer noch weit verbreitet. Vielleicht geben Sie den Männern im Unterbewußtsein einfach nur deshalb die Macht, über Ihr Leben zu bestimmen, weil sie größer sind!

Ihr Leben hängt nicht davon ab, was eine überlegene „große" andere Person Ihnen vorschreibt. Ihr Leben hängt von Ihnen selbst ab. Sie sind die Einzige, die Ihr Leben bestmöglich gestalten kann.

Die Denkweise einer unserer Patientinnen, Marie, einer attraktiven Frau von Anfang 50, ist ein gutes Beispiel dafür, wie das Bild, das man von sich selbst hat, manchmal eher durch das Urteil einer Mehrheit oder einer anderen Person als durch eigene Maßstäbe geprägt wird. Marie war nahe daran, Selbstmord zu begehen, als sie ihren Arbeitsplatz verlor, an dem sie 20 Jahre lang gearbeitet hatte. Sie war Krankenschwester; diesem Beruf hatte sie ihr ganzes Leben gewidmet; er war ihr ein und alles. Von ihrer Abschlußfeier berichtet sie mit Tränen in den Augen: „Wir waren ganz in weiß gekleidet und ich hatte rote Rosen in der Hand. Es war wie bei einer Hochzeit. Ich habe mich ganz der Genesung anderer verschrieben; ich wollte anderen Menschen helfen." Sie hatte nie geheiratet, selten Verabredungen getroffen und ihre ganze Energie in den geliebten Beruf gesteckt. Durch ihn bekam sie viel Liebe und Befriedigung. Sie erhielt die höchste Auszeichnung für ihre herausragenden Leistungen, den Florence Nightingale Preis. Einen Monat später, als in der Krankenhausverwaltung eine drastische personelle Veränderung stattfand, kam es zu Neueinstellungen und Entlassungen. Marie, die nicht viel von Personalpolitik hielt und dachte, damit nur wertvolle Zeit, die sie für die Pflege ihrer Patienten brauchte, zu verlieren, geriet zufällig in die Schußlinie. Sie sagte: „Ich will nie wieder als Krankenschwester arbeiten. Es hat mein Leben ruiniert." Marie kam sich verraten und verkauft vor. „Ich habe das Gefühl, daß all das, wofür ich gearbeitet habe, zunichte ist .... alles, wovon ich überzeugt war, war ein einziger Schwindel."

Marie fühlte sich zwar verraten, ihr wahres Problem lag jedoch viel tiefer. Marie ließ die anderen, die sie für besser hielt, ihren Selbstwert bestimmen - in diesem Fall war es die vorwiegend von Männern geführte Verwaltung. Sie wurde entlassen. Daraus zog sie die Schlußfolgerung, daß sie nichts taugte. Die Liebe und Bewunderung all jener, denen sie in all den Jahren geholfen hatte, bedeuteten ihr plötzlich nichts mehr. All das Gute, was sie durch die Erfüllung ihres Kindheitstraums erreicht hatte, war mit einem Schlag dahin. Sie machte ihre Wertschätzung von einem angeblich demokratischen Prozeß, dem Mehrheitsbeschluß des Verwaltungsausschusses, abhängig.

Wir fragten Marie: „ Wer hat Sie verraten? Ihre Arbeit als Krankenschwester oder die Verwaltung?" Als sie erkannte, wieviel Freude sie in ihrem Beruf gehabt hatte, sah sie, daß sie ihre Selbstzufriedenheit von der Meinung anderer abhängig gemacht hatte. Sie beschloß, es nicht zuzulassen, daß irgendein Verwaltungsausschuß ihr diese Befriedigung wegnahm, und machte sich daran, eine andere Stelle in diesem Beruf, der ihr so viel bedeutete, zu finden.

Wenn Sie ein selbständiges Leben führen möchten, dann müssen Sie Ihr eigener Herr sein und Regeln aufstellen, die Ihnen nutzen. Wenn Sie sich Ihre Macht der Selbstbestimmung von anderen nehmen lassen, werden Sie wahrhaftig deren Sklave und arbeiten zu deren, anstatt zu Ihrem eigenen Vorteil. Als nächstes werden wir Ihnen zeigen, wie Sie Ihre Selbständigkeit erlangen können, indem Sie Ihre Macht zurückgewinnen und diese richtig zur Erfüllung Ihrer Wünsche einsetzen.

Die Prinzipien der Macht verstehen

Eine Zeitlang war Marie in dem Glauben gefangen, daß andere die Macht hätten, über ihre Zufriedenheit zu bestimmen. Sie betrachtete ihren ganzen Beruf und die Frauen, die in ihm arbeiteten, als Hohn, weil sie es zuließ, daß eine kleine Gruppe von Menschen ihren Selbstwert bestimmte. Dabei vergaß sie, daß Tausende zu ihr aufschauten, weil sie ihnen geholfen hatte. Wenn Sie nicht davon überzeugt sind, daß Sie über eine gewisse Autorität verfügen, werden Sie sich möglicherweise schwertun, daran zu glauben, daß andere Frauen diese haben können. Unter Autorität versteht man die Macht, Meinungen oder Verhaltensweisen zu beeinflussen oder zu ändern. Es ist unmöglich, auf jemanden Einfluß auszuüben - besonders auf sich selbst -, wenn man keine Autorität hat, oder wenn man nicht davon überzeugt ist, daß man sie hat.

Eine Meinungsumfrage der Los Angeles Times, die einen Monat vor den Präsidentschaftswahlen 1984 durchgeführt wurde, ergab, daß 42% der befragten Frauen der Meinung waren, Männer seien hinsichtlich ihrer Entscheidungsfähigkeit in Kriegs- und Friedensfragen besser als Frauen. Interessant ist auch, daß ein Fünftel der Befragten folgende Aussage für richtig befand: „Frauen im Staatsdienst - das ist einfach nicht sehr weiblich." Das Problem bei dieser Frage ist natürlich die Art, wie wir gelernt haben, eine Frau zu definieren - als ruhig, zurückhaltend und unterwürfig. Diese Eigenschaften passen überhaupt nicht in das Bild, das wir uns von den meisten erfolgreichen Politikern, ob Männer oder Frauen, machen.

Ein anderer aufschlußreicher Teil der Umfrage brachte die eindeutig negative Einstellung der Frauen gegenüber weiblichen Politikern oder Machthabern im allgemeinen zu Tage. Die Fragesteller beschrieben zwei fiktive Regierungsanwärter. Kandidat A, 55 Jahre, wurde in New York geboren, wuchs dort auf, war verheiratet, hatte zwei Kinder und verfügte über Erfahrungen im Wirtschaftsbereich. Kandidat B, fünf Jahre jünger, im Westen der USA geboren und aufgewachsen, hatte drei Kinder und als Anwalt Karriere gemacht. Einer Gruppe der Befragten wurde gesagt, daß Kandidat A ein Mann und Kandidat B eine Frau sei. Bei einer zweiten Gruppe wurde das Geschlecht vertauscht. Bei beiden Gruppen erlitt der weibliche Kandidat eine Niederlage. Die befragten Männer und Frauen antworteten ähnlich.

Wie kommen wir zu dieser Einstellung? Den Frauen wurde geschickt und auf unfaire Weise weisgemacht, sie seien „brav", wenn sie Regeln befolgen, anstatt diese aufzustellen, und viele dieser Frauen geben diese Vorstellung auch heute noch an ihre Kinder weiter. Noch schlimmer ist, daß den Frauen der Glaube aufgezwungen wurde, der *Grund* dafür, daß sie anderen erlauben sollten, Regeln aufzustellen, sei der, daß etwas nicht mit ihnen stimme, und daß sie, selbst wenn sie es wollten, nicht in der Lage wären, eigene Regeln aufzustellen. Diese Einschüchterung hat nicht nur einen völligen Machtverlust zur Folge, sondern auch ein schwaches Selbstbild, einen Mangel an Bildung und Depressionen - die Kennzeichen des Braven-Mädchen-Syndroms.

Milly, 32, ein Einzelkind berufstätiger Eltern, kam auf die Welt, als die Eltern schon älter waren. Ihr Vater tat alles für sie, um sein Gefühl, stark und fürsorglich zu sein und gebraucht zu werden, zu steigern. Obwohl die Hilflosigkeit der kleinen Milly für ihren Vater schmeichelhaft war, hatte sie als Erwachsene das Gefühl, völlig minderwertig und auf die Führung der Männer angewiesen zu sein. Diese frühe Konditionierung verbaute ihr die Chance, in dem Investmentunternehmen ihrer Stadt, in dem sie als Maklerin arbeitete, aufzusteigen. Ihr Chef drückte es so aus: „Sie leisten gute Arbeit, wenn es darum geht, Anweisungen auszuführen. Wir wissen, daß wir uns immer auf Sie verlassen können, wenn wir Sie um etwas bitten. Das Problem ist aber, daß es Ihnen scheinbar an Kreativität fehlt, an der Fähigkeit, selbständig Entscheidungen zu treffen und sie auszuführen. Um Sie befördern zu können, müssen wir wissen, daß Sie in der Lage sind, selbständig zu arbeiten, so daß wir ein paar Tage weggehen können, ohne uns Sorgen machen zu müssen, was wir wohl vorfinden, wenn wir zurückkommen." Als Milly mehr auf sich selbst und ihre Entscheidungen vertraute, die sie aufgrund ihres Selbstvertrauens traf, konnte sie auch bei anderen Vertrauen erwecken und wurde befördert.

Geben Sie sich die Macht, über sich selbst zu bestimmen

Wie Milly werden auch Sie lernen, genug Vertrauen zu sich selbst zu haben, um die Macht zu nutzen, eigene Entscheidungen zu treffen.

Wenn die anderen nur soviel Einfluß auf Sie haben, wie Sie ihnen gegeben haben, dann gibt es nur eine Möglichkeit, sich deren Einfluß zu entziehen. Sie müssen wissen, wie Sie die Macht, die Sie aus Ihren Händen gegeben haben, zurückgewinnen und nutzen können, um über sich selbst zu bestimmen.

„Ich habe Angst, mir die Macht zurückzuholen", werden viele Frauen denken oder durch ihr Verhalten ausdrücken. Sie haben Angst, die Sicherheit zu verlieren, die ihnen ihre derzeitigen Beziehungen bieten. Folgende Fallgeschichte einer typischen Beziehung und der Krisenpunkte, die das Paar zu bewältigen hatte, als die Frau beschloß, ihre Macht zurückzugewinnen, geben Ihnen eine gute Vorstellung davon, was dann häufig passiert.

Sam C. ist 24 und Lila 20, als sie heiraten. Er ist diplomierter Betriebswirt und sie Lehrerin. Er ist mehr auf Karriere aus als sie. Sie hat vorübergehend eine Aushilfsstelle als Lehrerin angenommen, um das geringe Einkommen aufzubessern, bis ihr Mann in dem Automobilunternehmen, für das er arbeitet, eine höhere Gehaltsstufe erklommen hat. In den nächsten vier Jahren bekommen sie zwei Kinder, und sie gibt ihre Stelle auf, um sich ganz der Familie zu widmen. Sie ist darüber nicht sehr glücklich, stimmt aber ihrem Mann zu, indem sie sagt: „Die Befriedigung, die ich durchs Unterrichten erfahre, wird mir wirklich fehlen, aber ich glaube, Sam hat recht, wenn er sagt, ich werde eine noch größere Befriedigung verspüren, wenn ich mich voll und ganz dem Haushalt widme." Ihr Gefühl der Identität wird dadurch geprägt, wie gut sie ihren Mann bei seiner Karriere unterstützen kann, und wie gut es ihren Kindern geht. Ihre gemeinsamen Freunde sind in erster Linie seine Freunde, und häufig sind es Geschäftskontakte.

Sechs oder sieben Jahre später kommt für Lila die Ernüchterung. Sie beschreibt sie so: „Soll das alles sein? Ich stehe auf, mache das Essen für Sam und die Kinder, gehe einkaufen, mache die Wohnung sauber und gehe wieder ins Bett. Ich frage mich ständig: Soll das wirklich alles sein, was das Leben mir je bietet? Ist das *alles?*" Ihren Zustand kann sie sich nicht erklären, da sie nie geglaubt hätte, daß es soweit kommen könnte. Dieses Gefühl gibt ihr Grund anzunehmen, daß mit ihr noch mehr nicht stimmt, als sie es sich je vorgestellt hat. „Ich frage mich immer wieder, warum ich nur so unzufrieden bin. Was stimmt mit mir nicht? Ich fühle mich so schuldig. Sam arbeitet hart. Die Kinder sind toll, das Haus ist großartig und meine Freunde auch. Warum bin ich immer so unerklärlich unbefriedigt? Was will ich denn mehr?" Sie hat alles, was sie sich je wünschen „sollte".

Nachdem Lila viel über sich nachgedacht hat, erkennt sie, daß die Probleme in ihrer Beziehung durch ihre eigene Entscheidung aufgekommen sind. Die Dinge müssen jedoch nicht so bleiben, wie sie sind. Sie *kann* mehr aus ihrem Leben machen. Sie kann sich ändern, er kann sich anpassen. Das ist eine wunderbare, neue Erkenntnis. Auch wenn es manchmal schwierig für sie ist, behauptet sie sich. Sie geht noch einen Schritt weiter. Sie belegt einen Kursus, wie man von zuhause aus ein Geschäft betreiben kann, und sie schließt Freundschaften, die nichts mit ihrem Mann oder dessen Geschäftsbeziehungen zu tun haben. Obwohl sie ihre Probleme mit ihm bespricht, sucht sie nicht mehr ständig seine Zustimmung. Sie weiß, daß sie mehr Freizeit und mehr Raum für ihre persönliche Entfaltung braucht. Sie bittet Sam, einige Arbeiten im Haushalt zu übernehmen.

Lila ist nun stark genug, um zu *akzeptieren,* daß sie einen Teil seiner Anerkennung verlieren könnte, wenn sie bekommt, was sie will. Dieses Akzeptieren hilft ihr sehr viel. Sam bezeichnet sie als undankbar und meint, sie würde es nicht zu schätzen wissen, was er alles für sie getan habe. Als er versucht, ihr ein schlechtes Gewissen zu machen, um zu seinem Recht zu kommen, und das nicht klappt, droht er ihr, sie zu verlassen. Lila weiß, daß wieder über sie bestimmt wird und sie frustriert ist, wenn sie nachgibt und ihm seinen Willen läßt. Mit diesem Lebensstil kann sie sich nicht länger abfinden. Sie gewinnt dadurch Kraft, daß sie die möglichen Konsequenzen ihrer Unabhängigkeit akzeptiert. Sie liebt Sam sehr und möchte ihre Ehe am Leben erhalten, aber sie läßt es darauf ankommen. Sie macht ihm klar, daß sie genauso wie er ihren Freiraum braucht. Es dauert zwar seine Zeit, und Kompromisse von beiden Seiten sind notwendig, aber die beiden haben es geschafft, ihren eigenen Bedürfnissen nachzugehen und gleichzeitig den Wunsch des anderen nach Unabhängigkeit zu respektieren. „Man kann sein Leben nicht verbessern, ohne ein gewisses Risiko auf sich zu nehmen", sagt Lila. „Ich sah eine Chance, glücklich zu werden, und habe sie genutzt."

Einige typische Verhaltensweisen dafür, wie Frauen sich „herumkommandieren" lassen.

Wie Sie sich denken können, dauert es lange, sich so zu verstehen wie Sam und Lila. Bevor Sie überhaupt etwas tun können, müssen Sie erst einmal feststellen, ob Sie jemand manipuliert. Wenn Sie glauben, jemand versuche vielleicht, Sie herumzukommandieren, dann schauen Sie sich diese üblichen Anzeichen an. Achten Sie darauf, ob sie Ihnen bekannt vorkommen.

• Erledigen Sie etwas für einen Mann und ärgern sich, daß Sie nicht nein sagen können?
• Lassen Sie sich von einem Verkäufer einschüchtern und kaufen etwas, das Sie gar nicht wollen, oder trauen sich nicht, es zurückgehen zu lassen?
• Erlauben Sie Ihrem männlichen Begleiter in einem Restaurant, für Sie zu bestellen, und sind Sie zu „höflich", seine Wahl zu ändern?

Amelia, 28 Jahre, seit fünf Jahren mit Alfonso verheiratet, beschrieb, wie ihre Überzeugung, daß Männer das Recht hätten, sie herumzukommandieren, ihr das Gefühl gab, nirgends zuhause zu sein. „Es ist sein Haus, sein Geld, sein Territorium. Ich bin nur ein Gast. Ich habe nichts, keine Rechte, gar nichts. Wie kann ich ihm da etwas abschlagen?" Alfonso scheuchte sie den ganzen Tag herum. Sie sollte für ihn Erledigungen machen. Das beinhaltete nicht nur die üblichen Aufgaben einer Frau wie kochen, putzen und die zwei Kinder versorgen, sondern auch noch zusätzliche Arbeiten wie einige Stunden in der Reinigung auszuhelfen, die er führte, Krankheitsvertretungen zu machen oder ihm das Mittagessen hinzubringen, wenn er zu beschäftigt war, um das Geschäft zu verlassen. Alfonso bestimmte selbst, was sie in ihrer Freizeit unternahmen. Waren sie in einem Restaurant, gab er die Bestellung auf; im Urlaub bestimmte er Reiseziel und Reiseroute, auch was sie sich ansehen würden und was nicht. Amelia nahm es ihm sehr übel, daß er so über ihr Leben bestimmte. Sie protestierte jedoch nicht, weil sie glaubte, als Mann und „Herr im Haus" hätte er das „Recht" dazu. Ihr Vater hatte das Sagen in ihrer Familie, während die Mutter keinen sichtbaren Widerstand leistete, und Amelia sah das als ganz „normalen" Zustand an. „Ich kann nicht einmal zu einem Verkäufer nein sagen, wenn ich nichts kaufen will. Ich habe das Gefühl, als *müßte* ich tun, was er von mir will." Es dauerte lange, bis Amelia begann, die Dinge im richtigen Licht zu sehen, nämlich daß die Ehe ein beiderseitiges Abkommen ist, in dem keiner der Partner das Eigentum des anderen ist oder das Recht hat, über den anderen zu bestimmen. Wir erleichterten ihr diese Einsicht, indem wir sie baten, sich immer nur auf eine bestimmte Verhaltensweise zu konzentrieren. Welche wichtige Entscheidung, die sie momentan Alfonso treffen ließ, würde sie am liebsten selbst treffen? „Was ich mit meinem Geld mache", sagte sie. Alfonso zahlte ihr zwar einen minimalen Lohn für ihre Arbeit im Laden, legte das Geld aber auf ihr „gemeinsames" Konto, dessen Auszüge Amelia jedoch noch nie zu Gesicht bekam. Sie hatte das Gefühl, daß sie kein Recht hatte, über dieses Konto zu verfügen. Amelia wollte ihr eigenes Konto haben. Wir sagten ihr, sie solle ihr eigenes Konto eröffnen und Alfonso *dann* sagen, wohin er das Geld überweisen solle. „Und was ist, wenn er mir das Geld nicht gibt?" fragte sie. „Dann arbeiten sie auch nicht", antworteten wir. Amelia bestand auf ihr Recht, den Forderungen ihres Mannes nicht mehr nachzukommen, und teilte ihm *ihre* Erwartungen mit. Er war nicht begeistert davon, seine Kontrolle aufzugeben, aber als sie ihm diese nicht mehr *zugestand,* blieb ihm nichts anderes übrig.

• Verlieren Sie beim Tennis, Golf und sogar beim Kartenspiel, weil Sie Ihren männlichen Partner nicht kränken wollen?
• Bitten Sie ständig Männer - oder jemand anderen, den Sie für überlegen halten - um Zustimmung und Erlaubnis?
• Entschuldigen Sie sich übermäßig?
• Haben Sie bei dem Gedanken, sich einem jüngeren Mann zu nähern, Angst oder machen sich Vorwürfe?

Olivia, 30, zweimal geschieden und Besitzerin eines eigenen Damenbekleidungsgeschäftes traf sich oft mit Bruce, 48, der vor kurzem eine Kette von Bekleidungsgeschäften verkauft hatte und in Rente gegangen war. Durch ihre beiden gescheiterten Ehen, alle beide mit älteren dominierenden Männern, war Olivia unsicher geworden und hatte das Gefühl, daß sie es den Leuten einfach nicht „recht machen" konnte. Sie machte sich daran, dies mit aller Macht zu ändern. Bruce hatte Olivia darum gebeten, ihm das Tennisspielen beizubringen. Da sie gut spielte, während Bruce Anfänger war, ärgerte er sich dennoch, wenn er keine Punkte machte. Olivia spielte dann schlechter, um Bruce einen Gefallen zu tun. Wenn sie ihn zufällig doch schlug, entschuldigte sie sich mit Tausenden von Ausreden für Bruces Niederlage - die Sonne stand in einem schlechten Winkel, sie hatte die bessere Seite, hatte den falschen Schläger für ihn ausgesucht, hatte vergessen, ihm ein paar gute Tips zu geben - immer war es ihre Schuld, wenn Bruce verlor. Hinzu kam, daß Bruce zu viel Zeit von ihr forderte, da er jetzt selbst so viel Freizeit hatte. Olivia fragte ihn ständig um Erlaubnis, wenn sie in ihrem eigenen Geschäft arbeiten mußte. „Macht es dir etwas aus, Liebling, wenn wir morgen nicht segeln gehen? Ich erwarte eine Lieferung." Oder „Ist es okay, wenn ich heute ein Spiel auslasse? Ich will einen neuen Verkäufer einstellen." Bruce gab gewöhnlich mißmutig nach, und Olivia hatte Schuldgefühle, weil sie nicht tat, was er wollte. Olivia begann sogar, ihre Freundinnen um Zustimmung und Erlaubnis zu bitten, wenn sie sich mit diesen nicht treffen konnte. Als sie eines Tages bei ihrem Hund zu Hause blieb, weil dieser bei ihrem Versuch, das Haus zu verlassen, mißbilligend bellte, wußte sie, daß es an der Zeit war, Hilfe zu suchen.

„Warum lassen Sie sich Bruces Verhalten gefallen?" fragten wir sie. Olivia überraschte uns mit ihrer Antwort: „Ich kann sowieso nicht bekommen, was ich wirklich will, was macht es da für einen Unterschied?" Wir erfuhren, daß Olivia in Wirklichkeit lieber einen jüngeren Mann als Freund hätte, aber sie glaubte, nicht das Recht dazu zu haben. „Wer sagt das?" fragten wir. Olivia wußte nicht, was sie darauf antworten sollte, also halfen wir ihr. „Ältere Männer sagen, eine Frau solle sich nicht mit einem jüngeren Mann verabreden, und das sagen sie, weil sie dadurch selbst Vorteile haben!" Olivia lachte. Der Bann war gebrochen. Sie verlor nicht mehr beim Tennis, fragte nicht mehr um Erlaubnis, machte keine Entschuldigen mehr und traf sich nicht mehr mit Bruce. Jetzt trifft sie sich mit dem 28-jährigen Clark, einem jungen Börsenmakler, der selbstsicher genug ist, eine Frau zu schätzen, die erfolgreich ist. Von dem Zeitpunkt an, als Olivia die Regeln, die sie behinderten, in Frage stellte, war sie auf dem Weg in die Freiheit. Als sie ihre eigenen Regeln für ihr Leben machte, war sie frei.
• Lassen Sie sich von Ihrem Mann oder Geliebten herumkommandieren, kommen aber nie auf die Idee, ihn zu bitten, etwas für Sie zu tun?

• Lassen Sie sich gefallen, daß Sie jemand verspottet, anschreit oder sogar schlägt?
• Sagen Sie Dinge wie z.B.: „Wofür hält er sich denn?" oder „Er tut so, als gehöre ihm die ganze Welt".
• Benutzen Sie Redewendungen wie „Das ist schon in Ordnung", „Von mir aus" oder „Das macht doch nichts"?

Rosie, 27, seit fünf Jahren mit Henry verheiratet, machte ihre Freunde und ihre Familie verrückt, indem sie sich beklagte, wie schlecht ihr Mann sie behandelt. „Wofür hält er sich eigentlich?" mit diesen Worten pflegte sie zu beginnen. „Er kommandiert mich herum, als ob ich sein Eigentum wäre: <Mach mir mein Essen, mach mein Bett, hol mir ein Bier, mach belegte Brote für meine Freunde, halt den Mund, verzieh dich für eine Weile>." Wenn Rosie nicht sofort gehorchte, schrie Henry sie an und gab ihr manchmal auch einen Stoß, „damit sie ihren Hintern bewegte". Manchmal bekam sie davon blaue und grüne Flecken. Wenn Henry aber plötzlich Reue überkam und sich entschuldigte, sagte Rosie gewöhnlich: „Ist schon gut, ich bin in Ordnung". Sie sagte das so, als ob mit ihr etwas nicht stimmte, wenn sie Schwierigkeiten hatte, die Regeln ihres Mannes zu befolgen. Wir sagten zu Rosie, Angriff sei die beste Verteidigung. „Fangen Sie an, Henry auch herumzukommandieren. Sie werden überrascht sein, wie schnell er aufhört, das gleiche mit Ihnen zu machen." Wir nennen diese Technik <Jemanden mit seinen eigenen Waffen schlagen>, und sie funktioniert fast immer. Wenn Henry forderte: „Ich will um 6 Uhr frühstücken", gab Rosie zurück: „Ich will, daß du um 5 Uhr zuhause bist." Wenn Henry darauf bestand: „Ich will nicht, daß du einen solch tiefen Ausschnitt trägst", entgegnete Rosie: „Ich gehe nicht mit dir weg, wenn du keine Krawatte anziehst". Wenn er verlangte: „Gib nicht so viel Geld für den Haushalt aus", sagte sie: „Du kannst dir dieses Jahr kein neues Boot leisten". Als Rosie begann, ihn mit seinen eigenen Waffen zu schlagen, indem sie auch Forderungen stellte, gingen seine Forderungen an sie drastisch zurück.

• Haben Sie häufig Weinkrämpfe? (Diese sind nicht nur eine normale Reaktion darauf, daß man herumkommandiert wird, sie führen oft auch dazu, daß der andere sich nur noch mächtiger fühlt. Eine Zeitlang mag er sich vielleicht *schuldig* fühlen, aber was bleibt, ist der Eindruck, Macht zu haben).

• Fühlen Sie sich teilnahmslos, träge und sind eingeschnappt? (Solche Verhaltensweisen sind die passiven Reaktionen auf Regeln, die nicht gut für Sie sind).

• Merken Sie, daß Sie oft Langeweile haben, nach „Antworten" suchen oder zum Trost etwas kaufen, was Sie gar nicht brauchen oder wirklich wollen? (Daran sehen Sie, daß etwas nicht stimmt, und Sie sollten Ihre Lebensweise überprüfen).

• Planen Sie keinen Urlaub mehr oder besondere Vorhaben, weil Sie wissen, daß nie etwas daraus wird, wenn Ihr Mann nicht mitmachen will?

Sharon, 40, beschrieb ihre 20-jährige Ehe mit Wayne, einem Grundstücksmakler als „langweilig und zu nichts führend". In den ersten Jahren waren sie damit beschäftigt, eine Familie mit drei Kindern zu gründen, in einer neuen Stadt Fuß zu fassen, sich ein Heim zu schaffen, neue Freunde zu finden und Waynes Karriere aufzubauen. Aber jetzt war ihr Leben zur Routine geworden. „Er hat alle Fäden in der Hand", sagte sie, „und ich glaube, er ist glücklich. Sollte ich es dann nicht auch sein? Ist es nicht die Aufgabe einer guten Ehefrau, ihren Mann glücklich zu machen?" Mit dieser Einstellung versuchte Sharon, keine höheren Ansprüche mehr an das Leben zu stellen, nur noch „zu lächeln und zu ertragen". Doch sie konnte nicht umhin, es Wayne übelzunehmen, daß er so glücklich war und sie nicht. Sie begann, sich von ihm zurückzuziehen, war längere Zeit schlechter Laune, wenn sie es vermied oder sich weigerte, mit ihm zu sprechen. In letzter Zeit begann sie, ganz plötzlich zu weinen, während sie fernsah, autofuhr oder einkaufen ging, sogar während sie mit Freunden sprach, „und das ganz ohne Grund".

Wir halfen Sharon, den Kern ihres Problems, daß sie aufgehört hatte, ihre eigenen Pläne und Regeln zu machen, zu erkennen. Sie schob Wayne die Schuld zu, weil seine Regeln für ihr Leben nicht funktionierten. Warum sollten sie auch? „Was *wollen* Sie tun?" fragten wir Sharon. „Worauf haben Sie *wirklich* Lust?" Sharon hatte schon immer in die Südsee reisen wollen, eine Reise, die sie - wie Wayne sagte -

irgendwann einmal machen würden, wofür sie aber gerade keine Zeit oder kein Geld hätten.

Einmal, als sie schon fast die Flugtickets gekauft hatten, teilte ihr Wayne plötzlich die Idee mit, wie sie für das gleiche Geld etwas Neues fürs Wohnzimmer kaufen könnten, was sie schon immer wollten. Sharon gab ihm recht, daß es besser sei, für sein Geld „etwas zum Vorzeigen" zu haben. Sie verschönerte ihr Heim auf ihre eigenen Kosten. „Also gut", sagten wir Sharon, „Sie haben gerade eine neue Regel aufgestellt. Sie werden in Zukunft gut zu sich selbst sein. Sie werden damit beginnen, diese Regel zu befolgen, indem Sie in die Südsee fliegen. Warum versuchen Sie nicht, sich liebevoll und freundlich in einem langen Gespräch mit Wayne ernsthaft auszusprechen? Sagen Sie ihm, daß manche seiner Regeln nicht gut für Sie sind. Sagen Sie ihm, wie wichtig es für Sie ist, diese Reise zu machen, wieviel Sie Ihnen bedeutet, wie lange Sie sie sich schon gewünscht haben. Seien Sie direkt. Seien Sie positiv. Übernehmen Sie die Verantwortung, diese Wahl zu treffen." Als Wayne sah, mit welcher *Energie* und welcher *Begeisterung* Sharon für ihre Idee eintrat, willigte er ein. Sie machte ihm tatsächlich klar, daß etwas, das gut für sie war, auch ihm zugute kam. In diesem Fall traf das zu! Alle beide hatten eine wundervolle Zeit!

Wenn Sie Männern erlauben, die Regeln aufzustellen, macht sich das auf vielfältige Weise bemerkbar; an den Beispielen können Sie erkennen, wie dieses Problem am häufigsten im Alltagsverhalten auftaucht. Eines ist sicher: Sie werden nie wissen, welche Talente in Ihnen stecken, wenn Sie sie nicht suchen. Vielleicht sind Sie einer der talentiertesten Menschen der Welt. Sie müssen sich nur die Chance geben, Ihre Talente zu zeigen. Das können Sie, wenn Sie sich Ihre eigenen Regeln aufstellen. Wenn Sie das geschafft haben, wird Ihr Leben um vieles besser sein.

Warum Sie zulassen, daß man über Sie bestimmt

Eine wundervolle Möglichkeit, Ihr Selbstwertgefühl aufzubauen, indem Sie über sich selbst bestimmen lernen, besteht darin, die Gründe zu erkennen, warum Sie sich dagegen sträuben. Das Wissen um einige der Vorteile, die Sie haben, wenn Sie andere über sich bestimmen lassen, kann Sie auf den Weg in die Freiheit führen. Im folgenden führen wir einige der Vorteile auf, die Sie haben, wenn Sie über sich bestimmen lassen.

• Wenn Sie andere Menschen über sich bestimmen lassen, scheinen diese Sie mögen. Das kann aber keine wahre Freundschaft oder Liebe sein, denn reife Liebe beruht auf Gegenseitigkeit und Geben und Nehmen von beiden Seiten.
• Es fördert das Gefühl, ein Märtyrer und heilig zu sein. Dies ist jedoch ein hoher Preis, den man für seine Freiheit bezahlen muß.
• Es entsteht das Gefühl, daß es richtig ist, wenn Sie sich von einer Autorität regieren lassen. Dieses Gefühl ist eines der schwersten und vernichtendsten Bestandteile des Syndroms, weil die Vorstellung, die „Autorität" zu respektieren, so tief im Kopf der meisten <braven> Mädchen verankert ist.
• Es enthebt Sie der Verantwortung, Entscheidungen zu treffen (obgleich gewöhnlich ein größeres Risiko besteht, unglücklich zu sein, wenn ein anderer für Sie die Entscheidungen trifft). In Wirklichkeit tauschen Sie die fehlende Verantwortung gegen ein größeres Risiko ein, auch wenn Sie es vielleicht nicht so sehen.
• Es erlaubt anderen, über Sie zu bestimmen. Dadurch wird Ihr negatives Selbstbild verstärkt, und Sie brauchen weiterhin nichts tun.
• Es erzeugt ein falsches Gefühl von Sicherheit, daß jeder, den Sie als Autorität akzeptieren, im Gegenzug die Verantwortung dafür übernimmt, für Sie zu sorgen.
• Es führt dazu, anderen die Schuld zu geben, wenn in Ihrem Leben etwas schief läuft.

Einige einfache Strategien, um das Vertrauen in sich selbst zu gewinnen

Es gibt zwar gültige Gesetze und wahre unanfechtbare Autoritäten, aber niemand weiß besser als Sie, was gut für Sie ist, wenn es darum geht, wie Sie Ihr Leben führen wollen. Niemand hat mehr Macht über Sie als Sie selbst, wenn Sie sich nur zutrauen, sie zu gebrauchen. Hier zeigen wir Ihnen einige wunderbare Möglichkeiten, wie Sie die Kontrolle über Ihr Leben gewinnen und die alten Ansichten, die Sie davon abgehalten haben, überwinden können. Selbst wenn Sie nur eine oder zwei dieser Vorschläge erproben, werden Sie erstaunt sein, was Sie über sich selbst erfahren werden.

• Versuchen Sie zuallererst, Ihre Sichtweise zu ändern. Lassen Sie andere nicht die Maßstäbe für Ihre Zufriedenheit bestimmen, - wie wir es Marie beigebracht haben. Geben Sie sich die Chance, die richtigen Entscheidungen für sich zu treffen. Versuchen Sie, jeden Tag selbständig ein oder zwei neue Entscheidungen zu treffen, gleichgültig wie klein sie sind.

Ruby, 41, bezeichnete sich selbst als „nur eine gewöhnliche Hausfrau, die drei hungrige Mäuler zu stopfen und ein Haus zu versorgen hat." Sie tat alles, was ihr Mann Charlie von ihr verlangte, weil sie glaubte, er hätte das „Recht" dazu. Mit unserer Hilfe änderte Ruby ihre Sicht von Charlie, dem Alleinherrscher, indem sie ihr Verhalten ein wenig änderte. Es schien, daß Ruby immer, wenn sie mit Charlie in Gesellschaft war, nur über ihn sprach. „Ich habe einfach das Gefühl, daß das, was ich mache, so normal und gewöhnlich ist, daß es sicher keinen interessiert", erklärte Ruby. „Also spreche ich eben über Charlie." Charlies Beruf als Maurer war wohl kaum das richtige Thema für eine interessante Unterhaltung. Die Wahrheit ist jedoch, Ruby glaubte schlicht und einfach, sie sei es nicht wert, daß man über *sie* spricht. Je mehr sie sich auf Charlie konzentrierte, desto mehr stellte sie ihn in ihren Augen auf ein Podest, und umso mehr war sie gewillt, seinen Anweisungen zu gehorchen. Gemeinsam dachten wir uns eine neue Regel aus, die Ruby helfen sollte: „Erzählen Sie anderen Menschen, was Sie tun, und nicht, was Ihr Mann tut, wenn es nicht direkt mit Ihnen in Zusammenhang steht." Wenn die Leute etwas über ihren Mann wissen wollen, können sie ihn selbst fragen. Ruby wandte diese Regel an und war freudig überrascht, als sie sah, daß ihre Freunde sie tatsächlich genug schätzten, um sich dafür zu interessieren, was sie tat, gleichgültig worum es ging. Sie war mehr für ihre Freunde als nur das Spiegelbild ihres „überlegenen" Mannes.

• Haben Sie Vertrauen zu sich selbst und zu Ihrer Kraft, eigene Entscheidungen treffen zu können, - so wie wir es Milly zeigten. Stellen Sie einige der Ansichten in Frage, die Ihnen beigebracht wurden, und durch die Sie sich unbehaglich fühlen, - so wie Olivia es geschafft hat, die Ansicht zu überwinden, daß sie sich nicht mit einem jüngeren Mann verabreden „sollte". Bemühen Sie sich, Ihre Gedanken, Ihre Werturteile und Gefühle zu verstehen. Für viele ist es hilfreich, ein Tagebuch zu führen. Die Gesetze Ihres Landes können Ihnen vorschreiben, wie Sie sich zu *verhalten* haben, aber niemand hat das Recht, über Ihre privaten Gedanken zu bestimmen!

• Werden Sie sich darüber klar, daß es vieles an einer Frau gibt, was ein Mann nie verstehen kann. Umgekehrt gibt es vieles bei Männern, das Sie nie verstehen werden. Aber es ist in Ordnung, daß sie anders sind. Wie wir Sharon, um ihr bei der Verbesserung ihrer Ehe zu helfen, klargemacht haben: Erwarten Sie nicht, daß die Regeln der Männer Sie glücklich machen. Das können sie nicht. Sie müssen versuchen, Ihre eigenen Regeln aufzustellen, - Regeln, die *Sie* glücklich machen.

• Wenn ein Mann Ihnen sagt, was Sie tun sollen, versuchen Sie, langsam bis zehn zu zählen. Dadurch vermeiden Sie, mit Ihrem gewohnten Verhalten zu reagieren.

• Versuchen Sie, einer Regel, über die Sie sich ärgern, nur zögerlich nachzukommen - auch wenn Sie etwas nur für ein oder zwei Tage aufschieben, kann Ihnen das ein großartiges Erfolgserlebnis geben. Einer unserer Patientinnen, Laura S., fiel es unheimlich schwer, die Wünsche ihres Mannes nach exotischen Gerichten, für deren Vorbereitung sie Tage brauchte, abzuschlagen. Wir machten ihr den Vorschlag, sie könnte ja versuchen, diese kulinarischen Gerichte hinauszuschieben („Morgen vielleicht, Liebling"; „Sobald ich Dattelpflaumen habe, mein Schatz"), bis er sich damit abfand, daß er sie nie bekommen würde, weil es unsinnig war, dauernd solche Speisen zu verlangen.

Manchmal ist es vielleicht leichter, die Regeln eines anderen erst einmal nur teilweise nicht zu befolgen, als gleich alle auf einen Schlag zu boykottieren. Wir erinnern uns an einen Fall, bei dem ein Mann darauf bestand, daß seine Frau ihn auf langweiligen Geschäftsreisen begleitete. Sie wußte, daß es großen Widerstand geben würde, wenn sie sich kategorisch weigern würde. Deshalb begann sie damit, jede dritte Reise auszulassen, bis sie im Verlauf eines Jahres die Reisen vollkommen aus ihrem Leben gestrichen hatte.

• Versuchen Sie, eine Regel im Augenblick *teilweise* zu befolgen, um sie später vollkommen auszuschalten. Wenn es sich um eine ungerechte Regel handelt, daß das Essen zuhause Punkt sechs auf dem Tisch zu stehen hat, stellen Sie *einen Teil* davon bis sechs auf den Tisch. Als nächstes decken Sie zum vereinbarten Zeitpunkt nur den Tisch. Schließlich werden Sie sich dem Zeitplan jedes anderen anpassen können - auch Ihrem eigenen.

• Wenn Sie nein sagen, weisen Sie den anderen daraufhin, daß Sie nicht bösartig sein wollen. Schauen Sie ihm direkt in die Augen, um ihm zu zeigen, daß Sie entschlossen und aufrichtig in Ihrem Vorsatz sind, sich zu behaupten.

• Versuchen Sie, sich ausführlich mit den Menschen in Ihrem Leben zu unterhalten, die Sie herumzukommandieren versuchen, aber tun Sie es dann, wenn Sie wirklich ruhig sind. Umreißen Sie, was Sie am meisten aus der Fassung bringt, was Ihr Selbstbild am stärksten zerstört, - so wie Amelia es mit Alfonso machte, um ihr eigenes Konto zu bekommen. Vielleicht können Sie einige Regeln aushandeln, die für jeden funktionieren.

Die Überzeugung, daß es das Recht "besserer" Menschen ist, Ihnen vorzuschreiben, was Sie tun sollen, hindert Sie möglicherweise daran, vieles von dem zu bekommen, was Sie sich in Ihrem Leben wünschen. Mammie, eine unserer vielen erfolgreichen Patientinnen, 43, Hausfrau und Mutter zweier Kinder, beschrieb, wie diese Überzeugung sie beinahe davon abgehalten hat, sich den Traum ihres Lebens zu erfüllen: bei einem der größten Meister des Ostens Yoga zu lernen. Sie erzählte, daß solch ein Yogi, der zum ersten und vielleicht auch zum letzten Mal ihr Land besuchte, vor seiner Heimreise zwei Wochenendseminare gab. Die Teilnehmerzahl war begrenzt, und die Nachfrage war groß, aber durch puren Zufall hatte Mammie den Mann beim Warten an einer Bushaltestelle getroffen. Er bot ihr an, ihr einen Platz für $1500 zu reservieren. „Nie werde ich den Tag vergessen, an dem ich es meiner Familie erzählte", sagte sie. „Ich, die beiden Jungs, mein Mann Lloyd, und meine Mutter saßen in einem Restaurant. Sie schienen alle wenig interessiert zu sein, bis ich das Geld erwähnte, das es kosten würde. Da sagte Lloyd: <Ich glaube, du bist verschwenderisch>." Meine Mutter stimmte ihm zu. Ich konnte es nicht fassen. Ich weiß noch ganz genau, wie mir in dem Augenblick zumute war. Alles im Restaurant drehte sich blitzschnell vor meinen Augen. Eine Sekunde lang wußte ich nicht, wo ich war. Dann wollte ich einfach weglaufen. Aber ich dachte daran, was Sie mir gesagt hatten, wie wichtig es ist, seinen Standpunkt zu vertreten. Anstatt ärgerlich zu werden, wie ich normalerweise reagiert hätte, weil ich annahm, daß ich an dem Kurs nicht teilnehmen „dürfte", lächelte ich sie einfach an und sagte ruhig: <Ich bin sicher, daß er das wert ist>. Ich lernte bei dem Meister und wurde rundum zu einem besseren Menschen. Wie Sie, erzählte er mir nicht, welchen Weg ich gehen müßte, um glücklich zu werden, sondern eher, wie ich ihn finde."

Die Überzeugung, daß ein Mann oder jemand anderes besser ist als Sie und deshalb das Recht hat, Ihnen vorzuschreiben, wie Sie zu leben haben, kann Sie unglücklich machen. Sie hält Sie von sich selbst ab, davon, jemals der wunderbare Mensch zu werden, der tief in Ihrem Innern schlummert. Denken Sie nicht, daß Sie das befolgen müssen, was für andere funktioniert. Finden Sie Ihre eigene Wahrheit - und leben Sie danach!

4
„Die Regeln sind heilig"

„Warum müssen wir tun,
was die Männer uns sagen,
nur weil sie es sagen?
Warum ist das, was sie sagen,
wichtiger, als das, was wir sagen?
Was macht sie zu Gott?"

Georgina L.,
Patientin, 40 Jahre

Georgina, die schon immer Mode-Designerin werden wollte, war über ihren Mann Hal, einen 42-jährigen Finanzbeamten, verärgert, weil ihr folgendes klargeworden war: „Er hat mich *überredet,* ihn zu heiraten. Ich war damals erst neunzehn. Ich wußte es eben nicht besser. Er sagte mir: <Alle Mädchen heiraten. So ist das eben. Willst du als alte Jungfer sterben?> Also heiratete ich und akzeptierte die Regeln, die er für mich aufstellte, und nach denen ich leben sollte. Was mich wohl am meisten ärgert, war seine selbstverständliche Folgerung, daß mein Leben mit ihm besser sein würde, daß die Heirat mich verändern würde, ohne daß ich etwas dazu beitragen müßte. Ich habe 23 Jahre gebraucht, um zu erkennen, daß das, was ich für mich als richtig empfinde, wichtiger ist als das, was ein Mann für mich als richtig ansieht."

Viele Frauen kommen mit der gleichen Klage wie Georgina zu uns. Sie sind verärgert, fühlen sich machtlos und wissen nicht genau, warum. Je mehr wir uns jedoch unterhalten, desto deutlicher erkennen wir alle, daß sie großen Respekt vor Regeln haben - den Halt, den diese geben, die Sicherheit, die sie bieten - selbst wenn sie gar nicht glauben, daß die Regeln ihnen helfen. „So ist das eben" oder „Das war schon immer so" oder „Das macht mir nichts aus" sind Gedanken, die wir oft zu hören bekommen und unsere Patientinnen untersuchen lassen. Warum scheinen

manche Frauen nach einer Generation angeblicher Fortschritte so gleichgültig zu sein? Jeder Fall hat natürlich seine
Besonderheiten, aber wir kommen anscheinend immer auf
eine Gemeinsamkeit: die Macht der Regeln und die Macht der
Menschen, die sie aufstellen. Dieses Problem wollen wir mit
Ihnen in diesem Kapitel untersuchen. Wir werden Ihnen
zeigen, wie Sie zu der Überzeugung kamen, daß die Regeln
anderer heilig und überhaupt wichtiger als Ihre eigenen sind;
wie Männer sich in Machtpositionen bringen, um Sie eher
empfänglich und bereit dafür zu machen, was sie Ihnen
sagen; warum viele Frauen sich lieber von anderen regieren
lassen, als Ungewißheit in Kauf zu nehmen, und wie das
Befolgen der unantastbaren Regeln Sie an Ihr Gefühl der
mythischen <Bravheit> bindet. Sie werden lernen, sich von
Ihrem Glauben an unumstößliche Tatsachen, von „Ich sollte-
Gedanken" und von Heldenanbetung zu befreien. Dieser
Glaube macht Sie zum Sklaven einer Reihe von Regeln, die
nicht zu Ihrem Vorteil, sondern zu dem anderer aufgestellt
wurden. Sie werden Ihre Verhaltensweisen, die Sie zum
Opfer einer selbstschädigenden Überzeugung machen,
ausfindig machen lernen. Sie werden gleichzeitig erkennen,
was es Ihnen bringt, sich von anderen Ihre Lebensweise
vorschreiben zu lassen. Am allerwichtigsten ist jedoch, daß
Sie lernen werden, für sich selbst zu denken und Ihre
eigenen Regeln aufzustellen - Regeln, die Ihnen helfen, Ihre
Energie freizusetzen und die wunderbaren Fähigkeiten, die in
Ihnen stecken, zu entfalten.

Schauen wir uns einmal an, was wir unter Regeln
verstehen. Warum sind sie heilig? Wem sollen sie dienen?

Für viele Frauen sind Regeln etwas Heiliges, weil sie von
Männern aufgestellt wurden, und Männer besser sind. Leider
dienen sie gewöhnlich denen, die sie geschaffen haben, und
das sind im allgemeinen Männer. Wie wir jedoch schon
gesagt haben, ist es wichtig herauszufinden, welche Regeln
nur ihren Erfindern dienen, und dann zu versuchen, diese
Regeln aus Ihrem Leben zu verbannen. Ein sehr schönes
Zitat von Thomas Jefferson, das auf dem Jefferson Denkmal
in Washingon steht, besagt, daß die meisten Gesetze schon
nicht mehr gültig sind, wenn die Tinte, mit der sie geschrieben werden, auf dem Papier getrocknet ist. Gesetze
und Regeln sollen nur solange gelten, wie sie den Menschen,

für die sie erstellt wurden, von Nutzen sind. Eine Regel hat nichts Heiliges an sich. Die *Folgen*, die dadurch entstehen, daß man sich an sie hält, sind das Entscheidende. Wenn sich durch das Befolgen einer Regel die Qualität Ihres Leben verbessert, ohne daß sich dadurch ein anderer schlechter stellt, dann werden Sie sich wahrscheinlich an diese Regel halten wollen.

Wenn aber eine Regel wichtiger wird als die Menschen, denen sie helfen soll, dann funktioniert sie nicht. Sie können das sehr genau in Ihrem Alltag beobachten. Vielleicht gibt es bei Ihnen die Regel, daß das Mittagessen um 12 Uhr fertig sein soll; wenn aber diese Zeit mit dem Zeitplan eines Familienangehörigen nicht zu vereinbaren ist, besteht kein triftiger Grund, sie nicht zu ändern. Georgina erklärte uns: „Es scheint, daß ich, als ich Hals erste Regel akzeptiert hatte, nämlich, daß alle Mädchen heiraten müssen, anfing, die unzähligen kleinen Regeln auch alle zu akzeptieren, die damit verbunden waren. Wir aßen, gingen aus, und hatten Sex, wann er wollte. Nichts von dem, was wir taten, hatte etwas mit *meinen* Bedürfnissen als Frau zu tun, lediglich mit meinem Bedürfnis, Hal eine gute Ehefrau sein zu wollen." Verstehen Sie uns nicht falsch. Wir behaupten nicht, daß diese Regeln erst bei der Heirat aufkommen. Diese können auch dafür verantwortlich sein, *wen* Sie heiraten. Darauf zu warten, daß sich ein Mann mit Ihnen verabredet, wird zum Beispiel als eine Regel der guten Etikette angesehen. Wenn diese Regel Sie jedoch möglicherweise daran hindert, sich beiden eine gemeinsame Zukunft zu schaffen, warum sollten Sie sie dann nicht brechen? Manchmal muß man Regeln brechen. Das mag schwierig erscheinen, besonders wenn niemand da zu sein scheint, der Ihnen den Rücken stärkt. Ihr Mann wird wahrscheinlich zuerst nicht einverstanden sein, oder Ihr Freund wird Sie vielleicht nicht verstehen, aber Sie müssen das Risiko auf jeden Fall eingehen. Überhaupt sind es die Risiken, die Sie eingehen, die oftmals den positivsten Einfluß ausüben. Tatsächlich haben wir festgestellt, daß die meisten unserer Patientinnen sagen, daß sie die Chancen, die sie *nicht* genutzt haben, am meisten in ihrem Leben bereut hätten. Nehmen Sie sich also deren Rat zu Herzen und stellen Sie die Regeln, die Sie behindern, in Frage. Sie werden Seiten an sich entdecken, die Sie nie an sich vermutet hätten.

Nun wollen wir, nachdem wir aufgezeigt haben, daß Regeln für viele Frauen heilig sind, untersuchen, wie es dazu kam, daß so viele Frauen von der Unantastbarkeit der Regeln überzeugt sind. In mancher Hinsicht rührt es daher, daß wir das kulturelle Bild vom Mann als dem Überlegenen akzeptiert haben. Das alleine war jedoch nicht dafür verantwortlich. Die Regeln der Männer wurden zu etwas erhoben, das heilig ist. Erstmal wurde den Frauen gesagt, daß nicht der Mann, sondern Gott dieses System geschaffen hat. Männer haben Passagen der Bibel zitiert, wie z.B. Buch Moses 3:16: „Nach Deinem Manne wirst Du verlangen und er soll Dein Herr sein", um damit zu zeigen, daß Gott die Männer über die Frauen gestellt hat. Sie können einem Mann widersprechen, aber wer könnte sich gegen Gott stellen?

Tatsache ist, daß die ganze Geschichte hindurch viele Religionen weibliche Gottheiten in mächtigen Positionen dargestellt haben. Die alten Ägypter zum Beispiel beteten Isis an, die Mutter, Seite an Seite mit Osiris, dem Vater, und Horus, dem Sohn. Die jüdisch-christliche Tradition hingegen hat sich fast ausschließlich auf männliche Gottheiten konzentriert, weibliche kommen so gut wie nie darin vor. Paulus lehrte uns in seinen Briefen, daß Frauen eine untergeordnete Rolle in Familie und Kirche spielten. In seinem Brief an die Epheser schreibt er: „Frauen seid Eurem Mann untertan, so wie Ihr dem Herrn untertan seid, denn der Mann ist der Herr der Frau, wie Christus der Herr der Kirche ist." Seine Worte wurden seit jeher dazu benutzt, um über die Frauen zu herrschen.

June, eine 34-jährige Buchhalterin, war das jüngste Kind und einziges Mädchen unter sechs Geschwistern, die presbyterianisch erzogen wurden. Sie wuchs in einer Stadt im Westen mit 1500 Einwohnern auf. Sie zweifelte nicht, daß der Mann Herr über die Frau war, da sie es von ihren Eltern, ihren Brüdern und der Kirche so gelernt hatte. „Ich mußte 34 Jahre alt werden", sagte sie, „um zu erkennen, daß ich nicht den Rest meines Lebens damit verbringen muß, für Männer die Buchhaltung zu machen. Ich kann meine *eigene* Firma aufmachen. Ich habe mich nie als jemand gesehen, der Männer unter sich haben könnte. Das ist aber Voraussetzung, wenn man ein Geschäft führen will." June ist nur eine von vielen Frauen, die uns aufgesucht haben, weil sie sich selbst finanzielle Möglichkeiten versagt haben, indem sie nur daran dachten, für Männer zu arbeiten anstatt für sich selbst.

Warum Sie glauben, daß die Regeln heilig sind

Wie Sie an den „Regeln" aus Ihrem Elternhaus bis hin zu den vielseitigen Interpretationen über die Grundlagen der männlichen Überlegenheit sehen können, sind Regeln im wesentlichen Suggestionen. Sie sagen Ihnen, daß Sie in irgendeiner Weise einen Vorteil haben, wenn Sie dem verordneten Weg folgen. Warum sollten Sie diese sonst befolgen? Regeln machen den stärksten Eindruck auf Menschen, die suggestibel oder leicht beeinflußbar sind.

Wir lassen uns alle äußerst leicht von Menschen beeinflussen, die eine Machtposition zu haben scheinen. Wie schon erwähnt, versteht man unter Macht die Fähigkeit, Einfluß auszuüben; wenn Sie also den Eindruck von Macht und Autorität erwecken, dann erhöhen Sie die Beeinflußbarkeit desjenigen, den Sie beeinflussen wollen. Die Chancen sind größer, daß Sie ihn mit dem, was Sie sagen, beeinflussen. Umgekehrt werden Sie viel eher an eine Regel glauben, wenn diese von einer Person aufgestellt wird, die Sie als eine Autorität ansehen.

Wenn Sie anderen Macht geben, bringt Sie das gewöhnlich in eine verletzbare und gefährliche Position. Wir haben zum Beispiel eine Freundin, 58 Jahre alt, Hausfrau und Mutter von vier Kindern. Ihr Mann, ein wohlhabender und angesehener Arzt von Beverly Hills, verließ sie vor kurzem wegen einer jüngeren Frau. Sie kümmerte sich nicht viel um die Scheidungsangelegenheiten, da er wiederholt sagte: „Mach dir keine Gedanken, ich werde für dich sorgen." Obwohl er in den letzten 10 Jahren pro Jahr mehr als eine Viertel Million Dollar verdient hatte, behauptete er, daß er nur ein sehr geringes Vermögen habe, als es schließlich darum ging, sich finanziell zu einigen. Das gemeinsame Eigentum belief sich auf weniger als 200.000 Dollar. Sein Gehalt hatte er entweder verschwendet oder versteckt. Folglich war sie gezwungen, sich mit viel weniger, als ihr zustand, abzufinden, mußte in eine Ein-Zimmer-Wohnung ziehen und bekam nicht einmal genügend Unterstützung, um ihre Arztkosten bezahlen zu können. Und warum das alles? Weil sie ihrem Mann *geglaubt* hatte. Er war ein Mann und ein Arzt. Sie ließ sich von allem beeinflussen, was er sagte. „Ich habe meine Lektion auf bittere Art gelernt", erzählte sie uns. „Der Einzige, auf den du zählen kannst, daß er dich versorgt, bist du selbst!"

Noch erstaunlicher ist das Beispiel von Lila, einer Laborantin, die uns bat, ihr zu helfen, sich von Ängsten und Erregungszuständen zu befreien, die aufgetreten waren, nachdem sie sich von einem Arzt getrennt hatte. Sie hatte bei ihm Hilfe gesucht, da sie nicht schwanger wurde. Der Arzt überredete sie, ihren Mann zu verlassen. Sie solle ihm, dem Arzt, erlauben, ihr ein Kind zu zeugen. „Wir werden heiraten", versprach er ihr auf dem Weg ins Schlafzimmer. Als Lila schwanger wurde, änderte er seine Meinung, wollte, daß sie das Kind abtrieb, und ging sogar soweit, vor Freunden abzustreiten, daß er der Vater war. Nachdem die Mutter des Arztes Lila angerufen hatte und sie eine „Hure" nannte, beschloß Lila, Hilfe zu suchen. Sie bat ihn, zur ersten Sitzung mitzukommen. Das tat er zwar, aber bot ihr nicht einmal an, die Kosten dafür zu teilen.

Lila lernte ihre Lektion auch auf die bittere Art. Nun helfen wir ihr, mit ihrem kleinen Sohn ein neues Leben zu beginnen. Sie stellt jetzt ihre eigenen Regeln auf - Regeln, von denen sie weiß, daß sie *mit Sicherheit* gut für sie sind.

Die Ungewißheit hassen

Eines der größten Probleme, das bei unseren Patientinnen dann auftritt, wenn sie nicht mehr alle Regeln für heilig halten, besteht darin, ihre Abneigung gegen das Ungewisse zu bekämpfen. Die meisten <braven Mädchen> hassen die Ungewißheit. Sie würden lieber eindeutige Regeln befolgen - die meist von Männern aufgestellt werden - selbst wenn sie nicht gut für sie sind, als mit der Unsicherheit leben, die damit verbunden ist, daß sie sich ihre eigenen Regeln aufstellen.

Ein typisches Beispiel dafür ist Jackie, eine unserer Patientinnen, die ständig bestürzt ist, weil sich ihr Freund Clint mit anderen Frauen traf. Jackie beschäftigte sich mit nichts anderem, als herauszufinden, warum er das tat. „In seinen Augen muß mit mir etwas überhaupt nicht in Ordnung sein, daß er so etwas tut", sagte sie. Jackie zerstörte ständig ihr Selbstbild, indem sie sich fragte, was ihr denn fehlen könnte. Sie fragte sich: „Warum bin ich nicht Frau genug, meinen Mann zu halten?" Es gab Augenblicke, in denen sie an Selbstmord dachte und zwischen Wut und Depressionen hin und herschwankte.

Jackies wahres Problem lag darin, daß sie ihren Freund mit seinem Verhalten ungestraft davonkommen ließ. Etwas in ihrem Innern nagte ständig an ihr und sagte ihr, daß sie mit dieser doppelten Moral nicht glücklich werden konnte. „Ich weiß, daß ich nicht damit leben kann, daß Clint sich mit anderen Frauen trifft", sagte sie, „und ich habe ganz sicherlich nicht das Verlangen, mich mit anderen Männern zu treffen." Clint fegte ihre Bedenken mit Kommentaren vom Tisch wie: „Worüber regst du dich auf? Du bist die Einzige, die ich liebe. Alle Jungs wollen ein bißchen Spaß haben. Das hat nichts zu bedeuten." Wir zeigten Jackie, wie sie sich aus seinen Regeln und der Unsicherheit der Situation befreien konnte, indem sie sich eine eigene Regel schuf: „ Ich werde meine Zeit nicht mit einem Mann verbringen, der für meine Bedürfnisse kein Verständnis hat."

Jackie war, wie so viele andere <brave Mädchen> auch, eine Masochistin. Eine Masochistin *braucht* Regeln. Sie lebt in einer Welt, in der es nur Schwarz oder Weiß gibt, nur Herrschaft oder Unterwerfung, und in der es nichts dazwischen geben kann. Um diese Unterscheidung aufrechterhalten zu können, müssen die Regeln heilig und unverletzbar bleiben. Die Psychiaterin Natalie Shainess, die mehr als neunzig Fachartikel über die Psychologie der Frau geschrieben hat, sagt: „Nur wenige Menschen fühlen sich wohl, wenn sie nicht wissen, woran sie sind, aber für den masochistischen Menschen ist dieser Zustand fast unerträglich."

Die Masochistin würde lieber eine Regel befolgen, die jemand anderem Vorteile bringt und für sie mit seelischem Schmerz und Nachteilen verbunden ist, als in einem Stadium der Ungewißheit leben, das von ihr verlangt, ihre eigenen Regeln aufzustellen. Wenn Sie sich dem System der Männer anschließen, sind Sie die Ungewißheit für eine Weile los, aber was für einen hohen Preis müssen Sie dafür bezahlen. Wir möchten, daß Sie sich dazu entschließen, ein besseres Geschäft zu machen!

Der Mythos der <Bravheit>

Wir haben schon über den Mythos der Bravheit gesprochen und darüber, wie er sich auf andere Probleme und andere Denkweisen anwenden läßt. Nun wollen wir ihn jedoch einmal unter dem Aspekt einer Vorliebe für Regeln anschauen. Das Wort <brav> wird meistens verwendet im Sinne von lobenswert, richtig oder angepaßt an das moralische System der Welt. Die Frage ist nur, lobenswert von wem? Richtig, nach wessen Maßstäben? Angepaßt, an welche Moralvorstellungen? Ein Mädchen kann in dem Maße brav sein, wie es laut Vorschrift der Männer oder eines anderen, den es als Autorität ansieht, lobenswert, richtig und angepaßt ist.

Sie müssen für Ihre Unterwürfigkeit gegenüber den Männern, die Sie auf ein Podest stellen, irgendwie belohnt werden. Diese große Belohnung besteht darin, daß man Sie als <brav> bezeichnet. Es mag schmeichelhaft klingen, wenn Ihnen jemand sagt: „Du bist brav", aber nicht, wenn er in Wirklichkeit sagt: „Du hast mir gegeben, was ich wollte". Wir möchten Ihnen eine neue Definition von brav aufzeigen, eine, die für *Sie* von Vorteil ist. Wir glauben, daß Sie mit dieser Definition viel zufriedener leben werden als mit der alten, die nur anderen Vorteile bringt.

Nichts ist schwieriger, als mit einem Mythos zu konkurrieren. Es ist fast unmöglich, einen Mythos vernunftmäßig zu kritisieren, da er keine vernunftmäßige Grundlage hat, schlimmer noch, *Sie* denken über ihn nicht auf vernünftige Weise nach. Der Mythos des <Gut-Sein-Wollens> macht da keine Ausnahme. Es wäre unvernünftig, wenn Sie nicht gut sein wollten, aber es ist von Ihnen genauso unvernünftig, wenn Sie meinen, Sie könnten in den Augen aller Menschen, mit denen Sie zu tun haben, <gut> sein. Wir versuchen, Ihnen klarzumachen, daß <gut> zu sein etwas Relatives ist, und daß es für Ihr Wohlbefinden äußerst wichtig ist, sich zuallererst darum zu bemühen, zu sich selbst gut zu sein.

Dennoch überrascht es uns immer wieder, daß sich so viele Frauen an die Überzeugung klammern, daß man gut sei, wenn man etwas für andere tut, und schlecht, wenn man etwas für sich tut. Eine unserer Patientinnen vermittelte uns einige überraschende Einsichten in die Art und Weise, wie Frauen die Verbindung zwischen dem Gutsein und den Regeln sehen.

Wir arbeiteten einige Monate mit der 24-jährigen Tracy. Sie glaubte, sie sei der Teufel in Person, da sie einmal in der Woche abends mit ihren Freundinnen ausgehen wollte. „Man könnte glauben, ich sei der Teufel selbst, nur weil ich für ein paar Stunden in der Woche alleine ausgehen will", erzählte sie uns. Ihr Mann Grant, 25, war strikt dagegen und sagte, es sei „nicht richtig", wenn eine verheiratete Frau abends ohne ihren Mann ausgeht. Ihn hielt jedoch nichts davon ab, mit Freunden zu kegeln, zu pokern oder Ball zu spielen. Sie versuchte, <braver> zu werden, indem sie ihn verwöhnte. Sie machte ihm besondere Desserts, massierte ihn, übernahm sogar einige seiner „Pflichten", wie z.B. Rasen zu mähen und den Abfall hinauszutragen. Sie war jedoch nie <brav> genug, um einen Abend für sich alleine zu verdienen. Nachdem sie sich monatelang darum bemüht hatte, eine Heilige zu sein, hatte sie 10 Pfund Untergewicht, konnte nicht mehr schlafen und war so erschöpft, daß sie sich kaum noch auf den Beinen halten konnte. „Warum geht es einem so schlecht, wenn man gut sein will?" fragte sie stirnrunzelnd. Wir machten Tracy klar, daß sie eine falsche Vorstellung davon hatte, was es bedeutete, gut zu sein. Gut waren jene Aktivitäten, bei denen Sie sich besser und nicht schlechter fühlte. Sie mußte das Risiko eingehen und etwas *tun,* das ihr Wohlbefinden steigerte. Tracy lernte am eigenen Leib den Irrtum dieses angeblichen Gutseins kennen, eines Gutseins, das nur auf ihren eigenen unrealistischen Erwartungen beruhte. Sie begann tatsächlich, sich gelegentlich einen Abend mit den anderen wirklich guten Mädchen freizunehmen.

Befreien Sie sich von Absolutheiten, „Ich sollte"-Gedanken und der Heldenanbetung

So etwas wie einen vollkommenen Wegweiser zum Glück

gibt es nicht. Alles hängt von *Ihnen* ab und davon, wie Sie darauf reagieren. Es gibt nichts auf der Welt, bei dem Sie *im voraus* völlig sicher sein können, daß es Sie glücklicher machen wird. Wir wünschten, wir könnten Ihnen sagen, daß es so etwas gibt, aber leider ist dem nicht so. Sie können erst sicher sein, *nachdem* etwas eingetreten ist. Vielleicht liegen Sie nächtelang wach, träumen von einem bestimmten Mann und sehnen sich nach dem Mann, der Ihr Leben verändern wird. Sie können jedoch nie vollkommen sicher sein, daß er Sie glücklich machen wird, solange Sie ihn nicht kennengelernt haben. Oder aber, wie Tracy uns sagte: „Mein ganzes Leben lang habe ich versucht, die perfekte Ehefrau zu sein, und ich habe es gehaßt.” Oder wie Jackie sagte: „Ich dachte, ich wäre sicherlich glücklich, wenn ich es Clint mehr recht machen könnte, aber dem war nicht so.” Oder wie Georgia meinte: „Ich heiratete, aber mein Leben änderte sich dadurch kein bißchen.” Solche Reaktionen bekommen wir ständig zu hören. Ob es sich lohnt, ein Ziel zu erreichen oder nicht, können Sie erst festellen, wenn Sie dort angelangt sind. So ist es auch mit einer Regel. Sie ist nur dann etwas wert, wenn sie Ihnen den Weg zum Glück zeigt. Wir sind zuversichtlich, daß Ihre Regel, wenn sie tief aus Ihrem Innern kommt, Ihnen den Weg zum Glück weist.

Wie Sie vielleicht schon wissen, liegt das Problem, wenn Sie an heilige Regeln glauben, darin, daß Sie an ihnen festhalten, einfach deshalb, weil Sie von deren Richtigkeit überzeugt sind, gleichgültig, ob sie Ihnen nutzen oder nicht. Etwas, das nicht funktioniert, ist aber nicht richtig. In der Wissenschaft zum Beispiel wurden viele Regeln fallengelassen, als sich herausstellte, daß sie falsch waren (die Erde ist eine Scheibe, Materie kann zerstört werden, wir sind der Mittelpunkt des Universums).

Wenn Sie an diese „heiligen” Regeln glauben, besteht ein weiteres Problem darin, daß Sie eine „Ich sollte”-Mentalität entwickeln. Wenn es vollkommen gut ist, Präsident eines großen Unternehmens zu sein, Geld, ein großes Haus oder ein neues Auto zu haben, dann könnten Sie denken, daß jeder nach diesen Dingen streben „sollte”, auch wenn Sie vielleicht wissen, daß diese Ziele nicht für jeden Menschen das Beste sind.

Ein gutes Beispiel für eine solche „Ich sollte”-Mentalität

war Joan, eine 29-jährige Angestellte in einem Reisebüro. Sie war mit Philip verheiratet, einem Mann, der fest davon überzeugt war, der Satz „Der Mann solle über die Frau herrschen", sei eine unantastbare Regel. Joans Leben war voller „Ich sollte"-Gedanken. „Immer, wenn Philip etwas will, fängt er an mit <Frauen sollten ...>. Das macht mich wahnsinnig", sagte Joan. Männer *sollten* über Frauen regieren, Frauen *sollten* Männern alles geben, was sie wollen. Joan brauchte nicht zu erproben, ob sie sich gut fühlte, wenn sie Philips Regeln befolgte. Das war belanglos. „Weil ich es sage", war die einzige Erklärung, die sie brauchte. Wir wiesen Joan an, eine Liste von all den Dingen zu erstellen, die sie tat, weil Philip es so wollte. Dann baten wir sie, die Dinge zu unterlassen, die sie für unwichtig hielt. Zuerst war Philip schockiert, aber Joan blieb standhaft und wartete ab. Mit der Zeit hörte er auf, Befehle zu geben, und beide haben gelernt, daß jeder von ihnen so leben muß, wie er oder sie es für richtig hält.

Ein weiteres Problem taucht auf: In einer Welt, in der Regeln heilig sind und von Ihnen befolgt werden „sollten", da sie absolut gut sind, gibt es oft einen Helden und eine Heldenanbetung. *Jemand* stellt diese völlig guten Regeln auf. Natürlich muß dieser Jemand der absolut Beste sein. Beim Braven-Mädchen-Syndrom sind es oft die Männer, die diese Anforderungen erfüllen.

Meist existiert die Überlegenheit nur in der Einbildung. Sie ist eine Macht, die Sie anderen geben, aus Angst, sie selbst zu ergreifen. So viele Helden sind nur Sündenböcke. Sie geben Ihnen die Möglichkeit, sich vor der Verantwortung zu drücken, indem sie diese jemand Besserem geben.

„Wie kann mein Mann unrecht haben?" fragte Joan in einer unserer Sitzungen. „Wie konnte ich nur so reinfallen? Ich betete ihn an. Ich glaubte alles, was er sagte." Wenn man bei einer *höheren* Instanz nach heiligen Regeln Ausschau hält, besteht das wahre Problem jedoch darin, daß Sie die Freiheit verlieren, sich eigene Regeln aufzustellen. „Ich war so sehr für ihn da, daß ich darüber ganz vergaß, etwas für meine eigene Weiterentwicklung zu tun", sagte Pam, eine 28-jährige Frau, die sich völlig hilflos fühlte, als ihr Mann sie wegen einer aufregenderen und selbstsicheren Frau verließ. Sie können es sich nicht leisten, Regeln oder diejenigen, die sie aufgestellt haben, anzubeten; der Preis dafür ist einfach zu hoch.

Einige typische „Regeln sind heilig"-Verhaltensweisen

Wir haben schon darüber gesprochen, wie leicht es ist, sein Leben nach den Regeln anderer zu leben, und welche Probleme das mit sich bringt. Nun müssen wir uns näher damit befassen, wie Sie Ihren Glauben daran, daß Regeln heilig sind, aufdecken können. Manchmal bringen Sie diesen Glauben in Ihrem Verhalten bewußt, manchmal auch unbewußt zum Ausdruck. Dieses Verhalten mag für Sie unangenehm sein, aber Sie müssen sich mit ihm auseinandersetzen. Nur wenn Sie sich Ihrer Handlungsweise bewußt sind, können Sie etwas dagegen tun. Benutzen Sie folgende Fragen als Checkliste.

• Geben Sie den Männern, den Umständen und der Welt im allgemeinen die Schuld für Ihre gegenwärtige Situation?
• Machen Sie die Männer dafür verantwortlich, wie Sie sich fühlen?
• Vergöttern Sie Menschen, besonders Männer, die Sie kennen, als Helden?

Ana, 22, Verkäuferin in der Kosmetikabteilung eines großen Kaufhauses, gab Gott, den Naturkräften, ihrer Familie und den Männern die Schuld daran, daß sie noch nicht verheiratet war. Sie war so verärgert darüber, daß die Männer nicht mit ihr ausgehen wollten, daß sie zeitweise, wenn ein Mann sie ansprach, ihm am liebsten den Kopf abgerissen hätte oder nicht antworten wollte. Als wir Ana fragten, warum sie sich nicht darum bemühte, das zu bekommen, was sie wollte, und warum sie einem Mann nicht zumindest sagte, daß sie sich mit ihm hin und wieder treffen wolle, war sie außer sich vor Wut, daß wir ihr einen solchen Vorschlag gemacht hatten. „So was macht man nicht", sagte sie. „Wenn ein Mann dich sehen will, fragt er dich auch." „Wirklich?" antworteten wir. „Wo steht diese Regel geschrieben?" Nach einigem Überlegen sagte Ana: „Jemand hat mir erzählt, daß Tom Selleck Frauen *nicht ausstehen* kann, die ihn anmachen." Ana richtete sich nach Idolen und folgte den Regeln, die *diese* für richtig hielten. Wir sagten Ana, daß sie für ihren Ärger und ihr schwach ausgeprägtes gesellschaftliches Leben die Verantwortung übernehmen und etwas dagegen tun müsse. Sie müsse aufhören, die Regeln der Helden zu vergöttern, und sich ihre eigenen aufstellen. Die erste Regel, die Ana für sich aufstellte, war: „Wenn ich einen Mann treffe, der mir gefällt, lasse ich es ihn wissen." Diese eine zusätzliche Anstrengung führte dazu, daß mehrere Männer ihre positive Ausstrahlung wahrnahmen und mit ihr ausgehen wollten.

• Verlassen Sie sich auf die Regeln der Etikette, der Mode und der Tradition, um ein Gefühl der Sicherheit zu bekommen und anderen zu zeigen, wer Sie sind?
• Tun Sie Dinge eher, weil Sie diese tun „sollten", als weil Sie sie tun „möchten"?
• Befolgen Sie Anweisungen von „Höhergestellten" - Männern, Chefs oder sogar kirchlichen Vertretern?
• Brauchen Sie für jede Gelegenheit ein neues Kleid und quälen sich mit der Frage „Was soll ich nur anziehen?", nur weil Sie das Gefühl haben, mit der Mode gehen zu müssen?
• Gehen Sie zu gesellschaftlichen Anlässen, Zusammenkünften, Treffen, Hochzeiten, Taufen und Begräbnissen, weil man das von Ihnen erwartet, und nicht, weil Sie es möchten?

Lydia, 32, nahm jeden Tag 20mg Valium, um mit dem Lebensstil ihres Mannes Tony, dem Chef der Buchhaltung einer großen Werbefirma, fertigzuwerden. Sie und Tony gingen mindestens dreimal die Woche zu geschäftlichen Treffen, und Lydia brauchte fast jedes Mal eine neue Garderobe - diese mußte vom „richtigen" Designer und farblich aktuell sein, damit sie mit ihrer Kleidung zu Tony paßte. Auf diese starre Weise lebten sie schon fünf Jahre miteinander, bis es zu einem Streit kam, durch den ihnen klar wurde, wie dringend sie eine Therapie brauchten. Eines Abends weigerte sich Lydia, Tony zu einem Preisverleihungs-Bankett zu begleiten, obwohl dessen Chef von seinen Angestellten immer erwartete, daß sie ihre Frauen mitbrachten, um das Erfolgsimage zu bestätigen, das er um seine Leute herum aufbauen wollte. „*Alle* guten Frauen helfen ihren Männern", sagte Tony wütend. Er versuchte, seinen Willen durchzusetzen, indem er Lydia Schuldgefühle einredete. „Aber wohin führt das?" schrie Lydia zurück. „Irgendwo gibt es eine Grenze!" In der Therapie halfen wir ihnen zu erkennen, daß Lydia ihre Grenzen überschritten hatte. Lydia sollte sich fragen: „Warum ist es mir *so* wichtig, ob andere mich für gut halten?" Wenn Sie Medikamente brauchen, um die Regeln anderer zu befolgen, dann ist das die Sache nicht wert, auch wenn die Regeln vom Chef Ihres Mannes kommen. Wir waren uns alle darüber einig, daß Lydia eine Verschnaufpause brauchte. Ein Jahr lang legte sie die Mode-Journale beiseite, ging nicht mehr zu Veranstaltungen, die sie nicht besuchen wollte, und tat wirklich nichts. Diese Änderung widersprach der puritanischen Vorstellung von Arbeit, die ihr schon als Kind eingetrichtert worden war, und nach der jede Minute des Tages ausgefüllt sein sollte. Mit der Zeit stellte sie sich jedoch auf neue Regeln ein, Regeln, deren Wert nicht vom Urteil anderer abhing, oder für deren Einhaltung sie kein Valium brauchte.

• Übernehmen Sie im Alltag „weibliche" Rollen, weil Sie das Gefühl haben, das tun zu müssen?
• Haben Sie das Gefühl, Sie müßten sich nach alten Hausregeln richten, wie z.B. daß alle zur gleichen Zeit oder im gleichen Zimmer essen müssen, auch wenn das überhaupt nicht in Ihren Zeitplan paßt und Sie es gerne anders hätten?
• Schlafen Sie oft mit Ihrem Mann, wenn Sie nicht in der Stimmung dazu sind, weil Sie das Gefühl haben, Sie sollten nicht nein sagen?

„Wieviele Männer braucht man, um eine Toilette zu reinigen?" fragte Beth, 28, eine wunderbare Frau, die an einem unserer Seminare teilnahm, scherzhaft die Gruppe. Als niemand des Rätsels Lösung wußte, lachte sie: „Keinen. Das ist Frauenarbeit." Das war nur eine von Beths *heiligen* Pflichten, die sie satt hatte. „Wo steht geschrieben, daß eine Frau Geschirrspülen, bügeln und putzen *muß?"* klagte sie. „Ich würde lieber mit meinem Mann Louie tauschen und mich um den Garten kümmern, den Rasen mähen oder sogar Elektro- oder Klempnerarbeiten machen." Wie so viele Frauen von heute suchte Beth nach jemandem, der sie in ihrem

Gefühl bestärkte: „Na los. Tu, was du für richtig hälst." Die Gruppe unterstützte sie darin, einen Plan aufzustellen, der besser für ihr Leben funktionierte. Dieser beinhaltete, daß sie die Hecken schnitt und es Louie überließ, den Fußboden in der Küche zu wachsen. Louie fand sich damit ab, als er erkannte, daß Beth davon unter keinen Umständen abrücken würde.

• Verabreden Sie sich nie mit einem Mann, rufen Sie ihn nie an oder zahlen Sie nie seine Rechnung?
• Geben Sie Ihre männlichen Freunde auf, wenn Sie verliebt sind, weil Sie denken, die Leute werden über Sie reden?
• Trifft man Sie nie ohne Ihren Partner an, auch wenn es vielleicht viele Aktivitäten gibt, denen Sie beide lieber alleine nachgehen würden?

Irma, eine 29-jährige Drehbuchautorin, war sehr aufgebracht, weil sie glaubte, sich zwischen den Wünschen ihres Mannes Brad und denen ihres besten Freundes Martin, den sie schon seit 20 Jahren kannte, entscheiden zu müssen. Sie und Martin waren wie Geschwister zusammen aufgewachsen und hatten viele gemeinsame Interessen - Kunst, Theater, Metaphysik. Sie hatten viel Spaß, wenn sie zusammen Ausstellungen besuchten, sich Theaterstücke anschauten oder über Geister, Dämonen und UFOS diskutierten. Brad interessierte sich hingegen für Basketball, Autorennen und Computer. Er weigerte sich, mit Irma und Martin an Kunst und Theater teilzuhaben. Wenn sie sich über Themen unterhielten, die Brad nicht interessierten, sagte er keinen Ton mehr, so daß es keinen Spaß machte, das Thema weiterzuführen. Martin war Irmas einziger Freund, der sich wie sie auch für diese Gebiete interessierte. Wenn sie Martin aufgab, hieße das, daß sie auch ihre besonderen Interessen aufgeben mußte. Irma fürchtete, Brad würde etwas dagegen haben, wenn sie sich ohne ihn mit Martin in der Öffentlichkeit zeigen würde. Ihre Mutter war nie mit einem anderen Mann als ihrem Vater irgendwohin gegangen. Irma war sich ziemlich sicher, daß Brad von ihr erwartete, daß sie die gleichen heiligen Regeln befolgte. „Wie könnte ich ihm das nur klarmachen?" fragte Irma uns. „Wie soll er je damit einverstanden sein?" „Sie müssen keine Rechenschaft ablegen", sagten wir ihr. „Es ist in Ordnung, wenn Sie etwas tun, weil Sie es möchten." Eines Tages, als Brad nach Hause kam, fand er einen Zettel von Irma: „Bin mit Martin zur Calder Ausstellung gegangen. Bin um 6 Uhr zurück. Deine Irma." Als Irma nach Hause kam, sagte Brad: „Gott sei dank, hast du mich nicht gefragt, ob ich mit will." Mit den heiligen Regeln, in denen Irma sich so gefangen fühlte, hatte Brad gar nichts im Sinn. Sie waren nur die Überbleibsel dessen, was Irma in ihrer Kindheit gelernt hatte.

Das sind nur einige Beispiele dafür, wie man sich von anderen „Überlegenen" seine Lebensweise vorschreiben läßt. Sicher fallen Ihnen noch eine Menge anderer Beispiele ein. Bevor Sie sich jedoch Ihre eigene Liste erstellen, fragen Sie sich, aus welchem Grund Sie lieber andere darüber bestimmen lassen, was am besten für Sie ist. Dieser Erkenntnis ins Auge zu sehen ist schwierig. Es mag seine Zeit dauern, aber das ist äußerst wichtig, wenn Sie sich von Ihren Zwängen befreien wollen. Wir sind sicher, Sie werden anderen verbieten, Ihnen vorzuschreiben, wie Sie Ihr Leben zu leben haben, wenn Sie erst erkannt haben, daß nur Sie wirklich wissen können, was am besten für Sie ist.

Was es uns bringt, Regeln zu befolgen

Hier sind einige der üblichen Vorteile davon, sich von den Männern an der Nase herumführen zu lassen. Sie können diese Hinweise als Anhaltspunkte nehmen, um in Ihrem eigenen Leben nach ihnen Ausschau zu halten.

• Wenn Sie ein <braves Mädchen> sind, haben Sie das Gefühl, „richtig" zu handeln.
• Sie können den falschen Regeln die Schuld für Ihre Probleme geben. Sie müssen sich nicht die mühevolle Arbeit machen, eigene Regeln aufzustellen.
• Durch heilige und absolute Regeln können Sie andere manipulieren. Wenn Sie jemandem sagen, daß etwas Gesetz ist, kann niemand Ihnen etwas anhaben. Regeln geben Ihnen recht. Aber dieses Recht ist nur eine Illusion.
• Sie bekommen eine Menge Anerkennung von Menschen oder Institutionen, deren Regeln Sie befolgen. Dadurch

bekommen Sie das wunderbare, aber möglicherweise tödliche Gefühl der Zugehörigkeit und das Gefühl zu tun, was Sie tun „sollten".

• Regeln sind eine wunderbare Leiter zur selbsternannten Heiligkeit.

• Solange Sie sich mit Dingen beschäftigen, die für andere von Vorteil sind, brauchen Sie sich keine Gedanken machen, was gut für Sie wäre. Sie können mit all Ihren Regeln leben, anstatt die Möglichkeit zu ergreifen, wirklich zu leben.

Der Preis, sich auf Kosten des Glücks für brav, im Recht und heilig zu halten, ist zu hoch. So steht es auch mit dem Sündenbock für Ihre Probleme und der Möglichkeit, andere zu manipulieren. *Nichts* gibt einem ein besseres Gefühl, als sein Schicksal selbst in die Hand zu nehmen!

Einige Techniken, wie Sie sich selbst befreien können

Sie lernen, an den Mythos der heiligen Regeln zu glauben. Sie können aber *auch* lernen, Regeln aufzustellen, die gut für Sie sind. Das ist das Schöne, das wir Ihnen nun zeigen werden. Das ist wahre Ausbildung. Die Autorin Muriel Spark definiert sie in ihrem Buch <The Prime of Miss Jean Brodie>, das von einer Lehrerin handelt, die zu sich selbst findet, folgendermaßen: „Für mich ist Ausbildung etwas, das man aus einem Schüler herausholt, etwas das schon in seiner Seele liegt ... Es ist (nicht) etwas, das man in ihn hineintut, das noch nicht vorhanden ist ... Das nenne ich nicht Ausbildung, ich nenne es Aufdrängung...."

Äußerliche, starre und heilige Regeln werden Ihrem Geist möglicherweise aufgedrängt. Sie bedeuten das Gegenteil davon, was es heißt, für sich selbst zu denken. Am besten machen Sie sich an die Arbeit, diesen Geist zu befreien, indem Sie sofort damit beginnen. Hier finden Sie eine kurze Aufzählung unserer beliebtesten Vorschläge, die Ihnen helfen sollen, das aus sich herauszuholen, was in Ihnen schlummert, - die Saat Ihres Selbstwertgefühls. Es ist wichtig, Taten walten zu lassen, etwas zu tun - auch wenn es nur ein oder zwei Schritte auf einmal sind.

• Sie können nicht mutig sein, solange Sie nichts tun, wovor

Sie Angst haben. Brechen Sie die Regeln. Gehen Sie ein Risiko ein. Tun Sie etwas, - so wie es Tracy gemacht hat, die es gewagt hatte, einen Abend alleine auszugehen. Auch wenn es nur ein kleiner Schritt ist - eine Stadt besuchen, die Sie noch nicht kennen, ein ganz neues Buch lesen oder sogar alte Klavierübungen auffrischen. Sehen Sie jede neue Aktivität als Abenteuer und Triumph.

• Stellen Sie eine Liste auf mit all den Regeln, die Sie befolgen, obwohl Sie sie nicht für richtig halten - so wie es Joan, die sich von Philips Unterdrückung befreit hat, machte. Versuchen Sie, genau herauszufinden, warum Sie den Regeln Glauben schenken. Führen Sie etwa eine Woche lang ein Tagebuch darüber. Sie werden erstaunt sein, was Sie alles über sich erfahren.

• Stellen Sie Ihre eigenen Regeln, nach denen Sie leben wollen, auf - so wie Jackie es tat, als sie sich entschloß, ihre Zeit nicht mehr mit Männern zu verbringen, die kein Verständnis für ihre Bedürfnisse haben, oder wie Ana, die beschloß, Männern ihre Zuneigung zu zeigen, oder wie Beth, die mit Louis „männliche" Aufgaben tauschte, indem sie die Hecken schnitt und er den Küchenboden wachste. Schreiben Sie diese Regeln auf, auch wenn Sie glauben, sie nicht befolgen zu können.

• Setzen Sie eine Ihrer eigenen Regeln in die Tat um. Beschließen Sie, die Konsequenzen dieses Verhaltens mit Ruhe und Gelassenheit zu tragen. Wenn Sie zum Beispiel immer der Meinung waren, daß es sich für eine Frau nicht schickt, einen Mann zu sich nach Hause einzuladen, aber einen Mann treffen, der Ihnen wirklich sehr gut gefällt, dann laden Sie ihn zum Essen oder zu einer Party ein. Unternehmen Sie kleine Schritte - und sehen Sie, wieviel Schönes dabei herauskommt.

• Denken Sie daran, daß eine Regel wirklich nur eine Regel ist, wenn Sie sie befolgen. Wenn Sie sich dabei ertappen, daß Sie etwas tun, nur weil Sie denken, Sie sollten es tun, machen Sie es wie Lydia, die sich von den Forderungen ihres Mannes und seines Chefs freigemacht hat, indem Sie sich fragen: „Warum lege ich *so* viel Wert darauf, ob andere mich für „gut" halten?"

• Stellen Sie Fragen. Wenn Sie jemand fragt, warum Sie nicht gleich bei seinem Befehl spurten, fragen Sie ihn: „Warum sollte ich?" „Verstehst du, warum ich das nicht tun möchte?"

Ida, 62, führte mit ihrem Mann Homer, 68, eine Pension. Ida kochte und putzte für die Gäste, und Homer kümmerte sich um Reparaturen, die Finanzen und war für die Werbung verantwortlich. Beide Rollen erforderten gleichermaßen viel Arbeit, aber Ida klagte: „Homer tut so, als hätte ich den ganzen Tag nichts anderes zu tun, als mich um ihn zu kümmern. <Hol das, mach jenes> ist alles, was ich von ihm von morgens bis abends zu hören bekomme." Wir schlugen Ida folgendes vor: Wenn Homer das nächste Mal etwas Unvernünftiges von ihr verlangte, das er genausogut selbst erledigen konnte, sollte sie antworten: „Warum sollte ich?" Nach seiner Antwort sollte sie als nächstes sagen: „Verstehst du denn nicht, warum ich das nicht tun möchte?" Es dauerte nicht lange, bis sich eine Gelegenheit ergab. Eines Abends verlangte Homer von Ida, sie solle ihm seine Pfeife holen, als sie mitten beim Brotbacken war, das sie für die Gäste am nächsten Morgen brauchte. Als sie fragte, warum sie das tun sollte, antwortete Homer sofort: „Weil du meine Frau bist." Wie wir sie angewiesen hatten, stelle Ida eine Gegenfrage: „Verstehst du denn nicht, warum ich das nicht tun möchte?" „Weil es dir zu viel Mühe macht", schnappte Homer ein. „Genauso ist es", sagte Ida, „und weil du mein Mann bist, setzte ich voraus, daß du mir so viel Arbeit wie möglich ersparen willst." Ida hatte einfach neue Regeln aufgestellt und zwar ein System, bei dem ein „guter" Ehemann all das tut, was vorher Sache einer „guten" Ehefrau war.

• Verhandeln Sie. Zeigen Sie den anderen, wie schwer es für Sie ist, sich nach deren ichbezogenem System zu richten.

Suzanne B., eine Patientin von uns, war mit D e a n verheiratet, einem mächtigen Geschäftsmann, der mehr als 400 Angestellte unter sich hatte. Er hatte es zu einer Hausregel gemacht, daß sie immer zur gleichen Zeit wie er ins Bett gehen sollte. Wenn sie das nicht tat, bekam er einen Wutanfall. Er sagte, er könne nicht ohne sie einschlafen. Sie wußte, wo das Problem lag. Es mußte einfach alles nach seinem Kopf gehen. Schließlich beschloß sie, mit ihm darüber zu reden. Sie sagte: „So wie ich es sehe, gebe ich meine Freiheit auf; ich kann nicht mehr fernsehen, kein Buch lesen und eine Menge anderer Dinge, die ich gerne tun würde, nicht tun, nur damit du nicht mit mir schreist." Das schien kein fairer Tausch zu sein, kein Anreiz, um die Regel zu befolgen. Er bot ihr an, am Wochenende die Wäsche zu übernehmen, wenn sie weiterhin mit ihm zusammen ins Bett ging. Sie war einverstanden. Das Gleichgewicht war wieder hergestellt.

• Hüten Sie sich davor, der Meinung anderer zu viel Bedeutung beizumessen. Versuchen Sie, sich, wenn Sie neue Regeln aufzustellen beginnen, zu sagen: „Es ist mir gleichgültig, was andere denken".

• Denken Sie daran, daß Sie sich nicht rechtfertigen müssen. Wie Irma, als sie mit ihrem Freund Martin die Kunstausstellung besuchte, ohne erst ihrem Mann Erklärungen abzugeben, können Sie etwas tun, einfach weil Sie es möchten.

• Passen Sie auf, daß Sie nicht in die Falle tappen, zu erwarten, andere, Männer wie Frauen, müßten sich nach Ihren Regeln richten, nur weil sie für Sie gut sind. Vergessen Sie nicht: Sie können nur frei sein, wenn Sie anderen erlauben, auch frei zu sein.

So handeln Frauen, die für sich selbst denken. Dieses Verhalten wird sehr wahrscheinlich nicht mit dem im Einklang stehen, was Sie beim Heranwachsen als <braves Mädchen> gelernt haben, als Sie versuchten, der Gehorsam in Person zu sein, wenn es darum ging, die Regeln anderer zu befolgen. Jetzt ist es an der Zeit, an Ihre eigene Schönheit und Heiligkeit zu glauben. Unsere Patientin Suzanne B. drückte es so gut aus, wie wir es nicht besser könnten: „Das System, das am besten funktioniert, ist dasjenige, das man sich selbst errichtet."

5
„Selbstaufopferung ist eine Tugend"

„Ich gab alles,
was ich hatte, meinem Mann.
Er genoß das ... aber es blieb
nichts für mich übrig."

Cindy, eine 37-jährige Patientin

Cindys Mann Roger, ein 42 Jahre alter Zahnarzt, bezeichnete sie immer als egoistisch. „Ich kann das einfach nicht verstehen", sagte sie. „Ich habe die Stelle als Tanzlehrerin, die ich liebte, aufgegeben, um mehr Zeit mit ihm verbringen zu können. Ich habe meinen Handarbeitskurs aufgegeben, damit ich Mittwoch abends bei ihm sein kann. Ich halte mir immer die Wochenenden frei. Ich habe angefangen, wieder zu backen. Das Haus ist blitzsauber, und dennoch hält er mich für egoistisch." Erst als wir Cindy sagten, sie solle Roger fragen, was genau er unter egoistisch verstand, sah sie klarer. Sie erklärte: „Ich weiß jetzt, daß für Roger das Wort egoistisch verschiedene Bedeutungen haben kann. Aber, wie ich herausgefunden habe, heißt es in allen Fällen, daß er nicht das bekommt, was er will. Es spielt also keine Rolle, was ich für ihn tue. Sobald er etwas möchte, was ich ihm nicht erfülle, bin ich egoistisch."

Wir haben alle gesagt bekommen, daß es edler ist zu geben, als zu nehmen, daß dem Schwachen die Erde gehört. Weit mehr Frauen als Männer schaden sich jedoch durch diese Einstellung. Warum ist das so? Für andere bis zur Selbstaufgabe zu sorgen, ist ein sehr weit verbreitetes Verhalten. Wenn Sie genau hinschauen, dann werden Sie jedoch erkennen, daß dieses Verhalten von denen propagiert wird, die umsorgt werden. Die Belohnung dafür, daß Sie andere umsorgen, ist, daß man Sie für tugendhaft hält. Wer will nicht für tugendhaft gehalten werden? Das einzige Problem dabei ist, daß Sie vielleicht Gefahr laufen, zu viel aufzugeben; Sie glauben vielleicht, daß es besser ist, heilig gesprochen zu werden, als zufrieden zu sein.

Wir sind nicht gegen Wohltätigkeit. Es ist jedoch wahr, daß nur diejenigen überleben, die für sich selbst sorgen, und nicht die, die sich aufopfern. Wenn Sie sich aufopfern, weil Sie glauben, daß dies der einzige Weg ist, sich wertvoll zu fühlen, und es deshalb vermeiden, die Dinge zu tun, die Sie gerne tun möchten, dann werden Sie am Ende unglücklich und machtlos sein. Der Glaube zu vieler Frauen an ein Paradies, in dem jeder nur für den anderen da ist, ist enttäuscht worden. Unglücklicherweise kann ein solch idyllisches System nur funktionieren, wenn jeder dieser Philosophie folgt. Dies ist traurigerweise nicht der Fall. Viele Frauen haben es sich jedoch erlaubt, daran festzuhalten, da sie an diesen Mythos glauben wollen, und geben auf diese Weise ihre persönliche Freiheit auf.

Frauen geben ihre Karriere, ihre Errungenschaften, ihre Unabhängigkeit, ihre Identität und ihren Namen auf - aber wo ist das Paradies, die versprochene Belohnung? Es scheint, daß die einzige wahre Belohnung für dieses irdische Heiligendasein das Leiden ist. Das Märtyrertum spielt sich gut in den Hollywood-Filmen, aber nicht im wirklichen Leben. Es gibt keinen Gehalts- und keinen Rentenanspruch. Wenn Sie sich auf der Erde aufopfern, dann führt das nicht zu Begeisterung, sondern nur zu Leid und Verbitterung. Nur wenn Sie mit sich zufrieden sind, dann werden Sie Freude empfinden - für sich selbst und andere.

Selbstaufopferung verspricht das Paradies. Aber Frauen, die alles der Karriere ihres Mannes opfern, gestehen sich nicht immer ihre eigenen Wünsche zu. Wenn Sie Ihre Ausbildung aufgeben, damit Ihr Mann sein Medizinstudium beenden kann, und wenn Sie dann später nicht mehr Ihre Ausbildung fortsetzen, dann denken Sie nicht an Ihre Bedürfnisse oder daran, was passieren könnte, wenn er nicht mehr für Sie sorgt.

Brenda, 35 Jahre alt, wollte schon immer Kostümbildnerin studieren. Sie hatte mehrere Freunde in der Filmindustrie, die ihr eine Stelle verschaffen wollten, wenn sie ihre Fähigkeiten entwickeln würde. Brian jedoch, ihr Ehemann, ein 38 Jahre alter Kameramann, sagte, er wolle nicht, daß seine Frau mit einem <so dreckigen Geschäft wie dem Film-

geschäft> zu tun habe. „Er sagt, es ist unter meiner Würde." Wir fragten sie: „Was wäre das Schlimmste, was Ihnen passieren könnte, wenn Sie Kostümbildnerin werden würden?" Nach kurzem Nachdenken antwortete sie: „Brian würde mich für würdelos halten". Dann fragten wir: „Was wäre das Schlimmste, was passieren könnte, wenn Sie keine Kostümbildnerin werden würden?" Brenda zuckte mit den Schultern. „Ich habe niemals wirklich darüber nachgedacht." „Dann tun Sie es jetzt", stachelten wir sie an. Plötzlich seufzte sie. „Brian könnte mich verlassen, und ich würde verhungern, da es absolut nichts auf dieser Welt gibt, wofür ich qualifiziert bin, und womit ich meinen Lebensunterhalt verdienen könnte." Daraufhin fragten wir Brenda: „Was halten Sie für die unwürdigste Situation - Brians Mißbilligung oder zu verhungern?" Brenda ist heute eine hochbezahlte Kostümbildnerin. Es war nicht im geringsten unter Brians Würde, an dem Reichtum teilzuhaben, den sie durch ihre Karriere erworben hatte. Er gewöhnte sich großartig daran!

Ohne Geld oder zumindest die Fähigkeit, es zu verdienen, können Sie nicht erwarten, für sich selbst zu sorgen. Selbständigkeit und Würde, wie auch das Interesse für andere, sollten in dieser Welt das Kriterium für Erfolg sein. Wir möchten Ihnen helfen, diese Ziele zu erreichen. Die größte Tugend besteht darin, zu sich selbst nett zu sein. Wenn Ihnen das gelingt, wird alles andere nachfolgen. In diesem Kapitel werden wir Ihnen zeigen, wie Sie Ihren Wert danach beurteilen können, was Sie aus sich machen, anstatt danach, was Sie für Männer getan oder nicht getan haben. Wir werden uns daran machen, Strategien für eine schöpferische Unabhängigkeit zu entwickeln. Sie werden Ihre selbstaufopfernden Gewohnheiten ausmerzen und lernen, den Männern in Ihrem Leben dabei zu helfen, sich an Ihre Veränderungen zu gewöhnen.

Frauen geben, Männer nehmen. War das schon immer so?

Über die Jahrhunderte hinweg waren die Fähigkeit der Frauen, Kinder zur Welt zu bringen, und die körperliche Überlegenheit der Männer die Hauptunterschiede zwischen den Geschlechtern. Frauen haben die nächste Generation großgezogen; Männer beschützten sie - manchmal durch

Kämpfen und Töten. So begann alles: Die Frau schenkt Leben und der Mann nimmt es.

Dieses Verständnis von der gebenden Frau und dem nehmenden Mann ist heute immer noch lebendig. Aber das Recht des Mannes, zu nehmen und die Aufopferung von anderen zu erwarten, funktioniert nicht in unserer zivilisierten Welt. Deshalb hat er es durch wirtschaftliche Stärke ersetzt. Trotz der Fortschritte, die die Frauen über die Jahre hinweg gemacht haben, denken viele Menschen wiederum, daß es nur „gerecht" sei, daß Frauen den Männern etwas als Gegenleistung geben, nämlich ihre „Unterstützung", da die Männer doch diejenigen sind, die den Großteil der <wichtigen> Arbeit erledigen, das meiste Geld verdienen und das meiste bestimmen.

Jennifer, eine Patientin von uns und 28-jährige Hausfrau, befand sich in dieser bösen Falle: „Mein Mann Ivan erwartet, daß ich alles tue, was er sagt, da er das Geld nach Hause bringt, aber er läßt mich nicht arbeiten und mein eigenes Geld verdienen!" Diese Situation war für Jennifer besonders frustrierend, da sie eine der angesehensten Sekretärinnen-Schulen mit Auszeichnung abgeschlossen hatte. Sie hätte mit Leichtigkeit eine Stelle bekommen und mehr Geld verdienen können als der 26-jährige Ivan, der als Kurier für ein staatliches Transportunternehmen tätig war. „Das ist das ganze Problem", sagte Jennifer. „Er fürchtet sich vor meinen Verdienstmöglichkeiten. Deshalb stellt er sicher, daß ich nicht arbeite. Nur so kann er der Boss bleiben."

Selbst Frauen mit erfolgreichen Karrieren stehen manchmal vor diesem Problem. Eva, eine 54-jährige Anwältin, ertappte sich dabei, wie sie ihren Mann Herb, einen 54 Jahre alten Schönheitschirurgen, fortwährend emotional aufmunterte, selbst aber ziemlich wenig davon zurückbekam. „Ich komme hundemüde vom Büro heim", sagte sie, „und ich bekomme nie von Herb, was ich ihm gebe. Steht etwa das Essen auf dem Tisch? Begrüßt er mich herzlich oder frägt <Wie war dein Tag>? Darauf kann ich lange warten. Er schenkt mir noch nicht einmal ein Lächeln. Wenn *er* jedoch nach Hause kommt, dann erwartet er, daß ich ihn wie ein Schoßhund bewundere und ihm nachlaufe. Wenn ich das nicht tue, dann bezeichnet er mich als egoistisch. Ich habe nichts dagegen, ihn zu bewundern; ich möchte nur ab und zu auch etwas davon zurückhaben." Wir sagten Eva, daß es an der Zeit sei, Herb gegenüber den Spieß umzudrehen. Sie solle ihm sagen, daß er ebenso egoistisch sei, wenn er von ihr aufopferungsvolle Unterstützung erwarte, wie sie egoistisch sei, wenn sie ihn nicht bewundere. Entweder würden sie beide etwas geben, oder Herb hätte nichts zu erwarten. Eva sollte mit der einseitigen Aufopferung, die Herb in ihrer Ehe erwartete, aufhören. Mit ein wenig zusätzlicher Unterstützung in der Beratung gelang es Herb, die Dinge mehr aus Evas Sicht zu sehen und seine Rolle als Nur-Nehmender aufzugeben.

Es scheint, daß Frauen selbst in unserem angeblich so aufgeklärten Zeitalter glauben, daß sie von ihren Ehemännern nicht die Hilfe bekommen werden, die sie diesen geben - aber daß „es selbstverständlich ist", daß der Mann mehr Unterstützung braucht als sie. Dies ist wieder der Mythos des „Bravseins". Viele Frauen geben die Worte, die Eva in ihrer ersten Sitzung bei uns sagte, wieder: „Ich habe es so satt, immer diejenige zu sein, die hilft, und nie etwas für meine Hilfe zurückzubekommen." Die Zeit für Sie ist gekommen, die Aufopferung zu einer gegenseitigen Sache zu machen!

„Tugend": Eine Bezeichnung, die zur Manipulation verwendet wird

Erinnern Sie sich an Sandy, deren Familie sie zwang, alles für sie zu tun, indem sie einfach sagte: „Sei ein liebes Kind und ..." oder „Sei nett und ..." Wie oft kamen Sie sich manipuliert vor, wenn andere sagten: „Sei ein Engel und ..."? Der Satz endet immer mit etwas, das Sie für diese tun sollen. Mit anderen Worten: Sie sind gut und ein Engel, solange Sie diesen geben, was sie wollen. Kommt Ihnen das bekannt vor? Die Männer haben dieses Kriterium für Bravsein sehr lange auf Frauen angewendet.

Wie wir erwähnt haben, hat Ihre Erziehung zum „Bravsein" vielleicht schon früh in Ihrem Leben eingesetzt. Vielleicht hat man Ihnen beigebracht, daß Sie in dem Maße gut sind, wie Sie es Mamma und Papa recht machen und ihren Regeln folgen. „Sei nicht unartig. Heb deine Kleider auf." „Sei ein liebes Mädchen und mache deine Hausarbeit." „Sei ein braves Mädchen und hilf deiner Mutter beim

Abwasch." Als Sie älter wurden, mußten Sie mit dem Schulsystem kämpfen, wo Sie neue Regeln erwarteten: „Leg dich nie mit dem Lehrer an." Als junge Frau sind Sie nur zu oft dann brav, wenn Sie Ihren Mann zufriedenstellen. „Sie ist eine perfekte Frau, sie ist immer zu Hause, sie ist eine großartige Köchin", oder „Sie benehmen sich wie eine Lady. Sie lassen sich nie gehen in der Öffentlichkeit." Alles in allem setzt sich das Aufopfern für Vati über den Lehrer bis zum Ehemann fort - alles nur, um in den Augen der Männer tugendhaft zu sein und als Belohnung deren Gunst zu ernten.

Sophie, 39 Jahre alt, war die älteste von vier Mädchen eines Zimmermanns, der seine Arbeit haßte. Sie lernte als kleines Mädchen, daß es „gut" war, nicht viel zu wollen. Sie schilderte ein Weihnachtsfest, bei dem ihr Vater sie auf die Wange küßte und sagte: „Wir wußten, daß es dir nichts ausmachen würde, wenn du diese Weihnachten kein Geschenk bekommst, damit deine jüngeren Schwestern etwas bekommen können. Gott wird dich dafür segnen." Sophie behielt dieses Verhalten in der Schule bei. Sie gab anderen Kindern ihr Essensgeld, ihr Schreibzeug und sogar ihre Bücher, damit sie auch weiterhin Gottes Segen bekommen konnte. Sie sagte uns: „Mein Mann Edward heiratete mich, da ich in seinen Augen das süßeste Mädchen war, das er je getroffen hatte, eine Frau mit altmodischen Ansichten wie seine Mutter." In den frühen Jahren ihrer Ehe, als sie den Haushalt machte und die Kinder großzog, setzte Sophie ihr Programm aus der Kindheit, nämlich auf Dinge zu verzichten, um gut zu sein, fort. Eines Tages jedoch ging Sophie ein Licht auf. „Ich war etwa 37 Jahre alt, als das passierte", sagte sie uns. „Ich wachte eines Morgens auf und bemerkte, daß ich nie etwas für mich haben würde, solange ich damit fortfuhr, nichts zu wollen und immer zu geben. Ich würde nie einen der wundervollen Plätze sehen, über die ich etwas in Büchern gelesen oder in Filmen gesehen hatte. Ich würde nie eines der Kleider tragen, die ich so viele Jahre lang in meinen Lieblingszeitschriften gesehen hatte. Ich würde nicht einmal in den Restaurants meiner Heimatstadt essen gehen, über die all meine Freunde gesprochen haben, und über die in den Zeitungen berichtet wurde. Plötzlich fing ich zu weinen an. Es überraschte mich wirklich. Ich hatte noch nicht einmal bemerkt, daß ich mir eines dieser Dinge wünschte. Aber das muß ich wohl, denn sonst hätte ich nicht so viel Zeit damit verbracht, von ihnen zu träumen. Ich verbrachte meine Zeit damit, mein Leben zu verträumen. Und was wäre, wenn nichts von all dem jemals Wirklichkeit werden würde?" Wir alle kommen in unserem Leben an einen Punkt, an dem wir erkennen, daß wir bekommen müssen, wovon wir träumen, weil es nicht mehr reicht, nur davon zu träumen. Sophie hatte diesen Punkt erreicht. Wir baten Sophie eine Liste von all den Dingen zu erstellen, die sie haben oder in ihren wildesten Träumen tun wollte. Sie sollte sich vorstellen, sie könnte einen Monat lang *alles* haben, was sie wollte. Wie wir gewöhnlich bei der Durchsicht einer solchen Liste feststellen, waren die meisten Dinge in Sophies Reichweite. Es waren Dinge, die sie haben konnte, wenn sie sich nur erlauben würde, sich diese Dinge zu erfüllen. Wir begannen mit dem Punkt auf ihrer Liste, der am leichtesten zu verwirklichen war: Das teuerste Gericht auf der Speisekarte im besten Lokal der Stadt essen. Wir verdeutlichten Sophie, daß sie niemals lernen würde, nett zu sich selbst zu sein, wenn sie jetzt nicht damit beginnen würde. Alle ihre Träume würden für immer Träume bleiben. Mit unserer Unterstützung stellte sich Sophie der Herausforderung. Sophie und Edward gingen diese Woche zusammen zum Essen aus. Sie mußte sich lediglich die Erlaubnis hierfür geben.

Das Problem bei der Selbstaufopferung ist, daß sie jedem außer Ihnen guttut. Die größte Tugend ist, nett zu sich selbst zu sein. Wenn Ihnen das gelingt, wird alles andere folgen.

Wie Frauen ihren beruflichen Erfolg der Schönheit und ihre persönliche Zufriedenheit dem Wunsch, edel zu sein, opfern

„Die Männer scheinen sich nur dafür zu interessieren, wie ich aussehe", beklagte sich Nanette, eine 25-jährige Chefsekretärin in einer Firma, die mit Regierungsaufträgen zu tun hat. „Ich weiß, daß ich die Stelle nur bekomme, weil ich gut aussehe und mich hübsch kleide. Für den Augenblick ist das wohl in Ordnung. Wie sieht es aber aus, wenn ich nicht mehr so gut aussehe?" Die Psychiaterin Natalie Shainess weist in ihrem ausgezeichneten Buch <Sweet Suffering> darauf hin, daß die Kulturen „mehr Wert auf die Schönheit der Frauen legen als auf ihre Leistung". Sie betrachtet dies als einen der beiden Hauptgründe für die Selbstbestrafung und den Masochismus der Frauen. Die Schönheit einer Frau ist für einen Mann, der sie anschaut, der Höhepunkt; die Leistung einer Frau ist eine Belohnung für sie selbst. Das Vollbringen einer Leistung ist eine Tugend, von der man annimmt, daß nur Männer daran Freude haben.

Die Entscheidung, zu leiden oder etwas zu ändern, hängt nur von Ihnen ab. Sie können weiterhin Ihre Kraft nutzen, um anderen zu gefallen. Sie können aber auch erleben, daß es sehr viel schöner ist, die Macht zurückzugewinnen, die Sie abgegeben haben. Sie können nur das dauerhaft schöne Gefühl von Würde und Selbstbestimmung zurückgewinnen.

Anderen als Heilige, Allroundsekretärin, Ehefrau, Mutter oder sonst etwas zu dienen, kann eine echte Falle sein, wenn Sie *nur* die Wertschätzung derer bekommen, denen Sie dienen.

Eine unserer Patientinnen, eine attraktive 30 Jahre alte Frau namens Susan, erkannte, daß sie ihre eigene Befriedigung gegen etwas eintauschte, was sie für Edelmut hielt. Susan beklagte sich über ihre siebenjährige unglückliche Ehe. Ihr Mann Roy, ein Immobilienmakler, ließ es nicht zu, daß sie sich amüsierte. „Er läßt mich nie aus dem Haus", sagte sie. Sie schrubbte, kochte, wusch und sorgte für die beiden kleinen Kinder, während er viel Zeit damit verbrachte, mit Kaufinteressenten Essen zu gehen und mit seinem Chef Golf zu spielen. Susans Leben war eine lange Liste von Vorwürfen. Eines Tages überreichten wir ihr in einer Therapiestunde ein weißes Blatt Papier und baten sie, all die Opfer aufzuschreiben, die sie ihrer Meinung nach gegenwärtig für ihren Mann erbrachte. Aus der langen Liste griffen wir einen Punkt heraus: „Ich bleibe bei den Kindern, damit er mit seinen Kumpels zusammen sein kann." Wir fragten Susan: „Macht das aus Ihnen einen tugendhaften Menschen?" Susan lachte über diesen lächerlichen Gedanken.

Dann fragten wir sie, warum sie sich für diese Gelegenheiten keinen Babysitter nahm. Sie schien überrascht, als ob dieser Gedanke nicht in Frage käme. In Susans Vorstellung überließ eine „gute" Mutter ihre Kinder niemals einem Babysitter, um etwas außer Haus zu erledigen, ausgenommen, wenn sie etwas mit ihrem Mann unternahm. Wen wundert es, daß sie die meiste Zeit verletzt und verstimmt war: Sie war die Gefangene ihres eigenen Gedankens, ein Märtyrer sein zu müssen, eine Vorstellung, die von dem herrührte, was sie vor langer Zeit von ihrer Mutter immer wieder zu hören bekommen hatte: Für eine gute Mutter stehen der Mann und die Kinder *immer* an erster Stelle. Susan machte sich selbst zum Opfer. Als sie die Gründe für ihr Verhalten untersuchte, beschloß sie, die Definition einer „guten Mutter" dahingehend zu ändern, daß diese auf das Wohlergehen von beiden, nämlich von sich und ihrer Familie achtet. Danach fühlte sie sich in ihrem Leben etwas freier. „Ich brauchte lange, bis ich erkannte, daß ich sowohl zu meiner Familie als auch zu mir gut sein konnte", sagte sie.

„Die Frau im Schatten des Mannes"

Die ehemalige First-Lady Pat Nixon soll einmal gesagt haben: „Ich habe alles in meinem Leben, was mir kostbar war, der politischen Karriere meines Mannes geopfert." Eine solche Aufopferung bis hin zur vollständigen Aufgabe persönlicher Befriedigung ist traurig, aber unglücklicherweise weit verbreitet.

Eine andere Frau, eine 32-jährige Patientin von uns, Katey, war außer sich, da sich ihr Mann scheiden lassen wollte. Sie ärgerte sich über die Tatsache, daß sie „alles für ihn aufgegeben" hatte und er sie nun verließ. Einst hatte Katey Betriebswirtschaftslehre studiert. Nach ihrer Heirat ging sie jedoch nie ihrem Beruf nach. Stattdessen widmete sie sich voll und ganz gesellschaftlichen Aufgaben, indem sie Gäste bewirtete und ihren Mann im Dienste seiner Karriere zu gesellschaftlichen Anlässen begleitete. Kateys Denken, das für ihr Unglücklichsein und zum Teil auch für das Auseinanderbrechen ihrer Ehe verantwortlich war, war voller Groll. Dieser war die Folge ihrer Überzeugung, daß Selbstaufopferung eine Tugend sei. Sie ist ein typisches Beispiel für eine Frau, die im Schatten ihres Mannes lebt. Gleichzeitig aber benutzt sie ihre Einstellung als Vorwand, um etwas zu vermeiden, vor dem sie lange Zeit Angst hatte - nämlich selbst im Leben erfolgreich zu sein. Wir stellten Katey die alles entscheidende Frage: „Sehen Sie irgendeinen Vorteil darin, ausschließlich für Ihren Ehemann zu leben?" „Das bewahrt mich davor, auf eigenen Beinen stehen zu müssen", sagte sie. „Der Gedanke daran erschreckt mich. Was ist, wenn ich da draußen versage?" Wir verhalfen Katey zu der Erkenntnis, daß hinter ihrer Selbstaufopferung in Wirklichkeit ihre Angst zu versagen steckte. Daraufhin konnte sie positive Schritte gegen ihre Angst vor dem Leben unternehmen. Sie zieht entweder eine Teilzeitbeschäftigung oder eine Beratertätigkeit in Erwägung. Diese Entscheidung kann ihr die Befriedigung bringen, die sie sich zu lange verweigert hatte. Wir sind sicher, Katey wird nun, gleichgültig, wofür sie sich auch entscheidet, erfolgreich sein.

Warum Sie verlieren müssen, um geliebt zu werden

Igna sah, wie ihre Mutter ständig in Gegenwart ihres Vaters versagte. „Meine Mutter verhielt sich in Gegenwart von meinem Vater immer völlig unbeholfen." Sie erinnerte sich: „Es gab viele Gelegenheiten, in denen sie einen Streit hätte gewinnen können, wenn sie bestimmte wichtige Punkte zur Sprache gebracht hätte, was sie jedoch nie tat. Dies war bei allem, was sie zusammen unternommen haben, der Fall. Sie ließ ihn sogar beim Kartenspiel gewinnen. Wahrscheinlich war das Verlieren ihr Weg, seine Liebe zu gewinnen."

Dieser Gedanke mag merkwürdig erscheinen, aber die Einstellung, daß Verlust und Aufopferung Vorteile haben, sitzt tief und entsteht schon früh im Leben vieler Frauen. Verlust und Aufopferung sind so tief im Denken eines Mädchens verwurzelt, daß sie mit Weiblichkeit gleichgesetzt werden. „Schlag dich nicht mit anderen", „Sprich leise", „Gib deinem Bruder nach", „Sei ruhig". Alle Botschaften beinhalten, daß ein braves Mädchen zurücksteckt, damit andere bekommen können, was sie im Leben wollen. Deshalb haben so viele hochtalentierte und motivierte Frauen Angst, in der Arbeit oder auch nur im Spiel erfolgreich zu sein. Um ihre Rolle als Opfernde, Gebende und Verliererin beizubehalten, legen manche Frauen - bewußt oder unbewußt - eine Unmenge typisch weiblicher Verhaltensweisen an den Tag: Sie verstauchen sich beim Wandern den Fuß, brechen sich beim Skifahren das Bein, kippen mit ihrem Boot um, verlieren ihre Streichhölzer beim Camping oder schlagen beim Tennis den Ball über den Zaun. Das sind nur einige der wunderbar „weiblichen" Dinge, die Frauen in den Augen vieler Männer als „brav" erscheinen lassen. Diese Verhaltensweisen können sich auf verschiedene Weise und höchst subtil äußern.

Sonja, eine kluge und motivierte 31-jährige Gynäkologin, brachte sich unbewußt ständig in die Verliererrolle. Mit 21 Jahren war sie Präsidentin der Collegestudenten und wurde zur Schneekönigin der Universität gewählt. Jeder bewunderte Sonja tief. Sie war hübsch, aber nicht außergewöhnlich schön, aufgeweckt, aber nicht zu lebhaft, freundlich, aber nicht aufdringlich, aktiv, aber nicht konkurrierend, ein rundherum nettes Mädchen, das jeder gerne mochte und das niemanden abschreckte. Sonjas Beliebtheit setzte sich auch während ihres Medizinstudiums fort. Sie freute sich darauf, eine gutgehende eigene Praxis zu eröffnen und aufgrund ihres Charmes und ihrer guten Qualitäten viele Empfehlungen zu bekommen. Der Traum nahm nie Gestalt an. Nachdem sie drei Jahre lang vergeblich darum gekämpft hatte, ihre Praxis zum Laufen zu bringen, war Sonja gezwungen, in einem öffentlichen Krankenhaus als Angestellte zu arbeiten, eine Arbeit, bei der sie unterbezahlt und überlastet war, und die ihr keine Möglichkeit bot, neue Behandlungsmethoden auszuprobieren.

Warum war die Königin der Studentinnen, die die Stimmen von mehr als 30.000 Männern auf dem Universitätsgelände bekam, nicht fähig, das Vertrauen ihrer Kollegen im Beruf zu gewinnen? Die Antwort war einfach: Die Studentinnen hatten Sonja beigebracht, durch Verlieren zu gewinnen. Wenn es jedoch darum ging, bei ihren Kollegen Vertrauen zu erwecken, gab es andere Kriterien, um zum Erfolg zu kommen. Sonja erkannte dies erst, als wir sie darauf hinwiesen. Wenn sie mit anderen Ärzten auf geselligen Treffen zusammen war, versuchte sie immer noch durch Verlieren zu gewinnen, und dieses Verhalten stieß diese ab. Obwohl sie eine gute Sportlerin war, hielt sie sich immer absichtlich zurück, wenn sie mit anderen Ärzten Softball spielte. Wenn sie in dem Club, dem sie beigetreten war, um berufliche Kontakte zu knüpfen, zu einem Tennis- oder Golfspiel aufgefordert wurde, versuchte sie nie, mit ganzer Kraft zu gewinnen, um ihren Gegner nicht zu kränken. Sogar am Swimmingpool ließ sie die anderen beim Kartenspiel oder Backgammon gewinnen, in der Hoffnung, daß diese sie dafür mehr mochten. Natürlich war das Gegenteil der Fall. Diese Menschen, die im Beruf standen, bewunderten nur eine Sache an einem Menschen, dem sie Patienten überwiesen: hervorragende Leistung. Wenngleich Sonja viele Freunde hatte und zu Parties oder von Freunden nach Hause eingeladen wurde, erweckte sie bei ihren Kollegen jedoch nicht genügend Vertrauen, als daß diese ihr ihre Patienten anvertrauten. Wir sagten Sonja, daß sie nicht nur damit aufhören müsse, sich zurückzuhalten, sondern auch beginnen müsse, *alle* ihre Fähigkeiten, vom Halma bis zum Tauchsport, zu verbessern. Wenn ihre befreundeten Kollegen sie beim Tennis gewinnen sahen, konnten sie sich auch vorstellen, daß sie im Beruf Erfolg hatte. Unser Ratschlag funktionierte. Als Sonja aufhörte zu verlieren, um geliebt zu werden, und zu gewinnen begann, um sich Respekt zu verschaffen, bekam sie Empfehlungen und konnte so in eine gutgehende eigene Praxis zurückkehren.

Natürlich wird aufopferndes Verhalten mit Komplimenten, Geschenken und Einladungen belohnt, um Sie wiederzutreffen. Das ist ein Mittel zur Macht. Nur wenn Sie sich wichtiger sind als eine künstliche und manipulierende Liebe, werden Sie glücklich sein. Eine Liebe, die von Ihnen verlangt, zu verlieren, ist nicht im geringsten Liebe. Reife Liebe bedeutet Respekt vor dem Recht eines anderen und vor Ihrem eigenen Recht, die Beste zu sein, die Sie sein können. Machen Sie herausragende Leistung und nicht Selbstaufopferung zu einer Tugend in Ihrem Leben.

Die Losung am Arbeitsplatz: Konkurriere nicht, halte dich zurück, verhilf den Männern zum Erfolg

Kürzlich trafen wir Sonja auf einem geselligen Treffen und begannen mit ihr eine Unterhaltung über den Erfolg in ihrem neuen Leben. „Was mich am meisten erstaunt, wenn ich zurückdenke," sagte sie, „ist die Tatsache, daß ich „erfolgreich sein" gleichgesetzt habe mit „beliebt sein". Natürlich ist es schön, wenn man beliebt ist, aber das garantiert einem sicher nicht, daß man im Beruf vorankommt. Alles, was ich tat, um beliebt zu sein - mich zurückzuhalten, andere gewinnen zu lassen, zu jedem <gut> zu sein - all das hat mich direkt ins Armenhaus gebracht."

Wie kann eine Frau, der beigebracht wurde, immer nur zu geben, heilig und unterstützend zu sein, im Beruf erfolgreich sein, in dem Gehalt und Beförderung davon abhängen, ob man besser ist als die Konkurrenz und genügend Selbstbewußtsein hat? Dies ist eine Frage, die ebenso vielschichtig ist, wie es auch verschiedene Antworten darauf gibt. Wir können hier nur einige in groben Zügen darstellen.

Frauen befinden sich in der Arbeitswelt in einer Zwickmühle. Wenn sie sich zurückhalten und nicht mit ihren männlichen Kollegen konkurrieren, verlieren sie und stehen dann ganz unten auf der sozialen und ökonomischen Leiter. Wenn sie sich aber nicht mehr für die Männer aufopfern - zumindest in der Geschäftswelt - und ebenso Macht und Wohlstand erzielen, setzen sie damit die Liebe und Wertschätzung der Männer, gegen die sie kämpfen, aufs Spiel. Sie sind scheinbar so oder so immer die Verlierer. Aber ist es möglich, daß den Frauen nur Glauben gemacht wurde, sie könnten nicht gegen das System ankämpfen, daß sie aber vielleicht beides haben können: wirtschaftliche Macht und die Liebe ihrer Männer?

Die Antwort ist eindeutig ja. Es ist möglich, sowohl Macht als auch Liebe zu haben. Die Männer haben diese schon seit Jahrhunderten. Viele Frauen lieben Männer sogar aus dem Grund, *weil* sie reich und mächtig sind. Warum sollte ein Mann eine Frau nicht aus den gleichen Gründen lieben und respektieren können? Vielleicht könnte er es, wenn sie sich nur in diese Lage bringen und es herausfinden würde. Tatsache ist, daß Männer Frauen *immer* lieben werden. Aber sie werden auch immer Macht und Einfluß lieben und alles tun, um sie zu behalten. Was können Sie also tun?

Sie können *trotz* der Tatsache, daß Männer so sind, Ihr Verhalten ändern. Wenn Sie sich geändert haben, können Sie ihnen helfen, sich daran zu gewöhnen. Erwarten Sie aber nicht, daß sie sich ohne Ihre Hilfe ändern. Sie mögen die Dinge, so wie sie jetzt sind. Übernehmen Sie zuerst die Verantwortung, sich selbst zu ändern.

Doris, 27, eine unserer Patientinnen, ist ein fabelhaftes Beispiel dafür. Sie litt entsetzlich, da sie ihre Träume für die Wertschätzung der Männer opferte. Sie war eine voll ausgebildete Maklerin in einem großen Maklerbüro, achtete auf ihr Äußeres, hatte eine warme und ansprechende Persönlichkeit, war klug und konnte sich gut ausdrücken. Doch jedesmal, wenn es in der Firma ein Mitarbeitertreffen gab, zog sich Doris in sich zurück und verpaßte so viele gute Angebote, auf die sich ihre männlichen Kollegen gierig stürzten. Diese mochten vielleicht die Tatsache, daß sie sie aus dem Geschäft verdrängen konnten, aber sicherlich haben diese sie nicht als Mauerblümchen geliebt oder respektiert. Doris drückte es so aus: „Sie mögen mich, aber sie respektieren mich nicht."

Doris ist das typische Opfer ihrer inneren Signale, die sie gelernt hatte, als sie klein war - im Alter von 2 bis 6 Jahren -, der kritischen Zeit, in der die Persönlichkeit eines Kindes geformt wird. Während jener Zeit beklagte sich Doris´ Mutter ständig über ihren Vater, daß er ihr immer vorschrieb, was sie zu tun hatte: „Mach mein Essen", „Halt den Mund", „Geh ins Bett". Er beharrte darauf, mit seinem Verhalten vollkommen im Recht zu sein, weil er es war, der „die Kohlen heimbrachte". Doris hatte gesehen, wie ihre Mutter ihre Unabhängigkeit der finanziellen Sicherheit opferte. Auch wenn sie nun in der Lage war, ihre „eigenen Kohlen" zu verdienen, sagte ihr eine innere Stimme, daß Frauen sich für Männer opfern sollten. Da es in ihrem Leben keine wichtigeren Männer als die im Büro gab, schenkte sie diesen Aufmerksamkeit. Wie ihre Mutter vor ihr bekam auch Doris eine Belohnung für ihr Opfer - das Mitleid und die Aufmerksamkeit anderer Frauen, die sich in einer ähnlichen Lage befanden.

Schließlich fragten wir Doris: „Was wären Sie lieber - ein liebenswerter Versager oder ein schuldbeladener Sieger?" Doris beschloß, *zuerst* ihr Verhalten zu ändern, und sich dann später mit möglicherweise aufkommenden Schuldgefühlen zu beschäftigen. Bei Versammlungen in der Firma machte sie den Mund auf, rief Leute an, die sie zuvor aus Angst nicht angerufen hatte, und konkurrierte mit den Männern um Grundstücksangebote und Redezeit. Am Anfang hatte Doris Schuldgefühle, weil sie den Männern etwas wegnahm. Als wir sie jedoch fragten „Ist es dir lieber, wenn andere dir etwas wegnehmen?" sah sie ein, daß diese Alternative völlig selbstschädigend war, und bestrafte sich nicht mehr, weil sie sich selbst etwas nahm. Doris ist immer noch ein liebenswerter und fürsorglicher Mensch, vielleicht sogar noch mehr, als sie es vorher war, da sie nun aus freien Stücken gibt. Sie arbeitet weiterhin jeden Tag an ihrer neuen Art zu leben und lernt, sich auf neue Geschäfte und Bereiche zu stürzen, so wie es die Männer auch tun, ohne dabei zu denken: „Habe ich das Recht dazu?" Sie weiß jetzt nämlich, daß sie das Recht hat, glücklich zu sein. Doris sagt: „Ich verstehe nun, daß es nicht genügt, anderen zu geben. Man muß auch sich selbst etwas geben, um glücklich zu sein."

Flirten, Weinen und Gefühlsausbrüche: Das letzte Zugeständnis

So wie Doris lernte, daß sie ein Recht darauf hatte, glücklich zu sein, so können Sie das auch. Wenn Sie wirklich glauben, „ein Mann kann sich nehmen, was er will, ich jedoch nicht", dann flüchten Sie sich vielleicht ins Flirten, Weinen und in Gefühlsausbrüche, um auf diese Weise Ihre Frustration und Ihre unterdrückten Wünsche auszudrücken. Während diese Taktik vielleicht in Ihrem Privatleben funktioniert, hat sie im Berufsleben verheerende Folgen.

Ein erstklassiges Beispiel hierfür, an das wir uns erinnern, ist Thelma, ein ehemals <braves Mädchen>. Thelma war Produktionsassistentin in einer großen Designfirma. Sie wollte keine Schreibarbeiten mehr machen, sondern wirklich verantwortungsvolle Aufgaben übernehmen. Sie wußte jedoch nicht, wie sie diesen Wunsch äußern sollte, und so zeigte sie ihre Unlust, indem sie jedesmal zu weinen anfing, wenn ihr Chef ihr zusätzliche Schreibarbeiten gab. Da diese unangemessene Reaktion von Zeit zu Zeit funktionierte, machte Thelma damit weiter. Obwohl sie schon jahrelang am selben Platz gearbeitet hatte, war sie jedoch weder befördert worden, noch hatte sie eine Gehaltserhöhung bekommen. Wir lehrten sie, einfach zu sagen: „Sie geben mir zu viel Arbeit", statt jedesmal zu weinen, wenn die Belastung zu groß wurde. Mit weniger Schreibarbeiten hatte Thelma die Möglichkeit, an den anderen Projekten, die sie interessierten, zu arbeiten. Sechs Monate später bekam Thelma ihre Gehaltserhöhung und ein halbes Jahr später eine neue Position. Ihr Chef erwartete von ihr nicht, alles zu erledigen, aber, daß sie Selbstbeherrschung zeigte. Immer, wenn Sie Ihre Gefühle *einsetzen*, um etwas zu bekommen, was Sie möchten, ist der

Preis, den Sie dafür bezahlen, meistens nicht die Entschädigung wert, die Sie für Ihre Gefühle bekommen. Thelma sagte uns: „Ich kann mir einfach nicht erklären, wie ich darauf kam, befördert zu werden, indem ich Schwäche zeigte. Das hat mir vielleicht geholfen, meine Arbeitsbelastung abzuschwächen, aber eine verantwortungsvollere Arbeit hätte ich dadurch sicher nie bekommen."

Gut zu sein und zu wissen, wie man seine Fähigkeiten einsetzt, das sind die einzig wahren Kritierien für beruflichen Erfolg. Wir wissen, daß Schönheit kein Ersatz für Leistung ist. So ist es auch mit Tränen oder Gefühlsausbrüchen. Sie fühlen sich vielleicht dadurch besser, aber nur einen Augenblick lang, bis Sie erkennen, wie selbstschädigend sie in Wirklichkeit sind. In der Arbeitswelt zählen Logik und Prinzipien, nicht Gefühle. Diese werden in der Geschäftswelt als ein Zeichen von Schwäche angesehen. Über Selbstaufopferung, die nur aus „Liebe" entstanden sein kann, runzelt man in der Finanzwelt die Stirn. Niemand würde die amerikanische Bundesbank oder das Bankensystem auf der Basis der Selbstaufopferung als einer Tugend führen. Frauen lernen jedoch von klein auf, daß „es in Ordnung ist, Gefühle zu zeigen". Seine Gefühle zu zeigen ist wichtig, aber nicht zu jeder Zeit, besonders nicht in der Geschäftswelt oder in der Regierung. Man hat Ihnen jedoch vielleicht nie beigebracht, wann es angemessen ist, seine Gefühle zu zeigen, und wann nicht. In engen persönlichen Beziehungen ist es gut, seine Gefühle nicht zu verbergen, aber in eher förmlichen Situationen wie der Arbeitswelt mag das als ein Zeichen von Schwäche oder Unfähigkeit angesehen werden. Jacqueline Kennedy Onassis war wahrscheinlich der Wahrheit am nächsten, als sie sagte, daß der Schlüssel zu ihrem Erfolg der war, zu lächeln und andere nie wissen zu lassen, was in ihrem Kopf vorging. Auch wenn nicht jeder so kühl sein könnte oder wollte wie Jackie Onassis, sollten Sie vielleicht einmal darüber nachdenken, welchen Preis Sie dafür bezahlen, daß Sie zu viele Gefühle zeigen, und was das für Ihre Arbeit und für Sie persönlich bedeutet.

Die Tugend der Selbstzufriedenheit bei der Arbeit: Vorteilhaft in hohen Stellungen

Natürlich möchten wir damit nicht behaupten, daß Gefühle in der Arbeitswelt keine positiven Auswirkungen haben. Sie müssen nur lernen, sie einzusetzen. Sie können bei der Arbeit Gefühle zeigen, hilfreich und unterstützend sein, ohne zu emotional zu sein. Viele Frauen fürchten, sie werden, wenn sie an sich denken und konkurrieren, die positiven Seiten des Frauseins verlieren: ihre mütterlichen und fürsorglichen Anteile, die wirklich gute Eigenschaften bei einer Frau sind. Das Geben als solches ist hier kein Thema. Niemand wird bestreiten, daß Güte eine positive Eigenschaft ist, nicht aber, wenn Sie anderen ohne Rücksicht auf sich selbst geben, so daß ein Ungleichgewicht entsteht, oder wenn Sie übertrieben großzügig sind.

Eine unserer Patientinnen, Marie, eine 38-jährige Sekretärin, war fest davon überzeugt, daß sich in einer utopischen Welt jeder zum Wohl des anderen opfert. Marie haßte ihre niedrigen Sekretärinnenarbeiten und die Kälte, mit der Sie von oben Anweisungen erhielt. Sie weigerte sich jedoch, den Versuch zu unternehmen, in der Firma aufzusteigen. Sie schreckte gänzlich davor zurück, zu den „selbstsüchtigen Erfolgsgierigen zugehören". Sie beschrieb ihre Mutter als eine Märtyrerin, die nie aufhörte, sich darüber zu beklagen, „wie sie für ihre Familie gelitten hatte". Mutter war zu gut, um Ärger oder Durchsetzungsvermögen zu zeigen, wenn sie ihre Situation ändern mußte. Marie wie auch ihre Mutter wurden für dieses Denken dadurch belohnt, daß sie das Gefühl hatten, sie seien tugendhafter als die Menschen, die sie herumkommandierten.

Wir arbeiteten mit Marie lange Zeit, indem wir sie anleiteten, ihre „Unterlassungssünde" zu erkennen: Sie mußte sich nicht ausnutzen lassen, wie ihre Mutter es tat. Wir fragten sie: „Würde es Ihnen gefallen, für jemanden zu arbeiten, der so ist wie Sie? Für einen warmherzigen und fürsorglichen Menschen?" Als Marie zustimmend nickte, sagten wir: „Eine Firma kann nur dann dem Einzelnen förderlich sein, wenn die Menschen, die die Firma leiten, hilfsbereit und fürsorglich sind. Sie sind es sich und den Menschen in Ihrer Firma schuldig, in eine Position aufzusteigen, in der jeder von Ihrer Fürsorge profitieren kann."

Von da an begann Marie, nach Möglichkeiten zu suchen, wie sie im Beruf vorankommen konnte. Als sie erfuhr, daß eine Stelle, die gewisse Führungsqualitäten erforderte, frei war, nahm sie an Kursen teil, um sich diese anzueignen. Ein Jahr später bekam sie die Stelle. Sie ist immer noch ein fürsorglicher, warmherziger Mensch, doch jetzt hat sie einen größeren Wirkungskreis, kann mehr Menschen helfen und hat ein höheres Selbstwertgefühl. „Es ist wunderbar", sagte sie, „in einer Position zu sein, in der die Tatsache, daß man für andere da ist, etwas bewirkt."

Als Frau haben Sie wie Marie die wunderbare Chance, aus Ihrem Arbeitsplatz einen Ort zu machen, der durch Fürsorge und Anteilnahme geprägt ist. Sie können dazu beitragen, selbstschädigende Aufopferung durch eine Befriedigung zu ersetzen, die Sie selbst steuern. Sie können andere aufbauen, *indem* Sie sich selbst aufbauen!

Wie wir uns aufopfern

Sich eines Problemes bewußt zu sein, bedeutet, es schon zur Hälfte gelöst zu haben. Sie können Ihr Bewußtsein steigern, indem Sie überprüfen, wie sich die Einstellung „Selbstauf-opferung ist eine Tugend" in Ihrem Verhalten zeigt. Wir haben mit Ihnen schon über einiges gesprochen, was Sie tun, um sich für andere ohne Rücksicht auf sich selbst aufzu-opfern. Nun wollen wir Ihnen helfen, an bestimmten Punkten zu arbeiten: an Ihrer Vorliebe, zu geben, statt zu nehmen, Ihrem Bemühen um Schönheit und „Bravheit" statt um Leistung und Befriedigung und schließlich an Ihrer Neigung, sich bei der Arbeit in Gefühle zu flüchten. Im folgenden finden Sie eine Checkliste der häufigsten Erscheinungs-formen dieser Probleme. Können Sie sich wiedererkennen?

• Geben Sie in Unterhaltungen mit Männern nach oder halten sich zurück, aus Angst, diese könnten Sie für eine Konkurrentin, für schroff und unweiblich halten, auch wenn Sie wissen, daß Ihre Meinung von Interesse ist?
• Flirten Sie mit Männern bei der Arbeit oder setzen Sie Ihr Äußeres auf eine Art ein, wie Sie bei anderen Frauen nicht einmal auf die Idee kommen würden?

• Weinen oder reagieren Sie betont gefühlsmäßig bei der Arbeit?

Melanie, 26, die im Auftrag einer Telefonfirma Anzeigen für die gelben Seiten verkaufte, stellte fest, daß ihre männlichen Vorgesetzten am Arbeitsplatz zudringlich zu ihr wurden. Wenn sie sich darüber jedoch bei ihren Kolleginnen, von denen viele genauso attraktiv waren, beklagte, sagten diese, daß sie dieses Problem nicht hätten. Es mußte an Melanie liegen. In diesem Fall gingen wir bei ihr im Büro vorbei und gaben uns als Freunde aus, die sie bei ihrer Arbeit beobachten wollten. Als erstes fiel uns auf, daß sie übertrieben passiv war, nie ihre Meinung sagte, nicht einmal eine Frage stellte. Dann sahen wir, daß sie mit Männern mehr körperlichen Kontakt hatte als mit Frauen; sie kniff sie in die Wangen, drückte ihren Arm, berührte ihre Hände. Einige Veränderungen in ihrem Verhalten würden der Selbstaufopferung bei der Arbeit ein Ende setzen. Wir sagten Melanie, sie solle Männer wie Frauen wissen lassen, was sie dachte, Unterhaltungen beginnen, Fragen stellen und *anderer Meinung* sein, wenn es die Situation erforderte. Melanie sagte zu allem ja, so daß sich die Männer nicht vorstellen konnten, daß sie einmal nein sagen würde, nicht einmal bei ihren sexuellen Annäherungen. Als nächstes rieten wir ihr, bei der Arbeit keinen Körperkontakt mehr mit Männern zu haben. Auch wenn Melanies Verhalten ohne Hintergedanken war, legen Männer Körperkontakt oft als eine Einladung fürs Bett aus. Als Melanie aktiver wurde, hörten die Männer auf, sie zu bedrängen. Passivität verleitet zu Mißbrauch, Handeln wendet ihn ab.

• Haben Sie Schuldgefühle, wenn Sie das „Geld Ihres Mannes oder Geliebten" ausgeben?
• Benutzen Sie die Logik der Selbstaufopferung, um Belohnungen zu verlangen, indem Sie Äußerungen machen wie: „Ich hätte Karriere machen können, wenn ich mich nicht für dich geopfert hätte" oder „Ist das der Dank, nach allem was ich für dich getan habe?" (Damit will man andeuten, daß völlige Selbstaufopferung eine Tugend ist, weil sie es wert ist, dafür belohnt zu werden).
• Ärgern Sie sich über die Opfer, die Sie anderen bringen?

Möchten Sie etwas für sich selbst tun, haben aber das Gefühl, daß Sie es nicht tun „sollten"?

Shari, 33, opferte sich immer mehr auf, um *dadurch* von ihrem Mann Morey das zu bekommen, was sie wollte. Immer, wenn Shari einen Wunsch hatte - einen neuen Mantel, Silberbesteck, zwei Wochen auf der Gesundheitsfarm - rieb sie Morey alles unter die Nase, was sie für ihn getan hatte, um so ihren Wunsch zu *rechtfertigen*. In diesem emotionalen Tauschhandel bekam Shari umso mehr, je mehr sie sich für ihren Mann aufopferte. Obwohl sie diejenige war, die davon profitierte, nahm sie es Morey übel, daß sie soviel durchmachen mußte, um dafür die Belohnungen zu bekommen. „Wenn er mich lieben würde", sagte sie, „würde er nicht für alles, was er für mich tut, eine Gegenleistung erwarten." Wir wiesen sie sofort daraufhin, daß sie jedesmal das gleiche Spiel mit Morey trieb, wenn Sie einen Satz mit den Worten begann: „Nach allem, was ich für dich getan habe". Wenn Sie nicht daran glauben, daß Selbstaufopferung eine Tugend ist, werden Sie auch keine Belohnung dafür erwarten. Wenn Sie damit aufhören, die Selbstaufopferung als ein Mittel zu benutzen, um andere zu manipulieren, werden Sie nur dann Opfer bringen, wenn Sie das innerlich belohnt und Ihnen wirklich danach ist. Shari hörte mit ihrer endlosen Selbstaufopferung, die darauf abzielte, von Morey etwas zu bekommen, auf. Während sie vielleicht auf einige wenige Belohnungen verzichten mußte, ärgert sie sich nicht mehr über die Opfer, die sie Morey eher aus Liebe und nicht, um ihn zu manipulieren, bringt.

• Erlauben Sie anderen nicht, Ihnen einen Gefallen zu tun? (Wenn Sie einem anderen erlauben, nett zu Ihnen zu sein, dann sind Sie nicht Herr der Situation? Sie können ihn oder sie nicht kontrollieren und Sie können nicht der „beste" Mensch unter den anderen sein.)
• Geben Sie nach, anstatt Ihren Standpunkt zu vertreten? (Der unbewußte Grund hierfür ist, daß es besser ist, auf das zu verzichten, was man will, anstatt zu riskieren, Schiffbruch zu erleiden.)
• Erklären Sie sich bereit, mit Freunden oder Familienmitgliedern etwas zu unternehmen, und nehmen diesen dann

übel, daß sie Ihnen das Leben schwer machen?

Bonnie, 37, ging es schlecht, weil sie sich gänzlich für ihren Mann Max, ihren Sohn und ihre Tochter aufopferte. Sie ließ jedoch nie zu, daß diese etwas für sie taten, wenn sie es ihr anboten. Wenn Max den Tisch decken wollte, bestand Bonnie darauf, es selbst tun zu wollen. Sie sagte dann etwa: „Du läßt mir noch die Teller fallen." Wenn ihr die Kinder beim Geschirrspülen helfen wollten, sagte sie: „Ich mache das alleine schneller". Bei Meinungsverschiedenheiten gab Bonnie immer klein bei, und in ihrer Freizeit tat sie immer, was ihre Familie wollte. Zu viele Jahre hatte sie damit verbracht, eine Heilige zu sein, als daß sie es fertigbrachte, dem ein Ende zu setzen, indem sie einmal ihren Willen durchsetzte. Wir machten sie mit dieser Tatsache vertraut und gaben ihr den Rat, den Egoismus der anderen nicht für ihren Mißmut verantwortlich zu machen. Sie sollte sich stattdessen genau ihr *Bedürfnis,* eine Heilige zu sein, und ihre Unfähigkeit, den Menschen, die sie liebte, ihre Wünsche mitzuteilen, anschauen. Der erste Schritt, gut zu sich selbst zu sein, besteht darin, daß Sie Ihr Bedürfnis aufgeben, ein Märtyrer zu sein. Wir freuen uns, sagen zu können, daß Bonnie nun auch anderen erlaubt, Opfer zu bringen, und diese manchmal sogar darum bittet.

• Spielen Sie das Spiel „Wenn ich es nicht haben kann, dann soll er oder sie es auch nicht haben"? Sie hassen andere, wenn diese nicht die gleichen Opfer bringen, die Sie zu bringen beschlossen haben. Bei der Arbeit ärgern Sie sich vielleicht über Mütter, die sich für Kindertagesstätten einsetzen, da Sie sich entschieden haben, zugunsten der Karriere auf Kinder zu verzichten. Wenn Sie nur Hausfrau sind, ärgern Sie sich vielleicht über andere Frauen, die Haushalt und Beruf verbinden und ihre Kinder vernachlässigen, während Sie Ihre Karriere für die Familie opfern.
• Wird Ihr Ärger größer, weil die Menschen nicht Ihre Erwartungen erfüllen? Viele Frauen glauben fälschlicherweise, daß, wenn sie sich für einen Mann aufopfern, er das gleiche auch für sie tut. Da dies gewöhnlich nicht der Fall ist, fühlen sich diese Perfektionisten unweigerlich betrogen und ungeliebt. Um diesen Irrtum zu vermeiden, müssen Sie

lernen, zuerst für sich selbst etwas zu tun, bevor Sie etwas für andere tun. Der Psychologe Wayne Dyer beschreibt diese Art der Selbstliebe sehr schön in seinem Buch <Der wunde Punkt>: „Die Fähigkeit und Bereitschaft, denen, die Ihnen wichtig sind, zu erlauben, das zu sein, was sie sein möchten, ohne darauf zu bestehen, daß sie Sie zufriedenstellen." Fangen Sie an, sich selbst zufriedenzustellen, und dann sind Sie in der Lage, andere zufriedenzustellen, ohne das Gefühl zu haben, benachteiligt, eingeengt und manipuliert zu werden - ein Gefühl, das häufig mit der Selbstaufopferung einhergeht.

• Vernachlässigen Sie Ihren Körper?
• Tun Sie vieles, von dem Sie glauben, Sie „sollten" es tun, damit die anderen zufrieden sind, anstatt das zu tun, was Sie möchten und was gut für Sie ist?

Aurora, 34, hielt es für egoistisch, wenn eine Ehefrau und Mutter sich selbst für zu wichtig nahm. Also richtete sie ihr Leben ganz nach ihrem Mann Ben, ihren zwei Kindern und den vier Katzen aus. Dabei vernachlässigte sie sich selbst völlig und nahm jedes Jahr ungefähr fünf Pfund zu. Aurora, die bei ihrer Hochzeit 110 Pfund gewogen hatte, brachte nach 15 Jahren Ehe 185 Pfund auf die Waage! Sie konnte sich selbst nicht mehr im Spiegel anschauen und versuchte, nicht darüber nachzudenken, indem sie sich noch mehr für ihre Familie aufopferte. Das machte alles nur noch schlimmer. Sie fing an, Beruhigungstabletten zu nehmen, die, wie sie bald feststellte, in Verbindung mit einem Glas Whiskey ihr armseliges Selbstbild noch mehr vernebelten.

Als wir Aurora kennenlernten, war sie Alkoholikerin und schwer tablettenabhängig. Sie konnte ihre Lage verbessern, als wir ihr halfen, zu erkennen, daß es eine Tugend ist, sich *selbst zufriedenzustellen*. Größe gewinnt man dadurch, daß man *Herr* über seinen Körper ist, und nicht dadurch, daß man ihn opfert. Wir machten uns sofort daran, Aurora zu einer Diät zu bewegen, damit sie wieder ein positives Selbstbild und ein Gefühl der Kontrolle über sich selbst erlangte. Wir ließen sie notieren, wann und was sie aß (Zeit, Datum, welches Essen), wo sie aß (Küche, Restaurant, Wagen, usw.), was sie tat, während sie aß (telefonieren, fernsehen, autofahren). Sie sollte sich diese Dinge aufschreiben, *ehe* sie aß, um so ihre Eßgewohnheiten zu durchbrechen. Anhand ihrer Aufzeichnungen gaben wir Aurora in Hypnose Suggestionen, die ihr den Appetit auf unerwünschte Nahrungsmittel nehmen sollten. Sie nahm rasch ab und begann, mit sich zufriedener zu sein. Auroras Familie verspürte diese positiven Gefühle, und nun fühlt sich diese auch besser. Von dem Tag ab, an dem Aurora begann, sich zu helfen, anstatt sich zu opfern, nahm ihr Leben wieder Farbe an.

Dies sind nur einige wenige Beispiele für selbstschädigendes Verhalten, welches aus dem Glauben resultiert, sich aufzuopfern sei eine Tugend. Erstellen Sie nun Ihre eigene Liste. Sagen Sie den Verhaltensweisen den Kampf an, die Sie vom Glück abhalten. Machen Sie aus Ihren Opfern Geschenke an sich selbst. Seien Sie zuerst ehrlich zu sich!

Belohnungen für Ihre Selbstaufopferung

Ein wichtiger Schritt, um Strategien finden zu können, mit deren Hilfe Sie Ihr selbstaufferndes Verhalten aufgeben können, besteht darin, zu verstehen, *warum* Sie Ihre selbstschädigenden Verhaltensweisen beibehalten. Warum entscheiden Sie sich dafür, sich in Ihrem Leben die Dinge zu verwehren, die Sie glücklich machen könnten? Was für eine schreckliche Verschwendung. Um ganz Mensch sein zu können, müssen Sie die Beweggründe für Ihr Verhalten kennen und wissen, welche Vorteile Sie davon haben, sich so zu verhalten. Für alles, was man tut, gibt es einen Grund. Wenn Sie erst einmal wissen, was Sie tun, um Ihren Mythos von der Selbstaufopferung am Leben zu erhalten, können Sie an dem Verhalten arbeiten, das sich daraus ergibt.
Die Selbstaufopferung ist auf vielerlei Weise belohnend. Einige dieser Belohnungen sind Ihnen vielleicht schon bewußt. Andere werden Sie vielleicht noch nicht wahrhaben wollen, aber diese werden sich langsam zeigen und auch langsam von selbst verschwinden, wenn Sie sich entschließen, sich zu ändern. Hier finden Sie einige der üblichen Belohnungen, die Sie daran hindern, zufrieden zu sein:

• Sich aufzuopfern erlaubt Ihnen, an die Möglichkeit einer

Traumwelt zu glauben, in der sich jeder für den anderen aufopfert. Das Gefühl, das dahinter steht, ist gewöhnlich: „Die Wirklichkeit interessiert mich nicht. Ich weiß nur, daß ich nicht in einer Welt leben möchte, wo keiner für den anderen Opfer bringen möchte." Es ist jedoch ein Trugschluß zu glauben, daß, wenn Sie sich für andere aufopfern, die anderen das gleiche auch für Sie tun.

• Sie kommen sich tugendhaft vor, weil Sie sich so wunderbar verhalten. Das gibt Ihnen vielleicht die Möglichkeit, sich für etwas Besseres zu halten.

• Sie haben automatisch eine Ausrede, wenn Sie versagen: Sie sind zu gut, um Dinge zu tun, die nötig sind, um in dieser materialistischen Welt Erfolg zu haben.

• Selbstaufopferung bringt Ihnen Aufmerksamkeit und Selbstmitleid ein. Sie können auf diese Weise viel Zeit damit verbringen, Mitleid zu erregen und sich selbst zu bedauern, so daß Sie keine Zeit haben, darüber nachzudenken, was Sie wirklich mit Ihrem Leben anfangen wollen.

• Sie können andere kontrollieren, indem Sie sie daran erinnern, wie viel Sie ihnen geopfert haben, und wie viel sie Ihnen *schulden*.

• Sie haben eine Rechtfertigung für Ihr Unglücklichsein, da Sie *Ihr Leben* für nichts *verschenkt* haben.

Der Glaube, Selbstaufopferung führe dazu, heilig zu werden, kann eine gefährliche Illusion sein, da die Selbstaufopferung häufig eher zu einem Gefühl der Leere führt als zu Erfüllung. Wenn Sie alles geben, was Sie haben, ohne dafür etwas als Ausgleich zu nehmen, werden Sie unweigerlich in einer gefühlsmäßigen Leere leben. Jetzt, da Sie einen Einblick haben, was man davon hat, sich selbst aufzuopfern, können Sie den letzten Schritt in die Richtung tun, um handeln zu können. Im folgenden finden Sie einige Strategien, mit deren Hilfe Sie dieses Denken ablegen und sich so den Pfad zu einer völligen Zufriedenheit mit sich selbst ebnen können.

Wie Sie Selbstverleugnung in Selbstachtung verwandeln

Ein Gefühl für Ihren Wert bekommen Sie, wenn Sie für sich selbst wie auch für andere etwas tun.

• Machen Sie es wie Susan, um mit der völligen Selbst-aufopferung für Roy Schluß zu machen. Stellen Sie eine Liste zusammen von den Opfern, die Sie zur Zeit für andere Menschen bringen. Diese Liste wird ein Leitfaden für Ihre Veränderung sein. Stellen Sie sich die entscheidende Frage: „Machen mich diese Opfer wirklich tugendhaft?" In den meisten Fällen ist die Antwort nein. Versuchen Sie, darüber nachzudenken, wie Sie die Verhaltensweisen, die Sie irrtümlicherweise für Tugenden hielten, ablegen können.

• Bemühen Sie sich, Ihre Sicht von der Welt zu ändern. Werden Sie sich darüber klar, daß Selbst-Zufriedenheit eine Tugend ist, so wie es Aurora tat, als sie aufhörte, ihren Körper zu vernachlässigen. Glückliche und zufriedene Menschen machen andere Menschen glücklich und zufrieden. Sie können andere mit Ihrer Freude anstecken.

• Wenn Ihr Mann oder Freund Sie das nächste Mal frägt, ob Sie in ein besonderes Restaurant gehen möchten, tun Sie sich selbst etwas Gutes und schlagen eines vor, das Sie schon immer besuchen wollten. Wenn er zögert oder nicht zustimmt, bestehen Sie darauf und fragen ihn: „Meinst du, daß es zu gut für mich ist?" Gleichgültig, was er darauf antwortet, sagen Sie: „Ich verdiene es, dort hinzugehen." Geben Sie sich nicht mit weniger zufrieden. Viele Frauen haben in ihrer Phantasie eine Liste von eleganten Restaurants, für die sie sich nicht für wertvoll genug halten. Wählen Sie eines aus, machen Sie sich fertig und gehen Sie dorthin.

• Feiern Sie eine Party. Legen Sie eine Pause ein beim Sparen für die neue Waschmaschine, für neue Zähne oder für Ihr Einkommenssteuer-Konto und gönnen Sie sich zur Abwechslung mal ein Vergnügen. Wenn Sie fähig sind, ein Vergnügen zu genießen, werden Sie ein viel zufriedenerer Mensch sein. Andere möchten mit Menschen zusammen sein, die das Leben genießen können - das steckt an!

• Hören Sie auf, alles Gute, was Sie für sich tun, zu rechtfertigen. Wenn andere Sie für egoistisch halten, wie es Roger mit Cindy tat, finden Sie genau heraus, was die anderen mit diesem Wort meinen. Sie werden vielleicht entdecken, daß sie sich nur damit verteidigen und sich entweder wünschen, daß Sie mehr für sie tun, oder sich ärgern, weil sie nicht so direkt sind wie Sie.

• Machen Sie es wie Eva mit Herb, der von ihr erwartete, daß nur sie ihn in der Beziehung emotional unterstützen sollte. Drehen Sie den Spieß einfach herum, wenn jemand Sie egoistisch oder verletzend nennt, weil Sie ihm nicht geben, was er will. Stellen Sie klar, daß er oder sie genauso egoistisch ist, wenn er von Ihnen erwartet, daß Sie Opfer bringen.

• Durchbrechen Sie Regeln, die Sie in Ihrer Kindheit gelernt haben, wie es Sophie tat. Stellen Sie sich den Himmel auf Erden vor, in dem Ihre kühnsten Träume wahr werden. Sie könnten sich z.B. vorstellen, daß Sie einen Monat lang alles haben können, was Sie wollen, ohne auf Geld oder die Regeln anderer achten zu müssen. Sie könnten sich vorstellen, wie Sie jeden Morgen lange schlafen, sich auf Satinlaken rekeln, sich bis zum Mittag nicht anziehen, sich zu Hause maniküren, die Haare machen und massieren lassen und eine Party steigen lassen. Sie werden sehen, daß Sie sich manche Ihrer Träume verwirklichen können. Sie wünschen sich nichts Unmögliches. Es sind alles Dinge, die Sie erreichen können, wenn Sie sich darum bemühen.

• Immer, wenn Sie merken, daß Sie sich über das Geben ärgern, machen Sie es wie Brenda, als sie sich entschied, nicht darauf zu verzichten, Modedesignerin zu werden. Stellen Sie sich die Frage: „Was ist das Schlimmste, was mir passieren kann, wenn ich dieses Opfer nicht bringe?" Sie werden sehr wahrscheinlich merken, daß Ihre Befürchtungen, „schlecht" zu sein, in keinem Verhältnis zu den wirklichen Konsequenzen stehen. Stellen Sie sich dann die Frage: „Was ist das Schlimmste, was mir passieren kann, wenn ich dieses Opfer bringe?" Wägen Sie die Antworten ab. Dann treffen Sie eine kluge Entscheidung.

Denken Sie daran, daß das Gefühl zu versagen oftmals dann aufkommt, wenn Sie sich nicht nach den Regeln anderer richten und nicht *deren* Erwartungen erfüllen. Immer, wenn Sie bei einem anderen auf Mißbilligung stoßen, fragen Sie sich: „*Warum* genau regt er sich so auf?" Sicher nicht, weil Sie ein schlechter Mensch sind, sondern einfach deshalb, weil er etwas nicht bekommen hat, was *er* wollte. Das ist sehr schade, muß aber nicht Ihr Problem sein. Entspannen Sie sich und lassen Sie die anderen eigene Maßstäbe setzen, die mit Ihnen nichts zu tun haben. Sobald Sie Erfolg nach Ihren eigenen Maßstäben messen, werden Sie sehr viel netter zu sich sein.

• Tun Sie etwas, was Sie sich schon lange gewünscht haben.

Vierzig Jahre lang hatte sich eine unserer Patientinnen gewünscht, zu reisen und sich die Welt anzuschauen. Sie hatte die Erfüllung dieses Wunsches aufgeschoben, um sich ihrer Familie zu widmen, und sich gesagt, daß Sie sich, wenn die Kinder groß seien, intellektuell und seelisch-geistig weiterentwickeln würde (wie es Erwachsene in Indien tun, die ihr Leben der Förderung ihres Seelenlebens widmen, wenn die Kinder erwachsen sind). Leider wurden diese Pläne nicht wahr. Kaum war der jüngste Sohn aus dem Haus, kam schon die älteste Tochter mit ihren zwei kleinen Kindern und gerade geschieden zurück. Sie erwartete von ihrer Mutter, daß diese sie auf unbestimmte Zeit bei sich aufnahm. Als Helen von Reisen sprach, konnte ihr Mann ihren Wunsch nicht verstehen; er wollte, daß sie zuhause blieb. Als dann noch ihr Sohn von seiner Frau verlassen wurde und sich auch mit seinen Kindern bei ihr einnistete, tat Helen das Unerwartete. Sie machte Urlaub. Sie suchte sich eine Freundin als Reisepartnerin, und die beiden gingen für sechs Wochen nach China. Zu guter Letzt hatte Helen aus ihrer Erfahrung eine wertvolle Lehre gezogen: „Die Menschen in meinem Leben können auch ohne meine Aufopferung leben. Ich kann hingehen, wohin ich will, und tun, was ich will, und wenn ich zurückkomme, sind sie noch da." Die Zufriedenheit, sechs Wochen in China gewesen zu sein, machte aus Helen eher einen „guten" Menschen als ein ganzes Leben in Selbstverleugnung.

Die obigen Vorschläge sind nur einige konstruktive Ideen, die Ihnen helfen werden, glücklicher zu sein. Sie werden Ihnen helfen, sich von Ihrem Bedürfnis nach selbstschädigender Aufopferung zu befreien, - wie es Helen gelungen ist. Nun sind Sie in der Lage, ruhig mit den wunderbaren Folgen Ihres neuen Verhaltens umzugehen - Ihrer neu gewonnenen Macht und Kontrolle. Wenn jemand grollt oder Streit mit Ihnen anfängt, vertreten Sie Ihren Standpunkt ohne Feindseligkeit. Sie werden der Sieger sein. Sie werden unerwartet Respekt entgegengebracht bekommen, jetzt, da die anderen sehen, daß Sie eine wirklich zufriedene Frau sind!

6
„Brave Mädchen genießen Sex nicht wirklich"

„Ich haßte Sex, weil er für mich
immer eine Pflicht schien;
niemand macht etwas gerne,
wenn er es machen muß ...
und außerdem, wenn es mir Spaß
gemacht hätte, wäre das noch schlimmer.
Ich weiß eigentlich nicht, warum,
aber es ist eben so."

Mary, Patientin, 35 Jahre

Die Überzeugung „Selbstaufopferung ist eine Tugend" erreicht ihren Höhepunkt, wenn Sie Ihr innerstes Ich - Ihr sexuelles Ich - verleugnen, um nach anderer Leute Vorstellung von Bravheit zu leben. Mary, eine 34-jährige Schauspielerin, beschrieb ihr sexuelles Dilemma mit ihrem Lebensgefährten Russ, einem 30-jährigen Designer, folgendermaßen: „Ich wußte, daß ich mich ihm hingeben mußte, um ihn zu halten. Aber ich hatte auch das Gefühl, daß er mich deswegen für ordinär hielt. Ich dachte wohl, ich könnte das Problem lösen, wenn ich ihm gab, was er wollte, aber ihm nicht zeigte, daß ich es genoß. Auf diese Weise respektierte er mich, weil ich seine Bedürfnisse befriedigte, aber er haßte mich nicht, weil ich ordinär bin."

Mary ist ein typischer Fall. Ihr Vater, Besitzer einer Kleinstadtzeitung, und ihre Mutter, die die Arbeit des Herausgebers machte, um ihrem Mann zu helfen, erzogen sie für die traditionelle Rolle in der Ehe. In dieser Rolle war es der Mann, der beim Sex die Initiative ergriff. Mary zitierte ihre Mutter: „Wenn du Sex zu sehr genießt, fängst du an, um ihn zu bitten. Das ist nicht gut. Der Mann sollte außer in der Küche in allen Bereichen der Chef sein."

Obwohl es zutrifft, daß manche Frauen keine Erfüllung in der Liebe finden, weil ihre Beziehung im allgemeinen nicht stimmt, und daß ein unerfülltes Sexualleben ein Symptom dafür ist, daß etwas Wesentliches nicht in Ordnung ist, stellen wir gewöhnlich fest, daß der Grund für mangelnde sexuelle Erfüllung in der frühen Kindheit einer Frau zu suchen ist, nämlich in der Auffassung, daß Sex eine Pflicht ist und man ihn nicht genießen soll. Frauen sind sich gewöhnlich nicht im klaren darüber, warum sie am Sex keine Freude haben sollten. Wenn wir uns jedoch die Worte von Marys Mutter näher betrachten, sehen wir, daß folgende Botschaft darin steckt: Wenn eine Frau in sexueller oder sonstiger Hinsicht fordernd ist, überschreitet sie die Grenzen der tugendhaften Abhängigkeit. Deshalb haben viele Frauen selbst im Zeitalter der angeblich sexuellen Aufklärung Hemmungen, intim zu sein und am Sex Spaß zu haben.

Alva, eine 50-jährige Ehefrau und Mutter, die seit mehr als 30 Jahre verheiratet ist, sagte: „Ich fühle mich immer noch unwohl, wenn ich mit meinem Mann im Bett bin. Ich weiß nie, wie er reagieren wird. Wenn er Sex möchte, scheint es ihm zu gefallen, daß ich dabei Vergnügen habe. Wenn er jedoch keine Lust hat, tut er so, als stimme mit mir etwas nicht, weil ich Lust auf Sex habe." Wir sagten Alva, daß ihr sexuelles Verlangen nur dann „nicht normal" war, wenn ihr Mann keine Lust dazu hatte und sich verpflichtet fühlte, Alva befriedigen zu müssen. Viele Menschen bezeichnen das Verhalten anderer als „nicht normal", weil sie im Augenblick ein anderes Bedürfnis haben, oder weil es ihnen nicht in den Kram paßt. Lassen Sie sich dadurch nicht beirren. „Nicht normal" ist man nur in den Augen des Betrachters. Es hat gewöhnlich nicht viel mit Ihnen zu tun. Beatrice sagte: „Männer wollen, daß du auf einem Podest stehst *und* gleichzeitig auf dem Rücken liegst!" Wir fanden heraus, daß die Lösung für Alvas und Beatrices Probleme darin lag, einfach ihre sexuellen Bedürfnisse auszuleben, gleichgültig, was andere von ihnen erwarteten.

In diesem Kapitel sollen Sie die Entdeckung machen, daß wahre Bravheit darin besteht, Ihre sexuelle Befriedigung *jetzt* zu erlangen und Ihr wahres sexuelles Ich voll auszukosten. Wir zeigen Ihnen, wie Sie damit aufhören können, sich von Ihren „Pflichten" als Ehefrau und/oder Geliebte einschüchtern zu lassen, wie Sie Ihre Sinne öffnen können, um Ihrem Partner körperlich und geistig näherzukommen, und wie Sie ein leidenschaftliches Liebesleben führen können, das auf Intimität und Gleichheit beruht. Jeder Mensch hat sexuelle Bedürfnisse. Sie werden erkennen, daß es nur darauf ankommt, diese Tatsache zu verstehen und zu akzeptieren und mit dem Menschen, den man liebt, ins reine zu kommen.

Die äußerste Form der Selbstaufopferung

Es hat fast den Anschein, als hätten wir die Idee der sexuellen Freiheit übertrieben. Heutzutage wird scheinbar so viel über sexuelle Revolution, Sex, Ihre Gefühle und darüber, daß man sich sexuell ausleben soll, gesprochen, daß wir manchmal ganz vergessen, auf uns selbst zu schauen und zu prüfen, ob wir wirklich unsere Vorstellungen über Sexualität geändert und sie auch akzeptiert haben. Wenn wir in uns hineinschauen, merken wir oftmals, daß dem nicht so ist.

Warum ist das so, zehn Jahre nach der sogenannten sexuellen Revolution? Warum verstehen viele Frauen ihre sexuellen Gefühle immer noch nicht? Ein Grund ist der, daß viele von ihnen immer noch eine Vielzahl verwirrender Vorstellungen über Sexualität haben.

Viele <brave Mädchen> wurden in dem Glauben erzogen, Sex sei eine Pflicht - etwas, das man einem anderen geben, aber nicht mit ihm teilen sollte. Vielen wurde vielleicht nicht einmal gesagt, wie man als Erwachsene über Sex denkt; sie wissen nur das, was sie als Kinder gelernt haben - daß Sex schlecht ist, etwas, woran sie nicht denken sollten. In den letzten 20 Jahren hat sich einiges in dieser Hinsicht geändert, aber nur *einiges*. In vielen Fällen wissen die Frauen nicht, was sie glauben sollen. Es ist eine ausweglose Lage.

Lucille, eine 34-jährige geschiedene Friseuse, die ihre zwei kleinen Kinder ohne Alimente oder staatliche Unterstützung versorgte, erzählte uns: „Vor zehn Jahren dachte ich, ich sei die sexuell aufgeklärteste Frau der Welt. Während der sexuellen Revolution las ich *alle* Bücher und probierte alles aus, was darin stand. Ich zeigte mein Verlangen nach Sex, sagte nein, wenn ich nicht wollte, sah mir Pornos im Kino an und abonnierte das <Playgirl>, und mein Mann Luther verließ mich. Er sagte, ich sei zu dominant und setze ihn unter Druck. Offen gesagt, glaube ich, ich habe den armen Kerl einfach überbeansprucht. Jetzt weiß ich nicht, *was* ich tun soll." Zur Zeit hat Lucille eine Beziehung mit Rory, einem 35-jährigen Bäcker, und ist sich nicht sicher, wie sie sich im Bett verhalten soll. „Momentan mache ich eben nur, was er will", erzählte sie uns. „Das macht mich nicht gerade an, aber ich will ihn auch nicht abschrecken, indem ich zu forsch bin."

Wir sagten Lucille folgendes: Eine gute Möglichkeit, Rory nicht das Gefühl zu geben, durch ihre sexuellen Wünsche unter Druck zu stehen, bestehe darin, ihm klar und deutlich zu sagen, daß es völlig in Ordnung für ihn sei, nein zu sagen, wenn er keine Lust hätte. Wenn sich mehr Liebespaare dieses Zugeständnis machen würden, würde das viele Beziehungen retten. Sie können Sex voll genießen, auch ohne Ihren Partner unter Druck zu setzen, solange er weiß, daß er nicht *immer* zur gleichen Zeit Lust verspüren muß wie Sie. Als Lucille Rory von dem Druck befreite, indem sie unseren Rat befolgte, stellte sie mit Freuden fest, daß er sich nicht mehr durch ihre Sexualität bedroht fühlte und ihr keine Schuldgefühle mehr machte, wenn sie ihre Sexualität auslebte.

Lucilles Problem ist nicht ungewöhnlich. Manchmal gibt es wirkliche sexuelle Probleme zwischen Mann und Frau. Die meisten rühren daher, daß sie glauben, sie könnten nicht sie selbst sein oder ihre Wünsche nicht ausdrücken, auch nicht ihrem Partner gegenüber. Manche Männer meinen, sie könnten beim Sex nicht sie selbst sein. Genau wie die Frauen wurden sie in eine Lage gebracht, in der sie etwas „bringen" müssen. Die wahre Lösung dafür liegt nicht in der Person, die Sex als ein Machtspiel ansieht, sondern darin, daß man empfänglich ist für die Bedürfnisse des anderen, und daß man nicht fordert, was der andere nicht geben möchte. Das ist wahre sexuelle Gleichheit, ein Zustand, in dem beide Partner ihre wahren sexuellen Gefühle ausdrücken können, ohne Angst zu haben, den anderen dadurch unter Druck zu setzen.

Warum sexuelle Gleichheit immer noch eine Bedrohung ist

Es gibt nur wenige Beispiele für sexuelle Gleichheit zwischen zwei Partnern. Einer der Gründe ist unserer Meinung nach, daß die Frauen immer noch nicht wissen, wie man Gleichberechtigung fordert. Während unserer langjährigen Arbeit mit Frauen haben wir festgestellt, daß Frauen zwar wissen, was Sex ist, aber nicht, was sexuelle Erfüllung ist. Schon als kleine Mädchen wurde ihnen gesagt, daß es in Ordnung ist, „ehelichen" Sex zu haben, aber daß es immer noch nicht in Ordnung ist, zuzugeben, daß man ihn genießt. Eine unserer Patientinnen, die 36-jährige Lorraine T., erkannte das Dilemma ihrer Generation am besten. Sie sagte: „Früher hat niemand über Sex gesprochen. Jetzt spricht jeder darüber. Das ist der einzige Unterschied. Keinem von uns geht es deswegen besser dabei."

Ein Teil dieses Problems liegt in der Idee, daß der Mann, wenn die Frau zu viel Vergnügen beim Sex zeigt, das Gefühl hat, die Kontrolle über sie und die Situation zu verlieren. „Einmal hatte ich einen Orgasmus", lachte Maria L. „Mein Mann war zu Tode erschrocken. Er wußte nicht, was er tun sollte. Es war das erste Mal, daß ich lauter war als er .... Ich glaube nicht, daß es ihm gefallen hat. Auf jeden Fall kam es nie wieder vor."

Manche Männer fühlen sich viel sicherer, wenn die Frauen sexuell nicht so aktiv sind. Das hindert Sie jedoch, Ihre Gefühle und Ihre Liebe voll zu erleben. Helen R., eine energische 33-jährige Innendesignerin, schwor, ihr Freund würde sie verlassen, wenn er sie jemals dabei erwischte, daß sie Spaß am Sex hätte. „Er wird mich für eine Hure halten", sagte sie besorgt. Im Bett bemühte sie sich, ihre Erregung zu verbergen. Sie war davon überzeugt, daß es ihn abstoßen würde, wenn er ihre Leidenschaft bemerkte. Sie wäre dann nicht anders als all die anderen Frauen, mit denen er sich vor ihr herumgetrieben hatte. Wir schlugen Helen vor, sich zu prüfen und einfach ihre wahren Gefühle zu zeigen, um zu sehen, was passiert. Nichts könnte so schlimm sein wie die furchtbaren Gedanken, die sie sich ausmalte. Auch schlugen wir ihr folgendes vor: Wenn ihr Geliebter in irgendeiner Weise Mißfallen zeigen sollte, sollte sie ihn ganz offen fragen, warum ihn ihr Vergnügen störe. Als sie sich das nächste Mal liebten, ließ sie ihren Gefühlen freien Lauf. Der Mann verlor seine Erektion für ein paar Minuten, erholte sich aber später wieder und schätzte schließlich Helen mehr als je zuvor. „Ich hätte nie gedacht, daß er mich tatsächlich ermutigen würde", sagte sie lächelnd. „Wir haben einen langen Weg hinter uns."

Der Schwindel der <Bravheit>

Wie Helen uns so lebendig zeigte, ist es nicht gut, seine natürlichen Bedürfnisse zu verleugnen. Das verwehrt Ihnen *und* Ihrem Partner spätere Intimität, die Sie beide verdienen. Noch schlimmer ist, das kann auch zu weiteren Problemen führen.

Susan war eine Frau mittleren Alters, die behauptete, ihren Mann und ihre Kinder innig zu lieben. Um ihre Liebe auszudrücken, wurde sie die perfekte Hausfrau. Sie hielt das Haus in tadellosem Zustand und verbrachte Stunden mit Kochen und der Zubereitung besonderer Speisen. „Ich habe mein ganzes Leben damit verbracht, mich nur um das Haus zu kümmern", sagte sie. Es verging kein Feiertag, ohne daß sie die Wohnung bis zum letzten bemalten Ei oder buntem Band schmückte. Doch so perfekt ihr Leben auch war, Susan litt unter quälenden Kopfschmerzen, die noch schlimmer als Migräne waren.

Zusammen fanden wir heraus, daß Susan Probleme damit hatte, ihre Liebe sexuell auszudrücken. Treu und fürsorglich, wie sie war, hatte sie enorme Schwierigkeiten, ihren Mann Rudy merken zu lassen, daß sie sexuell erregt war. „Was soll er von mir denken?" fragte sie. „Wie kann eine anständige Ehefrau und Mutter Lust zeigen?" Das paßte nicht in ihr Bild vom braven Mädchen. In Susans Augen war ihre sexuelle Lust etwas Animalisches und Egoistisches, das ihren Mann anwidern würde. Noch bedeutender war, die Unterdrückung ihrer sexuellen Gefühle war wichtig für ihr positives Selbstwertgefühl. Sexuell aktiv zu sein, war ein zu großes Risiko für Susan, denn Rudy könnte es mißbilligen, und somit wäre ihr ganzes Wertsystem in Frage gestellt.

Wir sagten Susan, sie solle sich, wenn sie alleine zuhause war, fragen: „Was ist das Schlimmste, was mir passieren könnte, wenn ich mir erlauben würde, Spaß am Sex zu haben?" Sie sollte die Antwort aufschreiben und uns in der nächsten Sitzung vorlesen. „Rudy wird denken, ich bin eine Schlampe", war ihre Antwort. Durch die Sitzungen, die wir bis dahin mit Rudy gehabt hatten, wußten wir, daß das wahrscheinlich nicht der Fall wäre und Susans Überzeugung falsch war. Wir baten sie, bei der nächsten Sitzung beide zu erscheinen, und brachten die Frage dann offen zur Sprache. Wir fragten Rudy, was er von einer Frau hielte, die ihrem sexuellen Verlangen beim Sex völlig freien Lauf ließ. „Das finde ich toll!" rief Rudy sehr zu Susans Freude und Überraschung. Als Susan Rudys Erlaubnis hatte, ihre sexuellen Gefühle zu zeigen, verschwanden ihre Kopfschmerzen. „Was war ich doch dumm, daß ich mich so zurückgehalten habe", vertraute sie uns an. „Jetzt sehe ich, daß ich die Befreiung brauchte, die Sex mir bringen konnte. Ohne sie bekam ich Kopfschmerzen."

Susans Liebesleben beruhte auf einer falschen Bravheit, auf der Überzeugung, daß Rudy mehr von ihr hielte, wenn sie einen Teil von sich verleugnete. Als sie begriffen hatte, daß es besser war, ganz sie selbst zu sein, was ihre sexuellen Gefühle einschloß, kam das auch ihm zugute.

Brav zu sein bedeutet in Wirklichkeit, Ihr Glück mit einem anderen zu teilen

Je mehr Sie von sich zur Entfaltung bringen, desto mehr haben Sie zu geben. Das schönste Geschenk, das Sie anderen machen können, sind Sie selbst. Damit das Geben echt ist, muß Ihr Geschenk jedoch von Herzen kommen. Das kann es nur, wenn Sie mit sich selbst zufrieden sind. In unserem Büro hängen Tafeln mit der Aufschift: „Ein glückliches Ich macht andere auch glücklich." Das ist ein guter Ratschlag.

Shelley, 23, seit zwei Jahren mit dem Teppichverkäufer Tommy verheiratet, hatte Angst, ihm mitzuteilen, daß sie sexuell nicht zufrieden war. „Es gibt gewisse Dinge, die wir beide tun könnten, um uns sexuell besser zu verstehen", vertraute sie uns an, „aber Frauen sollten nicht so viel Aufhebens um Sex machen, oder? Ich dachte, nur von Männern sagt man, daß sie sich auf diesem Gebiet verrückt machen." Als wir Shelley fragten, was ihrer Meinung nach ihre sexuelle Beziehung verbessern würde, sagte sie: „Ich würde gerne meine intimen Körperstellen berühren, um mich beim Sex selbst zu stimulieren. Aber ich habe Angst, daß Tommy dann verletzt ist, weil er glaubt, er sei nicht aktiv genug, oder, was noch schlimmer wäre, ich sei narzistisch."

Wenn Sie solche Befürchtungen haben, sollten Sie am besten überprüfen und nachschauen, ob Sie die Gedanken Ihres Partners richtig lesen. Tommy und Shelley kamen zusammen zu uns. Wir fragten Tommy, wie ihm zumute wäre, wenn Shelley sich beim Sex selbst stimulieren würde. „Das wäre großartig!" rief er. „Ich habe immer das Gefühl, daß sie sich zurückhält, wenn wir uns lieben. Ich will, daß sie sich ganz hingibt. Ich liebe es, wenn sie erregt ist." Als Shelley sich sexuell nicht mehr zurückhielt und sich Tommy hingab, konnte er auch mehr geben, und beide konnten den Sex noch mehr genießen.

Für ein Paar, das sich wirklich liebt, gibt es sexuell nichts Erregenderes, als den Partner erregt zu sehen. Wahre sexuelle Einheit gründet auf zufriedenem Geben und freier Hingabe - Ihrer Erregung, Ihrer Leidenschaft - an Ihren Geliebten. Wenn Ihr Mann Schwierigkeiten hat, von der Klischeevorstellung, die ihm beigebracht wurde, abzuweichen - und wie Sie gesehen haben, sind es nicht nur Frauen, die von Mythen beherrscht werden - werden sie beide sich um eine Lösung bemühen müssen. Wir hoffen, daß Ihnen die Vorschläge am Ende dieses Kapitels helfen werden, Ihr mögliches sexuelles Interesse zu entdecken.

Warum wir sexuelle Befriedigung aufschieben

Wir haben einmal mit Clara, einer Frau von Anfang 30, die seit über 10 Jahren verheiratet war und noch nie einen Orgasmus bei ihrem Mann Stuart erlebt hatte, monatelang gearbeitet. Sie hatte immer eine Ausrede. „Das bessert sich, wenn wir unsere Geldprobleme überwunden haben" oder „Ich muß zuerst mit meinen Gefühlen zu meinem Vater ins reine kommen" oder "Stuart muß ein paar neue Techniken lernen." Eines Tages sagte einer von uns verärgert: „Clara, Ihre sexuelle Erfüllung zu verdrängen, bedeutet, sie in höchstem Maße aufzuschieben".

Die Wahrheit dieser Erkenntnis haben wir bis heute nicht vergessen. Ihre stärksten positiven körperlichen Empfindungen sollten das Letzte auf der Welt sein, das Sie dem Menschen, der Ihnen am nächsten steht, vorenthalten. Zweifellos kann dieses Hinausschieben auch schädlich sein: Es kann Ausdruck dafür sein, daß Sie in anderen wichtigen Bereichen Ihres Lebens auch alles auf die lange Bank schieben.

Wir erinnern uns an Rose, eine 27-jährige Frau, deren Leben zum völligen Stillstand gekommen war, weil sie alles auf morgen verschoben hatte. Rose war arbeitslos, suchte sich aber keine Arbeit, weil sie vorhatte, zuerst wieder zurück zur Schule zu gehen. Sie hatte keine Kurse belegt, weil sie glaubte, sie müßte erst ihre Schreibmaschinenkenntnisse auffrischen. Das konnte sie jedoch erst, wenn sie sich eine neue Schreibmaschine zugelegt hatte. Und für die mußte sie zuerst mehr Geld sparen. Mehr Geld bekam sie jedoch nur, wenn sie einen Job hatte. So drehte sie sich mit ihren Gedanken in jedem Lebensbereich im Kreis, angefangen von der Arbeitssuche bis hin zum Kauf einer neuen Tapete. Ganz gleich, um welches Problem es sich handelte, die Lösung war immer die gleiche: „Ich mache es, wenn ..." Bei dem Versuch, einen Ausgangspunkt zu finden, einen Bereich, auf den sie sich *jetzt* konzentrieren konnte, fanden wir heraus, daß Rose zwar seit vier Jahren eine Beziehung hatte, in der sie mindestens dreimal in der Woche Sex hatte, aber noch nie einen Orgasmus erlebt hatte. Sie kicherte, als wir sie das erste Mal danach fragten. „Sex ist nicht so wichtig für nette Mädchen." Jetzt wußten wir, wo wir anfangen mußten. Als Rose bereit war, die Wichtigkeit sexueller Erfüllung zu akzeptieren, war sie auch bestrebt, einige ihrer anderen Ziele anzustreben.

Dinge aufzuschieben ist ebenso eine Gewohnheit wie das Nicht-Genießen von Sex. Genießen Sie dieses wunderbare natürliche Bedürfnis, und bald werden Sie auch in vielen anderen Lebensbereichen Freude haben. Ein natürliches Bedürfnis nicht zu genießen bedeutet, das Leben aufzuschieben. Fangen Sie heute an zu leben, indem Sie in einem der mächtigsten Bereiche Ihres Lebens - beim Sex - Befriedigung suchen!

Verleugnen Sie Ihr sexuelles Ich?

Wir möchten Ihnen helfen, Ihr Leben zu verändern. Hier sind einige Bereiche, auf die Sie achthaben müssen, wenn

Sie die Gewohnheit haben, Sex nicht zu genießen. Natürlich können diese Einstellungen noch andere Probleme außer dem Braven-Mädchen-Syndrom widerspiegeln. Wenn Sie jedoch an unserer Beschreibung merken, daß Ihnen viele Probleme vertraut sind, dann verleugnen Sie vielleicht den Sex, um ein unsinniges Ideal vom <braven Mädchen> zu verkörpern.

• Schieben Sie Dinge auf und fühlen Sie sich in vielen Lebensbereichen wie gelähmt?
• Haben Sie die Illusion, daß das Leben von selbst besser wird? (Das führt dazu, daß Sie das Beste in Ihrem Leben auf morgen verschieben. „Wenn ich lange genug warte, wird alles besser werden. Mit der Zeit werde ich schon einen Orgasmus bekommen, sexuelle Erfüllung finden, Sex genießen", usw. Leider wird die Phantasie von schönerem Sex nie Wirklichkeit. Das kann sie auch nicht - wenn Sie nichts dafür tun.)
• Ziehen Sie sich in eine Phantasiewelt zurück, in der Sie *am glücklichsten* sind, wenn Sie sich in ein Buch vertiefen, fernsehen oder einen Kinofilm sehen?

Connie, 24, wuchs als Einzelkind einer strenggläubigen Mittelstandsfamilie auf. Sie war für ihre Eltern das ein und alles, und sie setzten all ihre Hoffnungen und Wünsche, die sie nie verwirklicht hatten, in Connie. Sie schufen ihr eine bunte Disney-Welt. Ihr Schlafzimmer war rosarot mit Stofftieren haufenweise auf dem Himmelbett, es hatte Papiertapeten, die lächelnde Löwen und lachende Tiger darstellten, dazwischen sprechende Blumen und singende Bäche. Sonntags nahmen sie ihre Eltern mit in die Kirche, in der sie von himmlischen Engeln, Paradiesen mit perlenbesetzten Toren und ewiger Liebe hörte. Connie lebte in einer reinen Phantasiewelt, die keinen Bezug zur Wirklichkeit hatte, und in der Sexualität überhaupt nicht existierte.
Da ist es nicht verwunderlich, daß Connie als Jugendliche weiter in ihrer Phantasiewelt lebte. Sex war ein schmutziges Wort in ihrem Vokabular. Sie zog lieber das Wort „Romanze" vor, ein Ausdruck der zu Connies Vorstellung von Schlössern, Drachen, Prinzen und ewiger Bewunderung paßte. In Connies magischer Phantasiewelt geschahen nur wunderbare Dinge. Wenn sie sich etwas nur stark genug

wünschte, würde ihr eine gute Märchenfee den Wunsch erfüllen, ohne daß sie je etwas dazu tun mußte. Um ihre Phantasien am Leben zu erhalten, verbrachte Connie viel Zeit damit, Liebesromane zu lesen oder Schnulzen im Fernsehen anzusehen.

Connie kam zu uns, weil sie zeitweise Depressionen hatte, die sie sich nicht erklären konnte. „Das einzige, was mir einfällt, was in meinem Leben nicht stimmen könnte", erzählte sie uns, „ist, daß ich noch nicht den richtigen Mann gefunden habe. Aber ich bin sicher, daß ich ihn finde, wenn die Zeit dafür gekommen ist." Wir erfuhren, daß das eine (unter vielen anderen Dingen), was bei Connies bisherigen Freunden nicht stimmte, die Tatsache war, daß es beim Sex nicht richtig klappte. Sie hatte bei keinem je einen Orgasmus gehabt oder war von keinem erregt worden. Sie war jedoch deshalb nicht besorgt genug, um etwas dagegen zu unternehmen. Stattdessen wartete sie lieber auf den magischen Augenblick, in dem alles von selbst eintreten würde, wenn nur der „richtige" Mann erschien. Ein solch magisches Denken führt dazu, daß man sein Verhalten in allen Lebensbereichen aufschiebt. In Connies Fall war es so, daß sie auch noch darauf wartete, die richtige Karriere zu „entdecken", den richtigen Ort zum Leben und die richtigen Freunde zu finden - wobei sie die ganze Zeit zuhause bei ihren Eltern lebte.

Wir erklärten Connie, daß sie ihre sexuellen Gefühle mit der Technik der Sinneserweiterung, die wir am Ende dieses Kapitels beschreiben, aufleben lassen könnte. Unsere Methode war bei Connie erfolgreich, und sie war zum ersten Mal in ihrem Leben in der Lage, körperlich einen Mann zu genießen. „Das Beste daran ist", sagte sie uns, „daß ich nun, da ich die Kontrolle über meine sexuellen Gefühle habe, nicht auf einen Prinzen warten muß, der sie mir entlockt. Jetzt kann ich mit den Männern anders umgehen. Ich kann mir eine Romanze mit einem netten Mann schaffen. Ich kann ihn zum Prinzen machen, wenn ich auf diese Weise auf ihn eingehe."

• Geben Sie sich Illusionen hin? (Dies kann sich auf vielerlei Arten äußern. Eine der am weitesten verbreiteten und problematischsten Formen ist die, daß Sie sich einreden, etwas zu

sein, was Sie gar nicht sind: platonisch zu sein, weil Sie sich
selbst Ihre sexuellen Gefühle vorenthalten.)
• Langweilen Sie sich fürchterlich?
• Halten Sie an einer Beziehung fest, die Sie sexuell nicht
zufriedenstellt, weil Sie denken, Sex sei nicht wichtig genug,
um eine Liebesbeziehung zu beenden?

Julia, eine 28-jährige Gartenbauexpertin, machte sich
selbst etwas vor, indem sie glaubte, sie sei ein guter Mensch,
weil sie an ihrer Ehe mit Jeff, einem 30-jährigen Journalisten
festhielt, obwohl ihre sexuelle Beziehung so weit gesunken
war, daß sie kaum mehr zweimal im Monat Sex hatten. In
unserer ersten Sitzung sagte sie: „Ich liebe ihn und das sollte
genügen. Ich will ihn nicht verlassen." „Wer hat denn etwas
von Trennung gesagt?" fragten wir sie. „Warum verbessern
Sie Ihr Liebesleben nicht einfach?" Anstatt begeistert auf
unseren Vorschlag einzugehen, errötete Julia. „Daran habe
ich vermutlich nie gedacht", stammelte sie. Julia machte den
gleichen Fehler, den so viele andere Frauen auch machen,
deren sexuelle Beziehung abgestumpft ist, die trotz ihres
schlechten Sexuallebens aber sittsam entscheiden, an der
Beziehung festzuhalten, und dabei nie an die Möglichkeit
denken, die Situation zu verbessern. Wir erfuhren, daß Julias
größtes Problem beim Sex darin bestand, daß sie nicht oft
genug miteinander schliefen. Als wir fragten, wer von beiden
am häufigsten die Initiative ergriff, wurde sie wieder rot.
„Natürlich Jeff", schluckte sie. „Es schickt sich nicht, daß
ich das tue." Wir erklärten Julia, daß in jeder guten Beziehung alles fifty/fifty abläuft, auch was den sexuellen
Aspekt angeht. Daß sie die Initiative beim Sex ergriff, war
genauso wichtig, als daß Jeff es tat. Julia befolgte unseren
Rat und war überrascht, als sie feststellte, daß Jeff mehr die
Initiative ergriff, wenn auch sie häufiger auf ihn zuging. „Er
sagte, er habe gedacht, ich hätte kein Interesse mehr am Sex,
denn sonst wäre ich mehr auf ihn zugegangen", erzählte sie
uns. „Ist das nicht verrückt? Jeder von uns glaubte, der
andere hätte keine Lust." Ein wirklich gutes Mädchen läßt
ihren Partner wissen, wenn ihr danach ist.

• Glauben Sie, etwas stimme mit Ihnen überhaupt nicht, weil
Sex für Sie wichtig ist, um glücklich zu sein und sich als

Frau fühlen zu können?
• Vermeiden Sie es, sich mit Ihrem Geliebten über Ihre sexuellen Bedürfnisse auseinanderzusetzen, weil Sie sich schämen, etwas so „Schlechtes" zu brauchen oder gar für wichtig zu halten?
• Lehnen Sie es ab, die Freuden der Intimität vor Ihren Kindern zu loben oder gar mit ihnen darüber zu diskutieren?

Louise, eine 30-jährige Hausfrau, verehrte als Kind ihren Vater - einen gutaussehenden, würdevollen und angesehenen Arzt. Obwohl Louise wußte, daß er ihre Mutter, eine ruhige, liebe und zurückhaltende Frau, die ihren Haushalt pflichtbewußt führte, sehr liebte, sah sie ihre Eltern nie Zärtlichkeiten austauschen. Sie erinnerte sich genau an den einzigen Streit, den ihre Eltern je gehabt hatten. „Ich erinnere mich daran noch so gut, als wenn es heute morgen gewesen wäre", sagte sie. „Vater war wütend auf Mutter, weil sie, wie er es nannte, <ihre Zuneigung in der Öffentlichkeit auf empörende Weise zur Schau gestellt> hatte. Scheinbar hatte sie ihn vor Freunden auf den Mund geküßt, als sie an der Theaterkasse Schlange standen. Mutter verteidigte sich nicht. Sie weinte nur." Louise vergaß diesen Vorfall nie. Als sie in die Pubertät kam, war sie überzeugt, daß Männer es mißbilligten, wenn sie sexuelle Gefühle zeigte. Nun hatte sie Schuldgefühle, weil sie den Sex mit ihrem Mann Allan *brauchte,* und hatte Angst, daß er ihre sexuellen Gefühle bemerkte. Sie dachte, er würde es ihr genauso übelnehmen, wie ihr Vater es bei ihrer Mutter getan hatte. Sie erzog ihre 9-jährige Tochter Adrian auf die gleiche Weise - wenn das Kind dabei war, küßte sie ihren Mann nie und tauschte auch nie Zärtlichkeiten mit ihm aus.

Der erste wichtige Schritt, den wir Louise zeigten, damit sie den Sex allmählich genießen konnte, bestand darin, daß sie sich bemühen sollte, außerhalb des Schlafzimmers körperliche Zuneigung zu zeigen, besonders wenn Adrian dabei war - z.B. Küsse auf die Wange, Umarmungen, eine Hand auf die Schulter legen, Händedrücken oder auch ein liebevoller Klaps auf den Hintern. All das zeigte, daß es in Ordnung für zwei Erwachsene war, Körperkontakt zu genießen. Als nächsten großen Schritt sollte Louise vor Allan zugeben, daß sie sexuelle Gefühle hatte und sie auch genoß.

Es kostete Louise viel Überwindung, so einfache Dinge zu sagen, wie z.B.: „Ich mag die Art, wie du mich berührst" oder „Es fühlt sich so gut an, wenn du mich in den Arm nimmst". Als sie ihre Sexualität nach außen hin zeigen und zugeben konnte, daß sie ein Mensch mit sexuellen Gefühlen war, war sie in der Lage, den Sex zu genießen.

• Sind Sie müde oder schläfrig, wann immer Ihr Mann mit Ihnen schlafen will, um sich gegen den Konflikt zu schützen, der in Ihnen wütet?
• Werden Sie plötzlich krank, wenn Sie mit Ihrem Partner schlafen sollen, und Sie können auf diese Weise etwas vermeiden, was Ihnen unangenehm ist?
• Suchen Sie sich ständig Arbeit, um immer eine Ausrede parat zu haben, warum Sie nicht mit ihm schlafen können? Sagen Sie Dinge wie: „Ich habe keine Zeit" oder „Dann werde ich nicht mit meiner Arbeit fertig"?
• Haben Sie panische Angst, Ihre Kinder könnten entdecken, daß Sie sexuelle Bedürfnisse haben?

Allison, 29, war einem Zusammenbruch nahe, weil sie sich, außer für ihren Mann Rick und die Kinder zu sorgen, noch in eine Unmenge anderer Aktivitäten stürzte. „Ich weiß nicht, was über mich gekommen ist", seufzte sie. „Ich kann einfach nie nein sagen. In allen Clubs und Vereinen muß ich mitmachen. Fragen sie mich nicht, warum, ich muß es einfach". Ein paar gezielte Fragen, die wir durch unsere langjährige Erfahrung zu stellen wußten, lieferten uns eine wahre Fülle von Informationen. Allison machte sich kaputt, indem sie jeden Augenblick des Tages ausfüllte und ständig müde war, um dadurch eine Ausrede zu haben, nicht mit Rick schlafen zu müssen. Das Problem bestand nicht darin, daß sie überhaupt keinen Spaß am Sex hatte, sie genoß ihn nur nicht *immer*. Allisons Meinung nach lehnte eine „gute" Ehefrau *niemals* die Annäherungsversuche ihres Mannes ab. Wir sagten Allison: „Es ist in Ordnung, wenn Sie nein sagen. Sie haben auch nicht immer Lust auf Eiskrem, oder? Warum sollten Sie ständig Lust auf Rick haben? Sie können etwas furchtbar gern haben und es trotzdem nicht *andauernd* wollen." Als Allison auch ab und zu nein sagen konnte, wenn ihr gerade nicht nach Sex zumute war, brauchte sie die

Lawine von anderen Aktivitäten nicht mehr als Ersatz. Sie sagte zu Rick: „Ich liebe und begehre dich, aber nicht *ununterbrochen*. Ein <nein> heute morgen heißt nicht auch ein <nein> für heute abend." Rick begriff das, und Allison konnte sich entspannen. Durch diese Entspannung hatte sie viel öfter als vorher Lust, ja zu sagen.

Wenn Sie anfangen, Sex für etwas Gutes zu halten, werden Sie sich selbst mögen und sich gut fühlen, wenn Sie ihn erleben. Ein wirklich gutes Mädchen ist ein Mensch mit sexuellen Gefühlen.

Was Sie davon haben, wenn Sie Sex nicht genießen

Selbst sexuelle Frustration ist in gewisser Weise belohnend. Die meisten Frauen verleugnen entweder ihre Sexualität, um „bessere" Menschen zu sein, oder weil sie der Realität einer Verpflichtung, die in einer sexuellen Beziehung besteht, nicht ins Auge sehen wollen. Hier sind die Belohnungen, die wir am häufigsten beobachten, - Belohnungen, die Sie in einem Zustand sexueller Frustration halten.

• Die Illusion, eine Heilige oder ein „besserer" Mensch zu sein.
• Flucht vor der Realität. Sex ist ein grundlegender Bestandteil des Lebens, und das Leben bringt seine Probleme mit sich. Ohne die Welt da draußen leben wir in unserem Innern - in einer viel kleineren, weniger befriedigenden Welt.
• Sie können anderen die Schuld für Ihre Unzufriedenheit geben. Sie können sagen: „Mir geht es schlecht, weil ich sexuell nicht ausgefüllt bin."
• Sie vermeiden jede Möglichkeit, Ihre geheimen sexuellen Wünsche auszuleben.
• Sie spielen die Rolle des Märtyrers.
• Sie vermeiden die Verantwortung, die man als Erwachsener hat, wenn man ein Mensch mit sexuellen Gefühlen ist.

Wenn Sie die Gründe für die Unterdrückung Ihrer sexuellen Gefühle begreifen, haben Sie eine starke Waffe in der Hand, um sie zu bekämpfen. Wenn Sie genau darüber nachdenken, warum Sie sich sexuelle Erfüllung verwehren, werden Sie in der Lage sein, gegen diese Hindernisse anzukämpfen und sie bald aus dem Weg zu räumen.

Strategien, die Ihnen helfen, ein Mensch mit sexuellen Gefühlen zu werden

Wenn Sie es zulassen, kann es erstaunlich einfach sein, sexuelle Erfüllung zu finden. Denken Sie daran, Sex ist ein natürliches Bedürfnis in einer intimen Beziehung, und Sie und Ihr Partner haben ein Recht darauf. Hier finden Sie einige Anregungen für sie beide:

• Warum sollten Sie beim Sex nicht die Initiative ergreifen, wenn *Sie* Lust darauf haben?

• Lassen Sie sich nicht einschüchtern von den Regeln über Ihre „Pflichten" als Ehefrau und Geliebte. Haben Sie keine Angst, nein zu sagen, wenn Sie nicht in Stimmung sind.

• Warum sollten Sie sich nicht, wie Shelley, selbst stimulieren oder befriedigen, wenn Ihr Geliebter es nicht kann oder will. Wenn dies wirklich ein Problem für Sie ist, besprechen Sie es mit Ihrem Partner. Vielleicht stellen Sie fest, daß es ihn erregt, wenn er sieht, daß Sie erregt sind!

• Sagen Sie Ihrem Partner, sowohl währenddessen, als auch danach, daß Sie es genießen, mit ihm zu schlafen.

• Leben Sie beim Sex nur im Hier und Heute. Konzentrieren Sie sich auf Ihre Gefühle. Denken Sie nicht an früher oder daran, welche Erwartungen Sie jetzt haben. Teilen Sie nur die Zeit mit Ihrem Partner. Sie sind ein Glückspilz. Sie leben in einer Welt, die nur sie beide sich geschaffen haben.

• Wenden Sie die Technik der Sinneserweiterung an, um Ihrem Partner körperlich nahe zu kommen. Legen Sie sich flach und bequem hin und konzentrieren Sie sich ganz fest auf einen Punkt an der Decke direkt über Ihren Augen. Sagen Sie sich: „Meine Augenlider werden sehr, sehr schwer ... sehr, sehr müde... sie werden immer schwerer. Es wäre schön, jetzt die Augen zu schließen." Wenn Sie die Schwere

Ihrer Lider spüren, machen Sie Ihre Augen fest zu und rollen Ihre Augen für eine halbe Minute nach hinten. Sagen Sie zu sich: „Meine Lider sind so fest geschlossen, ich bezweifle, daß ich sie öffnen kann. Meine Lider schließen sich immer fester und mit meinen fest geschlossenen Augen überkommt mich eine rhythmische Welle der Entspannung. Sie beginnt in meinen Zehen, geht weiter über meine Beine, Arme, Bauch, Brust, Hals über mein Kinn, die Augen, die Haare bis von Kopf bis Fuß jedes einzelne Glied und jeder Muskel meines Körpers völlig entspannt ist." Machen Sie diese Übung zehn Minuten lang, ehe Sie mit Ihrem Partner schlafen. Sie werden sehen, daß Ihre Sinne sich viel mehr geöffnet haben. Tiefe Entspannung senkt die Schwelle für Empfindungen und macht Ihre ganzen fünf Sinne viel empfänglicher. Sie hält auch negative Gedanken fern.

• Fragen Sie sich: „Was ist das Schlimmste, was passieren könnte, wenn ich mir zugestehe, Sex zu genießen?" so wie Susan es tat, um ihre sexuellen Gefühle gegenüber Rudy ausdrücken zu können. Die Antwort wird Sie vielleicht zur Tat schreiten lassen. Wenn man sich der Angst stellt, vertreibt man sie.

• Führen Sie ein Tagebuch darüber, wie sich Ihr Verhalten gegenüber Ihren Mitmenschen verändert, wenn Sie mehr und mehr ein sexuell fühlender Mensch werden. Nach einiger Zeit sexueller Erfüllung schreiben Sie eine Seite oder auch zwei darüber, wie Sie sich jetzt fühlen. Ich glaube, Sie werden erstaunt sein, in welch positivem Licht Sie nun die Welt sehen, jetzt da Sie sich mit einem anderen Menschen teilen.

Sex ist Ihr natürlicher Ausdruck von Liebe. Wir möchten, daß Sie, wie all die anderen wunderbaren Menschen, denen wir geholfen haben, den herrlichen Rausch dieses Ausdrucks erleben. Wie unsere Patientin Louise sagte, als sie begann, es zu genießen, mit Allan zu schlafen: „Ich weiß nicht, wie ich all die Jahre ohne leben konnte. Sex bringt erst den Glanz ins Leben. Es ist wunderbar. Ich fühle mich dadurch so lebendig, erfüllt und schön!" Lassen Sie diese wundervollen Gefühle in Ihnen herauskommen. Bereichern Sie dadurch sich selbst und auch die Quelle, die Sie inspiriert - Ihren Partner.

7
„Ich bin so,
wie die Männer mich sehen"

*„Ich konnte mich nie finden,
weil ich an den falschen Plätzen gesucht
habe ... in den Augen der Männer."*

Margret B,
Patientin, 25 Jahre

„Mein ganzes Leben lang habe ich damit verbracht, mich
darauf vorzubereiten, die perfekte Ehefrau zu sein", erzählte
uns Margret in unserer ersten Sitzung. „Meine Eltern hatten
nichts anderes im Kopf, als mich zu verheiraten. Sie
schleppten mich zu all ihren Freunden, die vorzeigbare
Söhne hatten. Meine Mutter schwärmte immer: <Sie ist so
eine gute Köchin, so ordentlich und sauber.> Mein Vater
pflegte dann zu sagen: <Und sie kann auch so fleißig
arbeiten.> Als mein Mann Sly um meine Hand anhielt, waren
sie glücklicher als ich! Das Problem ist, daß ich jetzt zwar
das bin, was Sly und meine Eltern für eine perfekte Ehefrau
halten, aber das ist nicht mein wahres Ich. Ich kann nicht
glauben, daß Kochen, Putzen und Kinderaufziehen mein Ich
sein soll. Das mache ich, aber das bin nicht *ich*." Wir sagten
Margret, daß sie das war, was sie sein *wollte*. Diese natürlichen Impulse waren ihr wahres Ich. „Wenn Sie das nächste
Mal in der Rolle der perfekten Ehefrau pflichtbewußt die
Kartoffeln schälen und den Wunsch verspüren, etwas anderes zu tun, dann tun Sie es. Probieren Sie aus, wie es ist,
ab und zu Ihre eigenen Erwartungen zu erfüllen." In der
nächsten Woche berichtete uns Margret: „Ich habe getan, was
Sie gesagt haben. Ich war gerade mitten beim Geschirr-
abtrocknen, als ich plötzlich den Drang verspürte, zu rennen.
Das tat ich dann auch. Ich ließ meine Arbeit liegen und ging
joggen. Es war wunderbar!" Natürlich können Sie Ihrem
inneren Drang nicht immer nachgeben, doch die meisten
Frauen lassen ihm nicht genügend freien Lauf, weil sie

glauben, ihre Männer würden es mißbilligen.

Wir haben gesehen, was passieren kann, wenn Sie glauben, es stimme etwas nicht mit Ihnen, oder wenn Sie meinen, Männer seien besser als Sie. Unsere Patientin Margret, eine enttäuschte Hausfrau, faßt die Folgen dieser frühen Programmierung zusammen, wenn sie sagt, daß sie sich durch die Augen der Männer als Mensch bestätigt sieht. Dieses Problem läßt sich in einem Gedanken ausdrücken: „Ich bin so, wie mich die Männer sehen." Wenn Sie sich nicht in der Lage fühlen, eine Persönlichkeit zu werden, die durch Ihre eigenen Vorstellungen geprägt ist - durch das, woran Sie glauben und was Sie tun - dann wenden Sie sich vielleicht an jemand anderen, der die Maßstäbe für Sie setzt. Oft bedeutet dies, daß Sie sich an den Mann in Ihrem Leben wenden.

Wenn Sie Ihren natürlichen Bedürfnissen nicht nachgeben, wenn Sie andere entscheiden lassen, wer Sie sind, dann verlieren Sie das Gefühl für Ihr eigenes Ich. Es überrascht nicht, daß dieses Problem letztlich bei Frauen auftaucht, die nicht mehr wissen, wer sie sind. Viele fühlen sich verloren. „Mein Mann scheint besser als ich selbst zu wissen, wer ich bin", sagt Charlotte mit einem Lachen. „Aber das sollte er auch. Er hat mich zu dem gemacht, was ich bin."

In diesem Kapitel zeigen wir Ihnen, warum Sie die Wertschätzung eines Mannes als Maßstab für Ihr Selbstwertgefühl nehmen, und in welcher Hinsicht dieses Problem schwerwiegender ist, als Sie vielleicht annehmen. Sie werden sehen, auf welch heimtückische Weise es in Ihrem Alltag auftaucht, und begreifen, daß das Motto „Ich bin so, wie ich mich sehe" der einzig richtige Weg ist, zu wissen, wer Sie wirklich sind. Mit unserer Hilfe werden Sie wunderbare neue Energie gewinnen, indem Sie sich durch die Kraft der Selbstfindung mit anderen Augen sehen.

Warum Sie Anerkennung suchen

Sie wissen, daß einige der Gründe, warum Frauen die Anerkennung der Männer suchen, sehr natürlich und gesund sind. Sie möchten vielleicht eine gesunde Romanze oder Ehe führen. Das können Sie, wenn Sie darauf hören, was Ihr Partner von Ihnen denkt. Sie wissen auch, daß ein *Teil* Ihrer

Identität - so wie Sie sich in der Öffentlichkeit geben - daher rührt, wie andere Sie sehen. Es gibt jedoch Probleme, wenn Sie glauben, daß die einzige Art, wie Sie gesehen werden können, die ist, wie andere Sie sehen. Wenn Sie glauben, dabei nicht auch ein gewichtiges Wort mitzureden zu haben, denken Sie vielleicht, es stimme etwas nicht mit Ihnen. Das bringt uns zum ersten Kapitel dieses Buches zurück.

Der Geistliche Terry Cole-Whittaker sagt: „Der Wunsch nach Anerkennung entsteht nur, wen man glaubt, unvollkommen zu sein. Wenn wir glauben, unvollkommen zu sein, warten wir darauf, daß uns jemand das gibt, was uns fehlt, ehe wir das tun, was wir möchten. Wir warten erst ab, bevor wir leben." Dieses Dilemma können Sie vermeiden, *wenn* Sie die Dinge tun, die Sie tun würden, *wenn* Sie die Zustimmung dafür hätten. Die arme Eva aß den Apfel ohne Erlaubnis. Ihre Strafe war, nie wieder etwas ohne Erlaubnis tun zu können. Evas Dilemma können Sie vermeiden, indem Sie das tun, was Sie getan hätten, *wenn* Sie die Erlaubnis dazu gehabt hätten.

Trena, eine 23-jährige Bankkassiererin, war das typische Beispiel für eine Frau, die auf das Leben wartete. Sie glaubte, daß Sie „zu nichts tauge", und daß ihre Ehe mit Brock, einem 32-jährigen Systemanalytiker, aus folgendem Grund in Gefahr war: „Er hält Tag für Tag weniger von mir, weil ich keine Ziele habe. Wir wollen beide keine Kinder, also kann ich meine Identität nicht als Mutter finden. Aber durch Kochen, Putzen und Backen der besten Plätzchen der Stadt fand ich sie auch nicht. Deshalb suchte ich mir eine Arbeit. Aber das hat auch nichts genützt. Was ich mache, kann jeder. Ich will etwas Großes leisten." So versuchten wir herauszufinden, was für eine „große" Sache sie tun mußte, um mit sich zufrieden zu sein. Wir fragten sie: „Möchten Sie gerne reich sein?" „Nein", sagte sie, „das macht auch keinen großartigen Menschen aus mir." „Möchten Sie berühmt sein?" Wieder schüttelte sie den Kopf. Dann antwortete sie: „Ich will Menschen helfen." „Aber das *tun* Sie doch, sowohl als Ehefrau, als auch als Kassiererin", antworteten wir. „Ich will den Menschen auf *große* Weise helfen", sagte sie. „Wie Eleanor Roosevelt?" fragten wir. „Ja, aber ich hasse Politik." „Wie Albert Einstein?" „Ja, aber ich bin nicht gut in Mathe." So viele Fragen wir Trena auch stellten, wir konnten nicht herausbekommen, was Trena tun könnte, um sich eine positive Identität zu schaffen. Schließlich sagten wir ihr, was wir davon hielten: „Uns scheint, daß Ihre Identität momentan nichts damit zu tun hat, was Sie tun oder tun wollen. Ihr ganzes Selbstbild hängt zur Zeit völlig von der Anerkennung Ihres Mannes ab. Sie schieben Ihr ganzes Leben auf und warten darauf, daß Brock Ihnen sagt, daß Sie ein wertvoller Mensch sind. Solange Sie nicht Ihre eigenen Maßstäbe für Ihren Wert setzen, wird *nichts* von alledem, was Sie tun, Ihnen ein positives Selbstwertgefühl geben."

Warten Sie nicht mehr darauf, bis andere Ihnen die Erlaubnis geben, mit sich zufrieden zu sein. Sie sind der einzige Mensch, der für sich entscheiden kann. Sie brauchen nicht die Zustimmung anderer, die Ihnen sagen, daß es in Ordnung ist, Sie selbst zu sein. Sie müssen sich nicht mit Sorgen zurückhalten, wie z.B.: „Wird das den anderen recht sein?" oder „Was werden die Leute denken?" oder „Ich habe nicht das Recht dazu". Geben Sie Ihre Rechte nicht an andere Menschen ab. Diese sind viel zu kostbar, und Sie sind viel zu einzigartig.

Wir arbeiteten einmal mit einer attraktiven Frau Nay M. einer Büroangestellten in einer Klempnerfirma. Sie war 56, geschieden und klagte, daß sie nicht wüßte, wie sie sich in Gegenwart von Männern verhalten sollte. „Ich bin einfach zu nervös, um irgendwo hinzugehen, wo ich jemanden treffen könnte", sagte sie. Verständlicherweise führt dieser Umstand nur zu noch größeren Gefühlen der Einsamkeit und Minderwertigkeit. Sie wartete auf den Traumprinzen, der sie da herausholte und ihr ein Zeichen gab, daß sie in Ordnung war und daß er sich um sie kümmern würde. In der Beratung fragten wir May: „Halten Sie sich für attraktiv?" „Ach du meine Güte, nein", sagte sie. „Ich bin viel zu alt und habe zu viele Falten." „Kein Wunder, daß Sie Probleme mit Männern haben", sagten wir beide gleichzeitig. „Diese verhalten sich Ihnen gegenüber so, wie Sie es von ihnen *erwarten,* d.h. wie wenn Sie unattraktiv wären. Sehen Sie sich selbst mit anderen Augen, und die Männer werden sich auch anders Ihnen gegenüber verhalten." May mußte wirklich darüber nachdenken, wie sie von sich selbst dachte. Wenn sie sich selbst nicht anerkannte, würden die anderen sie auch nicht schätzen können. Wir sagten May, sie solle aufhören, daran zu denken, sie müsse für einen Mann körperlich perfekt sein, damit er sie attraktiv finden konnte. Die meisten schönen Frauen auf der Welt strahlen eine innere Schönheit aus, weil sie positiv über sich selbst denken. Wir machten ihr den Vorschlag, für sich selbst zu werben und sich immer wieder dreimal am Tag fünf Minuten lang vorzusagen: „Ich bin hübsch". Wiederholung ist der Schlüssel allen Lernens. Mit der Zeit würde sie glauben, was sie sich *oft* genug vorgesagt hatte. May folgte unserem Rat, und als sie mehr Selbstvertrauen hatte, war sie bereit, neue Erfahrungen zu machen, die sie früher in Angst versetzt hätten. Sie ging auf attraktive Männer zu; sie kleidete sich wie eine hübsche Frau und trug modische Kleider, für die sie sich vorher für zu alt gehalten hätte. Sie hatte auch keine Angst mehr zu flirten, aus Furcht, die Männer könnten Sie für eine „alte, einsame Schachtel" halten, wie sie uns in der Therapie erzählt hatte. Durch ihre wiedergewonnene Anerkennung von sich selbst hatte sie die lähmende Angst überwunden, die entsteht, wenn man Anerkennung braucht: die Angst, nicht „perfekt" zu sein.

Wie Sie sehen, kommt die Liebe zu sich selbst von innen; sie hängt nicht von der Anerkennung anderer ab. Wie Dr. Wayne Dyer in seinem Buch <Der wunde Punkt> sagt: „Das Selbstwertgefühl kann nicht durch andere bestätigt werden. Sie sind wertvoll, weil Sie sagen, daß Sie es sind. Lassen Sie nicht andere Ihren Wert bestimmen. Sagen Sie sich selbst, daß Sie gut sind, und dann werden Sie es auch sein!"

Wir freuen uns, sagen zu können, daß May einen Mann gefunden hat, der sie für vollkommen hält, so wie sie ist. „Das konnte nur geschehen, weil ich beschloß, ich selbst zu sein!", sagte sie.

Der Mythos, daß Sie ein Niemand sind, bis ein Mann Sie liebt

Jeder möchte geliebt werden. Das ist ein ganz normales Bedürfnis. Probleme entstehen jedoch, wenn Sie, wie viele Frauen, Liebe mit Anerkennung gleichsetzen. Sie können alle Erwartungen in diesem Buch erfüllen, jede Regel daraus befolgen, und wenn Ihr Mann es auch gutheißen mag, ist das keine Garantie dafür, daß er Sie liebt. Wenn das so einfach wäre. Andererseits werden Sie vielleicht erfreut sein, folgendes festzustellen: Wenn Sie aufhören, sich so sehr darum zu bemühen, anderen zu gefallen, und eine Identität, die durch ihre eigenen Maßstäbe geprägt wird, entwickeln, sind Sie plötzlich viel liebenswerter - für sich selbst und andere.

Valerie, 35, eine Programmdirektorin für Fernseh-Spielesendungen, war jahrelang davon überzeugt, daß sie ein Niemand war, weil kein Mann sie liebte. Dann traf sie Greg, einen 22-jährigen Lichttechniker, und sie verliebten sich wahnsinnig ineinander. Nun machte sich Valerie Sorgen, daß sie ein Niemand war, weil sie nicht vom „richtigen" Mann geliebt wurde. Greg war zu jung, zu unerfahren und zu arm, um bei ihren Freunden als ein „guter Fang" zu gelten. Wir erklärten Valerie, daß sie in Wirklichkeit solange ein Niemand war, bis sie sich selbst genug liebte, um das zu tun, was für *sie* richtig war. „Lieben Sie ihn?" fragten wir sie. „Ja", antwortete sie. „Macht er Sie glücklich?" „Ja", sagte sie erneut. „Dann hören Sie auf, ihn nach den Erwartungen anderer Leute zu beurteilen", sagten wir lächelnd. „Schaffen Sie sich Ihre eigenen Werte, und lieben Sie sich genug, um sich an sie zu halten." Ob sie nun allein war oder den „falschen" Partner hatte, Valerie konnte erst glücklich werden, wenn sie sich selbst und die Notwendigkeit, ihre eigenen Bedürfnisse zu befriedigen, akzeptiert hatte, ganz gleich, was sie in den Augen der Gesellschaft glücklich machen sollte.

Unsere Studien zeigen, daß ledige Frauen trotz der Frauenbewegung und des Kampfes um Unabhängigkeit immer noch schlechter angesehen sind als ledige Männer. Wir haben herausgefunden, daß es eine Reihe von Gründen für diese Ungleichheit gibt, aber alle laufen auf dasselbe hinaus: den status quo aufrechtzuerhalten. Frauen opfern sich weiter für ihre Männer und bemuttern sie; sie halten sich davon ab, bei der Arbeit mit ihnen zu konkurrieren, in der Hoffnung, dafür geliebt zu werden. Dafür ernten sie Zustimmung. Jeder Mann, der eine Frau wirklich liebt, würde es nicht zulassen, daß sie ein solch selbstschädigendes Verhalten an den Tag legt. Einen anderen zu lieben bedeutet, ihn zufrieden sein zu lassen. Es bedeutet, den Partner Erfolg haben zu lassen!

Obwohl die Dinge nicht so eindeutig sind wie früher, gibt

es im Gegensatz zu den vielen Frauen nur wenige Männer, die die Ehe als Hauptquelle persönlicher Erfüllung sehen. Männer finden ihre größte Selbstbestätigung meistens in ihrer Arbeit. Von einem Mann denkt man selten, „es fehle ihm etwas", wenn er nicht verheiratet ist. Aber eine Frau, die allein bleiben möchte, wird als Bedrohung angesehen. Dies ist besonders dann der Fall, wenn sie nicht nur zu den romantischen Annäherungsversuchen eines Mannes nein sagen, sondern auch auf dem Stellenmarkt mit ihm konkurrieren will, wie es viele Frauen heutzutage tun. Erstaunlicherweise fühlen sich manche Männer immer noch von „zu vielen Frauen" am Arbeitsplatz bedroht. Dadurch wird ihr Ego verletzt. Wie kann ein Mann die gleiche Arbeit machen wie Sie und dabei sein Selbstwertgefühl behalten? Wenn sein Selbstwertgefühl davon abhängt, daß er immer etwas voraus hat, kann er es nicht. Daß Sie gleichen Lohn für gleiche Arbeit bekommen sollten, ist eine Bedrohung für die Identität des Mannes und der Schlüssel für die Ihre.

Vivian, 28, und Angelo, 26, arbeiteten als Biotechniker im gleichen Labor. Es gehörte zu ihren Aufgaben, mit feinem Gewebe und Blutproben zu arbeiten. Angelo übernahm ständig einige von Vivians Aufgaben und sagte z.B. dazu: „Ich weiß, daß Frauen oft schlecht dabei wird" oder „Wir wollen doch nicht, daß dir ein Nagel abbricht, oder?" Auch wenn es Angelo vielleicht gut meinte, waren seine Bemerkungen für Vivian erniedrigend. Sie beinhalteten, sie könne ihre Arbeit nicht genausogut wie ein Mann machen, obwohl sie beide in diesem Fall das gleiche Gehalt bekamen. Wir schlugen Vivian folgendes vor: Wenn Angelo das nächste Mal einen Kommentar abgeben würde, in dem er seiner Überzeugung von der männlichen Überlegenheit Ausdruck gab, sollte sie ihm in Ruhe erklären, was sein Verhalten bei ihr auslöste. Sie sagte, sie wolle es versuchen. Als Angelo ihr anbot, für sie Blutproben zu entnehmen, antwortete sie: „Ich weiß, daß du es gut meinst, aber wenn du die Arbeit für mich machst, habe ich das Gefühl, daß du glaubst, du könntest es besser als ich. Dadurch fühle ich mich unfähig, und ich hasse dieses Gefühl!" Angelo entschuldigte sich und sagte, das sei nicht seine Absicht gewesen. Ob es nun so war oder nicht, dadurch, daß Vivian sein Benehmen und die Auswirkungen, die es auf sie hatte, offen zur Sprache brachte, bereitete sie diesem Zustand ein Ende. Angelo reagierte auf die Bedrohung, daß eine Frau die gleiche Arbeit wie er macht, nicht mehr, indem er ihr einen Teil abnahm, und Vivian fühlte sich gleichwertig.

Wie bei allen Dingen im Leben stehen nicht immer alle auf Ihrer Seite. Lassen Sie sich jedoch dadurch nicht bremsen. Die Wirtschaftszeitung <Daily Commerce> berichtete über Clarence Pendleton Jr., Vorsitzender der US-Kommission für Bürgerrechte, der gesagt haben soll, daß die Idee von gleichem Lohn für vergleichbare Arbeit wohl die „irrsinnigste Idee seit Bugs Bunny" (eine Figur aus einem Zeichentrickfilm) sei. Gleichwertigkeit bedeutet, daß Menschen an verschiedenen Arbeitsstellen aber mit vergleichbaren Fähigkeiten das gleiche Gehalt bekommen sollten. Diese Zeitung berichtete auch über den größten Rechtsstreit, den es je in der Geschichte des Landes in bezug auf die „kontroverse Theorie" bezüglich gleichen Lohns für gleichwertige Arbeit gegeben hatte, in dem es um die Diskriminierung von Frauen bei Löhnen ging. Die Klage wurde im November 1984 von der Kalifornischen Arbeitergewerkschaft gegen die Verwaltung des Gouverneurs George Deukmejian vorgebracht und bezog sich auf die Diskriminierung bei der Bezahlung von mehr als 37.000 damals beschäftigten Beamtinnen

Wir möchten den Mythos dahingehend ändern, daß „Sie ein Niemand sind, bis ein Mann Sie bezahlt." Solange Sie glauben, daß Sie Anerkennung, aber kein Geld von unserem System zu bekommen haben, solange sind die Männer sicher. Sie sind „gut", und der Mann ist reich. Haben Sie je daran gedacht, Sie könnten die falsche Wahl treffen?

Mit diesem Buch möchten wir Ihnen helfen, sich für Jemanden zu halten, ohne die Anerkennung anderer zu brauchen. Wenn Sie diese Art von Selbstliebe erreichen, werden andere Sie auch lieben.

Innere versus äußere Maßstäbe für die Identität: Die „Wähler" und die „Gewählten"

Wie unsere Patientin Margret B., die ihre Identität nur durch die Augen der Männer finden wollte, schauen Sie vielleicht genauso in die falsche Richtung, wenn Sie außerhalb Ihrer Person suchen. Wie können Sie Ihre Identität außerhalb Ihrer

Person finden? Ihre Identität können Sie nur in Ihrem Innern finden. Der Psychologe Leo Buscaglia macht in seinem Buch <Leben, Lieben und Lernen> die schöne Aussage, daß wir nur wahre Identität erfahren können, wenn wir zu dem werden, wer wir sind, nicht aber, wenn wir das werden, was andere aus uns machen wollen. „Es gibt so viele Menschen, die versuchen, uns zu dem zu machen, was sie wollen. Nach einer Weile geben wir einfach auf und entscheiden, daß das vielleicht die sogenannte Anpassung ist. Zum Himmel nochmal! Hie und da wird jemand sich auflehnen und sagen: <Nein! Ich werde nicht das, was du aus mir machen willst. Ich bin ich und ich werde so bleiben. Ich will der Mensch werden, der ich wirklich bin>."

Innere Maßstäbe beinhalten, daß Sie Regeln befolgen, die Sie aufstellen und die Sie zufriedenstellen. Äußere Maßstäbe beinhalten, daß Sie Regeln befolgen, die jemand anderer zu seinem Vorteil aufstellt. Wenn Sie sich nach den Regeln anderer richten, führt dies zu einem schrecklichen Verlust Ihrer Identität. Regeln zu finden und zu schaffen, die gut für Sie sind, kostet Mühe und Durchhaltevermögen, aber die Belohnung in Form einer starken und liebenswerten Identität ist es wert.

Die Schriftstellerin und Kolumnistin Eda Le Shan beschreibt in ihrem Buch <How to Survive Parenthood>, wie jede Frau sich auf den Weg zur Unabhängigkeit ihre eigene Identität bestimmen muß. „Wir lernen, daß es keine einfachen Muster oder leichten Definitionen mehr gibt. Jede Frau muß selbst herausfinden, wer und was sie ist, welche besonderen Qualitäten sie hat, und was ihr das Gefühl gibt, weiblich zu sein. Passivität und Schwäche sind nicht die Eigenschaften einer femininen Frau; Hingabe zu Küche und Kinderzimmer dienen auch nicht besser zur Definition unserer selbst. Wo und was ist das undefinierbare Etwas, das unsere feministischen Großmütter unbedingt aufgeben wollten, und vor dem wir Angst haben, es uns zurückzuholen?"

Wie Sie wohl schon sehr gut wissen, ist es unmöglich, herauszufinden, wer und was Sie wirklich sind, wenn Sie unter dem <Braven-Mädchen-Syndrom> leiden. Die äußere Konditionierung, auf der das Syndrom beruht, macht jeden Versuch der Selbstverwirklichung zunichte. Wenn Sie ein

<braves Mädchen> sind, werden Sie niemals wissen, wer Sie wirklich sind - nur, was andere in Ihnen sehen.

Unsere Studien haben gezeigt, daß man Frauen, die ihre Identität bestimmen, in zwei Kategorien einteilen kann. Frauen, die ihre Identität in erster Linie nach von Männern geschaffenen äußeren Maßstäben ausrichten, gehören zu der Kategorie, die wir die „Gewählten" nennen. Sie gehen durchs Leben, dürstend nach der Anerkennung durch Männer oder sonstige Autoritätspersonen und sehnen sich danach, auserwählt zu werden. Sie bauen Luftschlösser, sind Samariter und warten sehnsüchtig auf den „richtigen" Mann, der etwas aus ihnen macht und sie zu schätzen weiß. „Wenn nur der Richtige mal käme", seufzen sie. Sie betrachten sich als ungeschliffene Diamanten und warten darauf, daß eine männliche Hand sie in die glitzernden Juwelen verwandelt, die sie in Wahrheit sind. Sie warten und hoffen ihr ganzes Leben lang, beklagen sich endlos darüber, daß es keinen Mann gibt, der ihren Wert vollkommen zu schätzen weiß. Das Warten darauf, auserwählt zu werden, wird zur Sucht, zum Lebensstil und Lebenssinn. Der Kitzel der Phantasie, von jemandem enthüllt zu werden, der die „wahre" Frau ans Licht bringen kann, diese Begeisterung hält die Frauen davon ab, jemals aus sich herauszugehen. Leider gibt es keinen sterblichen Mann, der den Frauen die Identität geben kann, nach der sie sich sehnen. Stattdessen kommt es oftmals zu einer ganzen Reihe enttäuschender Beziehungen.

Isabell, eine 32-jährige Produktionsassistentin der Film- und Fernsehindustrie hatte eine endlose Reihe gescheiterter Beziehungen hinter sich. Sie sprach mit kindlicher Freude davon, wie wunderbar ihr nächster Mann sein würde. Um das „Romantische" jeder neuen Beziehung zu bewahren, überließ sie das Kennenlernen immer dem Zufall. „Wenn es passiert, dann passiert's", war Isabells Motto. Es „passierte" ständig, aber ihre neuen Freunde machten sie nie lange glücklich. Schließlich stellten wir ihr die entscheidende Frage: „Warum hören Sie nicht damit auf, alles dem Zufall zu überlassen? Warum suchen Sie nicht nach dem Mann, den Sie sich wünschen, und bemühen sich dann um ihn?" „Ich?" schnappte sie nach Luft. „Ich soll mich einem Mann an den Hals werfen? Lieber würde ich sterben!" Leider müssen wir sagen, daß Isabell über unseren Vorschlag so entsetzt war, daß sie sich nie wieder bei uns blicken ließ. Die Tatsache, daß wir sie durchschaut hatten, war ihr anscheinend wichtiger, als einen Mann zu finden, mit dem sie eine ehrliche und partnerschaftliche Beziehung eingehen konnte. Solange Isabell an ihrer Verwandlungsphantasie festhält und sich danach sehnt, von dem Helden Henry Higgins auserwählt zu werden, der aus ihr eine <Fair Lady> macht, solange wird sie verloren sein. Sie können Ihr wahres Ich nicht in den Augen eines anderen finden, ganz gleich, wie oft man Sie auswählt.

Die andere Kategorie von Frauen nennen wir die „Wähler". Anstatt sich danach zu sehnen, auserwählt zu werden, möchten diese Frauen selbst aussuchen. Sie sind Suchende und Abenteurer und warten nicht darauf, daß ein Mann in ihr Leben tritt, um etwas zu verändern. Sie holen sich, was sie wollen. Sie suchen sich ihre Partner, ihre Karriere und ihren Lebensstil selbst aus. Sie machen sich ihr eigenes positives Bild von sich und handeln dementsprechend.

Wir arbeiteten einmal mit Bunny, 59, einer depressiven Frau, die von Unterhalt und Invalidenrente lebte, welche sie aufgrund einer chronischen Lungenkrankheit erhielt. Sie gehörte früher zu den „Gewählten" und war dann zu den „Wählern" übergegangen. Bunny war jemand, der dadurch Eindruck schindete, daß sie ständig angebliche prominente Bekannte erwähnte. Sie umriß kurz den Lebenslauf jeder wichtigen Persönlichkeit, die sie erwähnte, damit ihre Gesprächspartner auch wußten, über wen sie redete. Zwanzig oder dreißig Namen in der Stunde spukte sie vergnügt aus. Meistens waren es Personen, die sie noch nie getroffen hatte, und die meisten davon waren Männer. „Ich kenne die herrlichsten, unglaublichsten Menschen der Welt", pflegte sie zu sagen. „Bei allen bin ich sehr beliebt, alle sind so wunderbar!" Immer wenn sie Anerkennung erntete, übertrieb sie noch mehr. „Viele von ihnen wollten mich heiraten. Stellen Sie sich das mal vor! All diese bedeutenden Männer hatten es auf mich abgesehen." Sie verwendete all ihre Energie darauf, ihr Selbstwertgefühl zu steigern, indem sie vorgab, all jene bedeutenden Männer zu kennen, die sie erwähnte. Da diese männlichen Berühmtheiten sie zum Kumpel ausgewählt hatten, mußte sie es wert sein, daß man sie kennt. Wir wußten, daß hinter der Fassade eine Frau steckte, auch wenn man nur die eindrucksvollen Menschen sehen konnte, über die sie unaufhörlich sprach, und die ihr ihre Identität gaben. Eines Tages stellten wir ihr eine Frage, durch die wir Einblick erhielten, wie Bunny wirklich war: „Wenn Sie so viele wunderbare Freunde haben, warum sind Sie dann so unglücklich?" Zuerst war sie über die Frage überrascht. Dann fing sie zu weinen an. „Ich *hasse* diese Leute", schluchzte sie. „Sie scheren sich einen Dreck um mich." Dann fragten wir sie: „Glauben Sie, daß Menschen, die sich nicht um andere scheren, nette Menschen sind?" „Nein", antwortete sie. „Sind Sie ein netter Mensch?" fragten wir. Bunny nickte und lächelte, als sie sah, worauf wir hinauswollten. „Ich glaube, diese Menschen sind in Wirklichkeit gar nicht so toll, nicht wahr?" sagte sie. Als Bunny zu dieser Einsicht gekommen war, wurde ihr klar, daß sie in Wirklichkeit besser war als fast alle diese Menschen auf der Namensliste, mit denen Sie all die Jahre angegeben hatte. Von diesem Augenblick an beschloß sie, sich neue Freunde zu suchen, - Freunde, die zu ihr als fürsorgender Mensch paßten.

Wenn Sie Ihre Kriterien für Ihr Selbstwertgefühl ändern, wie es Bunny tat, indem sie mehr Wert auf ihre menschlichen Charakterzüge, nämlich Liebe und Fürsorge, legte als auf die Berühmtheit der Namen in ihrem Adressbuch, dann werden Sie den Maßstab für Ihre Identität verschieben, nämlich von der Außenwelt, in der die Anerkennung der anderen dominiert, in die Innenwelt, in der Sie selbst sich Anerkennung schenken. Im Verschieben liegt der ganze Unterschied. Dann haben Sie sich nämlich die Macht angeeignet, sich selbst zu verwirklichen.

Ihr Selbstbild als Energiequelle: Die Macht der Selbstverwirklichung

Jeder Mensch hat die Macht, sich zu verwirklichen, - die Macht, sich seine eigene Identität zu schaffen. Auf den folgenden Seiten werden wir Ihnen helfen, diese Macht zu stärken, und mit ihrer Hilfe das Beste aus sich zu machen. Die Folge davon ist, daß Sie noch mehr zu geben haben!

Um anderen etwas geben zu können, sollten Sie so mächtig, positiv und großartig wie möglich sein. Je mehr Sie haben, desto mehr können Sie geben! Da die unerschöpfliche Energie, die in Ihnen steckt, von Ihrem Selbstbild abhängig ist, benötigen Sie ein starkes und positives Ich, um etwas zu besitzen, das es wert ist, anderen geschenkt zu werden. Dabei möchten wir Ihnen helfen.

In einer klassischen Studie der Sozialpsychologie wurde Kindern ein Film gezeigt, in dem eine Person eine andere mit Geschenken überhäuft. Am Ende des Filmes fragte man die Kinder, welche von den beiden Personen sie lieber sein wollten. Sehr zum Erstaunen der Wissenschaftler wollte die überragende Mehrheit der Kinder die Person sein, die *schenkte,* und nicht die, die Geschenke bekam. Derjenige, der Belohnungen austeilt, hat die Macht. Derjenige stellt die Regeln auf. Frauen, die sich für eine Königin auf einem Podest halten, weil sie Männer haben, die sie unterstützen, sind in Wirklichkeit machtlos. Ohne Macht hat man nur wenig Energie, mit der man sich eine eigene Identität schaffen kann.

Ein gutes Beispiel dafür, wie schön ein solches Podest sein kann, gibt Ihnen die Geschichte einer unserer Freundinnen. Gloria W., ein 35-jähriges „Hauskätzchen", redete viel über ihre Ehe - eine Ehe, die „zu gut" war, um aus ihr auszubrechen. Ihr Mann Clem tat alles für sie. Er stellte ein Dienstmädchen ein, das sich um das Haus kümmerte, einen Babysitter, der immer für die Kinder da war, gab ihr die Erlaubnis, so viel Geld auszugeben, wie sie wollte, kaufte ihr herrliche Kleider und wunderschönen Schmuck und bestand darauf, daß sie lange, teure Urlaube an exotischen Plätzen machte. „Warum kann ich das keinen Augenblick länger ertragen?" fragte sie uns. Für uns war es offensichtlich, daß ihr Mann ihr die Macht nahm, eigene Entscheidungen zu treffen. Er beraubte sie der Macht, sich selbst zu verwirklichen. Er hielt sie wie einen Vogel in einem goldenen Käfig, und sie fühlte sich schließlich gefangen. Schließlich machte sie das nicht mehr mit und bestand darauf, selbst etwas Geld zu verdienen. Eine ihrer Freundinnen hatte gerade ein neues Geschäft eröffnet und war von Glorias Haltung und Charme so angetan, daß sie ihr eine Stelle als Empfangsdame anbot. Ihr Mann war darüber sehr aufgebracht. Er sagte zu Gloria: „So soll meine Frau nicht sein. Mein Vater hat meine Mutter nie arbeiten lassen, und so will ich es auch bei meiner Frau halten." Der Versuch unserer Freundin, ihre Identität zu finden, geriet in Konflikt mit dem Gefühl ihres Mannes für seine eigene Identität. Sie mußte sich davon, wie ihr Mann sie sah, freimachen, und so trennten sie sich. „Es ist unglaublich, wieviel mehr Energie ich jetzt habe", erzählte sie uns kürzlich. „Seit ich begonnen habe, mein eigenes Leben zu führen, anstatt nur Clems Haustier zu sein, habe ich ein völlig neues, wunderbares Gefühl für mich selbst bekommen."

Nur Sie können sich erkennen. Lassen Sie Ihr Ich nicht durch einen anderen für Sie bestimmen. Die Schriftstellerin Carson McCullers spricht in ihrem Buch <The Member of the Wedding> scharfsinnig die Subjektivität der Realität an. Sie geht darauf ein, in welcher Weise das Aussehen der Welt davon abhängt, *wer* sie beobachtet. „Ich sehe einen grünen Baum. Und für mich ist er grün. Und du würdest den Baum auch als grün bezeichnen. Und wir sind uns darüber einig. Aber ist die Farbe, die du als grün siehst, die gleiche Farbe, die ich als grün ansehe? Oder sehen wir beide zum Beispiel die Farbe schwarz? Wie aber sollen wir wissen, daß das, was du als schwarz siehst, die gleiche Farbe ist, die ich als schwarz sehe?"

Das können Sie darauf anwenden, wie man Sie vielleicht sieht. Ein Mann sieht Sie. Und für ihn sind Sie eine Frau. Und Sie würden sich auch als eine Frau bezeichnen. Aber sehen Sie sich als die gleiche Frau, die der Mann sieht? Wenn es so ist, wollen Sie sich vielleicht Gedanken darüber machen, wer Sie wirklich sein möchten.

Sie haben die Macht, alles aus sich zu machen, was Sie wollen, und sich so zu sehen, wie auch immer es Ihnen gefällt. Stellen Sie sich zunächst solche Fragen, wie wir sie im nächsten Abschnitt aufgelistet haben, um zu bestimmen, wieviel an Ihnen nur das Abbild eines anderen ist, und inwieweit Sie wirklich Sie selbst sind. Wenden Sie dann die am Ende des Kapitels aufgeführten Strategien an, um sich eine eigene Identität zu schaffen - eine Identität, die nicht das Abbild der Erwartung eines anderen ist, sondern eine Identität, die von innen kommt!

Woran Sie erkennen, ob Sie es den Männern überlassen, Ihre
Identität zu definieren

Viele Frauen sind sich nicht bewußt, daß vieles an ihrem
Wesen vielleicht durch die Erwartung, die die anderen an sie
haben, geprägt ist. Damit Sie sich ein klares Bild vom
derzeitigen Ursprung Ihrer Identität machen können, müssen
Sie sich selbst sorgfältig prüfen. Was sehen Sie, wenn Sie
sich betrachten? Setzen Sie Ihre Energie dazu ein, sich zu
verwirklichen? Oder sehen Sie sich noch mit den Augen der
Männer? Hier finden Sie eine kurze Aufzählung, die Ihnen
helfen soll, diese Fragen zu beantworten.

• Fühlen Sie sich toll, wenn andere Ihnen Komplimente
machen, und sind am Boden zerstört, wenn sie es nicht tun?
• Beziehen Sie sich bei einer Unterhaltung immer auf die
Meinung von Männern? („Mein Freund meint ...", „Mein
Mann glaubt ...", „Marvin sagte immer ...")
• Suchen Sie bei anderen ständig Bestätigung? („Meinst du
nicht auch ...?", „Verbessere mich, wenn ich falsch liege,
John, aber ...", „Was meinst du dazu?")

   Delores Mutter starb bei ihrer Geburt. Delores Vater war
ein mächtiger, charismatischer und von sich eingenommener
Methodistenpfarrer. Seine Worte waren ihr heilig. Als Erwachsene mit 26 Jahren erwartet sie von anderen Männern in
ihrem Leben die gleiche bestimmende Tyrannei und wartet
darauf, daß die Männer ihren Wert als Mensch bestätigen.
Nun hat sie Schwierigkeiten in ihrer einjährigen Ehe mit
Derrick, der es satt hat, daß sie sich „in ihrer Abhängigkeit
wie eine Klette an ihn klammert." In unserer Partnerberatung
drückte er es so aus: „Ich habe das Gefühl, ich werde erdrückt. Sie kann nicht einmal ins Bad gehen, ohne mich
zuerst zu fragen. Ich bin ihr Mann und nicht ihr Papi."
„Derrick hat früher nie so gedacht", sagte Delores und
wandte sich dabei an ihren Mann. „Nicht wahr, Liebling?"
fragte sie und suchte seine Bestätigung. Die kleinen Dinge
spiegeln die großen wider, und wir waren sicher, daß
Delores sich zuhause genauso benahm, wie sie es in unserer
Praxis tat. Bei allem, was sie tat, wandte sie sich an ihren
Mann und wartete auf dessen Bestätigung. „Am Anfang

dachte ich, du seist eine tolle Frau", antwortete Derrick. Delores brach in Tränen aus. Wir konnten ihr fast am Gesicht ablesen, was sie dachte: „Wenn Derrick dachte, daß ich damals toll war, muß ich es wohl gewesen sein.Wenn er meint, daß ich jetzt nichts Besonderes mehr bin, dann stimmt es auch."

Delores hatte keine eigene Identität, die unabhängig war von Derrick. Wir erklärten ihr, daß sie aufhören mußte, ihr Denken immer nach Derrick auszurichten, wenn sie ein Gefühl für ihr eigenes Ich bekommen wollte. Sie sollte sich jedesmal bremsen, wenn sie sich dabei ertappte, Derrick als Bezugspunkt oder als Mittel zur Bestätigung zu nehmen. Stattdessen sollte sie für *sich selbst* sprechen, als ob ihre Gefühle Bestätigung genug wären für das, was sie sagte. Am wichtigsten war jedoch, sie sollte erkennen, daß sie immer nur so gut war, wie *sie* selbst zu sein glaubte. Sie könnte auf der Stelle beginnen, sich besser zu fühlen, indem sie sich einfach sagte: „Ich bin ein ganz toller Mensch!" Delores hörte damit auf, ihre Identität bei Derrick zu suchen, und entfaltete sich zu einer eigenständigen Persönlichkeit. Lachend erzählte sie uns: „Ich glaube, das ist das, was Sie <jemandem seinen Freiraum lassen> nennen. Wenn man sich Freiraum für sich selbst schafft, anstatt düster auf den der anderen zu blicken, dann gibt man ihnen dadurch auch mehr Raum, um sich zu entfalten."

• Bestellen Sie ein kleines Gericht, wenn ein Mann Sie ausführt, auch wenn Sie lieber ein komplettes Menue nehmen möchten?
• Spielen Sie das „Schmusekätzchen" im Schlafzimmer?
• Werden Sie von Schuldgefühlen erdrückt, wenn Sie sich vor einer Hausarbeit drücken?

Frances, 41, klagte uns, daß sie das Gefühl hatte, ein „Niemand" zu sein. „Als Ken und ich vor etwa 20 Jahren heirateten", sagte sie, „da glaubte ich, es sei *etwas,* eine Frau zu sein. Vor kurzem aber ist mir klargeworden, daß ich nur etwas bin *in Verbindung* mit anderen. Ich allein bin gar nichts. Alles, was ich tue, tue ich für Ken und die Kinder. Wenn sie plötzlich alle bei einem Autounfall umkämen, was wäre *ich* dann ohne sie?" „Was würden Sie denn gerne sein?" fragten wir Frances. „Eine eigenständige Persönlichkeit", antwortete sie. „Jemand, der das bestellt, was er will, wenn er mit jemand anderem essen geht; jemand, der auslebt, was ihm beim Sex gefällt, der nicht an den Herd gekettet ist, der nicht dumm oder schön tun muß, um Aufmerksamkeit zu erregen..." Frances´ Liste war lang. Als sie damit fertig war, fragten wir sie, was sie daran hinderte, all diese Dinge jetzt zu tun. Ihre Antwort war einfach und kam sofort: „Ken", sagte sie. „Er will, daß ich so bin, wie ich bin." „Mit anderen Worten", sagten wir, „er will, daß Sie sich so sehen, wie er Sie sieht." Frances lächelte. „Von diesem Gesichtspunkt habe ich es noch nie betrachtet", sagte sie.

Mit dieser neuen Perspektive gewappnet, baten wir sie, sich jedesmal aufzuschreiben, wenn sie etwas tat, um Kens Erwartungen anstatt ihre eigenen zu erfüllen; sie sollte auch die Situation und die Tätigkeit dazu vermerken. Wir fanden bald heraus, daß Frances sich am häufigsten so sah, wie Ken sie sah, wenn sie um 6 Uhr abends in der Küche stand und ihm sein Essen machte. „In dieser Situation behandelt er mich wie eine Schnellköchin", sagte sie. „Gib mir, *was* ich will, *wenn* ich es will, und mach ein bißchen fix!" Wir sagten Frances, sie solle sich in solchen Situationen durchsetzen und ihrem Mann zu essen geben, was *sie* wollte, selbst wenn es ihr Leibgericht war oder nur Cracker. Noch besser, sie sollte ihn auch mal selbst kochen lassen. Dann würde er schon sehen, wie man sich fühlt, wenn man sich selbst so sieht, wie er seine Frau betrachtete.

• Fühlen Sie sich wertlos, wenn Ihnen der Mann in Ihrem Leben keine Komplimente oder Geschenke macht?
• Warten Sie immer darauf, daß man Ihnen die Erlaubnis gibt, etwas zu tun, was Ihnen ohnehin zusteht?
• Glauben Sie den Worten der Männer, wenn diese sagen: „Das ist typisch Frau" oder „Frauen haben es nicht verdient, autozufahren"?

Marjorie, die mit 37 Jahren immer noch fest davon überzeugt war, daß sie so war, wie die Männer sie sahen, verriet uns: „Mein Vater starb, bevor ich auf die Welt kam. So hatte ich keinen wirklichen Mann, an den ich mich wenden konnte. Also mußte ich in meiner Phantasie einen

Vater erfinden, der so war, wie ich ihn aus Filmen, den Berichten von Freundinnen kannte, und vor allem wie die katholische Kirche mir sagte, daß der größte aller Väter, nämlich Gott, war. Für mich waren Gott, die Väter, überhaupt alle Männer wohlwollende Diktatoren, die liebevoll waren, wenn ich gehorchte, die aber sehr zornig und wütend waren, wenn ich es nicht tat. Mein einziges Ziel auf Erden war, sie zufriedenzustellen." Als Folge hiervon hatte Marjorie solch ein Vertrauen in das Urteil von Männern, daß sie alles glaubte, was sie sagten. „Wenn ein Mann sagt, ich sei faul, dann glaube ich es, ganz gleich, wie hart ich arbeite. Wenn er sagt, ich könne mir kein neues Kleid leisten, glaube ich das, ohne Rücksicht auf mein Bankkonto. Wenn ein Mann sagt, ich sei ein Versager, nehme ich ihm das voll ab, gleichgültig wie intelligent, fähig, liebenswert oder attraktiv ich bin."

Wir sagten Marjorie, sie solle anfangen, sich nach ihren eigenen Maßstäben zu beurteilen, damit die Männer sie so sehen würden, wie sie sich selbst sah, und wie sie von anderen gesehen werden wollte. Wir fragten Marjorie, welche Bezeichnung, die ihr die Männer angehängt hatten, sie am meisten beleidigte und ihr wahres Ich verzerrte. „Daß ich dumm bin", antwortete Marjorie. „Wenn ich nicht das tue, was sie von mir erwarten, bezeichnen mich die Männer immer als dumm, hohlköpfig und eine dumme Kuh." Marjories erste Übung bestand darin, ihr wahres Ich *herauszukehren,* indem sie den Männer unverblümt sagte, daß sie klug war, und zwar mit taktvollen Kommentaren wie z.B.: „Ich bin wirklich gut im Rechnen" oder „Ich bin ein guter Menschenkenner" oder „Ich war schon immer gewandt, wenn es um wichtige Dinge ging." Es dauerte nicht lange, bis sie den Dreh heraushatte, und als sie sich als sehr intelligent bezeichnete, wußten wir, daß wir zu ihr durchgedrungen waren.

• Kümmern Sie sich zwanghaft um den Haushalt?
• Haben Sie Angst, daß ein Mann Sie nicht akzeptiert, wenn Sie ab und zu einen Babysitter kommen lassen?
• Fragen Sie Ihren Mann oder Geliebten immer: „Was soll ich anziehen?"
• Bleiben Sie zuhause, wenn Sie keinen Partner haben, weil

Sie Angst davor haben, was die anderen denken könnten, wenn Sie alleine leben?

Als Rebecca, 28, allein lebte, traf sie sich nur mit wenigen passenden Männer, da sie sich darüber in Angst versetzte, was diese denken könnten, wenn sie wüßten, daß sie alleine lebte. „Ich wußte einfach, daß sie denken würden, ich lebte allein, weil mich niemand wollte", vertraute sie uns an. „Also ging ich nicht weg, weil ich nicht riskieren wollte, als komisch abgestempelt zu werden." Da Rebecca auf diese Weise ihre Auswahl begrenzte, heiratete sie schließlich Willie, einen Vertreter im Außendienst, den sie zwar einen „netten Kerl" nannte, aber nicht liebte. Nun fragt sich Rebecca immer noch, was die Leute wohl von ihr denken, wenn sie ihr Haus, aus Angst, Willie könnte denken, sie „tauge nichts", in ein Gefängnis verwandelt, wenn sie einen Babysitter kommen läßt oder gelegentlich ausgeht, wenn er auf Reisen ist. So füllt sie ihren Tag damit aus, wie eine Besessene das Haus zu putzen, jedem Blatt nachzurennen, bevor es auf den Gehweg fällt, oder die Möbel so sehr zu wachsen, daß der Firn abgeht. Rebecca spricht sich das Recht ab, dahin zu gehen, wo sie möchte und wann sie möchte, da sie dieses Recht für nicht feminin hält.

Wie wir es bei so vielen anderen Patientinnen auch tun, fragten wir Rebecca einfach, was sie *gerne* tun würde. „Allein ins Kino gehen und deswegen nicht das Gefühl haben, ein furchtbar schlechter Mensch zu sein", antwortete sie. Wir machten dies zu ihrem vorrangigen Ziel und gaben ihr die Erlaubnis hierzu. Wir sagten, *wir* würden sie bewundern und als unabhängig betrachten, wenn sie das schaffen würde. Wir freuen uns, sagen zu können, daß Rebecca dieses Ziel erreichte und sich dann noch viele andere gesetzt und auch erfüllt hat, die ihr alle ein besseres Gefühl für ihre Identität und ihren Selbstwert gaben.

Wenn irgendwelche der obigen Verhaltensweisen auf Sie zutreffen, müssen Sie vielleicht mehr Energie darauf verwenden, sich eine unabhängige Identität aufzubauen. Ihre Energie wird größer, wenn Sie sich mit Ihren eigenen Augen statt den Augen anderer sehen.

Warum Frauen sich an Männer wenden, um sich selbst zu definieren

Untersuchen wir jedoch zunächst einmal, warum Sie sich vielleicht von Männern sagen lassen, wer Sie sind. Auch wenn Sie Ihre Identität aufgeben, hat das einige Vorteile für Sie. Wir haben hier einige der Gründe aufgeführt. Kommen Ihnen einige davon vertraut vor?

• Sie können Männern die volle Verantwortung für Ihr Selbstbild geben.
• Sie müssen nicht das Risiko eingehen, sich zu ändern oder die Sicherheit zu verlieren, die Sie bereits haben.
• Sie können Ihr Leben von den Männern bestimmen lassen, deren Meinung sie teilen.
• Es ist immer einfacher, auf andere zu hören, als für sich selbst zu denken.
• Sie fühlen sich großartig, wenn Ihnen jemand, den Sie für überlegen halten, zulächelt.
• Sie müssen sich solange keine Gedanken über die Konsequenzen Ihres Verhaltens machen, wie Sie die Erlaubnis eines anderen haben. Wenn etwas schiefgeht, ist es dessen Fehler.

Wir erinnern uns an Sallys Fall, einer Frau Anfang 50, die immer noch jedesmal ihren weit entfernt wohnenden Vater anrief, wenn sie auch nur die kleinste Entscheidung treffen mußte, angefangen vom Umstellen ihres Bettes bis hin zur Farbe ihres Badezimmers. Sie suchte eigentlich keinen Rat; sie wollte *Zustimmung*. Sie wußte, was sie tun würde, ehe sie anrief, aber mit dem Segen ihres Vaters war es in Ordnung, etwas Falsches zu tun. Wenn sie das Bett verstellte und sich erkältete, da es zu nahe an einem Fenster stand, dann war es seine Schuld, weil er ihr die Erlaubnis gegeben hatte. Diese Methode funktionierte so lange, bis ihr Vater ihr die Erlaubnis gab, Geld in etwas zu investieren, was sich später als Fehlinvestition erwies. Nachdem sie ihr Geld verloren hatte, stellte sie fest, daß es wirklich gleichgültig war, wessen Schuld es war.

• Wenn Sie die Meinung eines anderen übernehmen, haben

Sie das Gefühl, zu etwas zu gehören, das größer ist als Sie.

Wie wir soeben beschrieben haben, gibt es viele Gründe dafür, andere bestimmen zu lassen, wer Sie sind. Faulheit und die Vermeidung der Verantwortung sind neben der Anerkennung von denen, deren Erwartungen wir erfüllen, die herausragendsten Gründe. Wir hoffen jedoch, Ihnen gezeigt zu haben, daß diese Belohnungen viel weniger wert sind als das wunderbare Gefühl der Selbstbestimmung, das sich einstellt, wenn man sich seine eigene Identität schafft!

Wie Sie sich Ihr eigenes Selbstbild schaffen können

In diesem Abschnitt werden wir Ihnen zeigen, *wie* Sie dieses herrliche Gefühl erleben können, das aufkommt, wenn Sie sich mit Ihren eigenen Augen sehen, statt sich so zu sehen, wie die anderen Sie haben wollen. Sie werden sich Ihrer eigenen Idenität anvertrauen, indem Sie Ihre Reaktionen kontrollieren und über die negativen Einflüsse anderer erhaben sind. Hier sind einige Beispiele, die Sie motivieren sollen.

• Machen Sie es wie Frances, um eine von Ken unabhängige Identität zu erlangen. Führen Sie ein Tagebuch. Wenn Sie das Gefühl haben, daß Ihre Identität durch die Meinung eines Mannes, wie Sie sind oder sein sollten, beeinflußt ist, notieren Sie den Vorfall in ein kleines Notizbüchlein. Notieren Sie das Ereignis, das Datum, die Uhrzeit, den Ort und was Sie gerade gemacht haben. Nach ein paar Tagen werden Sie feststellen, daß sich ein Muster abzeichnet: Es gibt bestimmte Zeiten, in denen Sie sich leichter beeinflussen lassen, z.B. wenn Sie Ihre Tage haben, am Abend, bei der Arbeit oder während Sie mit dem Partner schlafen. Es ist wichtig, daß Sie sich in solchen Situationen mit selbstaufwertenden Worten ermutigen, wie z.B.: „Ich bin so, wie ich sein will" oder „Ich bin so, wie ich mich sehe." Solche Worte geben Ihnen die Macht der Selbstbestimmung, eine Macht, die Sie die ganze Zeit besaßen, aber an andere abgegeben hatten.

• Hören Sie auf, sich Dinge zu verwehren, weil Sie Ihren Wunsch nach diesen Dingen für nicht feminin halten. Wenn

Sie wie Gloria W. Ihr eigenes Geld verdienen möchten, auch wenn Ihr Mann es nicht für nötig hält, daß Sie arbeitengehen, lösen Sie sich von seiner Definition über Sie und nehmen eine Arbeit an. Bestellen Sie in einem Restaurant, was und wieviel Sie möchten. Lassen Sie das Geschirr liegen - lassen Sie es die Männer spülen, während Sie sich ausruhen.

• Vergessen Sie Ihre Identität als die perfekte Hausfrau und unterbrechen Sie Ihre Arbeit, ob Sie nun gerade das Geschirr abtrocknen oder sonstige Hausarbeit verrichten, wie Margret B. es tat. Gehen Sie joggen, machen Sie einen Spaziergang, gehen Sie ins Kino oder sehen Sie fern. Dadurch brechen Sie aus der Rolle aus, in die Sie sich von Männern haben zwängen lassen.

• Pflegen Sie Freundschaften und schließen Sie sich Gruppen an, die Sie so sehen, wie Sie gesehen werden möchten. Anschluß an gleichgesinnte Menschen hat schon große Bewegungen und soziale Veränderungen bewirkt.

• Machen Sie sich keine Gedanken darüber, was Männer von Ihnen denken, wenn sie Sie allein in der Öffentlichkeit sehen. Sehen Sie es wie Rebecca und betrachten Sie es als einen Akt bewundernswerter Unabhängigkeit, allein ins Kino zu gehen. Sagen Sie sich, daß es großen Spaß macht, alleine auszugehen - Männer tun das andauernd. Setzen Sie sich durch. Seien Sie Sie selbst.

• Ignorieren Sie die Erwartung anderer, daß Frauen schüchtern, demütig und passiv sein *sollten*. Es ist in Ordnung, andere wissen zu lassen, wenn Sie etwas wollen. Sie könnten sogar versuchen, eine Anzeige in einem Kontaktmagazin zu veröffentlichen oder Freunden zu sagen, daß Sie Zeit haben, sich zu verabreden.

• Sagen Sie sich selbst: „Ich bin hübsch.", - wie May es tat, um sich Männern gegenüber attraktiver zu fühlen. Sie müssen keine 18 sein, um attraktiv zu sein. In letzter Zeit stellen die Medien Frauen mit 40, 50 und 60 Jahren als vital, hübsch und sexy heraus. Plötzlich interessieren sich die Männer auch für ältere Frauen, nicht aus biologischen

Gründen, sondern einfach wegen der Medien. Glauben Sie, daß Sie hübsch sind, erwarten Sie, daß man Ihnen als hübsche Frau begegnet, und das Ergebnis wird verblüffend sein.

• Lehnen Sie es ab, sich Sorgen darüber zu machen, ob Sie und Ihr Partner das „richtige” Alter haben, um eine Beziehung miteinander einzugehen. Lernen Sie, wie Valerie es tat, daß Liebe und die Fähigkeit, daß jeder die Bedürfnisse des anderen befriedigt, die wichtigsten Faktoren einer guten Beziehung sind. Früher wurden die Männer nach der jugendlichen Schönheit ihrer Frauen und Frauen nach den materiellen Erfolgen ihrer Männer beurteilt. Von Männern wird erwartet, bei ihren Partnerinnen auf Schönheit zu schauen, und Frauen sind aufs Geld aus. Eine Frau, die ein anderes Wert-System einführt, die einen Mann wegen seines guten Aussehens oder seiner Feinfühligkeit wählt, stellt eine wahre Herausforderung für das alte System dar, welches auf Macht und Beherrschung, die durch Geld verkörpert werden, gegründet war.

• Versuchen Sie die Strategie, die Vivian bei Angelo angewendet hat, um als gleichwertig angesehen zu werden. Jedesmal, wenn ein Mann eine Bemerkung macht, die zeigt, daß er Sie vorschnell aufgrund seiner Vorstellung von Frauen und nicht als Mensch beurteilt, („Du wirst das nie verkraften” oder „Das ist Männerarbeit” oder „Hier ist ein logisches Denken gefragt”), machen Sie ihn auf sein Benehmen aufmerksam. Sagen Sie ihm, daß Sie glauben, er beurteile hier vielleicht jemanden, ohne ihn überhaupt richtig zu kennen. Sagen Sie ihm auch, wie Ihnen durch sein Verhalten zumute ist. Es ist nicht nötig, ihm Beleidigungen an den Kopf zu werfen oder in Wut zu geraten. Machen Sie ihm ganz ruhig die Konsequenzen seines Verhaltens deutlich und sagen Sie z.B.: „Wenn Sie sagen, ich könne die Arbeit nicht machen, ohne es mich überhaupt probieren zu lassen, habe ich das Gefühl, daß es erst gar keinen Sinn hat, es zu versuchen” oder „Wenn Sie sagen, hier sei logisches Denken gefragt, komme ich mir dumm und unfähig vor.” Selbst wenn das die Absicht des Mannes war, hat er keine Möglichkeit, dies vor allen Leuten zuzugeben.

• Versuchen Sie es Majorie gleichzutun, die die Männer dazu brachte, sie für intelligent zu halten. Beurteilen Sie sich anhand Ihrer Kriterien. Verwenden Sie positive Kriterien, die den anderen zeigen, wie Sie von ihnen gesehen werden möchten. Teilen Sie anderen Ihre positive Beurteilung mit. Eine Freundin von uns hat auf ihrem Sportwagen den Aufkleber <Expertin>. Sie wird zwar oft aufgezogen, sagt aber, daß die Leute ihr nun mehr Respekt entgegenbringen, da sie zeige, daß sie Achtung vor sich selbst habe. So wie Sie sich selbst loben müssen, wenn Sie anerkannt werden wollen, müssen Sie auch die anderen wissen lassen, wie Sie behandelt werden möchten.

Seien Sie die Person, die Sie sein möchten. Leben Sie nach Ihren eigenen Vorstellungen. Weigern Sie sich, nach dem Bild anderer zu leben. Machen Sie sich zu allem, was Ihnen gefällt. Sie sind so, wie Sie sich selbst sehen. Sie sind wunderbar! Ihre Energie ist unerschöpflich. Glauben Sie daran „Ich bin so, wie ich mich sehe" und setzen Sie diese Energie dafür ein, das Beste aus sich zu machen!

8
„Der Platz einer Frau ist zuhause"

„Was ich am meisten daran haßte,
daß ich zuhause blieb,
war, daß ich das Leben da draußen
nie zu sehen bekam ...
und es bekam mich nie zu sehen."

Betty A.
Patientin, 45 Jahre

„Als ich erst einmal verheiratet war", erklärte uns Betty, „hielt ich es für meine Pflicht, so viel wie möglich zuhause zu sein. Aber immer nur die vier Wände zu sehen, machte mich ganz krank. Ich wurde fast wahnsinnig." Noch schlimmer war, daß sich Betty, als sie zum ersten Mal zu uns kam, überlegte, sich von ihrem Mann Donald scheiden zu lassen, obwohl sie ihn noch liebte. Sie hielt dies für die einzige Möglichkeit, aus dem Haus zu kommen. Unsere erste Strategie für Betty bestand darin, für zwei Wochen alleine wegzufahren, einfach um zu erfahren, daß man das „Zuhause" überall finden kann, wo man gerade *ist*. Ob etwas ein Zuhause ist, ist Ansichtssache. Es ist überall dort, wo Sie sich wohl fühlen, wirklich überall, wo Ihr Herz ist. Es kann darin bestehen, wie man sich in einer Beziehung fühlt, es kann ein gutes Gefühl bei der Arbeit sein oder eine Vorstellung, in der Sie sich heimisch fühlen. Das Zuhause muß kein geografischer Ort sein. Es ist vielmehr jede Situation, in der Sie es sich gut gehen lassen. Wenn Sie das Gefühl haben, es sei wichtiger, sich an einem bestimmten physikalischem Ort aufzuhalten als in ihrer eigenen geistigen Welt, dann sind Sie ein Opfer dieser Einstellung. Wenn es für Sie wichtiger ist, im richtigen Haus zu leben als in der richtigen Gedankenwelt, dann lesen Sie bitte weiter.

Kein Gedanke in diesem Buch ist so sehr in unserer Kultur verankert als die Meinung „Der Platz einer Frau ist zuhause", und er äußert sich auf vielerlei Weise.

Ob Sie nun eine Mutter sind, die Ihre beruflichen Pläne auf später verschiebt, eine Hausfrau, die das Gefühl hat, ihre Familie verstehe nicht - und schätze noch weniger - ihre ständige Arbeit rund ums Haus, oder eine Karrierefrau, die Schuldgefühle hat, weil ihr anspruchsvoller Lebensstil nicht halb so ordentlich und einfach wie in der Fernsehwerbung scheint, dann sind Sie von der mächtigen Anziehungskraft dieses altehrwürdigen Gedankens beeinflußt.

Sie wissen, daß es nichts *Schlimmes* ist, zuhause zu sein. Es kann jedoch schädlich sein, wenn Sie das Gefühl haben, daß Sie keine andere Wahl haben. Und für lange Zeit war das so. Diese Art zu leben wurde überwiegend von Männern ersonnen, um die Frauen von der Außenwelt fernzuhalten. Und da Geld Macht *ist,* haben Sie solange keine direkte Macht und keinen Einfluß, wie Sie nur zuhause arbeiten.

In diesem Kapitel werden wir Ihnen zeigen, wie Sie sich zuhause oder am Arbeitsplatz, verheiratet oder alleinlebend ein „hohes Persönlichkeitsprofil" bewahren können, um unabhängig zu werden und Einfluß auf Ihre Mitmenschen auszuüben. Sie werden sehen, wie der Glaube an den Mythos von „Ihrem Platz" in der Gesellschaft Sie vielleicht in einer schlechten Beziehung festhält. Schließlich lernen Sie, daß Ihr Platz überall da ist, wo Sie *sind.* Sie gehören dahin, wo Sie hingehören wollen. Sie können zuhause, am Arbeitsplatz und beim Spiel *Macht* haben, einfach indem Sie anderen zeigen, daß Sie sich Ihrer Bedeutung bewußt sind.

Die Wirkung eines geringen versus hohen Persönlichkeitsprofiles

Immer, wenn Sie andere auf sich aufmerksam machen, haben Sie ein „hohes Profil". Wenn Sie sich andererseits bescheiden im Hintergrund halten, dann zeigen Sie ein „geringes Profil". Jeder Management-Trainer wird Ihnen sagen, daß der Schlüssel zum Erfolg, d.h. das zu bekommen, was man möchte, darin besteht, sich ein hohes Persönlichkeitsprofil zu bewahren oder sich gut bemerkbar zu machen. Um eine direkte Veränderung zu bewirken, müssen Sie sich offen mit den naheliegenden Dingen beschäftigen und sich aktiv Ihren Platz im System schaffen.

Ob Sie nun zuhause sind oder im Geschäft, es ist unumgänglich, daß Sie, wenn Sie dementsprechend behandelt werden wollen, die Menschen wissen lassen, daß Sie sich für wertvoll halten. Sie erreichen das, in dem Sie so *handeln,* als ob Sie ein wertvoller Mensch sind, und nicht zögern, kundzutun, welches Ihre Bedürfnisse sind, oder was notwendig ist, um diese zu befriedigen.

In unserer modernen Welt, in der der Wert eines Produktes von der Werbung bestimmt wird, die es so gut wie möglich anpreist, ist es nicht angebracht, sein Licht unter den Scheffel zu stellen. Die enorme Arbeit, die Sie Jahr für Jahr im Haushalt oder für Ihre Familie leisten, hat einen hohen Wert. Doch das bringt Ihnen kein Geld ein, da diese Dienste in der Privatsphäre des „Zuhauses" und nicht auf dem Arbeitsmarkt geleistet werden. Nun kann man langsam erkennen, warum manche Männer Frauen vielleicht für tugendhaft halten, wenn diese zuhause bleiben. Die Einstellung, daß der Platz der Frau zuhause ist, bringt den Männern zwei Vorteile: 1) Sie bekommen einen Überfluß an billiger Arbeitskraft, und 2) da die Arbeit auf die Privatsphäre beschränkt ist, ist sie keine bedrohliche Konkurrenz. Dieselbe Arbeit, die im privaten nichts kostet, ist in der Öffentlichkeit eine Menge wert. Lassen Sie die Frauen im privaten arbeiten und die Männer in der Öffentlichkeit, und das Ergebnis sind wieder „gute" Frauen und reiche Männer.

Tina, 35, und Nettie, 38, kamen zusammen in Therapie. Sie klagten, daß ihre Ehemänner Wilfred, 36, und Gene, 37, die in derselben Fleischverarbeitungsfirma arbeiteten, das ganze Geld für sich aufbrauchten und ihnen nur soviel gaben, daß es für Einkäufe und kleinere Haushaltsausgaben reichte. „Wilfred denkt, daß ihm der größere Teil seines Lohnes zusteht, da er es verdient", beklagte sich Tina, „aber ich arbeite doppelt soviel wie er." „Das ist richtig", stimmte Nettie zu. „Ein Mann mag von morgens bis abends arbeiten, aber die Arbeit einer Frau hört nie auf. Wenn ich wie Gene pro Stunde bezahlt würde, wäre ich schon reich!" „Ich auch", schloß sich Tina an. „Warum können die Männer uns nicht mehr für das schätzen, was wir tun?" „Da Sie sie nicht genügend auf Ihren Wert *aufmerksam* machen", antworteten wir. „Sie müssen deutlicher zeigen, daß Sie etwas wert sind." Dann machten wir Tina und Nettie den Vorschlag, ihre

Männer jemanden für die Hausarbeit einstellen zu lassen. „Wie sollen sie das bezahlen?" fragte Nettie. „Soviel Geld haben sie nicht." „Sie werden sich wohl eine Arbeit suchen müssen, um das Einkommen Ihrer Männer aufzubessern", antworteten wir. „Was sollen wir tun?" riefen sie gleichzeitig. „Hausarbeit!" lachten wir. „Nettie kann Tinas Arbeit machen, und Tina, Sie können Netties Arbeit übernehmen." Obwohl dieser Tausch auf den ersten Blick vielleicht lächerlich erschien, bewirkte er etwas ganz Entscheidendes. Er brachte Tinas und Netties Leistungen auf den offenen Arbeitsmarkt, und dadurch wurde ihren Männern bewußt, wie wertvoll die Arbeit ihrer Frauen war. In einer Gesellschaft, in der Geld den Wert der Dinge bestimmt, konnten Tina und Nettie ihren Wert in den Augen ihrer Männer unermeßlich steigern, indem sie ihre Arbeit in Rechnung stellten. Als Wilfred und Gene sich dessen erst einmal bewußt waren, teilten sie ihr Gehalt mit Freuden gerecht mit ihren Frauen für die wertvollen Dienste, die diese beiden leisteten.

Sie können Ihre Welt ändern, indem Sie die Art ändern, wie Sie sich selbst sehen. Wenn Sie sich als wertvollen Menschen sehen, wird man Sie auch dementsprechend behandeln. Auf den folgenden Seiten lernen Sie, wie Sie die Außenwelt auf Ihr gestiegenes Selbstwertgefühl aufmerksam machen können, Ihr Persönlichkeitsprofil steigern und Ihren persönlichen Horizont so erweitern können, daß er jeden Ort einschließt, an dem Sie sein möchten.

Wie dieser Mythos Frauen in einer schlechten Beziehung festhält

Wie Sie bei Betty A. gesehen haben, bringt Sie die Freiheit an jeden Ort, an dem Sie sein möchten. Ihre Überzeugung, daß ihr Platz zuhause sei, hat Millionen Frauen in ihren zerrütteten Ehen und Beziehungen gefangengehalten. Schließlich ist ein Heim ohne Mann kein Heim. „Heim" bezieht sich für viele Frauen mehr auf ein Gefühl als auf einen Ort. Es schließt das Sich-um-einen-Mann-kümmern, einen-Mann-brauchen ein. Dies, so glauben wir, ist der wahre Grund, warum Frauen - verheiratet oder nicht - in unbefriedigenden Beziehungen bleiben. Frauen geben ihrem

Leben einen Sinn, je nachdem wie gut ihre Beziehungen sind. Die Beziehung wird dann zu einem wichtigen Teil der Identität der Frau. Oft erzählen uns Patientinnen, daß sie das Gefühl hätten, ein Zuhause zu haben, wenn sie eine Beziehung haben. Es gibt ihnen das Gefühl, eine Familie zu sein. Wenn jedoch der Preis zu hoch wird, wenn die negativen Seiten die positiven übersteigen, dann ist es wichtig, nicht in diesem „Heim" zu bleiben, nur weil man glaubt, dort „seinen Platz" zu haben, und weil man dort bleiben „sollte". Oft stellen viele Frauen fest, daß ihre Beziehung sie nicht nur zu gewöhnlichen Arbeiterinnen macht, sondern obendrein noch zu Babysittern. Die amerikanische Diplomatin und Kongressabgeordnete Clare Boothe Luce drückt es so aus: „Nach außen hin scheint das Heim eines Mannes sein Schloß zu sein, aber innen ist es meistens sein Kinderzimmer." Tina sagte uns: „Mein Babysitter-Lohn alleine für Wilfred war schon mehr, als er von der Arbeit nach Hause brachte!"

Ein Mann heiratet eine Frau oft nur, um einen Ersatz für seine Mutter zu haben. Er braucht jemanden, der ihn ernährt, sein Essen kocht, hinter ihm aufräumt und ihm permanent Unterstützung gibt. Sehr zum Unglück der Frau, die er heiratet, setzt ein solcher Mann weiterhin voraus, daß die Frau ihm die gleiche aufopfernde und bedingungslose positive Aufmerksamkeit entgegenbringt wie die heilige Frau, die ihm das Leben schenkte. Auch wenn die Liebe eines Elternteils zu seinem Kind bedingungslos ist - man liebt sein Kind immer, gleichgültig, wie sehr man sich manchmal über dessen Verhalten ärgert - ist es wirklich unvernünftig, wenn ein Mann die gleiche Art von Liebe von seiner Frau oder Geliebten erwartet. Erwachsene sind für einander verantwortlich, und es ist nur natürlich, daß jeder etwas vom anderen erwartet. Natürlich erwartet ein Mann oft zu viel. Viele Männer haben die unumstößliche Meinung, daß es die Pflicht einer Frau ist, sie bedingungslos zu lieben - das heißt, ganz gleichgültig, was sie tun. Frauen, die ihre Rolle als Mutter für ihren Mann akzeptieren, stellen sich selbst eine Falle, die beinahe unvermeidbar zu Leid in einer Ehe führt.

Wir kennen eine Frau, die glaubt, sie habe als Ehefrau und Mutter ihrem Mann gegenüber die Pflicht, immer zuhause zu sein, wenn ihr Mann von der Arbeit nach Hause kommt. In seinem ganzen Leben war er noch nie nach Hause gekommen und hat ein leeres Haus vorgefunden; entweder war seine Mutter da oder seine Frau, um jedes seiner Bedürfnisse zu befriedigen. Obwohl Donna, eine jugendliche 39-jährige, die meiste Zeit glücklich ist, ihn zuhause begrüßen zu können, gibt es Zeiten, in denen sie das Gefängnis der Routine haßt und am liebsten mit Freunden oder Vereinen etwas außerhalb des Hauses unternehmen würde. Als wir sie fragten: „Warum lassen Sie sich das von ihm gefallen?" antwortete sie: „Das ist das mindeste, was ich tun kann." „Warum?" „Weil ich sowieso zuhause sein sollte." Donnas Erklärung für ihr eigenes Gefängnis ist, daß der Platz einer Frau das Heim ist.

Wir konnten Donna helfen, sich aus ihrem selbstgebauten Gefängnis zu befreien, indem wir ihr zu verstehen gaben, daß es in Ordnung sei, wenn sie das Haus verließ, wann sie wollte. Es war schön, zuhause zu bleiben, doch das mußte nicht der *einzige* Ort sein, an dem sie sich wohl fühlte. Sie stellte fest, daß ihr Mann nur deshalb von ihr erwartete, bei seiner Heimkehr immer zuhause zu sein, weil sie eben immer da war. Sie änderte ihr Verhalten, und nun hat er andere Erwartungen: daß seine Frau nicht immer zuhause sein wird, wenn er heimkommt. Wie wir Donna helfen konnten, sich an jedem Ort wohl zu fühlen, wo auch immer sie sich befand, so werden wir das gleiche auch für Sie tun.

Lernen Sie, daß Ihr Platz da ist, wo Sie sich befinden

Die Schriftstellerin Polly Adler sagt in ihrem Buch <A House is not a home>: „Mein Heim ist in jeder Stadt, in der ich absteige." Welch herrliche Lebenseinstellung! „Private" und „öffentliche" Bereiche sind künstliche Einteilungen. Nur das Leben ist Wirklichkeit. Umarmen Sie es ganz. Machen Sie jeden Ort, an dem Sie sind, zu Ihrem Zuhause, auch Ihre Arbeit und die Orte, an denen Sie sich amüsieren.

Wir haben mit Heidi gearbeitet, einer 66-jährigen Patientin, die sich sehr wünschte, von der Stadt in die Wüste zu ziehen. Doch Heidis Mann Arthur, der vor kurzem in Rente gegangen war, wollte in seiner gewohnten Umgebung bleiben und alten Erinnerungen nachgehen. „Ich kriege ihn einfach nicht mehr aus dem Haus", klagte Heidi. Schuldgefühle, ihren Mann zu vernachlässigen, und Zweifel über ihr Recht, ohne ihn das „Heim zu verlassen", schreckten Heidi ab. „Wie kann ich gegen seinen Willen gehen, wenn er mir sein ganzes Leben geschenkt hat?" fragte sie. „Wenn ich nur ab und zu mal weggehen könnte, wäre ich zufrieden, aber Arthur will, daß ich *immer* bei ihm zuhause bin." Wir konnten Heidi schließlich helfen, genug Mut aufzubringen, sich ohne die Erlaubnis ihres Mannes allein eine kleine Wohnung in der Wüste zu mieten; sie bezahlte diese mit dem Geld aus ihrer Rente. Dorthin konnte sie gehen, wenn sie aus den, wie sie es nannte, „zu eingefahrenen Gleisen" raus mußte. „Ich habe viel mehr Lebensenergie, wenn ich mein Wohnquartier wechsle", erklärte sie uns. „Zuhause zu sein ist schön, aber nach einer gewissen Zeit macht es mich träge, und dann muß ich weggehen, um mich wieder aufzuladen." Zuerst war Arthur entrüstet über Heidis Entscheidung, eine Wohnung zu kaufen, und weigerte sich, sie mit ihr zu bewohnen. Wir rieten ihr, alleine zu gehen, was sie dann auch tat. In weniger als einem Jahr gab Arthur seiner Neugierde, was wohl solch eine Anziehungskraft hatte, nach und begann, mit ihr mitzugehen. Wenn Freunde sie fragten: „Fehlt dir dein Zuhause nicht, wenn du da draußen in der Wüste bist?" antwortete sie: „Wenn ich da draußen bin, *ist* die Wüste mein Zuhause."

Becky H., eine andere Patientin von uns, bezeichnete sich als eine glückliche Frau. Sie hatte ein schönes Zuhause, eine nette Familie und keine finanziellen Sorgen. Als sie das erste Mal zu uns kam, klagte sie über die Schlafkrankheit, einen Zustand, bei dem der Betroffene Mühe hat, tagsüber wach zu bleiben. Becky döste überall ein - wenn sie die Einkaufsliste schrieb, die Möbel abstaubte, das Silberbesteck polierte, sogar wenn sie mit Freunden telefonierte. „Als ich hinterm Steuer einschlief und mit dem Auto gegen eine Absperrung knallte, wußte ich, daß es an der Zeit war, nach Hilfe zu suchen", erzählte sie uns. Nachdem organische Ursachen ausgeschlossen wurden und wir sicher waren, daß Becky gesundheitlich genügend auf sich achtete und nachts genug schlief, fragten wir sie: „Können Sie sich irgendeinen Grund vorstellen, warum ein organisch völlig gesunder Mensch ständig schläft?" Becky sagte nein. Wir versuchten es noch einmal. „Was würden Sie denken, wenn ich dauernd eindösen würde, während Sie sich mit mir unterhalten?" Sie lächelte. „Ich würde denken, daß ich Sie zu Tode langweile." „Genau!" applaudierten wir. „Und genau das passiert mit Ihnen. Nur, in Ihrem Fall ist Ihnen Ihr ganzes Leben zu Tode langweilig." In der Therapie konnten wir ihr klarmachen, daß diese ständige Schläfrigkeit in Wirklichkeit eine Verteidigung gegen Langeweile war. Ihr Unterbewußtsein wollte lieber schlafen, als die Eintönigkeit der täglichen Routine zu ertragen. Sie brauchte die Anregung einer neuen Erfahrung außerhalb ihres Hauses, um aufzuwachen. Obwohl Beckys Mann wollte, daß sie zuhause blieb, gab er nach und stimmte zu, daß sie eine Teilzeitarbeit als Sekretärin in einem Warenhaus annahm. Er hatte begriffen, daß ihre Gesundheit auf dem Spiel stand. Durch die Zeit, die sie außer Haus verbrachte, normalisierten sich Beckys Wachzustände und ihr wurde gleichzeitig klar, daß der Platz einer Frau dort ist, wo sie sich am wohlsten fühlt. Sie hatte nach der alten Regel gelebt, bis die Krankheit sie dazu zwang, einen besseren Weg zu suchen. „Jetzt, da ich etwas habe, für das ich wachbleiben kann, ist das Eindösen auch kein Problem mehr", erzählte sie begeistert. „Ich habe jetzt soviel Energie, daß ich gar nicht weiß, wohin damit."

Wie schon erwähnt, wollen wir damit nicht sagen, daß Zuhausebleiben an sich das Problem ist. Viele Frauen haben sich eine erfolgreich Karriere aufgebaut und verbinden schon seit vielen Jahren Heim und Karriere. Sie sollten sich jedoch ebensowenig gezwungen fühlen, eine Karriere anzustreben, wie Sie sich gezwungen fühlen sollten, zuhause zu bleiben. Es sind die „sollte"-Gedanken, die wir Ihnen loszuwerden helfen möchten. Wir meinen *damit,* daß es, gleichgültig, wo Sie gerade sein mögen, immer einen besseren Platz geben könnte, und daß Sie die Freiheit haben, ihn aufzusuchen. So können Sie sich weiterentwickeln. Vor zwanzig Jahren beschrieb Helen Gurley Brown in ihrem Buch <Sex and the Single Girl> die Notwendigkeit, sich weiterzuentwickeln, auch in der angeblichen Sicherheit des „Heimes". Ihre Worte haben auch heute noch Gültigkeit: „Sie mögen heiraten oder auch nicht. Heutzutage ist das für die Frauen nicht mehr die entscheidende Frage; (doch) diejenigen, die .... sich nie nach etwas strecken, nie bemühen, nie lernen, nie wachsen, nie dem Teufel ins Auge sehen, oder nie für sich selbst sorgen müssen, die sind zu bemitleiden."

Sie haben ein Recht auf das Leben, die Freiheit und das Streben nach Glück - ohne von jemand anderem daran gehindert zu werden. Sie haben das Recht, einen Platz im Privatleben, in der Öffentlichkeit oder in beiden Lebensbereichen einzunehmen. Sie gehören dahin, wohin Sie sich selbst begeben.

Wie Sie wissen, ob Sie „ans Haus gebunden sind"

Der Ausdruck „ans Haus gebunden" ist eine Frage der Einstellung. Er bedeutet nicht nur, zuhause zu bleiben. Er bedeutet, der Meinung zu sein, zuhause bleiben zu *müssen*. Die Wahlmöglichkeit macht den großen Unterschied. Sie können die folgende Liste benutzen, um zu bestimmen, wie sehr Sie an die Tugend glauben, eine schwache Persönlichkeit zu bleiben. Wenn viele dieser Punkte auf Sie zutreffen, dann sind Sie wahrscheinlich fast unsichtbar. Sie müssen sich dann vielleicht fragen: „Wie weiß ich, ob ich überhaupt noch existiere?" damit Sie beginnen können, Ihre Gewohnheiten aufzubrechen und allmählich auf sich selbst zu hören. Kommen Ihnen diese Punkte bekannt vor?

• Widersetzen Sie sich neuen Erfahrungen?
• Regen Sie sich auf, wenn Ihre tägliche Routine durch irgend etwas gestört wird?
• Müssen Sie Ihre täglichen Aktivitäten bis ins kleinste Deatil planen?
• Glauben Sie, Sie müßten ein Traumhaus mit phantasievollen Möbeln und Autos, eine Lebensversicherung und Renten, die für mehrere Familien reichen würden, haben?

Obwohl Peggy, 31, Mutter von drei schulpflichtigen Kindern und verheiratet mit Zach, einem wohlhabenden Kinodirektor, klagte, daß sie sich zu Tode langweilte, weigerte sie sich trotz all unserer Bemühungen, sich neuen Aktivitäten zuzuwenden. Alles, was wir vorschlugen, schien sie wütend zu machen. „Warum muß ich etwas Neues machen?" zischte sie. „Ich habe getan, was man von mir erwartete. Ich habe einen Mann, Kinder, ein schönes Haus, einen Mercedes und einen Kombi als Zweitwagen. Unsere

Versicherungen und Rentenabschlüsse werfen im Falle von Zachs Tod so viel ab, daß mehrere Leute davon reich werden könnten. Ich habe diesen Kampf satt. Ich sollte jetzt glücklich sein!"

So gut es Peggy finanziell auch ging, sie fühlte sich ans Haus gebunden. Durch gutes Zureden brachten wir sie aus ihrem Alltagstrott heraus. Wir sagten ihr folgendes: „Nur Sie sind für Ihre Langeweile verantwortlich. Die einzige Möglichkeit, die Langeweile zu vertreiben, ist, etwas *Neues* zu tun. Wenn Sie es satt haben, in Ihrem Haus in Bel Air (Luxusviertel in Los Angeles) zu wohnen, dann gehen Sie ab und zu raus. *Ändern* Sie Ihre Rolle. Hören Sie auf, sich so zu verhalten, wie Zach und Ihre reichen Freunde es von Ihnen erwarten." Genau das tat Peggy auch. Sie bekam eine Stelle, bei der sie drei Tage in der Woche Pferde trainierte. Alles, was sie aus ihrem goldenen Käfig herausbrachte, war für Peggy der Mühe wert.

• Verspüren Sie Angst, wenn Sie an die Welt „da draußen", in der die Menschen für ihren Lebensunterhalt arbeiten, denken?
• Halten Sie an einer schlechten Ehe fest, weil Sie nicht wissen, wohin Sie sich wenden sollten, wenn Sie auf sich allein gestellt sind?
• Haben Sie das Gefühl, daß Ihnen Ihr derzeitiger Freundeskreis nichts mehr gibt?

Judith, 48, beschrieb ihren Mann Abe als einen „Langweiler". Er hat nie etwas zu sagen, läßt sich nie etwas einfallen, was wir zusammen unternehmen könnten, fragt nie, wie es mir geht. Wir haben eigentlich gar keine Beziehung, sondern nur eine Zweckgemeinschaft, die mich ernährt." Als wir Judith fragten, warum sie Abe nicht verließ und ihr eigenes Geld verdiente, sagte sie: „Ich wüßte nicht, was ich tun sollte, wenn ich von Zuhause fortginge. Obwohl ich noch nie versucht habe, einen Job zu finden, habe ich einfach das Gefühl, daß ich es auch gar nicht könnte. Der Gedanke daran, da draußen ganz allein auf mich gestellt zu sein, macht mir unheimlich Angst." Judiths Mutter war genauso gewesen. „Sie hatte Angst vor ihrem eigenen Schatten." Jedesmal, wenn die kleine Judith ihrer Mutter eifrig erzählte, nach welch aufregenden Karrieren sie streben würde, wenn sie groß wäre, pflegte ihre Mutter nur die Stirn zu runzeln und zu sagen: „Du weißt gar nicht, wie es da draußen ist." Nach ein paar Jahren schienen die Worte „da draußen" in Judiths Vorstellung etwas zu Gefährliches zu bedeuten, um sich dem zu stellen. Sie heiratete Abe gleich nach dem Verlassen der Hochschule, um sich dieser Erfahrung nicht aussetzen zu müssen.

Der erste Eingriff, den wir bei Judith vornahmen, bestand darin, sie zu veranlassen, sich jemanden, den sie nicht kannte, in ihre vertraute Umgebung einzuladen. Sie war vielleicht noch nicht so weit, ihr Zuhause zu verlassen, aber sie konnte damit beginnen, es ein wenig neu zu ordnen. Da sie fast nie ausging, mußten wir es mit Leuten versuchen, die sie vom Telefon her kannte. Sie hatte übers Telefon eine nette Beziehung mit Ruth, die bei der Telefonauskunft arbeitete, aufgebaut. Wir machten ihr den Vorschlag, diese Frau einmal zu sich einzuladen. „Zu mir nach Hause?" fragte sie zuerst erstaunt. Judith konnte sich weder vorstellen, aus dem Haus zu gehen, noch andere einzuladen. Die Hürden in ihrer Vorstellung waren mächtig. Von uns ermutigt, lud sie Ruth an einem Nachmittag zu sich nach Hause ein. Sie freundeten sich noch mehr an, und als Ruth erzählte, daß eine Stelle beim Telefondienst frei war, nahm Judith die Stelle an. Sobald sie „da draußen" war, hatte sie keine Angst mehr. Sie trennte sich von Abe und ist nun glücklich zusammen mit ihren Freunden.

• Gibt es bestimmte Zeiten, in denen Sie unbedingt im Haus sein *müssen?* Viele Frauen hassen sich selbst, wenn sie nicht zuhause sind, wenn ihr Mann oder die Kinder heimkommen. Ein anderes Beispiel ist: „Brave Mädchen" sollten nach 20 Uhr an Wochentagen und nach 22 Uhr am Wochenende nie allein außer Haus sein. Eine Freundin von uns „durfte" alleine zu Parties gehen, da ihr Mann spät abends arbeitete, aber sie durfte nicht bis zum Ende bleiben. Wenn man sie überreden wollte, länger zu bleiben, jammerte sie: „Mein Mann bringt mich um, wenn ich nicht bis zwölf zuhause bin." Solange Ihre Geliebten wissen, wo Sie zu erreichen sind, finden Sie es da nicht in Ordnung, nicht immer bis zu einer bestimmten Zeit zuhause sein zu müssen?

• Fühlen Sie sich schuldig und fehl am Platz, wenn Sie lange Zeit von zuhause weg sind?
• Ist Ihnen unbehaglich, das Essen nicht fertig zu haben, wenn Ihr Mann von der Arbeit nach Hause kommt, aber finden es gleichzeitig in Ordnung, wenn Sie das Essen fertig haben und Ihr Mann Stunden zu spät kommt?

Belle, 32, machte ihre Freunde immer ganz verrückt, wenn sie diese ohne ihren Mann Arnold besuchte. Kaum war sie eine halbe Stunde da, pflegte sie zu sagen: „Ich sollte jetzt wirklich gehen. Vielleicht versucht Arnold schon, mich zu erreichen" oder „Ich muß heim, falls Arnold anruft" oder „Ich weiß nie, wann Arnold nach Hause kommt. Ich muß mich beeilen." Als eine ihrer Freundinnen vorschlug, sie solle sich am besten ein Eurosignal zulegen, wurde Belle klar, daß sie mit ihrem Bedürfnis, „zuhause" zu sein, übertrieb. „Es ist wie eine schlechte Angewohnheit", lachte Belle. „Ich weiß, daß ich mich selbst einsperre, aber komme einfach nicht davon los." Wir erklärten Belle, daß sie sich *gezielt und konzentriert* bemühen müsse, um diese Gewohnheit zu durchbrechen. Um sie dazu zu bewegen, fragten wir sie, um welche Zeit Arnold gewöhnlich von der Arbeit nach Hause kam. Sie sagte, daß er zwischen halb sieben und 7 Uhr heimkäme. Wir schlugen vor, sie solle dann absichtlich von halb sieben bis 19 Uhr weg sein. Sie könnte spazierengehen, Nachbarn besuchen, einfach irgend etwas tun, um nicht zuhause zu sein. Diese halbe Stunde war kurz genug, um Arnold keine wirklichen Unannehmlichkeiten zu bereiten, und sie gab ihm doch zu verstehen, daß Belles Platz überall dort war, wo sie sein wollte. Sie sollte ihn damit nicht kränken, nur abgewöhnen, immer zu erwarten, daß sie an ihrem Platz sein sollte, wann es ihm paßte. Zuerst war er etwas irritiert und wollte wissen, wo sie war. Belle sollte dann lächeln und die nichtssagende Antwort geben: „Draussen." Das Schöne war, als Belle und Arnold sich erst einmal an diese Prozedur gewöhnt hatten, fühlte sich Belle viel wohler, wenn sie wegging, wann sie es wirklich wollte, ohne dafür Rechenschaft ablegen zu müssen. Natürlich war es dann für sie nicht mehr nötig, zwischen halb sieben und sieben wegzugehen.

• Ist Ihr Schrank voll von schäbigen alten Klamotten, die sich noch gut tragen lassen? Haben Sie nur wenige, wenn überhaupt, neue und aufregende Kleider, die hübsch und modisch sind? (Vielleicht deswegen, weil Sie nur Kleider für die Arbeit brauchen. Mit anderen Worten: Sie gehen nie irgendwohin, wo man etwas anderes braucht.)

• Haben Sie Angst, Auto zu fahren? (Wo sollten Sie auch hingehen wollen, wo Ihr Partner oder Ihre Familie Sie nicht hinbringen könnten?)

Lena, eine 34-jährige Hausfrau, bat uns, ihr zu helfen, ihre Angst vor dem Autofahren zu überwinden, - ein Problem, das besonders schlimm für sie war, da ihr Mann Milton sie nie irgendwohin mitnahm. Schon der Gedanke daran, sich hinters Steuer zu setzen, löste bei Lena die reine Panik aus. Wir gaben Lena Übungen an die Hand, in denen sie tiefe Entspannung, die wir sie lehrten, mit der Vorstellung verbinden sollte, wie sie mit einem guten Gefühl aus ihrer Einfahrt die Straße vor ihrem Haus hinunterfuhr. Jede Woche kam Lena mit einer neuen Ausrede, warum sie die Übungen nicht gemacht hatte. Schließlich kam die Wahrheit zutage, als sie herausplatzte: „Was würde das denn für einen Unterschied machen? Wo muß ich denn schon hinfahren?" Lenas Angst vor dem Autofahren half ihr, ihre wahre Angst zu vermeiden: sich Miltons Vorschrift zu widersetzen, daß sie ohne ihn nicht aus dem Haus gehen sollte. Es war viel einfacher, die Schuld für das Zuhause-Angebundensein einer Fahrphobie zu geben als einem dominierenden Ehemann.

Wir versuchten es mit einer Behandlungsmethode, die in vielen Fällen erstaunlich gut funktioniert. Ohne ihr den Grund dafür zu nennen, sagten wir Lena, sie solle sich drei der schönsten Kleider kaufen, die sie finden konnte. Lena nahm unseren Vorschlag an, schien jedoch alles andere als glücklich darüber zu sein. „Wo soll ich denn diese prachtvollen Sachen tragen?" sagte sie schmollend. Wir versuchten, ein ernstes Gesicht zu machen, und schlugen ihr vor: „Wie wäre es, wenn Sie sie ums Haus herum tragen?" Lena lachte. „Nie im Leben!" Gleich am nächsten Tag fuhr Lena in ihren neuen Kleidern zwölf Meilen weit zu ihrer Schwester. Die Angst vor dem Autofahren war weg. Die Freude, ihre neuen Klamotten vorzuzeigen, vertrieb jede Angst, die sie vor Miltons Mißbilligung hatte. In Lenas Worten: „Das war es wert!"

• Werden Sie ärgerlich, wenn etwas nicht an seinem Platz ist? Werden Sie beispielsweise vielleicht wütend, wenn Sie sehen, daß die Zahnpastatube nicht zugeschraubt ist, wenn die Schuhe der Kinder mitten im Wohnzimmer herumliegen, der Abfalleimer zu nah an der Tür steht, Geschirr in der Ablage herumsteht, Kleider über der Stuhllehne anstatt im Schrank hängen, wenn Nahrungsmittel in den falschen Schrank gestellt wurden, Utensilien in der falschen Schublade und Bücher im Schlafzimmer liegen, Handtücher im Flur ...? Die unbewußte Botschaft ist hier, daß alles an seinem Platz sein sollte, da Sie auch an Ihrem Platz sind.

Wir sind sicher, Ihnen würden noch mehr solcher Verhaltensweisen einfallen, die dazu beitragen, daß Sie Ihr Heim zu einem Gefängnis machen. Wenn Sie sich darum bemühen, dieses Verhalten zu ändern, sobald Sie sich darüber Gedanken machen, dann sind Sie auf dem Weg in die Freiheit. Es ist ganz leicht, wenn Sie heute damit beginnen! Sie werden bald feststellen, daß Ihr Heim in jeder Situation ist, in der Sie sich wohl fühlen.

Warum Sie „zuhause" bleiben

Natürlich gibt es viele Gründe für Ihre Entscheidung, an einem Platz zu bleiben, obwohl Sie lieber woanders wären. Es gibt Belohnungen für die Überzeugung, daß Sie zuhause bleiben müssen. Hier sind die klassischen Vorteile, die Sie davon abhalten, auszubrechen und dahin zu gehen, wo Sie möchten.

• Sie fühlen sich sicher. Doch dieses Gefühl ist reine Einbildung, wie jedes Scheidungsopfer nur zu gut weiß.
• Sie haben wenig Druck, sich zu ändern. Wenn sich erst einmal Routine breitgemacht hat, wissen Sie sehr gut, was jeder Tag Ihnen bringt.
• Sie haben ein Gefühl der Zugehörigkeit. Wenn Sie getan haben, was man von Ihnen erwartet, glauben Sie vielleicht,

daß die Dinge so sind, wie sie sein sollten. Deshalb sind Sie so verwirrt, wenn Sie sich unwohl fühlen. „Ich habe alles auf der Welt, was ich brauche; ein schönes Zuhause, einen liebevollen Ehemann, eine wunderbare Familie. Warum bin ich nicht glücklich?" Die Wahrheit ist, daß Sie vielleicht nur ein Vogel im goldenen Käfig sind; sie opfern Wachstum, Weiterentwicklung und Freiheit für die alte Falle der Sicherheit.

• Zuhause zu bleiben, hält das Unbekannte unter Kontrolle.

• Sie halten sich für „reif" und „erwachsen", weil Sie jeden natürlichen Drang nach Abenteuer oder Wissensdurst, der in Ihnen vielleicht stecken mag, verleugnen und fest in Ihrer „realen" Welt verwurzelt sind.

• Wie immer können Sie sich überlegen fühlen, weil Sie ein so „braves Mädchen" sind, das die Regeln so perfekt befolgt hat.

• Sie können sich für unabkömmlich halten. Der Gedanke, daß die Familie ohne sie auch nur für kurze Zeit zurechtkommt, ist für manch eine Frau so erschreckend, daß sie den geliebten Menschen nie die Chance gibt, es zu versuchen.

Wie Sie „aus dem Haus kommen", selbst wenn Sie dort bleiben

Auch wenn Sie nur eine oder zwei der Strategien ausprobieren, die wir für Sie aufgeführt haben, so hoffen wir, daß Sie mit ihrer Hilfe erkennen, daß Ihr Zuhause in *Ihrem Innern* liegt.

• Bemühen Sie sich besonders darum, neue Dinge außerhalb des Hauses zu tun, auch wenn sie scheinbar sinnlos oder zu weit weg sind, - wie Peggy es tat, als sie damit begann, drei Tage in der Woche Pferde zu trainieren, obwohl dies nicht Zachs Erwartungen, der sie in der Rolle der wohlhabenden Dame sehen wollte, entsprach. Belegen Sie z.B. einen Kurs in Glasmalerei in einer benachbarten Volkshochschule. So kämen Sie aus dem Haus und könnten viel Spaß haben.

• Fangen Sie an, Ihr heimisches Reich umzugestalten, indem Sie jemanden zu sich einladen, den Sie noch nicht kennen, wie Judith es tat, um sich an die Idee der Veränderung zu gewöhnen. Als nächstes könnten Sie eine ganz andere *Gruppe* von Menschen zu sich nach Hause einladen, um wieder Schwung ins Leben zu bekommen. Machen Sie an einem Abend etwas Unvorhergesehenes.

• Gehen Sie ein Risiko ein, um aus Ihrer Gewohnheit, immer an „Ihrem Platz" zu sein, auszubrechen. Verlassen Sie das Haus spontan und zu den ungewöhnlichsten Zeiten, wie z.B. kurz vor dem Abendessen, wenn Sie Ihren Mann von der Arbeit erwarten (wie Belle es tat) oder am Abend. Warum? Um sich an die Idee zu gewöhnen, daß Sie sich überall dort heimisch fühlen, wo Sie sein möchten.

• Gehen Sie mindestens eine Woche weg, wie Betty A. es tat, auch wenn das großen Aufruhr verursacht. Es muß nicht weit weg sein, aber es sollte ein Ort sein, wo Sie schon immer hingehen wollten, und Sie sollten lange genug dort bleiben, um sich darüber klar zu werden, daß Ihr Platz überall dort ist, wo Sie *sind*.

• Ziehen Sie in Erwägung, eine Arbeit anzunehmen, wenn Sie wollen, - wie Becky es tat, um Ihrer Schläfrigkeit, die durch die eintönige Routine verursacht wurde, ein Ende zu bereiten. Machen Sie sich über die Art der Arbeit oder darüber, wie Ihre Familie reagiert, keine Sorgen. Lassen Sie sie Ihnen bei der Hausarbeit helfen - dann ist deren Platz im Haus!

• Kaufen Sie sich ein paar aufregende neue Kleider, die zu schade sind, sie nur im Haus zu tragen. Wie in Lenas Fall sind Sie dadurch gezwungen, aus dem Haus zu gehen, damit Sie sie vorzeigen können!

• Sorgen Sie wie Heidi für einen zweiten Ort, an den Sie sich zurückziehen können, Ihr zweites Zuhause. Wenn Sie nicht genügend Geld dafür haben, versuchen Sie es Alisa, einer unserer Patientinnen gleichzutun. Alisa tat sich mit ihren, auch an das Haus gebundenen Freundinnen zusammen, und sie mieteten sich eine Wohnung in einem Kurort. Sie teilten sich die Kosten und stellten einen Plan auf, wann jede dort alleine sein konnte.

• Probieren Sie die Strategie, die wir Tina und Nettie vorschlugen, und tauschen Sie Hausarbeiten mit Ihren Freundinnen aus. Sie brauchen sich gegenseitig nichts dafür zu bezahlen. Manchmal ist es einfach eine angenehme Abwechslung, bei jemand anderem im Haus zu arbeiten. Putzen Sie ihr Wohnzimmer, während die Freundin Ihres sauber macht, oder bieten Sie ihr an, jeden Dienstagabend für ihre Familie zu kochen, wenn sie dafür am Donnerstag für Ihre Familie kocht. Gewöhnlich ist es leichter, ein großes Essen zuzubereiten als zwei mittlere. Auf diese Weise leisten Sie nicht nur die gleiche Menge Hausarbeit, sondern haben zwei zusätzliche soziale Ereignisse auf Ihrem Plan, wovon Sie durch eines aus dem Haus kommen.

• Holen Sie Ihren Mann an genau geplanten Abenden von der Arbeit ab, und gehen Sie von dort aus mit ihm essen. Das spart Zeit, und er kann kaum nein sagen.

• Zwingen Sie sich, den Veranstaltungskalender in der Wochenendausgabe Ihrer Tageszeitung zu lesen, damit Sie wissen, was in Ihrer Stadt alles passiert. Verpflichten Sie sich, regelmäßig eines dieser Ereignisse mit oder ohne Ihren Partner zu besuchen.

• Wenn Sie sich aus dem Haus begeben, seien Sie offen. Bemühen Sie sich, jeden aufregenden Teil Ihrer neuen Realität zu beobachten. Die Möglichkeit, glücklich zu sein, besteht überall. Den meisten Menschen fehlt es an der Sensitivität, dies zu erkennen. Studieren Sie die Welt, und Sie werden mehr und mehr Wege erkennen, sie zu genießen. Teresa, 20, war so darauf konditioniert, zu glauben, ihr Platz sei zuhause, daß es ihren Eltern unmöglich war, sie zum Verlassen des Hauses zu bewegen. „Du mußt dir nun ein eigenes Heim schaffen", sagte ihre Mutter immer wieder zu ihr, aber Teresa gab ihr immer die gleiche Antwort: „Ich habe schon ein Zuhause bei dir und Papa. Mit gefällt es hier. Warum sollte ich hier weggehen?" Das Problem bei Teresa war, daß sie sich so sehr auf das Heim ihrer Kindheit konzentrierte, daß sie gar nicht bemerkte, welch aufregende Möglichkeiten sie draußen erwarteten. Wir halfen Teresa, auch andere Realitäten zu schätzen, indem wir ihr Übungen gaben, bei denen sie jeden Tag einen anderen Ort besuchen sollte - einen Strand, ein Café, einen Verein, einen Park, ein Geschäft. Sie sollte in einem Tagebuch jede einzelne Kleinigkeit notieren, die jeder einzelne Ort zu bieten hatte, und die sie zuhause nicht erleben konnte. Im Laufe der Tage wurde Teresa klar, wieviel sie verpassen würde, wenn sie ihren Freiraum weiterhin so sehr begrenzte, wie sie es die ganze Zeit getan hatte. Ein gesteigertes Bewußtsein für die Außenwelt veranlaßte sie, in eine eigene Wohnung zu ziehen. Nun, da sie gelernt hat, ihr neues Zuhause zu schätzen, kann sie es auch genießen.

• Wenn der Mann in Ihrem Leben sagt, daß er sich vernachlässigt fühlt, weil Sie zeitweise nicht zuhause sind, gleichgültig, ob wegen Ihrer Karriere, Ihrem Vergnügen oder sonst etwas, dann sagen Sie ihm, daß er das Wichtigste auf der Welt für Sie sei, aber auch wenn er für Ihr Glück *wichtig* sei, ist er allein nicht *genug*. Fragen Sie ihn ganz offen: „Willst du, daß ich glücklich bin?" Wenn er mit ja antwortet, nehmen Sie sich die Zeit, sich wirklich mit ihm hinzusetzen und ihm zu erklären, wie wichtig es für Sie ist, auch außerhalb des Hauses Raum zu haben, in dem Sie sich weiterentwickeln können. Das bedeutet nicht, daß Sie ihn deshalb weniger brauchen oder lieben. Es bedeutet, daß Sie sich selbst auch lieben.

Es ist sicher möglich, sowohl Liebe, als auch Erfolg zu haben, sich vom Leben das zu nehmen, was Sie wollen, und trotzdem Ihren Mann zu halten. Aber denken Sie daran, Sie müssen sich bemühen, sowohl Ihre Einstellung *als auch die seine* zu ändern. Seien Sie bestimmt, aber freundlich. Erzählen Sie Ihrem Partner optimistisch, was Sie vorhaben, und daß Sie Ihre Pläne zweifelsohne wahr machen werden. Erzählen Sie ihm oft von diesen Plänen. Mit der Zeit wird er Ihnen glauben, daß Sie ihn lieben, ihn brauchen, daß Sie sich selbst auch lieben, daß Sie Zeit außerhalb des Hauses brauchen, so daß er Ihnen seine Liebe zeigen wird, indem er Ihnen hilft, dieses Ziel zu erreichen.

Liza, 43, war eine erfolgreiche Designerin, als sie mit 25 Jahren Philippe, einen Antiquitätenhändler, der zehn Jahre älter war als sie, heiratete. Sie gab ihre Karriere auf, um

Philippe im Geschäft zu helfen und um zwei Kinder zu haben. „Nun blüht das Geschäft, und die Kinder sind alt genug, um für sich selbst sorgen zu können", erklärte sie uns, „aber Philippe will, daß ich weiterhin bei ihm im Haus bleibe und das 24 Stunden am Tag. Alles, was ich will, ist Teilzeit zu arbeiten, zwei Tage in der Woche in einem Design-Geschäft, aber er ist dagegen. Ich glaube, er hat sich nur daran gewöhnt, daß ich ihm jeden Abend ein schön zubereitetes Essen hinstelle, und daß ich immer da bin, wenn er mich braucht. Er sagt, ich würde zu müde werden, wenn ich arbeiten würde." „Zu müde, wofür?" fragten wir. „Zu müde, um ihn zu bedienen", lachte sie. Wir sagten Liza, daß es nur natürlich war, daß Philippe eine gute Sache erkannte, wenn er sie sah, und daß er darauf nicht mehr verzichten wollte. Sie müßte freundlich, aber direkt zu ihm sein. Wir rieten ihr folgendes: „Sagen Sie ihm, daß Sie ihn lieben, daß Sie es würdigen, wenn er Sie braucht, doch daß Sie wissen, daß er Sie genug liebt, damit Sie auch tun können, was wichtig für Sie ist, und das ist zur Zeit *zwei Tage in der Woche außerhalb des Hauses zu arbeiten.* Sagen Sie genau, was Sie wollen, und wiederholen Sie es oft, damit er sich an den Gedanken gewöhnt. Viele Frauen trauen sich nicht, eine Sache immer wieder anzusprechen, wenn ihr Mann beim ersten Mal wütend wird. Doch haben Sie keine Angst vor der Wut Ihres Partners. Die wird sich wieder legen." Liza folgte unserem Rat und erzählte uns glücklich, daß Philippe zuerst dagegen war, dann aber nachgab, als sie ihn immer wieder liebevoll auf ihre Pläne ansprach.

Wie Liza können Sie sich am leichtesten aus jeder Lage befreien, wenn Sie Ihr Ziel *direkt und immer wieder* zur Sprache bringen. Tun Sie das mit Liebe, und Ihr Partner wird darauf eingehen. Die ganze Welt ist Ihr Zuhause - Sie müssen nur einziehen.

9
„Das ist schon immer so"

*„Ich könnte jeden Mann umbringen,
der alles mit <... das ist eben
schon immer so> erklärt."*

Carol P.
Patientin, 40 Jahre

Carol war gezwungen, eine Arbeit als Serviererin anzunehmen, als ihrem Mann Artie, einem Techniker in der Psychiatrie, das Gehalt aufgrund von Einsparungen der Regierungsausgaben gekürzt wurde. Um sich von ihrer Arbeit zuhause etwas zu entlasten, bat sie ihre 14- und 15-jährigen Töchter, die Wäsche im Haushalt zu übernehmen. Carol beschrieb es so: „Mit den Mädchen klappte es gut, aber Artie ging in die Luft. <Es war *deine* Arbeit, die Wäsche für mich und die Kinder zu machen!> schrie er. <Das ist das *mindeste,* was eine Frau tun kann.> Warum bestehen die Männer darauf, uns in diesen alten Regeln gefangenzuhalten? Wie sollen wir je lernen, für uns selbst zu denken, wenn die Regeln schon aufgestellt sind, ehe wir auf die Welt kommen?" „Wer, glauben Sie, hat diese alten Regeln gemacht?" fragten wir mit einem wohlwissenden Lächeln. „*Das* möchte ich auch gerne wissen!" rief Carol aufgebracht. „Wir wollen es mal so sagen", fuhren wir fort, „wer *profitiert* von ihnen?" Nach dieser Frage brauchte Carol nicht lange, um zu sehen, daß Arties Mentalität „das Alte ist das Beste" nur eine Möglichkeit war, sich ein System zu bewahren, das für ihn funktionierte. Wenn man zum Opfer eines solchen Systems wird, wie Carol es verdeutlichte, wird man leider daran gehindert, sich die nötige Anpassungsfähigkeit anzueignen, die man braucht, um mit Situationen allein fertig zu werden, d.h. ohne jemanden fragen zu müssen, was man tun soll.
   Bei all unseren Untersuchungen und Interviews stellten wir den Frauen immer folgende Frage: „Welche sehr wich-

tige Qualität, die die Männer vorwärtsbringt, haben diese im Vergleich zu Frauen vorzuweisen?" Die überwiegende Mehrheit gab zur Antwort: „Anpassungsfähigkeit". Das Thema des 10. Kapitels, Ehrfurcht vor der Vergangenheit, das in der Einstellung „Das ist schon immer so" zu finden ist, ist eine weitere Tugend, die nur als Vorwand dient, den status quo beizubehalten und in einer Welt zu verbleiben, in der die Regeln anderer gelten. Wahre Anpassungsfähigkeit bedeutet nicht, sich nicht nach den Regeln anderer zu richten, sondern in der Lage zu sein, sich eigene Regeln zu schaffen, die für jede neue Situation passen. Wie Sie das erreichen können, werden wir Ihnen auf den nächsten Seiten zeigen.

Dinge ändern sich und nichts sollte verehrt werden, nur weil es alt ist. Was gut genug war für Moses oder Ihren Großvater oder Vater, muß nicht auch für Sie richtig sein. Wie sollten Sie je vorwärtskommen oder sich weiterentwickeln - wie könnte die Welt mit einer solchen Überzeugung je Fortschritte machen? Für intelligente Menschen erklärt die Vergangenheit nur die Gegenwart; sie bestimmt sie nicht. *Sie* bestimmen die Gegenwart durch das, wofür Sie sich heute entscheiden. Diese Gedanken möchten wir Ihnen in diesem Kapitel vorstellen.

Nehmen Sie sich von der Vergangenheit, was gut für Sie ist. Die Regeln vergangener Zeiten sind nur eine Brücke zu einer besseren Zukunft. Es gibt nichts Aufregenderes auf der Welt, als sich nach vorne auf neue und belohnendere Erfahrungen zuzubewegen. Wir werden Ihnen zeigen, wie Sie anpassungsfähig werden können, wie Sie sich an jedes neue Ereignis, das in Ihrem Leben auftaucht, positiv anpassen können, indem Sie für sich selbst denken. Sie werden lernen, wie Sie vermeiden können, was „natürlich" und was alt ist, miteinander zu verwechseln, und wie Sie der Falle entgehen, sich selbst vom Standpunkt Ihrer Vergangenheit her zu sehen. Am wichtigsten aber ist, Sie werden die Kunst erlernen, das Beste von Altem und Neuem miteinander zu verbinden, sich selbst zu befreien, um zu Ihrem Ich zu finden, - einem Ich, das wirklich natürlich ist, weil es von innen kommt.

Der Hauptgrund, warum Frauen bei der Arbeit versagen: Mangelnde Anpassungsfähigkeit

Frauen haben sich schon immer nach den Regeln anderer richten müssen. Dadurch werden sie aber nicht anpassungsfähig. Das macht sie nur gehorsam. Wie wir schon angedeutet haben, versteht man unter Anpassungsfähigkeit die Fähigkeit, sich den *Umständen* anzupassen, sich seine eigenen Regeln angesichts jedes neuen Ereignisses zu erstellen, anstatt jemanden um Hilfe bitten zu müssen.

„Alles ändert sich so schnell", stöhnte Norma, 32, eine unserer Patientinnen, die gerade eine Stelle als Sachbearbeiterin bekommen hatte, nachdem sie 10 Jahre lang Hausfrau gewesen war. „Kaum hat man sich an eine Vorgehensweise gewöhnt, kommt auch schon eine neue. Zuhause ging es hektisch zu, aber da wußte ich wenigstens, was ich die meiste Zeit zu erwarten hatte." Ein paar Wochen später klagte Norma über ihre erste schlechte Beurteilung. „Ich verstehe das nicht", sagte sie. „Ich mache alles, was sie von mir verlangen." „Gerade das ist vielleicht Ihr Problem", antworteten wir. „Sie machen vielleicht *nicht* genügend Dinge, die man nicht von Ihnen verlangt." Wir konstruierten dann eine hypothetische Situation, um zu sehen, ob wir mit unserer Annahme recht hatten. Wir fragten Norma: „Was würden Sie tun, wenn Sie z.B. feststellten, daß eines der Versicherungsformulare nicht genügend Platz für die erforderlichen Informationen bietet?" „Ich würde das sofort meinem Chef mitteilen", sagte Norma, ohne zu zögern. „Warum ändern Sie es dann nicht oder entwerfen stattdessen von selbst ein neues Formular und ersparen Ihrem Chef Zeit und Mühe?" „So bin ich einfach nicht", antwortete sie. Wir baten Norma, eine neue Strategie zu erproben und sich bewußt anders als vorher zu verhalten. „Nur um zu sehen, wie es ist", sagten wir zu ihr. Das Ergebnis war erstaunlich. „Ich konnte es nicht fassen", erzählte Norma uns in ihrer nächsten Sitzung „gestern morgen wollte ich gerade meinen Chef fragen, ob er eine Tasse Kaffee möchte. Dann fiel mir ein, was Sie gesagt hatten, bewußt anders handeln, - und, anstatt ihn zu fragen, wie ich es immer mache, brachte ich ihm einfach eine Tasse. Er war höchst erfreut. Ich hatte keine Ahnung, daß er sich so freuen würde, wenn ich etwas von mir aus tue." Norma hatte die wertvolle Lektion, wie sehr die Geschäftsleitung Angestellte schätzt, die für sich selbst denken können, ohne daß sie nach neuen Regeln fragen müssen, gelernt.

In unseren Gesprächen mit Frauen haben wir die eine wichtige Sache gelernt, nämlich, daß zuviel Respekt vor der Vergangenheit sie daran hindert, sich der Gegenwart anzupassen. Wenn Sie so viel Ehrfurcht vor der Tradition haben, daß Sie sie akzeptieren, ohne sie in Frage zu stellen, werden Sie sich nicht nur Veränderungen widersetzen, sondern diese auch niemals in Betracht ziehen. Wenn Sie aus dem „was war" ein „und so soll es immer bleiben" machen, werden Sie nie ein wirkungsvolleres Management-Programm für IBM erfinden oder sich neue Werbekonzepte für ein neues Geschäft ausdenken.

Die Männer sind die Macher. Frauen befolgen die Regeln. Frauen wurden nicht darauf programmiert, zu erfinden, zu organisieren und Informationen auf neue und aufregende Weise miteinander zu verbinden. Stattdessen wurden die Frauen in erster Linie dazu angehalten, den neuen und innovativen Plänen des Mannes zu folgen. Da ist es kein Wunder, daß eine Frau, die bis vor kurzem nur die statischen Bedingungen ihres Heimes gekannt hat, Schwierigkeiten hat, sich anzupassen, wenn sie mit den sich ständig ändernden Anforderungen der Arbeitswelt konfrontiert wird.

Für eine Frau ist es viel leichter, sich einer Veränderung anzupassen, als sie herbeizuführen. Seit Menschengedenken ist das ihre Rolle: sich nach Regeln zu richten, aber nicht, sie zu ändern. Sie dürfen jedoch nicht zu viel Ehrfurcht vor einer Sache haben, sonst können Sie sie nicht überarbeiten oder verbessern. Wenn Sie sich erst einmal daran gewöhnt haben, neue Regeln und Systeme aufzustellen, werden Sie merken, wie schnell sie geändert oder abgeschafft werden können, je nachdem, wie gut sie funktionieren.

Wir arbeiteten mehrere Monate mit Roberta. Sie war 27 Jahre alt, vor kurzem geschieden und machte sich Sogen, wie sie alleine durchkommen sollte, da sie nicht in der Lage war, ihre zwei kleinen Kinder zu ernähren. Sie lebte einige Zeit bei ihren Eltern, damit sie Kurse besuchen konnte, und bis sie eine Anstellung bei einer größeren Werbeagentur bekam. Doch kaum hatte sie die Stelle angetreten, begann sie, sich Sorgen zu machen, sie wieder zu verlieren. Sie schien die Dinge einfach nie im Griff zu haben. Zuerst war ihre Arbeitszeit ungewöhnlich: Sie arbeitete von 15 Uhr bis 21 Uhr. Dann kamen ständig unangemeldet Kunden der Agentur und machten es ihr schwer, sich auf ihre Arbeit zu konzentrieren. Schließlich kam es vor, daß ihre Vorgesetzten von ihr verlangten, andere Aufgaben zu übernehmen oder Mitarbeiter zu vertreten. Roberta befand sich ständig in einem Chaos. „Bei der Arbeit war ich schon immer eine Chaotin", stöhnte sie. „Sind Sie zuhause auch eine Chaotin?" fragten wir. Roberta dachte einen Augenblick nach. „Nein, da klappt es eigentlich ganz gut", sagte sie. „Das ist merkwürdig", sagten wir nachdenklich, „an die ungewöhnlichen Zeiten, die Ihnen zwei kleine Kinder abverlangen, können Sie sich anpassen, aber nicht an unregelmäßige Ansprüche der Kunden bei der Arbeit. Wo ist da der Unterschied?" Roberta dachte etwas nach. Schließlich sagte sie: „Zuhause läuft es so, wie ich es will!" „Mit anderen Worten", sagten wir, „zuhause haben Sie keine Hemmungen, sich Ihre eigenen Regeln den Umständen entsprechend aufzustellen, aber bei der Arbeit *erwarten* Sie von sich, die Regeln eines anderen zu befolgen, ob diese gut für Sie sind oder nicht." Roberta nickte zustimmend. Wir sagten Roberta, daß sie die Welt zuhause und die Arbeitswelt nicht mehr als zwei verschiedene Dinge betrachten sollte, sondern daß sie das, was sie durch ihre Arbeit als Mutter gelernt hatte, bei ihren Kunden anwenden sollte. Sie sollte sich ihre Arbeit so einteilen, daß es ihr dabei gut ging, und dann die Kunden dazu bringen, sich an *ihre* Regel zu halten. Schließlich war sie für ihr Büro genauso verantwortlich wie für ihr Zuhause. Sie sollte auch aufhören, sich eine „Chaotin" zu nennen, und beginnen, sich so zu sehen, wie sie *jetzt* war. „Heute habe ich das Büro voll im Griff".

Tun Sie alles, was notwendig ist, um eine Situation so zu gestalten, daß Sie damit klar kommen. Ändern Sie, was möglich ist, und passen sich an das an, was Sie nicht ändern können. Tun Sie jedoch unter keinen Umständen etwas, nur weil man es bis jetzt immer so gemacht hat. Seien Sie kreativ. Was Sie selbst machen, flößt Ihnen keine Ehrfurcht ein. Etwas, vor dem Sie keine Ehrfurcht haben, läßt sich leichter ändern. Wenden Sie an, was Sie in der Vergangenheit gelernt haben, nicht um sich bei der Erledigung von Aufgaben in ein starres Schema einzusperren, sondern eher, um sich eine bessere Zukunft zu gestalten.

Das Problem, die Vergangenheit mit dem gleichzusetzen, was „natürlich" ist

Dorene, 46, die als Angestellte im Eisenwarenhandel ihres Mannes arbeitet und Mutter von drei erwachsenen Kindern ist, war in einer Kleinstadt in dem Glauben erzogen worden, es sei nur „natürlich", daß die Männer für die Frauen sorgen. Sie erzählte uns: „Ich kann immer noch hören, wie meine Mutter sagte: <Seit Menschengedenken gehört die Frau zu ihrem Mann - das bedeutet, er muß für sie sorgen>." Als Dorene aufwuchs, sah sie, daß die Mutter mit ihren Worten recht haben mußte - beinahe jede erwachsene Frau in der Stadt war verheiratet, und die, die es nicht waren, waren Ausgestoßene. „Ich weiß noch, wie mein Vater reagierte, als ich ihm erzählte, daß ich Lehrerin werden wollte", erinnerte sich Dorene. „Ich dachte, er würde stolz darauf sein, aber er wurde kreidebleich. <Unterrichten ist etwas für alte Jungfern>, sagte er. <Willst du das sein? Eine alte Jungfer als Lehrerin? Das ist nicht natürlich.> Also heiratete ich Neil, anstatt etwas Unnatürliches zu tun, und ließ ihn für mich sorgen, obwohl ich wußte, daß er mich nie geliebt hatte. Das hat er mir sogar einmal gesagt. Scheinbar hat er mich nur geheiratet, weil er auch dachte, daß das eine natürliche Sache war. Ich hatte von da an nie wieder wirklich natürliche Gefühle. 36 Jahre lebte ich mit einem Mann, aus Angst, ohne ihn nicht glücklich sein zu können!"

Das größte Hindernis bei einer Veränderung ist die Furcht, nichts Besseres finden zu können. Dorene hielt sich an das alte System, weil sie Angst hatte, sie könnte sich selbst kein besseres schaffen. Um dieses Hindernis der alten Konditionierung zu beseitigen, sollte sie sich fünf Minuten lang täglich dreimal sagen: „Es ist natürlich, die Dinge zu verbessern. Ich kann und will die Dinge verbessern." Vier Monate später trennte sich Dorene von Neil, um aufs Lehrer-college zu gehen. Kürzlich erhielten wir einen Brief von ihr: „Ich möchte Ihnen nur mitteilen, daß ich seit sechs Monaten unterrichte und die glücklichste alte Jungfer auf der Welt bin!" In Dorenes Fall lag es nur an ihrer Vergangenheit, daß sie nicht tat, was „natürlich" für sie war.

Was auch immer zum Zeitpunkt Ihrer Geburt auf der Welt existiert, werden Sie als „natürlich" ansehen. Im alten Rom war der Umhang die normale Kleidung der Männer, die Reichen hatten natürlich in der Zeit vor dem amerikanischen Bürgerkrieg Sklaven, und heute ist es ganz normal, daß Männer mehr Geld verdienen als Frauen. Doch nichts an dem, was normal scheint, ist heilig oder unabänderlich. Wenn Sie anders erzogen worden wären, dann wären viele Ihrer „natürlichen" Neigungen auch anders.

Für jeden und besonders für Männer ist es ein großartiger Trick, bestimmte Dinge von Frauen zu verlangen, weil es normal oder Gottes Wille ist. Die Feministin und Schriftstellerin Mary Daly beobachtet scharfsinnig: „Gottes Wille ist oftmals nur ein Vorwand für die Pläne der Männer." Die Vergangenheit ist eine Welt der Männerregeln. Sie erscheint Ihnen normal, da Sie in sie hineingeboren wurden. Aber nichts ist weiter von der Wahrheit entfernt. Das Heute ist die Vergangenheit von morgen. Ändern Sie das Heute und Sie ändern schließlich auch die Vergangenheit. Nur das, wonach Ihnen heute zumute ist, ist natürlich.

Eine unserer Patientinnen, Louise P., eine 34-jährige Verlegerin, erzählte uns, wie Sie vor kurzem einen Sieg über die Falle „Was alt ist, ist natürlich" errungen hatte. Sie haßte es, zu kochen, war überhaupt nicht gut darin, hatte aber das Gefühl, sie müsse es beherrschen und erdulden. All die Jahre in ihrer Ehe hatte sie sich von ihrem Mann Patrick anhören müssen: „Alle Frauen kochen gern. Das machen sie schon seit Menschengedenken. Das ist nur natürlich". Da Louise keinen Krach wollte, zwang sie sich weiterhin, Tag für Tag etwas zu tun, was sie verabscheute. Schließlich schlugen wir ihr eine Alternative vor: Wir erzählten Louise von Carol, einer anderen Patientin von uns, die sich gerade selbständig gemacht hatte, indem sie eine Firma mit dem Namen <Home Dining Delight> gündete. „Carol erweist Menschen, die nicht kochen können, keine Lust oder Zeit zum Kochen haben, einen unschätzbaren Dienst", erzählten wir ihr. „Einmal die Woche wird ein wunderbarer Speiseplan versandt, und man kann telefonisch das Essen für die ganze Woche bestellen; es wird in Beuteln geliefert, die man in kochendem Wasser oder im Mikrowellenherd erwärmen kann." Louise nahm diesen Service in Anspruch und gewann dadurch mehr Zeit für sich, die Kinder und ihren Mann. Zuerst war Patrick dagegen, doch jetzt ist selbst er zufrieden, weil er duch den Service mehr, wann immer er will, essen kann.

Es ist interessant, daß Carol, als sie mit ihrem Service begann, bei den Frauen, die sie als Kundinnen gewann, eine beinahe generelle Verteidigungshaltung beobachtete. „Sie entschuldigten sich und waren sehr darauf bedacht, mir zu erzählen, daß sie den Service nicht deshalb in Anspruch nahmen, weil sie nicht gut kochen könnten, sondern weil sie einfach keine Zeit dazu hätten", sagte sie. „Viele rühmten sich tatsächlich ihrer Kochkünste und behaupteten, ihre Freunde hätten gesagt, sie wären gut genug, um ein Restaurant zu eröffnen." Diese Frauen hielten immer noch an dem alten Glauben fest, daß eine gute Frau eine gute Köchin ist.

Um sich zu verdeutlichen, wie willkürlich diese alte Regel von der Frau als Köchin wirklich ist, halten Sie sich vor Augen, daß das Kochen in den eigenen vier Wänden, in der Privatsphäre des Hauses, Frauensache, das Kochen im Restaurant aber Männersache ist. Wie oft sehen Sie Frauen in einem Restaurant kochen? Kochen ist nur solange Frauensache, wie es nicht hochgeschätzt oder bezahlt wird. Das erklärt, warum alle „großen" Köche Männer sind. Die berühmten Köche kochen in Restaurants für Geld. Unser Ziel in diesem Kapitel ist, Ihnen klarzumachen, daß viele Ihrer alten Rollen, die Sie für natürlich halten, mehr denen nützen, die Sie in diese Rolle zwängen, als Ihnen. Mit dieser Einsicht können Sie sich eine neue Regel schaffen, die für Sie funktioniert.

Die Falle, über sich selbst nur vom Standpunkt der Vergangenheit aus nachzudenken

Immer, wenn Sie über sich selbst unter Bezug auf Ihre Vergangenheit nachdenken, drücken Sie sich selbst ein Etikett auf. Etiketten bestimmen etwas, aber sie behindern auch. Alle Definitionen engen ein. Das Wort „Frau" schränkt ein. Es zwingt Sie, bestimmten Anforderungen gerecht zu werden. Während es ursprünglich nur dazu bestimmt war, eine Information zu vermitteln, führt es bald zu Erwartungen.

Die Menschen fangen bald an, gewisse Eigenschaften mit bestimmten Etiketten wie „Frau" in Verbindung zu bringen, und sind außer sich oder fühlen sich betrogen, wenn ihre Erwartungen nicht erfüllt werden. So entstehen Klischees.

Wir wollen Ihnen helfen, Ihr Etikett abzulegen. Sie sollen lernen, daß Sie das sind, was Sie tun, und nicht, was Sie getan haben. So wie Sie jetzt sind, sind Sie nicht *auf ewig*. Sie sind das Produkt einer ständigen Veränderung. Zurückzuschauen sperrt Sie in der Vergangenheit ein. Ein Handeln, das etwas verändert, kann nur in der Gegenwart stattfinden. Bette Davis spricht in ihrer Autobiographie <The Lonely Life> von der Notwendigkeit, immer nur nach vorne zu schauen: „Ich wurde immer von einer entfernten Musik getrieben - zweifelsohne einer Kriegshymne - denn von Anfang an führe ich einen Krieg. Ich habe noch nie zurückgeschaut, ich habe nie die Zeit dazu gehabt, und es schien auch immer so gefährlich zu sein. Zurückzuschauen heißt, unvorsichtig werden."

An veralteten Verhaltensweisen festzuhalten bedeutet nicht nur, zurückzuschauen, sondern ist auch gefährlich. Eine Freundin von uns, eine 32-jährige Gynäkologin in Los Angeles, bekam vor kurzem ein fantastisches Stellenangebot an der Ostküste. Irene macht ihre Karriere sehr viel Spaß und sie möchte ihr, solange sie lebt, nachgehen, „beim Aufstehen, sterben", wie sie es audrückt. Sie sagte ihrem Mann Wes, daß sie beschlossen hatte, die Stelle anzunehmen. Obwohl für Wes die Arbeit nicht so wichtig war wie für sie und er sich ohne große Mühe versetzen lassen konnte, war er über die Entscheidung seiner Frau schockiert. Er glaubte an die Tradition. Immer folgte die Frau dem Mann durchs Land und brach die Zelte ab, wann auch immer er wegen einer Arbeit wegziehen mußte. Die Vorstellung, daß der Mann der Frau folgen sollte, war absurd. Unsere Freundin wollte schon der Einstellung ihres Mannes nachgeben, doch dann dachte sie einen Augenblick nach. Wenn sie die Stelle annahm, würde sie doppelt soviel verdienen. Obwohl Wes´ Arbeit momentan sicher war, brachte sie ihn nicht vorwärts, und eines Tages könnte sie vielleicht durch die Computer ersetzt werden. Wie würde es dann um sie stehen? Sie konnte es sich nicht leisten, der alten Regel zu folgen, wonach eine Frau immer ihrem Mann folgt - auch wenn diese

Regel vor zweitausend Jahren funktioniert hat. Sie machte Schluß damit, auf die Vergangenheit zu schauen, und machte allmählich Fortschritte in Richtung auf eine neue Rolle der Unabhängigkeit. Sie sagte Wes: „Ich liebe dich von ganzem Herzen, aber das muß ich tun", und nahm das Stellenangebot an. Als Wes sah, daß es seiner Frau ernst war, folgte er ihr bis zum anderen Ende des Landes.

Sie können sich nicht weiterentwickeln, solange Sie sich weiterhin in Ihrem Denken nach der Vergangenheit richten. Entfernen Sie die Beschränkungen der Überzeugung „Was alt ist, ist am besten", und stürmen Sie in die Zukunft.

Die wahre Falle: Nicht nur der Tradition folgen, sondern sie auch noch an andere weitervermitteln müssen

Rosalie, 28, geschieden, Kunstlehrerin und Mutter einer 6-jährigen Tochter namens Meredith, war erstaunt, als sie feststellte, daß sie ihrer Tochter unbewußt den alten Glauben, daß Männer besser seien, beibrachte. Sie stellte dies bei einer Unterhaltung fest, die Meredith mit einem der Nachbarn führte: „Wenn ich groß bin, werde ich eine Königin", schwärmte sie. Dann runzelte sie die Stirn. „Natürlich ist das nicht so gut, wie ein König zu sein. Aber es ist das Beste, was ich machen kann." Der Nachbar lachte, aber Rosalie war schockiert. „Warum sagst du, daß eine Königin nicht so gut ist wie ein König?" fragte sie ihre Tochter. „Du hast mir das gesagt, Mammi", antwortete Meredith. „Der König schlägt immer die Königin." Da wurde Rosalie klar, daß Meredith das von dem Kartenspiel, das sie ihr beigebracht hatte, gelernt hatte. Könige waren in den Karten besser, also mußten sie es auch im wirklichen Leben sein. Ein Kind bewahrt sich seine Logik oft bis ins Erwachsenenalter. Rosalie fragte uns, was sie tun könne, um ihr Kind vor dem Einfluß der Vergangenheit zu bewahren. Wir sagten ihr, das Beste, was sie Meredith lehren konnte, war, sich *Fragen* zu stellen. „Jedesmal, wenn Sie sie dabei ertappen, daß sie jemand anderen für besser hält als sich, fordern Sie sie auf, sich selbst <Warum?> zu fragen. Wenn sie mit den Worten antwortet <Weil ... so sagt>, wird sie von der Vergangenheit beeinflußt. Die Königin Meredith ist *nicht* weniger wert als ein König, nur weil es im Rommé-Spiel so ist. Bringen Sie ihr bei zu sagen <Ich bin genauso viel wert wie alle anderen, weil ich es *jetzt* so behaupte>." Rosalie erzählte uns, daß unser Rat sehr gut funktionierte. Meredith hat nun jedoch beschlossen, ein König zu sein, wenn sie erwachsen ist. Wie Meredith es ausdrückte: „*Wer* sagt, ich kann keiner sein?"

Man verlangt von Ihnen nicht nur, die männlichen Traditionen zu verehren, sondern Sie stellen vielleicht auch fest, daß Sie, wie Rosalie, diese Traditionen an Ihre Kinder weitergeben. Die wichtigste Lernphase eines Menschen ist die Zeit zwischen zwei und sechs Jahren. Während dieser entscheidenden vier Jahre wird der Kern Ihrer Persönlichkeit geprägt. Ereignisse, Konflikte und Traumen, die in diesem Lebensabschnitt stattfinden, prägen Ihre weitere Entwicklung viel stärker als Erfahrungen in anderen Lebensjahren. Das sind wirklich die „formenden" Jahre. Sie üben einen so großen Einfluß aus, daß sie in der Psychologie als „kritisches Lebensalter" bezeichnet werden.

Diesen Zeitabschnitt, wenngleich er kürzer ist, findet man auch bei Tieren. Entenküken z.B. nehmen das erste, was sie sehen, als ihre Mutter an. Wenn einem Entenküken während seiner kritischen Zeit eine Pappente, ein Hund oder auch nur die Hand des Wissenschaftlers vorgehalten wird, kann dies bei der Ente die gleiche Bindung zu diesen Ersatzmüttern auslösen wie zu seiner wirklichen Mutter. Es gibt tatsächlich einen Pfau in einem österreichischen Zoo, der einem Nilpferd ergeben hinterrennt, das er fälschlicherweise für seine Mutter hält, weil das Nilpferd das erste war, was er nach seiner Geburt zu Gesicht bekommen hatte. Erinnern Sie sich an die Geschichte vom häßlichen Entlein, dem armen Geschöpf, das nicht merkte, daß es ein Schwan war, weil es immer nur mit Enten zusammen war?

Sie werden sich wahrscheinlich fragen: „Was hat all das mit mir zu tun?" Eine Menge, denn Sie sind am stärksten dafür verantwortlich, welchen Einflüssen Ihre Kinder in ihren frühen Jahren ausgesetzt sind, und infolgedessen, woran diese zu glauben lernen. Während dieser kritischen Jahre verbringt die Frau gewöhnlich mehr Zeit mit ihrem Kind als der Mann. Sie sind diejenige, die die beste Möglichkeit hat, die nächste Generation im Hinblick auf Gleichberechtigung und Unabhängigkeit zu prägen!

Beginnen Sie damit, daß Sie die Gute-Nacht-Geschichten,

Märchen und Kindergeschichten, die Sie Ihrem Kind während dieser zarten und eindrucksvollen Jahre vorlesen, Geschichten von alten und rühmlichen Rittern in glitzernder Rüstung, Königen, Zauberern, Göttern und männlichen Mächten, die alle besiegen, um zitternde weibliche Opfer vor der Vernichtung zu schützen, sorgsam aussuchen. „Es war einmal vor langer, langer Zeit ...", so beginnt jedes Märchen. Es beinhaltet, daß die Vergangenheit besser ist. Die Vergangenheit war eine Zeit der Magie und Wunder, als die Götter auf der Erde weilten. In der Vergangenheit beherrschten die Männer vollkommen die Welt. Achten Sie darauf, daß Sie Ihren Kindern während der kritischen Jahre nicht als die einzige Wahrheit lehren, daß das Alte das Beste ist, daß Männer besser sind, und daß früher alles besser war.

Kinder werden vielleicht immer Märchen lesen wollen, aber versuchen Sie, ihnen mehr als nur diese Märchen vorzulesen. Denken Sie sich eigene Geschichten, nach denen Sie leben möchten, aus und erzählen Sie diese Ihren Kindern. Erzählen Sie eine Geschichte über die Welt, wie Sie sie gerne hätten, - eine Welt, in der Sie gerne als Kind aufgewachsen wären, und eine Welt, in der Sie Ihre Kinder gerne aufwachsen sehen würden. Möchten Sie wirklich in einer Welt leben, in der die Frau hundert Jahre lang auf den Kuß eines Mannes warten muß, der sie erweckt, oder, in der sie den Boden schrubben muß, bis ein Prinz sie rettet? Denken Sie darüber nach.

Wenden Sie Ihren Blick von der Vergangenheit ab, indem Sie sich auf die Zukunft konzentrieren. Machen Sie sich ein klares Bild davon, wie Ihr Leben aussehen soll. Dann geben Sie es an Ihre Kinder weiter. Vermitteln Sie ihnen ein Traumbild von der Gleichberechtigung, dem sie folgen können, ein Traumbild, in dem wir alle Könige sind!

„Mein Mann muß besser sein als ich": Eine Falle für die emanzipierte Frau

Wie die Frauen, über die wir in diesem Kapitel gesprochen haben, feststellten, ebnet man sich den Weg zu einer schöneren Zukunft, wenn man sich von der Vergangenheit befreit. Doch sich von der Vergangenheit freizumachen kann eine heikle Sache sein. Sie schleicht sich oft wieder ein und trifft Sie voll, wenn Sie es am wenigsten erwarten. Frauen haben sich so an das alte System gewöhnt, daß es ihnen schwerfällt, daran zu rütteln. Sie glauben oft, emanzipiert zu sein, wenn sie in Wirklichkeit nur die Rollen vertauscht haben. Eine Frau, die in diese Falle tappt, befürchtet gewöhnlich entweder 1.) daß es, je härter und siegreicher sie wird, umso schwieriger wird, den Richtigen zu finden, einen Mann, der noch härter und erfolgreicher ist als sie, oder 2.) daß sie, wenn sie sich für einen Mann entschließt, der nicht so stark ist wie sie, ihn am Ende noch beschützen muß. Die meisten Frauen möchten das jedoch nicht.

Das Wesentliche der Emanzipation ist nicht, den Männern ähnlicher zu werden, sondern sich zu befreien, um Sie selbst sein zu können. Wo steht geschrieben, daß ein Macho besser ist? Er ist vielleicht männlicher, aber nicht besser. Wenn Sie immer noch solchen Eigenschaften bei Männern nachjagen oder versuchen, auch so zu sein, weil man Ihnen beigebracht hat, diese seien besser, dann sind Sie immer noch im <Braven-Mädchen-Syndrom> gefangen. Sie brauchen keinen Mann, der hart und stark ist, wenn Sie erst einmal erkannt haben, daß Sie auch ohne den Schutz eines Macho-Typen leben können. Auch besteht kein Grund anzunehmen, daß ein Mann von Ihnen beschützt werden möchte, wenn Sie solche Qualitäten entwickeln. Männer sind keine Opfer des <Braven-Mädchen-Syndroms>. Sie suchen keinen Schutz, und sie erwarten auch nicht, daß man sie beschützt, selbst wenn Sie dazu die Stärke haben.

Wenn Sie sich vom <Braven-Mädchen-Syndrom> befreit haben, geschieht etwas Wunderbares. Sie können einen Mann finden und ihn aus befriedigenderen Gründen lieben als nur wegen seiner Macht, Sie zu beschützen. Ihr Mann muß nicht besser als Sie sein. Der Ausdruck „besser" ist in dem neuen System, das Sie schaffen, fehl am Platze. Liebe sollte nicht auf Wettstreit beruhen, sondern darauf, daß man den anderen gern hat und ihn liebt. Die Freiheit gibt Ihnen die Macht, zu lieben, weil Sie es wollen, und nicht, weil Sie es müssen, um zu überleben. Wir werden Ihnen zeigen, wie Sie das Gute aus der Vergangenheit nehmen und mit Ihren Zukunftsplänen verbinden können, um ein neues System zu schaffen; ein System, das sowohl erfolgreich, als auch fördernd ist; ein System, das es Ihnen erlaubt, ein neues zu errichten, ohne die wertvollen Lektionen der Vergangenheit zu vergessen.

Typische Verhaltensweisen, die die Einstellung wider-spiegeln, daß „das Alte das Beste" ist

Bevor Sie eine neue Stadt aufbauen können, müssen Sie erst die alte in Brand stecken. Schaffen Sie das Geröll aus dem Weg, das Sie vom Glück fernhält. Hier finden Sie einige weit verbreitete Stolpersteine, die Sie in der Vergangenheit gefangenhalten.

• Stellen Sie sich vor, wie Sie in der Vergangenheit waren, in der Zeit als Kind, als Jugendliche oder jung Verheiratete?
• Etikettieren Sie sich oder Ihr Verhalten auf irgendeine Weise? (Etiketten schränken Sie ein.)
• Argumentieren Sie mit der Vergangenheit, um Veränderungen aus dem Weg zu gehen? (Geben Sie anderen Antworten wie: „Das war schon immer so" oder „Das System kann man nicht besiegen" oder „Gegen die da oben kommt man nicht an".
• Glauben Sie fest daran, daß man etwas, nur weil es alt ist, auch verehren sollte? (Was für Ihre Mutter gut genug war, muß nicht auch für Sie gut genug sein.)

  Charlene, 26, wurde von ihrem Vater als Kind nicht beachtet. „Es war so, als ob ich gar nicht da wäre", erzählte sie uns. „Was ich auch tat, er beachtete mich nicht. Ich weiß noch, als ich zwölf Jahre alt war, kaufte ich ihm von meinem über das ganze Jahr gesparten Taschengeld ein ganz besonderes Geburtstagsgeschenk, ein paar goldene Manschettenknöpfe." Charlene weinte, als sie die Geschichte zu Ende erzählte. „Alles, was er sagte, war: <Ich trage keine Hemden mit Manschettenknöpfen mehr>. Mutter lächelte nur und sagte: <Morgen hole ich dir ein Hemd, an dem du sie tragen kannst.> Sie ließ ihm alles durchgehen." Solche Vorfälle mit ihrem Vater waren der Grund, warum Charlene sich als „unwichtig" abstempelte. Heute, in ihrer Ehe mit Gabe und bei ihrer Arbeit als Verkäuferin in der Haushaltswarenabteilung eines großen Warenhauses, sieht Charlene sich immer noch genauso wie in ihrer Vergangenheit, wo niemand sich darum kümmerte, ob sie da ist oder nicht. Sie kommt sich in ihrer Ehe so unwichtig vor, daß sie Gabe nie sagt, wann sie Gäste einladen und wen sie einladen sollten, nicht einmal, wie sie ihre Wohnung einrichten sollten. Am Arbeitsplatz verkauft sie nicht genug, weil sie ihr Urteil für zu unwichtig hält, um die Kunden beim Kauf zu beraten. Frägt ein Kunde sie um Rat, dann antwortet Charlene allerhöchstens: „Was Ihnen am besten gefällt." Wir erklärten Charlene, daß sie ihre Vergangenheit und ihr Etikett „unwichtig" dazu benutzte, um sich nicht ändern zu müssen. Nur, weil es für ihre Mutter gut genug war, sich mit dem zu begnügen, was das Leben ihr bescherte, lieber über sich bestimmen zu lassen, als selbst zu bestimmen, war es für Charlene nicht auch gut genug. Es war für Charlene an der Zeit, sich nicht mehr in der Vergangenheit gefangenzuhalten, indem sie sich für unwichtig hielt, und eine neue Zukunft zu beginnen, in der sie handelte. Wir baten sie, sich ein Notizbuch zu kaufen und für jeden Tag eine Seite freizuhalten. Auf jeder Seite oben sollte sie vermerken: „Heute werde ich ...." Sie sollte diesen Satz durch ein neues Verhalten vervollständigen, mit etwas, das sie noch nie zuvor getan hatte. Charlene ergänzte die beiden ersten Sätze so: „Heute werde ich Gabe sagen, daß ich das Abendessen um 19 Uhr statt um 18 Uhr richten will" und „Heute werde ich bei der Arbeit die Produkte anpreisen, die ich selbst benutze." Als die Tage vergingen und sich die Seiten füllten, schloß Charlene schließlich das Buch zum Thema, sich „unwichtig" fühlen, und öffnete ein neues, das mit neuen Verhaltensweisen zur Selbstverwirklichung gefüllt war. Heute gibt es im Leben von Charlene keine Etiketten mehr, nur noch positives Verhalten.

• Sagen Sie sich selbst, daß es nur „natürlich" ist, wenn eine Frau kein technisches Geschick hat, schlecht in Mathematik, schüchtern und zurückhaltend ist und mit dem Alter ihren Wert verliert, weil die Frauen schon immer so waren? Erinnern Sie sich daran, daß die Vergangenheit nur die Gegenwart erklärt, sie aber nicht bestimmt. *Sie* bestimmen die Gegenwart durch das, wofür Sie sich entscheiden.
• Verteidigen und entschuldigen Sie sich, wenn Sie einen Mann bitten, „Frauen-Arbeiten" zu übernehmen (Geschirr-

spülen, Einkäufe machen oder Wäsche waschen)?
• Fühlen Sie sich bedroht, nicht erwünscht oder überflüssig, wenn ein Mann besser kochen, geschirrspülen oder das Haus putzen kann als Sie?
• Schauen Sie auf Männer herab, die gerne nähen, Blumengestecke arrangieren oder die Wohnung schmücken?

Emanzipation arbeitet in beiden Richtungen. Jeannette, 24, war überrascht, als sie feststellte, daß sie in ihrer neuen Ehe mit Clive, einem verständigen Hochschullehrer, in vielen Stereotypen aus der Vergangenheit gefangen war. Clive war mehr als bereit, Jeannette sie selbst sein zu lassen, wenn sie sich nur nicht selbst im Wege stehen würde. „Ich kann es nicht fassen", erzählte sie uns, „seit der Hochschule predige ich schon über die Emanzipation der Frau, und nun stelle ich fest, daß ich eigentlich gar nicht weiß, was das ist. Ich habe es gar nicht gemerkt, bis Clive mich darauf hingewiesen hat. Zum Beispiel letzte Woche, als er sich aufregte, weil ich unser Konto überzogen hatte, sagte ich tatsächlich: <Was erwartest du von einer Frau?> Jedesmal, wenn ich ihn bitte, das Geschirr zu spülen, komme ich mir komisch vor, wie wenn ich einen Weichling aus ihm machen würde, obwohl es ihm sogar Spaß macht, mir zu helfen. Gestern abend ließ ich ihn das Abendessen machen und sein Braten war besser als meiner. Es war schlimm, wie ich reagiert habe. Ich war wütend. Wie wenn er in mein Gebiet eingedrungen wäre. Heute morgen, als einer seiner Freunde eine Steppdecke vorbeibrachte, an der er ein ganzes Jahr gearbeitet hatte, mußte ich mir tatsächlich das Lachen verkneifen, daß ein Mann so viel Zeit damit verbringt, eine Steppdecke anzufertigen. So bin ich. Ich bin nicht im geringsten emanzipiert."

Wir sagten Jeannette, sie solle nicht zu streng mit sich sein. Das Bewußtsein und der Wunsch, sich zu ändern, waren die wichtigsten Bestandteile des Kampfes und sie besaß beides. Das Problem ist, daß diese Überzeugungen ein Teil von Ihnen werden, wenn sie erst einmal konditioniert sind. Wenn Sie nicht aufpassen, treten sie automatisch in Aktion. Wir baten Jeannette, sich jedes Mal aufzuschreiben, wenn sie sich unwohl fühlte, weil sie etwas tat, was „Männersache" war, oder wenn ein Mann etwas tat, was „Frauensache" war. Wir baten sie, diese Liste täglich durchzulesen und wirklich an ihren Reaktionen zu arbeiten. Kein Verhalten ist nur männlich oder nur weiblich. Wenn Sie es ausführen, dann ist es weiblich. Wenn ein Mann sich so verhält, ist es männlich. Punkt. Heute praktiziert Jeannette glücklicherweise das, was sie all die vielen Jahre gepredigt hat.

• Hassen Sie Fußball, Handball oder Tennis? Fragen sich aber, was mit den Männern nicht stimmt, die die gleiche Abneigung haben wie Sie?
• Bestehen Sie darauf, daß Ihr Mann auf bestimmten Gebieten besser sein soll als Sie: Schämen Sie sich, wenn er einen Nagel nicht gerade in die Wand schlagen, eine Tür nicht abhobeln oder ein Auto nicht reparieren kann?
• Wollen Sie sich auf keinen Fall mit einem Mann treffen, der zu „weiblich" ist? Die Regeln dafür, was männlich oder weiblich ist, wer das Kleid und wer die Hosen trägt, oder wer zuhause bleibt, und wer das Geld verdient, sind völlig willkürlich und hängen von der jeweiligen Kultur ab. Warum schauen Sie nicht über diese Dinge hinweg und entscheiden, einen Menschen dafür zu lieben, wie nett, freundlich, fürsorglich, rücksichtsvoll er ist, und wie sehr er Sie schätzt, anstatt einen Mann zu zwingen, eben diese Rolle der männlichen Überlegenheit zu spielen, die Sie angeblich so sehr verachten.

Francesca, eine 25-jährige Fotografin, konnte nie den richtigen Mann finden. Zur Zeit traf sie sich mit Damien, einem Fernsehreklame-Produzenten, dem sie sagte, sie mache sich „Sorgen über ihn". „Für mich ist er einfach kein richtiger Mann", erzählte sie uns. „Er ist toll im Bett, liebevoll, einfühlsam, leidenschaftlich und stark. Er ist lieb und verständnisvoll, immer pünktlich, ruft zweimal am Tag an, vergißt nie, mir zu sagen, daß er mich liebt. Er mag, was ich mag, haßt, was ich hasse. Ich glaube, das ist es, was nicht stimmt. Er ist mir so ähnlich, daß ich mich neben ihm nicht wie eine Frau fühle. Ich brauche den *dynamischen Unterschied.*" Der „dynamische Unterschied", den Francesca erwähnte, war schuld daran, daß ihre letzten Beziehungen ein jähes Ende nahmen. „Ich bin sogar in Schreinerarbeiten besser als er", warf sie bei einer ihrer Sitzungen ein, in der sie besonders hart mit Damien ins Gericht zog, weil es ihm an

„männlichen" Zügen fehlte. „Großer Gott", antworteten wir. „Es ist doch ganz praktisch, eine Frau im Haus zu haben." Ohne sie zu verletzen, holten wir Francesca wieder auf den Boden der Tatsachen zurück. „Wenn es für Sie wichtiger ist, daß ein Mann einen Nagel gerade in die Wand schlagen kann, als daß er sie braucht und sich um Sie kümmert, dann haben Sie bei Ihren früheren Beziehungen genau das bekommen, was Sie verdienen, und Sie werden Damien am Ende nur wehtun. An dem Tag, an dem Sie lernen, jene wunderbaren Qualitäten, nämlich Mitgefühl, Feinfühligkeit, Einfühlungsvermögen und Fürsorglichkeit bei sich selbst zu schätzen, werden Sie diese auch an Ihren Männern zu schätzen wissen." Wir forderten Francesca auf, ihre alten Vorstellungen von Weiblichkeit und Männlichkeit wirklich *in Frage zu stellen*. Jedesmal, wenn sie sich über eine Eigenschaft an Damien ärgerte, sollte sie es aufschreiben und sich dann fragen: „*Wer* sagt, daß Männer ... sein sollten oder ... nicht sein sollten?" Die Antwort darauf kann nur aus der Vergangenheit stammen und *Sie* leben *heute*. Francesca beschloß, die alten Regeln, die bestimmten, wenn sie lieben sollte, wegzuwerfen, und gestand sowohl sich ihre als auch Damien seine Gefühle zu. Sie liebt ihn nun um seiner selbst willen und nicht, weil er gut in die Stereotypen der Vergangenheit paßt.

• Fällt es Ihnen schwer, zu glauben, daß Männer sexy sein können und trotzdem keine Macho-Typen sein müssen. Werden Sie von den „guten Jungs" nicht erregt?
• Fühlen Sie sich zu Männern hingezogen, die Sie nicht so gut behandeln, wie Sie es verdient hätten?
• Halten Sie an alten Einstellungen fest, weil Sie unfähig sind, neue Situationen mit eigenen Regeln zu gestalten? Brauchen Sie so strenge Anweisungen, daß Sie nicht mehr für sich selbst denken können? Sind Sie an einem neuen Arbeitsplatz verloren, bis Ihnen jemand zeigt, wie Sie die Arbeit bewältigen können, und Ihnen bis hin zur Ablage des letzten Notizblattes alles sagt? Manager berichten, daß sie die Angestellten am meisten schätzen, die fähig sind, für sich selbst zu denken, und sie nicht ständig mit Fragen löchern, wie sie ihre Arbeit machen sollen.
Vera, eine 32-jährige Galeriedirektorin, war so darin ver-

haftet, Dinge in der Weise anzugehen, wie sie schon immer angegangen wurden, daß sie nicht davon loskam, sich mit Männern zu treffen, die nicht zu ihr paßten. Sie hatte so viele Liebesgeschichten gelesen, in denen der Held „hart, arrogant und wild" war, daß sie nicht aufhören konnte, im wirklichen Leben nach dem gleichen „traditionellen" Führer-Typ von Mann zu suchen. Wenn ein Mann freundlich, sanft und höflich war, sprang zu ihr „kein Funke über". Dieses Bedürfnis, alte Stereotypen zu verehren, schadete auch ihrer Arbeit, die es erforderte, neue innovative Ausstellungen zu kreieren, und das, was sich auf dem Kunstmarkt tat, auszuweiten. Wir schlugen Vera folgende Strategie vor: Sie sollte sich dreimal täglich sagen: „Veränderung ist gut. Das ist mein Ziel. Ich übernehme die volle Verantwortung dafür, ein neues Leben aufzubauen, das für mich gut ist." Veras sexuelle Bedürfnisse sind nicht mehr länger masochistisch. Sie findet Männer sexy, die gut zu ihr sind und sie nicht ausnützen. Und sie sprudelt voller neuer Ideen, um der Kunstwelt neue Impulse zu geben.

Was es Ihnen bringt, wenn Sie auf Tradition bestehen

Wenn Sie verstehen, warum Sie so lange an der Vergangenheit festgehalten haben, wird Ihnen das bei Ihren Bemühungen um eine bessere Zukunft eine große Hilfe sein. Nachstehend finden Sie einige der üblichen Gründe, warum es sich auszahlt, ungeachtet der Folgen an die Tradition festzuhalten.

• Sie bekommen eine sichere Idenität.
• Sie haben den perfekten Sündenbock, wenn etwas schiefgeht.
• Sie können das Risiko vermeiden, neue Regeln aufzustellen, Regeln, die heute für Sie funktionieren.
• Sie müssen somit keine Probleme durchdenken und diese auf neuen Wegen anpacken. Es ist immer einfacher, sich auf alte Regeln zu verlassen, selbst wenn sie nichts bringen.
• Sie genießen die Begeisterung, die entsteht, wenn Sie sich mit gleichgesinnten Menschen, d.h. mit anderen <braven Mädchen>, zusammen tun.
• Extreme Vergötterung und Verehrung einer Sache erhebt sie

vom Normalen ins Metaphysische. Wenn Sie Regeln der Männer anbeten, bringen Sie auf diese Weise einen Zauber in eine Existenz, die sonst ganz gewöhnlich wäre. Schauen Sie, was eine solche Verehrung der gewöhnlichen Kuh in der Religion der Hindus einbrachte.

• Völlige Hingabe beinhaltet, daß Sie irgendwie für Ihre starke Unterstützung gepriesen werden. Wenn Sie keine Belohnung bekommen, kommt immer die von Männern vorgegebene Entschuldigung, daß Sie nicht lange, stark oder ernsthaft genug vergöttert hätten.

Einige Strategien, die Ihnen helfen, die Vergangenheit mit der Gegenwart zu verknüpfen

Packen wir es an. Um dieses Problem lösen zu können, muß man zuerst reinen Tisch machen. Dann muß man nach vorne schauen. Machen Sie sich frei von all den alten Überzeugungen, die Ihnen im Wege stehen, und suchen Sie nach neuen, die Sie in die richtige Richtung lenken. Hier finden Sie einige Strategien, die Ihnen helfen, Hindernisse aus dem Weg zu räumen, und die Sie dahin führen, wohin Sie wollen.

• Unterlassen Sie es, sich selbst Etiketten anzuheften. Etiketten stammen aus der Vergangenheit. Sagen Sie einfach: „Heute bin ich ...", wie Roberta, um sich für die Arbeit verantwortlich zu fühlen Ergänzen Sie diesen Satz mit einem neuen Verhalten, das Ihr neues Ich kennzeichnet. Sie sind, was Sie tun, und nicht, was Sie getan haben.

• Versuchen Sie, sich der Etiketten, die Sie sich selbst anheften, bewußter zu werden. Versuchen auch Sie, sich insbesondere jedes Mal aufzuschreiben, wenn Sie sich in einer bestimmten Weise bewerten, wie Jeannette es tat, um ihre stereotypen Vorstellungen, was „männlich" und „weiblich" ist, abzulegen. Wenn Sie sich z.B. bei dem Gedanken erwischen „Ich bin zu vorlaut für eine Frau", dann notieren Sie das Etikett „vorlaut". Fragen Sie sich dann: „Würde man einen Mann auch als vorlaut bezeichnen, wenn er sich genauso benehmen würde?" Wahrscheinlich nicht.

• Hinterfragen Sie alles, wie es Francesca tat, um Damine mehr zu schätzen, und wie Rosalie es ihrer Tochter Meredith beibrachte. Jedesmal, wenn die Antwort lautet: „Weil ... so sagt", dann tun Sie vielleicht etwas aus Ehrfurcht vor der Vergangenheit. Die Vergangenheit ist wichtig, aber sie sollte Sie nicht regieren. Erwachsene, die in ihrem Leben immer noch tun, was Mammi und Papi ihnen gesagt haben, leben nach dem Motto „Wie es früher war, ist es am besten." Tradition! Auch *wenn* eine Regel in der Vergangenheit von Nutzen war, heißt das nicht, daß sie heute auch funktionieren muß. Die Welt ändert sich jeden Tag auf tausendfache Weise. Denken Sie darüber nach, wie Sie sich mit ihr ändern können.

• Versuchen Sie, absichtlich anders als früher zu handeln, um zu sehen, wie das ist, - so wie Norma, die ihren Chef positiv beeindruckte. Wenn Sie zum Beispiel bis jetzt immer unfeine Reden vermieden haben, fluchen Sie, wenn etwas Sie ärgert. Wir kennen eine Verkäuferin, die sagte, sie hätte ihren Umsatz bei Männern verdoppelt, als sie zu fluchen begann, weil die Männer sich dadurch sofort wohler fühlten.

• Erstellen Sie eine Liste von all den Dingen, die Sie gerne tun möchten. Fragen Sie sich dann, warum Sie sie bisher nicht getan haben. Wenn die Antwort lautet „weil es sich nicht gehört", dann werden Sie durch Regeln, die von Männern in der Vergangenheit geschaffen wurden, blockiert. Paula wollte schon immer diejenige sein, die im Restaurant mit der gemeinsamen Kreditkarte die Rechnung bezahlt. Eines Tages war sie schneller als ihr Mann und hatte großen Spaß an dieser kleinen Demonstration wirtschaftlicher Macht. Tun Sie ab und zu etwas, was „sich nicht gehört" (solange es nicht ungesetzlich ist), und schauen Sie, was passiert.

• Bemühen Sie sich, das System zu ändern. Wenn Sie etwas tun möchten, was von einer von Männern beherrschten Leitung als illegal angesehen wird, setzen Sie sich für eine Reformierung ein. Organisieren Sie sich, stellen Sie Anträge, demonstrieren Sie, bewerben Sie sich um ein Amt. Laverne, eine Patientin von uns, arbeitete in einem großen Bürogebäude, das in einem Stadtteil mit hoher Kriminalität lag.

Alle Angestellten parkten in einer unterirdischen Garage, in der die sichersten Plätze, die am nächsten zum Eingang lagen, für Führungskräfte (die meisten waren Männer) reserviert waren. Wir ermutigten Laverne, ihre Kolleginnen zu organisieren und bei der Firma einen Antrag auf Neuverteilung der Parkplätze zu stellen. Sie hatten Erfolg! Machen Sie sich bemerkbar. Nutzen Sie das System zu Ihren Gunsten.

• Respektieren Sie die Göttlichkeit in Ihnen. Haben Sie Vertrauen zu sich, das zu tun, was richtig ist, sich eine helle und belohnende Zukunft zu schaffen, die frei ist von von außen auferlegten Einflüssen, die Sie einengen.

• Nehmen Sie sich jeden Tag Zeit, um Ihren Kopf von den alten Gedanken zu befreien. Atmen Sie zwanzig Mal hintereinander ein und aus. Atmen Sie, so tief Sie können, ein und halten den Atem dann so lange wie möglich an, ehe Sie wieder ausatmen. Vertreiben Sie alle alten Gedanken aus Ihrem Kopf, indem Sie sich nur auf das *Zählen* jedes einzelnen Atemzuges konzentrieren. Die meisten Gedanken sind Erinnerungen, Botschaften, die Sie gespeichert haben. Wenn Sie auf diese hören, dann hören Sie auf die Vergangenheit. Gebieten Sie diesen Botschaften Einhalt. So entsteht vielleicht eine neue Realität.

• Die beste Möglichkeit, sich von einer Sache abzulenken, ist, sich einer anderen zuzuwenden. Befreien Sie sich von der Vergangenheit, indem Sie sich auf die Zukunft konzentrieren. Schauen Sie nicht zurück. Bemühen Sie sich, ein sehr klares Bild in Ihrem Kopf entstehen zu lassen, wie Ihr Leben aussehen soll. Stellen Sie sich dieses Bild lebhaft vor, mit all Ihren fünf Sinnen. Seien Sie so konkret wie möglich. Stellen Sie sich *genau* vor, was Sie möchten. Wenn es ein neues Haus ist, dann seien Sie genau. Wie groß soll es sein? Wieviele Zimmer soll es haben? Welchen Stil, welche Lage, welche Farbe? Versetzen Sie sich dorthin. *Fühlen* Sie das Holz der Tür, während Sie eintreten. *Hören* Sie die Schritte auf dem dicken, weichen Teppich. *Riechen* Sie die reine Frische von Holz und Politur. *Schmecken* Sie die wunderbaren Mahlzeiten, die Sie hier genießen werden. *Sehen* Sie das Glitzern des Sonnenlichts im Hause, wie es sich in satten, leuchtenden Farben bricht. *Behalten* Sie dieses Bild im Gedächtnis, bis Sie es *wahrmachen*.

• Beginnen Sie, sich im Geiste zu ändern, wie Vera es tat. Wiederholen Sie täglich folgende Worte: „*Veränderung* ist gut. Sie ist mein Ziel. Ich übernehme die volle Verantwortung dafür, mir ein neues Leben zu schaffen, das gut für mich ist." Übernehmen Sie die Verantwortung, jeden Tag Ihres Lebens zu gestalten und wieder neu zu gestalten. Verlassen Sie sich nicht darauf, daß andere für Sie den Arbeitsraum, den Zeitplan und die Unterhaltung bestimmen. Eine unserer Patientinnen klagte ständig darüber, daß ihr Mann ein fürchterlicher Langeweiler sei. Ihm fiel es nie ein, Karten für ein Konzert zu kaufen, ein neues Restaurant vorzuschlagen oder Freunde einzuladen. In der Beratung erinnerten wir sie daran, daß, während der Mann in dem alten System vielleicht dafür verantwortlich ist, den Lebensraum der Frau zu gestalten, das neue System der Autonomie, das sie sich gerade aufbaute, aber anders aussieht. In diesem System war sie dafür verantwortlich, etwas in Ordnung zu bringen, wenn es nicht so richtig klappte. Wir sagten ihr, sie solle die Karten kaufen, neue Restaurants vorschlagen und Freunde zu sich einladen. Sie solle nicht versuchen, aus ihrem Mann jemanden machen zu wollen, der er nicht war.

• Machen Sie es wie Dorene, als sie Neil verließ, um wieder auf die Schule zu gehen: Schaffen Sie das größte Hindernis aus dem Weg, das Sie davon abhält, sich zu ändern: die Angst, nichts Besseres zu finden. Eine Frau hält an einer lieblosen Ehe fest aus Angst, daß es keinen gibt, der sie noch will. Sie macht eine langweilige und unbefriedigende Arbeit, weil sie zu wissen glaubt, daß sie keine bessere finden wird. Sie fügt sich gewissenhaft einem alten, von Männern geschaffenen System, weil sie schreckliche Angst hat, unfähig zu sein, sich selbst ein wirkungsvolleres zu schaffen. Seien Sie optimistisch. Jedesmal, wenn Sie Zweifel oder Furcht überkommen, sagen Sie sich immer wieder: „Ich kann und ich will es besser machen."

Muriel, 40, eine arbeitslose Zeitungsjournalistin kam völlig verzweifelt zu uns. „Ich habe nichts, wofür es sich zu leben lohnt", sagte sie weinend. „Keine Familie, keine Arbeit, keine Zukunft, und die besten Jahre meines Lebens sind vorüber." Aus Muriels erster Bemerkung wußten wir, daß das, wonach sie sich sehnte, eine Zukunft war, in der niemand gerne leben würde. Genau darin lag das Problem. Muriels Denken war so vernebelt von alten Gedanken, alten Ängsten, alten Erwartungen, daß kein Platz mehr darin war für eine schöne, neue Zukunft. Um Muriel von ihrer Vergangenheit zu befreien, mußten wir sie zuerst dazu bringen, sich eine positive, neue Zukunft *vorzustellen*. Wir baten Muriel, für einen Augenblick nicht mehr an ihre Sorgen zu denken, einfach die „Unmöglichkeit" ihrer untergeordneten Position in der Männerwelt zu vergessen. Sie sollte uns sagen, welche Art von Zukunft es wert wäre, morgens aus dem Bett zu steigen. Sie war zu deprimiert, um an etwas Positives zu denken, also halfen wir ihr. „Wären Sie gerne verheiratet?" „Nein, ich glaube nicht", sagte sie grübelnd. „Möchten Sie finanziell unabhängig auf einer einsamen Insel leben?" fuhren wir fort. „Zu langweilig", sagte sie. „Ich arbeite gern. Aber alle sagen, meine Arbeiten seien nicht ideenreich genug. Ich bin zu alt." Wir schmunzelten. „Nicht Sie sind zu alt, Muriel. Es sind die Gedanken in Ihrem Kopf, die nicht mehr modern sind." Durch die Anwendung fortgeschrittener Techniken der Imagination, die wir entwickelt haben, um kraftvolle Gedanken zu erzeugen, dachten wir uns zusammen eine Szene aus, in der Muriel in ihrem eigenen Büro bei einem großen Zeitungsverlag, für den sie schon immer arbeiten wollte, saß. Das Bild war deutlich und plastisch. Muriel konnte die Möbel sehen, den weichen, gepolsterten Stuhl an ihrem Körper spüren, die Schreibmaschinen um sie herum knattern hören, die Tinte riechen, den Fruchtsaft schmecken, den Sie gerade trank. Sie führte sich dieses Bild täglich vor Augen, und bald begann es, ihr Bewußtsein zu beherrschen. „Es ist wie ein Wunder!" rief sie. „Ich kann eine neue Zukunft sehen. Ich kann es kaum erwarten, daß sie Wirklichkeit wird." Dadurch, daß Muriel eine neue Zukunft sah, konnte sie sich von ihrer Depression befreien und gewann die Energie, anzufangen, diese Zukunft wahrzumachen. Zwei Monate nachdem sie begonnen hatte, ihre „neue" Zukunft zu planen, bekam sie eine Stelle bei einer großen Zeitung. Es war zwar nicht die, die sie sich vorgestellt hatte, aber ihr Büro hatte sogar die gleichen Gardinen! „Alles war auf einmal so einfach, als ich beschlossen hatte, das Alte loszulassen", erzählte sie uns.

Wenn Ihr Leben nicht zu Ihren Gunsten verläuft, ändern Sie Ihr Programm und setzen Sie sich in Bewegung. Sehen Sie eine neue Zukunft, wie Muriel es tat. Genau jetzt ist es Zeit für Sie, dies zu tun. Bemühen Sie sich solange, bis Sie die wunderbaren Dinge finden, die Sie sich wünschen. Die Antwort liegt nicht in der Vergangenheit, sondern in der Zukunft!

10
„Die, die abweichen, verdienen es, zu leiden"

„Warum mache ich mir immer Sorgen
und fühle mich so schuldig,
wenn ich nicht das tue,
wovon ein Mann sagt,
es sei das Beste für mich?"

Susan T., Teilnehmerin
einer Braven-Mädchen-Gruppe

Als Susan, eine 22-jährige Bardame, ein kleines Mädchen war, nannte ihr Vater, ein Ingenieur bei der Bahn, sie „meine kleine Herzogin". Doch als Susan sich mit 19 Jahren den Wünschen ihres Vaters widersetzte und mit Bean, einem 20-jährigen Bauarbeiter, zusammenzog, verlor sie diesen Titel. Der Vater sprach mehr als zwei Jahre lang kein Wort mehr mit ihr. „Ich habe solche Schuldgefühle", erzählte Susan uns. „Er hat sein ganzes Leben lang so hart gearbeitet, damit es mir gut ging. Das ist nicht die feine Art, es ihm zurückzuzahlen, nicht wahr? <Ich will nur dein Bestes>, hatte er immer gesagt. Aber ich liebe Bean so sehr, daß es mir egal ist, wenn er nicht <das Beste> für mich ist". Zuerst erklärten wir Susan, daß ihr Vater nicht immer wissen kann, was das Beste für sie ist. Nur sie selbst konnte wissen, was das Beste war, indem sie *zuerst* ein neues Verhalten ausprobierte. Zweitens bestand gar kein Grund, sich Sorgen zu machen oder sich schuldig zu fühlen, wenn sie nicht tat, was am besten war, und wenn sie einen Fehler machte! Fehler zu machen ist nur menschlich. Göttlich ist es, die Kraft zu haben, sich nicht mit Schuldgefühlen oder Sorgen zu strafen, sondern eher, sich den Fehler zu verzeihen, um so die Kraft zu haben, neue Erfahrungen zu sammeln. In Susans Fall stellten wir später fest, daß ihr Vater nicht gegen ein Zusammenleben mit Bean war, weil es nicht das Beste für sie war, sondern weil es nicht das Beste für ihn war. *Seine* Freunde billigten es nicht, wenn ein Paar unverheiratet zusammenlebt. Es wäre für ihn leichter gewesen, wenn Susan einfach geheiratet hätte. Susan, die sich eine schlechte Ehe erspart hatte, da sie später beim Zusammenleben mit Bean feststellte, daß sie überhaupt nicht zu ihm paßte, hatte Glück gehabt, daß ihr Vater ihr nicht genügend Schuldgefühle gemacht hatte, um sie dazu zu bringen, sich nach seinen Wünschen zu richten.

In unserer Einführung haben wir schon erwähnt, daß es lange dauert, bis aus einem normalen, gesunden Kind ein frustriertes, unglückliches „braves Mädchen" wird. In diesem Kapitel wollen wir uns nun zwei der schwerwiegendsten und ältesten Techniken anschauen, die aus normalen Kindern <brave Mädchen> machen, und wie Sie diese unter Kontrolle bringen können. Diese Techniken sind: Schuld und Sorgen.

Wie Susan versuchen die meisten von uns, das zu tun, was wir für das Beste für uns halten. Doch ist es nicht immer leicht, genau herauszufinden, welches nun der beste Weg ist, den man einschlagen soll. Dies trifft besonders auf Frauen zu - auf <brave Mädchen>, - die versuchen, es jedem recht zu machen, besonders den Männern. Sie stellen fest, daß Sie nicht alles auf einmal tun können; etwas müssen Sie auslassen. Wenn dies geschieht, haben Sie wahrscheinlich das Gefühl, etwas falsch gemacht zu haben. Sie haben Schuldgefühle und fangen an, sich Sorgen zu machen. Schuld und Sorge sind die beiden schrecklichen Begleiterscheinungen der Überzeugung, daß Sie sich nach den Regeln anderer Menschen richten müssen. Damit wollen wir uns in diesem Kapitel beschäftigen.

Die Männer haben sich diese brilliante Strategie ausgedacht, um Sie dazu zu bringen, *sich selbst* durch Schuld und Sorge zu bestrafen, wenn Sie deren Regeln brechen. Das erspart den Männern die große Mühe, auf die Einhaltung der Gesetze zu achten. Gleichzeitig wird sichergestellt, daß Sie für *jede* Übertretung bestraft werden, denn es ist unmöglich, einfach so davonzukommen, wenn Sie Ihr eigenes Verhalten überwachen. Es ist gar nicht nötig, daß der Große Bruder jeden Ihrer Gedanken kennt, solange Sie *glauben*, daß es so ist.

In diesem Kapitel werden Sie lernen, sich nicht mehr zu

bestrafen, wenn Sie sich nicht nach den Regeln der anderen richten. Wie Susan werden Sie sich eigene Regeln aufstellen, nach denen Sie leben. Sie werden die Kraft gewinnen, sich zu verzeihen, und von neuem zu beginnen, wenn Ihre Regeln manchmal nicht funktionieren. Sie werden die sinnlosen Schuldgefühle und Sorgen, die Ihrem Selbstbild so sehr schaden, überwinden. Dann werden Sie sich mögen, so wie Sie sind!

Schuldgefühle: Selbstbestrafung, weil Sie die Regeln anderer mißachten

Wie wir bereits sagten, führt Ihr Glaube, Sie *verdienten* es, zu leiden, wenn Sie nicht so handeln, wie man es von Ihnen verlangt, zu Problemen. Schuld ist ein Gefühl, das aufkommt, wenn Sie glauben, ein Gesetz verletzt, etwas „falsch" gemacht zu haben. Fehler zu begehen muß in unserer Gesellschaft bestraft werden, und wenn nicht durch andere, dann eben durch Sie selbst. Weil es aber so viele Menschen gibt, die so viele Regeln aufstellen, hat ein wirklich <braves Mädchen> nahezu ständig Schuldgefühle. Leah, eine 20-jährige Chemiestudentin, die mit Aaron, einem 23-jährigen Jurastudenten, befreundet war, vertraute uns an: „Ganz gleich, was ich tue, immer scheint es irgend jemandem nicht zu gefallen, und dann habe ich Schuldgefühle. Warum kann ich nie etwas recht machen?" Leah hatte schon viel wegen ihrer Schuldgefühle, die sie sich selbst machte, leiden müssen. Als Kind „riß sie sich fast ein Bein raus", um die Wertschätzung ihrer liebenden, aber anspruchsvollen Eltern zu gewinnen. Sie erzählte uns: „In der Grundschule regte ich mich immer auf, weil ich dachte, irgend jemand könne mich nicht leiden. Es spielte keine Rolle, wer es war. Wenn ein Kind aus meiner Klasse mich nicht grüßte oder mich nicht anlächelte, wenn es mich sah, bekam ich sofort Schuldgefühle und fragte mich, was ich wohl getan hatte, um es zu beleidigen. Als ich dann aufs Gymnasium kam, war ich ein Nervenbündel. Ich dachte ständig darüber nach, was ich bei den Jungen falsch machte: Warum waren sie nicht netter zu mir? Warum hatte ich nicht mehr Verabredungen? Warum war ich nicht beliebter? Jetzt, da ich endlich eine Beziehung habe, habe ich ständig

Schuldgefühle, etwas zu tun, was die Beziehung beenden könnte."

Wir fragten Leah: „Was, glauben Sie, helfen Ihnen diese Schuldgefühle zu vermeiden?" Nach ein paar Sekunden Stille formulierten wir unsere Frage anders: „Lassen Sie es uns mal so formulieren: Was, glauben Sie, könnte geschehen, wenn Sie sich nicht dauernd schuldig fühlen würden?" „Die Leute würden mich hassen", antwortete sie. „Sie würden mich für eine schreckliche Person halten, wenn ich mich nicht schlecht fühlen würde, wenn ich ihnen Unrecht zugefügt hätte." „Mit anderen Worten", sagten wir, „Sie glauben, daß Sie dadurch, daß Sie sich mit Schuldgefühlen bestrafen, Mißbilligung und Bestrafung von anderen vermeiden." Leah dachte einen Augenblick nach. Dann sagte sie: „Das ist zu dumm, nicht? Ich kann andere nicht davon abhalten, mich abzulehnen, indem ich ihnen zuvorkomme und mich selbst verurteile, nicht wahr?" Als Leah eingesehen hatte, wie *sinnlos* ihre Selbstbestrafung war, begann sie, davon abzulassen. Wie sie sagte: „Wenn Aaron nicht gefällt, was ich tue, dann gefällt es ihm eben nicht, ob ich nun Schuldgefühle habe oder nicht. Also werde ich mir einigen Kummer ersparen."

Leah konnte es nicht recht machen, weil sie es immer anderen recht machen wollte, anstatt sich selbst. Sie können es nie immer allen Menschen recht machen. Wenn das Ihr Ziel ist, werden Sie *immer* Schuldgefühle haben. Ganz gleich, wie schmerzlich ein Vorfall war, was vorbei ist, ist vorbei. Sie können Ihr ganzes Leben lang Schuldgefühle haben, weil sie in Ihnen unabhängig von der Situation entstehen. Sie sind ein gnadenloser Zuchtmeister und ein geeignetes Mittel für jemanden, der Sie manipulieren will. Streuen Sie den Samen der Schuld aus, lassen ihn sprießen, und er kann ewig am Leben bleiben. Wenn Sie als kleines Mädchen jemals als „ungezogen" bezeichnet wurden und man Ihnen sagte, Sie sollten sich schämen, dann haben Sie sich wahrscheinlich sehr darum bemüht, die Regel nicht ein zweites Mal zu verletzen, um das schlimme Gefühl von Schuld und Scham zu vermeiden.

Eine unserer früheren Patientinnen erinnerte sich an Szenen aus ihrer frühen Kindheit, in denen die typische Verbindung zwischen Etiketten in der Kindheit und Problemen, die sie als Erwachsene hatte, deutlich wird. Chance, eine 42-jährige Psychologin, erinnerte sich daran, wie sie zum ersten Mal in den Kindergarten ging. „Mir gefiel es, zum ersten Mal mit einer großen Gruppe von Kindern zusammen zu sein. Ich machte mich jedesmal laut bemerkbar, wenn ich etwas zu sagen hatte. Doch Frau Stark, meine Lehrerin, schimpfte mich aus, weil ich so laut und unmädchenhaft war. Ich versank vor lauter Scham und Schuld, ich selbst zu sein, in den Boden." Schon bald war Chance ein schüchternes, zurückhaltendes und zurückgezogenes <braves Mädchen>. Dieses „Mauerblümchen"-Verhalten behielt sie bei. Als Erwachsene wunderte sie sich, warum sie bei ihrem Mann Simon oder bei beruflichen Treffen Schwierigkeiten hatte, kein Blatt vor den Mund zu nehmen. Als wir sie danach fragten, antwortete sie: „Ich finde es einfach nicht richtig. Ich war schon immer so." Aber sie war nicht schon immer so gewesen - und das war das Problem. So zu sein wurde ihr von einer anderen Frau beigebracht, die die Tradition weiterführte, daß man sich schlecht fühlen sollte, wenn man sich gegen das System stellt.

„Was, glauben Sie, würde geschehen, wenn Sie bei einem Ihrer Treffen den Mund aufmachen würden?" fragten wir sie. „Viele würden das Gesicht verziehen", sagte sie, „und sie würden wahrscheinlich denken, daß ich mich daneben benehme." „Gut", sagten wir. „dann benehmen Sie sich daneben. Mit der Zeit wird man sich daran gewöhnen. Dann wird man Ihr Benehmen als ganz normal ansehen, weil man sich daran gewöhnt hat." Chance nahm es in Kauf, daß manche ihr Verhalten vielleicht zunächst mißbilligen könnten, und wagte es. Bei ihrem nächsten Treffen des Regionalverbandes der Psychologen meldete sie sich sieben Mal laut zu Wort und lehnte es ab, sich wegen ihres „nicht damenhaften" Verhaltens Schuldgefühle zu machen. Vor kurzem erzählte sie uns: „Sie hatten recht. Es ist erstaunlich, wie schnell sich alle an mein neues Ich gewöhnten. Bei unserem letzten Treffen war ich müde und sprach deswegen nicht viel. Eines der Mitglieder fragte mich, ob etwas mit mir *nicht stimme*, weil ich so ruhig sei!" Wenn sich die anderen erst einmal daran gewöhnt haben, werden sie erwarten, daß Sie nach Ihren eigenen Regeln handeln!

Sorgen: Die Strafe dafür, daß man die Regeln brechen will

Wie alle <braven Mädchen> hatte Chance Schuldgefühle, wenn sie gegen das System der anderen verstieß. Sie fühlte sich sogar schlecht und war besorgt, wenn sie nur darüber *nachdachte!* Darin liegt eine einfache Botschaft: Sie sollten sich nicht nur nicht gegen das System stellen, sondern nicht einmal darüber *nachdenken.* Das ist genauso „schlecht", wie wenn Sie etwas dagegen tun. Während Schuld bedeutet, sich selbst für das Verletzen einer Regel zu bestrafen, bedeuten Sorgen, sich selbst zu quälen, weil Sie nur darüber nachdenken. In diesen Sorgen stecken alle „Was wäre, wenn ..."-Gedanken. „Was wäre, wenn ich mir Zeit sparen und heute Abend ein Fertiggericht servieren würde?" Oder „Was wäre, wenn ich meinen Mann zuhause ließe und heute Abend alleine ausginge?" Oder „Was wäre, wenn ich sagen würde, was ich wirklich denke?" All diese „Was wäre, wenn ..."-Fragen können dazu führen, daß Sie sich selbst lahmlegen und den status quo, ein System, in dem die Regeln anderer gelten, beibehalten. Was wäre, wenn Sie täten, was Sie wollen, und sich einfach keine Gedanken darüber machten?

Da Schuldgefühle und Sorgen so unangenehme Gefühle sind, geben viele Frauen den Forderungen der Männer nach, nur um zu vermeiden, diese schrecklichen Gefühle ertragen zu müssen. „Lieber tue ich, was er will", sagte Leah, „als durch diese Hölle der Sorgen, was passieren wird, wenn ich es nicht tue, zu gehen."

Die Sorge darüber, was geschieht, wenn sie die Regeln der Männer nicht befolgen, hält viele Frauen von Kindheit an gefangen. Erica C., eine 27-jährige Frau, die noch bei ihrer Mutter zuhause lebt, ist ein typische Beispiel dafür. Rückblickend auf ihr Leben erzählt sie uns, daß sie in der ersten Klasse voller Entdeckungsdrang war und jeden Winkel und jede Ecke des Schulhauses erforschen wollte. Herr Bloch, ihr Lehrer, erklärte ihr, daß es sehr gefährlich für kleine Mädchen sei, alleine auf Entdeckungsreisen zu gehen, und daß sie nicht alleine weggehen sollte, wenn kein Junge dabei war, der auf sie aufpaßte. Es dauerte nicht lange, bis sie begann, sich Sorgen zu machen. „Was ist, wenn mir jemand in der Dunkelheit auflauert?" Oder „Was ist, wenn ich mich verlaufe?" Oder „Was ist, wenn ich nicht schlau genug bin, um mich vor Schwierigkeiten zu bewahren?" Als Erica erwachsen wurde, hatte sie nicht das geringste Vertrauen in ihre Fähigkeiten. Als wir sie fragten, warum sie denn unbedingt heiraten wollte, sagte sie: „Ich würde mir fürchterlich Sorgen machen, wenn ich es nicht täte. Wie sollte ich da leben?" Sie befürchtet, ohne den „Schutz" eines Mannes zu sterben, obwohl sie gar nicht genau weiß, was dieser Schutz bedeutet. Diese Sorge veranlaßt sie, die *alten* Regeln zu befolgen - Regeln, die ihre Sorgen vielleicht mildern, die sie aber letztendlich noch unglücklicher machen, als sie es je zuvor war.

„Ich langweile mich so sehr bei der Arbeit, daß ich laut schreien könnte!" erklärte Kitty, eine 26-jährige leitende Angestellte einer großen Druckerei. „Ich dachte, ich würde etwas Kreatives bei dieser Arbeit tun, aber alles, was ich mache, sind routinemäßige Layouts und nach neuen Kunden Ausschau zu halten. Ich hasse es, zu verkaufen! Ich bin eine Künstlerin!" Als wir sie fragten, was sie in einem Job hielt, den sie nicht ausstehen konnte, stellten wir bald fest, daß ihre Sorgen schuld daran waren. „Ich kann es mir nicht leisten, jetzt zu gehen", erzählte sie uns todernst. „Ich habe schon fünf Jahre in diese Firma investiert. Was ist, wenn ich nichts Besseres finde? Was ist, wenn ich keine feste Stelle bekomme? Dann müßte ich heiraten!" Kitty stammte aus den gleichen Verhältnissen wie so viele andere <brave Mädchen> auch, die wir beraten - eine passive, furchtsame Mutter und ein starker, dominierender Vater. Doch anders als die meisten hatte sie rebelliert. Sie hatte beschlossen, nicht auf einen Mann angewiesen zu sein, der sie beschützt. So setzte sie auf finanzielle Unabhängigkeit und hatte Erfolg - aber nur bis zu einem bestimmten Punkt. Es gelang ihr, eine Arbeit zu finden, obwohl ihr beigebracht wurde, daß Männer besser sind. Doch sie war sich ihrer Gleichwertigkeit noch nicht sicher genug, um diesen Zufluchtsort zu verlassen, als es an der Zeit war. Kitty tappte bei der Arbeit in dieselbe Falle, wie es viele Frauen zuhause tun. „Es ist in Ordnung, wenn Sie Ihre Arbeit für eine bessere aufgeben", erklärten wir ihr. „Ihr *Platz* ist immer dort, wo Sie sich wohl fühlen. Sie müssen nirgendwo *bleiben*." Doch Kitty ließ sich nicht so leicht überzeugen. „Alle meine Freunde sagen, ich sei verrückt, wenn ich meinen sicheren Job aufgebe", protestierte sie. „Das ist nicht normal." Wir lächelten. „Wo steht geschrieben, daß man glücklich wird, wenn man <normal> ist? Wir haben tatsächlich festgestellt, daß es die <Normalen> sind, die sich am meisten langweilen", fuhren wir fort. „Diejenigen, die vom Weg abweichen und einen anderen nehmen, der weniger benutzt wird, sind auch die, die am ehesten Abenteuer und Spannung erleben." Kitty beschloß, das Risiko einzugehen, von den Erwartungen der Durchschnittsbürger abzuweichen, und so ihrer Langeweile ein Ende zu bereiten. Sie ließ sich als freie Künstlerin in einem Büro nieder. Auch wenn sie immer noch Kunden für ihre Dienstleistungen ausfindig machen muß, so hat sie doch das Vergnügen, ihre eigenen Produkte zu kreieren. Sie brauchen sich keine Sorgen machen, wenn Sie eine Regel brechen wollen, die nicht für Sie funktioniert. Belohnen Sie sich stattdessen dafür, daß Sie den Mut haben, einen neuen Weg einzuschlagen!

Der Untergang des „schlechten" Mädchens

Wie Kitty feststellte, bezieht die Sorge ihre Kraft aus der Einbildung. Die „Was wäre, wenn ..."-Gedanken, die Sie davon abhalten, nach Ihren Träumen zu handeln, funktionieren, da sie Bilder von sehr schlimmen Konsequenzen heraufbeschwören. Das schlimmste Bild ist das der Hölle - der letzte Ort für die „entehrte Frau" und das „schlechte Mädchen". Seit Jahrhunderten prägen und fördern die Literatur, die Kunst und die Filme das Bild des <braven Mädchens>, das die Wertschätzung der Männer (und der Gesellschaft) verliert, wenn es eine ihrer Regeln bricht. Nathaniel Hawthorns Heldin in dem Buch <The Scarlett Letter> wird gebrandmarkt, weil sie ihre Sexualität ausdrückt; Scarlett O´Hara verliert die Achtung der Gesellschaft von Atlanta, da sie, neben vielen anderen Dingen, Sinn für Geschäfte hat und stürmisch ihre Unabhängigkeit zeigt; Yentl verliert ihren Mann, weil sie sich zwischen Liebe und Wissen entscheiden muß - beides kann sie nicht haben. Auch wenn es den Anschein hat, daß sich die Dinge heute grundlegend geändert haben, sind sie doch oft noch genauso, wie sie früher waren. Wir sagen nach außen hin ja zu vorehelichem Sex, zur wilden Ehe, zu sexueller Offenheit, „zu tun, was man will", doch es bleibt die Tatsache bestehen, daß die Frauen sich, wenn sie tatsächlich unabhängig handeln, immer noch Schuldgefühle und Sorgen machen, daß andere ihr Verhalten verurteilen könnten.

Wir hoffen, daß wir Ihnen einen Weg aus Ihrem Leiden zeigen können, ein Weg, der Sie vor der einzig möglichen Ablehnung bewahrt - der Ablehnung durch Sie selbst. Machen Sie sich ein eigenes Bild von sich selbst, und alles kann nur besser werden!

Wie Schuldgefühle und Sorgen Ihrem Selbstbild schaden

Wahrscheinlich wissen Sie schon, daß Sie ekelhaft zu sich sind und Ihr Selbstbild schädigen, wenn Sie sich Sorgen und Schuldgefühle machen. Ihr Selbstbild vermittelt Ihnen die Botschaft, daß Sie schlecht sind und es verdient haben zu leiden. Wenn Sie schlecht von sich denken, gehen Ihnen die Energie, das Selbstbewußtsein und der Tatendrang verloren, wodurch sie sich dann noch minderwertiger und wertloser fühlen. Dies äußert sich auf vielfältige Weise und bei den unterschiedlichsten Frauen.

Anita, 38, hatte Angst, ihren Mann Austin an eine jüngere Frau zu verlieren, als sie 40 wurde; so widersprach sie ihm nie. „Welches Recht habe ich, ihm irgend etwas zu verweigern, wenn er das ganze Geld verdient?" fragte sie uns. „Ich weiß ganz einfach, daß ich es mein Leben lang bereuen werde, wenn ich ihm nicht jeden Wunsch erfülle." Ihre Sorge, ihn zu verlieren, machte sie zum tugendhaften Fußabtreter. Je mehr sie seinen Wünschen auf Kosten ihrer Wünsche nachgab, desto weniger dachte sie an sich. Je weniger sie an sich dachte, desto mehr Angst hatte sie, ihn zu verlieren! Wir zeigten ihr, wie sie diese nach unten laufende Spirale beenden konnte, indem sie etwas für sich selbst tat. Eine besonders positive Veränderung bestand darin, daß sie sich ein eigenes Auto kaufte. Auch wenn sie nicht direkt das Geld dafür verdient hatte, halfen wie ihr, zu verstehen, daß ihr genausoviel in ihrer Ehe zustand wie ihrem Mann. So hatte sie keine Schuldgefühle.

Annie war Mitte 30 und hatte mit sexuellen Problemen zu kämpfen. Sie litt sehr darunter, daß sie sich zu anderen Frauen hingezogen fühlte. Sie machte sich Sorgen, daß sie deswegen ihre Arbeit als Lehrerin in einem Privatgymnasium verlieren könnte. Sie glaubte ehrfürchtig an Gott, konnte aber nicht verstehen, wie er sie für etwas verurteilen konnte, wofür sie nichts konnte. Sie wollte nicht, daß Frauen sie sexuell erregen konnten; diese Gefühle steckten schon seit der Pubertät in ihr. Sie versuchte, dagegen anzukämpfen, aber ohne Erfolg. Durch unsere Beratung begann Annie, sich nicht mehr zu hassen, weil sie „abnormal" war. Sie brauchte sich nicht minderwertig zu fühlen, nur weil sie einer Minderheit angehörte. Bei ungefähr 10 Prozent der Bevölkerung ist Homosexualität „normal". Sexuelle Erregung ist eine genetische Reaktion. Sie wird nicht durch logische Überlegungen hervorgerufen, die eine Wahl beinhalten. Annie war genausowenig für ihre sexuelle Neigung verantwortlich wie für die Farbe ihrer Augen. Annie hörte bald auf, sich zu quälen, weil sie die Erwartungen anderer nicht erfüllte, und nach ein paar Monaten bekannte sie sich zu ihren sexuellen Neigungen. Genau das, wovor sie sich ursprünglich gefürchtet hatte, nämlich ihr Lesbisch-Sein in der Öffentlichkeit zu zeigen, gab ihr nun mehr Kraft und stärkte ihr Selbstbild. Auch wenn Annie noch weit davon entfernt ist, völlig frei von Schuldgefühlen und Sorgen zu sein, hat sie doch einige der Dämonen in ihrem Kopf wirksam besiegt, indem sie sie ans Tageslicht gebracht hat. Sowohl Anita als auch Annie hatten unter ihrer Sorge gelitten, daß sie die Erwartungen der anderen nicht erfüllen würden. Es ging ihnen besser, als sie stattdessen versuchten, ihre eigenen Erwartungen zu erfüllen, und die anderen sie so akzeptieren ließen, wie sie waren.

Die Schriftstellerin Catherine Marshall beschreibt in ihrem Buch „Christy" das Übel der Schuld und Sorgen (Selbstbestrafung): „...Ich habe gelernt, daß wahre Vergebung vollständiges Akzeptieren beinhaltet. Und durch dieses Akzeptieren werden Wunden geheilt und ein Leben in Glück wird wieder möglich."

Wenn Sie sich so akzeptieren können, wie Sie sind, und nicht so, wie die anderen Sie haben wollen, wird das ein großer Tag sein.

Sie sind nicht gut, weil Sie leiden. Ihr Leiden bringt Ihnen nur Schmerz und Krankheit. Schuldgefühle und Sorgen bringen Sie nur dazu, sich selbst zu hassen. Sie verdienen es, sich weiterzuentwickeln, und nicht, zu leiden. Seien Sie

das, was Sie sein wollen. Lassen Sie die anderen Sie so
sehen, wie Sie sein möchten - und diese werden sich ändern!
Sie brauchen nicht weniger zu erwarten! Im folgenden
Abschnitt werden wir Ihnen helfen, sich weiterzuentwickeln,
indem Sie gut zu sich sind.

Die vielen Gesichter der Schuld und der Sorge

Wenn Sie glauben, Sie hätten es verdient, zu leiden, dann
kann man das leicht an Ihrem Verhalten feststellen. Sie
werden sehen, daß Selbstbestrafung überall vorkommt, bei
Ihnen wie bei anderen. Schauen wir uns einige Verhaltensweisen an, die von Ihrer Überzeugung herrühren, daß Sie
Strafe verdient hätten, wenn Sie von den Regeln abweichen.

• Haben Sie Schuldgefühle, wenn Sie Regeln gebrochen
haben - und wenn diese auch noch so klein waren?
• Machen Sie sich Sorgen über Regeln, die Sie brechen
könnten?
• Sorgen Sie sich, daß Sie einfach nicht tun können, was Sie
wollen?
• Haben Sie immer Angst, daß Sie es wirklich nicht verdienen, das zu tun oder zu bekommen, was Sie sich wirklich
wünschen? Dies zeigt sich auf viele Arten, von der simplen
Meinung „Ich bin nicht <gut> genug" (Sie werden erst
belohnt, wenn Sie es jedem recht machen) bis zu den „Erst,
wenn ..."- Gedanken, was aber am Ende auf das gleiche
hinauskommt - „Ich kann erst nach Tahiti fahren, wenn das
Auto abbezahlt ist, die Kinder groß sind, mein Mann mehr
Geld bekommt, wir weniger Ausgaben haben."

Andrea, 31, war voller Schuldgefühle, wenn sie auch nur
im geringsten von ihrem Haushaltsplan abwich. Sie konnte
das Geschirr nicht einmal für eine Stunde dreckig stehen-
lassen, sich nie eine Stunde Zeit nehmen, um eine Fernsehsendung anzusehen, oder mitten am Tag eine Freundin
anrufen, ohne deswegen ein „Nervenbündel" zu werden.
„Ich ärgere und sorge mich ständig über die Dinge, die ich
tun sollte, oder, die ich hätte tun sollen", erzählte sie uns.
„Ich kann nie ruhig dasitzen und den Augenblick genießen."
Zuallererst machten wir Andrea klar, wie sinnlos diese

Gefühle waren. Wenn sie sich auch noch so viele Sorgen machen würde, dadurch würde nicht ein einziger Teller abgewaschen werden. Genausowenig machten ihre Schuldgefühle das Badezimmer sauber, das „gestern hätte geputzt werden sollen". Diese selbstschädigenden Gefühle änderten gar nichts in der realen Welt, sie raubten Andrea nur den Seelenfrieden. Sie machten aus ihr auch sicher keinen besseren Menschen oder trugen gar zu ihrer „Bravheit" bei. Als nächstes baten wir Andrea, aufzuschreiben, welche Konsequenzen das Verhalten hatte, über das sie sich solche Schuldgefühle machte. Was würde geschehen, wenn das schmutzige Geschirr einen Nachmittag in der Spüle stünde? Was wäre, wenn sie sich eine Stunde frei nehmen und eine Fernsehsendung anschauen würde? Was würde geschehen, wenn sie mitten in ihrem Arbeitstag am Telefon ein Schwätzchen mit ihrer Freundin halten würde? Andrea stellte fest, daß die Dinge, über die sie sich solche Sorgen machte und solche Schuldgefühle hatte, in den meisten Fällen gar keine wirklichen Konsequenzen hatten. „Das Schlimmste, was mir passieren könnte, wäre, daß ich etwas später machen müßte, als ich es sonst tue", sagte sie. Der Himmel wird Ihnen schon nicht auf den Kopf fallen, wenn Sie von den Regeln abweichen, die Ihnen so natürlich erscheinen. Das ist nur so in Ihrer Einbildung. Wenn Sie wissen wollen, ob wir recht haben, versuchen Sie doch einfach einmal, sich aufzuschreiben, welche Konsequenzen das Verhalten hat, über das Sie sich Schuldgefühle machen, wie Andrea es tat. Sie werden sicher angenehm überrascht sein.

• Genießen Sie nie den Augenblick?
• Kommen Sie sich undankbar vor, wenn Sie sich bei einem Mann durchsetzen?
• Fühlen Sie sich hundertprozentig verantwortlich für eine Scheidung, eine schlechte Ehe oder eine unglückliche Liebesbeziehung - ganz gleich, wie die Umstände sind?
• Hören Sie jedesmal die tadelnde Stimme Ihrer Mutter oder Ihres Vaters (selbst wenn sie schon seit Jahren tot sind), wenn Sie gegen eine Regel verstoßen, die sie Ihnen in Ihrer Kindheit beigebracht haben?

Cleo, 41, war 12 Jahre lang unglücklich mit Teddy

verheiratet gewesen. Während dieser Zeit hatte sie immer genau das getan, was Teddy oder ihre Eltern von ihr verlangten, um die Beziehung aufrechtzuerhalten. Sie erwarteten von Cleo, daß sie ständig für sie da war, und nutzten sie in unzähligen kleinen Dingen aus. Cleos Mutter regte sich sehr auf, als ihre „kleine" Schwester Andrey, 35, verkündete, daß sie Dale heiraten wollte, einen Mann, den die ganze Familie einschließlich Teddy für einen Opportunisten hielt, der nur auf Andreys Haus und ihre Ersparnisse aus war. Als Cleo Teddy und ihrer Mutter sagte, daß sie Andrey Glück in ihrer Ehe wünschte, verzogen sie beide verdrießlich den Mund. Wir hatten Cleo schon gezeigt, wie sie mit einer solchen Situation umgehen sollte. Sie wurde blendend damit fertig, indem sie sagte: „Wollt ihr mich mit diesem Blick bestrafen, weil ich schlecht bin und nicht eure Meinung teile?" Als Teddy und Cleos Mutter klar wurde, daß sie ihr manipulatives Verhalten durchschaut und gemerkt hatte, daß dies nur ein Mittel war, um zu erreichen, was sie wollten, ließen sie beide davon ab, denn es hatte seine Wirkung verloren. Cleo hatte sich durchgesetzt und weigerte sich, sich weder von ihrer Mutter noch von ihrem Mann Schuldgefühle einreden zu lassen. Ganz gleich, was andere Menschen tun, die Verantwortung für Ihre Gefühle liegt letztendlich nur bei Ihnen selbst. Wir wissen, daß Sie viel glücklicher sein werden, wenn Sie sich dazu entschließen, positiv mit Ruhe und Selbstbeherrschung zu reagieren.

• Fühlen Sie sich für das Wohlergehen der anderen verantwortlich? Neigen Sie zu der Überzeugung, daß Sie für Ärger, Unannehmlichkeiten oder sogar körperliche Krankheiten anderer Menschen verantwortlich sind?
• Haben Sie Angst, in die Hölle oder nicht in den Himmel zu kommen, weil Sie die Regeln anderer nicht bis ins kleinste Detail befolgen?
• Fühlen Sie ein nagendes Unbehagen, wenn Sie einen Streifenwagen, die Polizei oder einen Kriminalfilm sehen, auch wenn Sie gar nichts verbrochen haben?
• Bestrafen Sie sich selbst mit übermäßigem Essen, wenn Sie in Versuchung geraten, gegen das System zu handeln? Zuerst denken Sie: „Ich hätte große Lust, den Mann anzurufen, den ich heute Morgen getroffen habe." Doch dann überfällt Sie

die Angst, möglichweise aus der weiblichen Rolle, die das System vorschreibt, zu fallen. Dann essen Sie, um diese Angst zu dämpfen.

Jedesmal, wenn Delia, 38, nicht tat, was ihr Mann Saul, 52, von ihr verlangte, faßte er sich an die Brust und rief: „Wegen dir bekomme ich noch einen Herzinfarkt! Ich halte diesen Streß nicht länger aus. Du bringst mich noch ins Grab!" Delia fühlte sich voll für Sauls Gesundheit verantwortlich, so daß sie in ihren schlaflosen Nächten von alptraumähnlichen Visionen geplagt wurde, in denen sie, jedesmal, wenn sie Saul auch nur die kleinste Unannehmlichkeit „verursacht" hatte, in den Abgrund gestoßen, aus dem Buch des Lebens ausradiert und von einer Bestie aufgefressen wurde. Sie bekam jedesmal Herzklopfen, wenn sie einen Polizisten sah, weil sie sich so sicher war, daß ihr „übles Wesen" aufgedeckt und sie bestraft werden würde. Natürlich hatte die Polizei andere Dinge im Kopf, als ein <braves Mädchen>, das ihren Mann ärgerte. Da es keinen gab, der sie bestrafte, strafte Delia sich selbst mit übermäßigem Essen, bis sie 40 Pfund Übergewicht hatte. Wir erklärten Delia, daß Saul einzig und allein für seinen Ärger verantwortlich war. Sie konnte ihm keinen Herzinfarkt machen. Nur Saul selbst konnte sich das antun. Da Delia jedoch nicht davon abzubringen war, sich zu bestrafen, schlugen wir ihr vor, es nach einem gewissen Schema zu tun. Zusammen setzten wir dreimal zehn Minuten täglich als „Leidenszeit" fest. In dieser Zeit sollte Delia sich sagen, welch schrecklicher Mensch sie war, weil sie nicht tat, was ihr Mann wollte. Durch ihre übertriebene Selbstbestrafung wurde ihr klar, wie lächerlich das ganze eigentlich war. Durch den Zeitplan erkannte sie auch, daß sie es völlig unter Kontrolle hatte. Als sie begriffen hatte, daß diese Selbstbestrafung lächerlich war, *und auch*, daß sie sie unter Kontrolle hatte, hörte sie damit auf. Delia fühlte sich nicht mehr schuldig an Sauls Gefühlen und hat eingesehen, daß er *selbst* dafür veranwortlich ist.

• Ist es Ihnen unangenehm, daß Sie sexuelle Wünsche und Phantasien haben?
• Überkommt Sie ein überwältigendes Gefühl von Schuld,

242

wenn Sie mit Ihren Eltern streiten wollen?

• Sind Sie besessen von Schuld und Sorgen, wenn in Ihrem Leben etwas schiefgeht? Fragen Sie sich dann: „Womit habe ich das verdient?" Sind Sie davon überzeugt, daß die guten Dinge den braven Mädchen widerfahren und das Unglück die schlechten Mädchen überfällt?

• Rechnen Sie ständig damit, bestraft zu werden? Haben Sie das Gefühl, daß das Damoklesschwert jeden Augenblick herunterfallen kann? Warten Sie schon fast darauf, daß es endlich fällt, damit Sie büßen können und sich nicht mehr sorgen müssen? Das ist ein sehr selbstschädigendes Verhalten, denn tatsächlich trachten Sie danach, bestraft zu werden, in der Hoffnung, sich endlich keine Sorgen mehr machen zu müssen, nachdem Sie die Strafe bekommen haben. Doch leider erhalten sich Schuldgefühle und Sorgen von allein aufrecht, und kein Leid der Welt ist groß genug, um diese Gefühle aus der Welt zu schaffen.

Cloris, 30, suchte uns auf, weil sie unter sehr schwerer Akne litt, die durch großen Streß verursacht wurde. Als wir sie fragten, was in ihrem Leben nicht stimmte, sagte sie: „Nichts. Das ist ja das Problem. Es läuft alles *zu* gut. Meine Ehe mit Conrad ist wunderbar, meine Kinder sind intelligent und gesund. Ich liebe meine Arbeit als Laborantin." Es dauerte mehrere Wochen, bis wir herausfanden, daß Cloris Schuldgefühle hatte, weil sie sich von anderen Männern angezogen fühlte. Cloris war der Meinung, daß braven Mädchen Gutes widerfährt und schlechten Mädchen Schlechtes. So glaubte sie, daß ihr nicht mehr viel Zeit blieb. Sie wußte, daß eine Strafe im Anmarsch war, und sie wollte sie hinter sich bringen. Also *schuf* sie sich eine Strafe in Form ihrer Hautkrankheit. Wir sagten Cloris, daß ihr Verhalten wahrscheinlich gar nicht so sehr, wie sie vermutete, auf Mißbilligung stoßen würde, wenn sie ihre Gefühle kundtun würde. In einer Sitzung, an der Cloris und Conrad gemeinsam teilnahmen, konnten wir sie dazu bringen, über ihre gelegentlichen sexuellen Phantasien mit anderen Männern zu reden. Sie war überrascht und auch erleichtert, als Conrad antwortete: „Das ist doch ganz normal. *Laß* sie einfach zu." Cloris hatte dieses ganze Unglück über sich gebracht, weil *sie erwartete, daß andere von ihr etwas erwarteten!* Klären

Sie die Sache. Finden Sie heraus, was die anderen *wirklich* von Ihnen erwarten. *Danach* entscheiden Sie, ob Sie diese Erwartungen erfüllen, oder ob Sie anders handeln wollen. *Gleichgültig*, wofür Sie sich entscheiden, verschwenden Sie keine Zeit und Energie mit Sorgen oder Schuldgefühlen. Das schadet Ihnen nur, und Sie erreichen damit gar nichts.

Nun haben wir uns kurz damit befaßt, was geschieht, wenn Sie sich selbst mit Sorgen und Schuldgefühlen bestrafen. Sie können erkennen, daß die Überzeugung, Sie hätten es verdient, zu leiden, tatsächlich die *Ursache* Ihres Leidens ist. Sie haben nur Grund, besorgt zu sein, wenn Sie Regeln brechen, die Sie selbst geschaffen haben, um glücklich zu sein. Geben Sie sich einen Ruck und werden Sie den Regeln der anderen untreu, um sich auf den Weg zu Ihrer eigenen Wahrheit zu begeben.

Warum wir uns selbst bestrafen

Die Belohnungen für Ihre Selbstbestrafung beinhalten gewöhnlich auch Buße. Sie glauben, wenn Sie sich selbst bestrafen, werden Ihnen die Männer Ihren Ungehorsam verzeihen. So glauben Sie irrtümlich, daß Sie den Männern sozusagen zuvorkommen.

• Buße. Genug zu leiden in Form von Schuldgefühlen und Sorgen kann als Buße dienen, als eine Möglichkeit, alle früheren Fehler auszubügeln. Das Problem besteht darin, daß Sie glauben, Selbsterniedrigung könnte der erste Schritt zur Selbstverbesserung sein.
• Mitleid. Nichts erregt leichter Mitleid als Leiden. Aber nichts schadet Ihrem Selbstbild mehr als Mitleid. Wenn Sie sich für Schuldgefühle und Sorgen entscheiden, führt dies dazu, daß Sie weniger von sich halten.
• Vergebung. Buße und Mitleid führen zu einem Gefühl der Vergebung und Erlösung.
• Durch Ihr Leiden vermeiden Sie, Energie zu verschwenden und etwas zu unternehmen. Es ist leichter, die Gegenwart mit Schuldgefühlen und Sorgen darüber, daß Regeln gebrochen wurden oder noch zu brechen sind, zu verbringen, als eigene Regeln aufzustellen.

• Ihr Leiden bewahrt Sie davor, die Gefahren, die eine Ver-änderung mit sich bringt, auf sich zu nehmen. Wenn der Preis für die Nichteinhaltung einer Regel zu hoch wird, glauben Sie vielleicht, Sie hätten das Recht, wieder zum alten System zurückzukehren. Die neuen Regeln waren es dann einfach nicht „wert" gewesen.

• Schuldgefühle und Sorgen bieten sich als Sündenbock für andere Ursachen des Unglücklichseins, die überhaupt nichts mit der Sache zu tun haben, an.

• Ihr Leiden erlaubt Ihnen manchmal, Regeln zu brechen, ohne von anderen dafür verurteilt zu werden. Auch wenn Sie den vorgegebenen Kurs verlassen haben, zeigen Sie den anderen durch Ihre Schuldgefühle und Sorgen, daß Sie sehr gut wissen, was richtig und was falsch ist, und daß Sie versuchen, die Sache wieder in Ordnung zu bringen.

• Wenn Sie Schuldgefühle haben und sich Sorgen machen, können Sie den Kampf, sich durchzusetzen, vermeiden.

• Wenn Sie leiden, können Sie sich als „guten" Menschen bezeichnen. Die Mythen unserer Kultur besagen, daß „Leiden den Charakter bildet". Schuldgefühle und Sorgen, zwei Formen der Selbstbestrafung, tragen zu dem Leiden bei, das für einen Märtyrer wichtig ist. Vielleicht halten Sie sich für eine Heilige - doch als Preis dafür bezahlen Sie mit Ihrer Zufriedenheit.

Sie können dieses Belohnungssystem für die Selbst-bestrafung besiegen. Sie brauchen nicht zu leiden. Verzeihen Sie sich selbst bedingungslos. Wir haben einen neuen Plan, der Ihnen hilft, sich zu befreien.

Strategien, die Ihnen helfen, sich von selbstverursachtem Leiden zu befreien

Nun ist es an der Zeit, daß Sie sich von Schuldgefühlen und Sorgen trennen und positive Schritte unternehmen. Die folgenden Strategien werden Ihnen helfen, sich von Ihrem Bedürfnis, sich selbst Leid zuzufügen, zu befreien. Freude ist in Sicht.

• Werden Sie sich darüber klar, daß Ihre Schuldgefühle die Vergangenheit nicht ändern werden - wie Andrea, die sich

Sorgen machte, von ihrer Routine im Haushalt abzuweichen. Schuldgefühle tragen auch nicht im geringsten zu Ihrer „Bravheit" bei.

• Versuchen Sie, wie Andrea, zu begreifen, daß Sorgen Ihre Zukunft nicht ändern werden. Sie können aus Ihnen auch keinen besseren Menschen machen. Sich Sorgen machen ist nicht gleichbedeutend mit planen: Es bedeutet, über zukünftige negative Ereignisse zu brüten, ohne die Absicht zu haben, etwas dagegen zu *tun*.

• Fragen Sie sich, was all Ihr gegenwärtiges Leiden Ihnen zu vermeiden hilft, wie wir Leah fragten. Das ist lebenswichtig und mag für Sie vielleicht viele Stunden tiefen Nachdenkens bedeuten. Haben Sie jedoch keine Angst, denn nur wenn Sie an Ihren Problemen arbeiten, können Sie das Bedürfnis nach Schuldgefühlen und Sorgen aus dem Weg schaffen.

• Akzeptieren Sie die Tatsache, daß manche Menschen es nicht gerne sehen werden, wenn Sie eigene Regeln aufstellen und nach ihnen handeln. Erkennen Sie, daß die Menschen eine gewisse Zeit brauchen, um sich daran zu gewöhnen, - wie es Chance durch unsere Hilfe festgestellt hat. In den meisten Fällen werden sich die anderen daran gewöhnen. Wissenschaftler der Sozialpsychologie haben sich lange mit dem Problem herumgeschlagen, Unterschiede in Kultur, Verhalten und Erblehre miteinander in Einklang zu bringen. Die Welt wird mit jedem Tag kleiner. Immer mehr verschiedene Bevölkerungsgruppen sind gezwungen, miteinander auszukommen. Die Studien zeigen, daß man jahrelang versuchen kann, verschiedene Völker zum Glauben eines anderen Volkes zu erziehen, jedoch ohne Erfolg. Wenn *jedoch* Völker verschiedenen Glaubens gezwungen sind, zusammenzuleben, passen sie sich durch die Nähe zueinander bald an. Sie werden selten jemanden dazu bringen, sich zu ändern, indem Sie ihn überreden und beschwatzen. Aber ändern Sie Ihr Verhalten, und er wird sich anpassen.

• Führen Sie ein Tagebuch. Schreiben Sie genau auf, wann, warum und mit wem Sie kämpfen, um Ihre eigenen Regeln aufzustellen. Dadurch wird Ihr Bewußtsein für dieses besondere Problem geschärft. Sind Sie wirklich so gegen die Freiheit, eigene Entscheidungen treffen zu können, wie Sie glauben? Wenn es so ist, definieren und verbannen Sie diese „Gegenargumente". Wenn Sie sie erkennen, haben Sie die Schlacht schon halb gewonnen.

• Schreiben Sie die wirklichen Folgen Ihres Verhaltens auf. Was passiert, wenn Sie beschließen, sich eigene Richtlinien für Ihr Leben zu setzen? Wir sind sicher, Sie werden wie Andrea angenehm überrascht sein, daß es gar keine wirklichen Konsequenzen gibt, wenn Sie Dinge tun, über die Sie sich Sorgen oder Schuldgefühle machen.

• Teilen Sie es den anderen mit, wenn diese Sie mit Schuldgefühlen manipulieren wollen, - wie es Cleo ihrem Mann und ihrer Mutter sagte. Wirft Ihr Mann Ihnen jedesmal einen mißbilligenden Blick zu, wenn Sie von Ihrer geliebten Teilzeitarbeit nach Hause kommen, dann fragen Sie ihn: „Willst du mich mit diesem Blick bestrafen?" Wenn er einmal auf sein Verhalten aufmerksam gemacht wird, ist es erstaunlich, wie schnell es gewöhnlich verschwindet. Sie helfen ihm dabei, sein Bewußtsein zu erweitern, und bringen ihm Verhaltensweisen, die er wahrscheinlich an sich selbst noch gar nicht gekannt hatte, zu Bewußtsein.

• Tun Sie etwas, das selbst Sie für regelwidrig halten, und machen Sie sich deswegen keine „Gewissensbisse". Versuchen Sie, für den Mann zu bestellen, wenn er mit Ihnen essen geht, oder weigern Sie sich, einen Raum nach ihm zu betreten. Wenn er das nicht will, fragen Sie ihn, *warum* Sie nicht für ihn bestellen können, oder warum er nicht den Raum nach Ihnen betreten kann. Wenn er antwortet, daß solches Verhalten gegen die guten Sitten verstößt, daß es von den Regeln abweicht, lachen Sie nur und sagen: „Gut, der am wenigsten befahrene Weg ist der aufregendste." Dann belohnen Sie sich, indem Sie sich sagen, daß Sie abenteuerlustig sind und Sie sich an neue Fährten heranwagen. Gewöhnen Sie sich an offenkundige, freie, harmlose Abweichungen. Stellen Sie eine Liste auf über dumme Regeln der Etikette, die die Rolle von Mann und Frau bekräftigen. Dann verletzen Sie diese Regeln absichtlich. Stehen Sie auf, wenn ein Mann den Raum betritt, oder bitten Sie Männer, Ihnen einen Kaffee zu machen. Diese Übung kann großen Spaß machen und vermindert die „Angst" vor den Regeln.

• Erproben Sie die neue Strategie, mit der Delia so viel Erfolg hatte, indem sie einsah, wie lächerlich es war, sich für die schädlichen Reaktionen ihres Mannes zu bestrafen, obwohl nur er selbst für seine Gefühle verantwortlich war. Nehmen Sie sich dreimal täglich zehn Minuten als „Leidenszeit", eine Zeit freiwilliger Selbstgeiselung dafür, daß Sie die Regeln anderer verletzt haben. Durch dieses konzentrierte Bemühen können Sie vielleicht einsehen, wie sinnlos Selbstbestrafung ist. Auch könnte es Ihnen helfen, zu erkennen, daß Sie, wenn Sie die Kraft haben, solches Verhalten an den Tag zu legen, auch die Kraft haben, es zu bekämpfen!

• Seien Sie Ihren Eltern gegenüber nett, liebevoll und respektvoll, doch sehen Sie ein, daß auch sie Fehler machen können. Sie haben keine absolute Macht. Es ist in Ordnung, ihren Rat nicht zu befolgen. Das bedeutet nicht, daß Sie Ihre Eltern nicht lieben, sondern nur, daß Sie anders sind als sie.

• Sehen Sie ein, daß meistens ein *Irrtum* der Grund dafür ist, daß die Dinge schieflaufen - so wie Susan es tat, als sie sich gegen das wehrte, was nach ihres Vaters Meinung das Beste für sie war. Wenn Sie den falschen Geliebten haben, mit Ihrem Ehepartner eine schlechte Wahl treffen, eine schlechte Investition tätigen, dann geschieht das nicht, weil irgend jemand da oben Sie nicht leiden kann, sondern weil Sie nur ein Mensch sind und irren menschlich ist. Lernen Sie, sich zu verzeihen.

• Machen Sie „Abweichung" zu einem positiven Wort in Ihrem Sprachgebrauch, - wie wir es Kitty gezeigt haben, als sie der Langeweile ihres sicheren Jobs ein Ende bereitete, um etwas Interessanteres zu schaffen. Der am wenigsten benutzte Weg führt oft zu neuen, aufregenden Ländern.

• Seien Sie stolz auf Ihre Fähigkeit, sich von der bestehenden Ordnung abzuwenden. Dazu braucht man Stärke und Mut und die Gewißheit, sich zu ändern. Trauen Sie es sich zu.

Dies sind nur einige wenige Vorschläge, wie Sie Ihre Schuldgefühle und Sorgen überwinden können, die auftreten, wenn Sie sich vom System der Männer befreien. Seien Sie gut zu sich selbst und folgen Sie dem Weg, der für Sie am besten ist. Dann werden Sie sich viel mehr mögen. Sie werden überrascht sein, daß die anderen Sie dann auch sehr viel mehr mögen werden! Mit Lehas Worten: „Schließlich habe ich erkannt, daß ich mich durch meine ständigen Sorgen und Schuldgefühle nicht nur selbst bestraft habe, sondern auch die anderen dazu brachte, mich zu bestrafen. Es hatte fast den Anschein, als ob die anderen meine bedrückte Verfassung als Zeichen dafür ansahen, daß ich etwas falsch gemacht hatte. Als ich selbst fröhlicher wurde, behandelten sie mich wie jemanden, der es verdient hat, fröhlich zu sein!"

11
„Wut paßt nicht zu einer Frau"

„Man kennt mich nur als braves Mädchen,
aber innerlich koche ich vor Wut."

Pam W. in einem Brief

Der erste Kontakt mit Pam bestand in Form eines Briefes an uns, in dem sie sich als eine „42-jährige Hausfrau beschrieb, die vor Wut kochte und es nicht mehr hinnehmen wollte." Infolge ihrer unterdrückten Wut litt sie unter Bluthochdruck, und ihr Arzt meinte, sie sei reif für einen Herzinfarkt, wenn sie nicht „lerne, ihre Wut unter Kontrolle zu haben." In unserer ersten Sitzung mit ihr gelang es uns, festzustellen, daß die „egoistische sexuelle Beziehung" zu ihrem Mann Dexter die Hauptursache für Pams Wut war. „Der will nur, wenn er Lust hat", sagte Pam wütend. „Dem habe ich es gezeigt. Er darf mich nicht einmal mehr anrühren."

Das Problem lag nicht so sehr darin, daß Pam ihre Wut „beherrschen" mußte, sie mußte vielmehr lernen, sie konstruktiv *auszudrücken*. Wir erklärten ihr, daß es zwar am besten sei, sich nicht zu ärgern, daß man aber mit seinem Ärger so *umgehen* müsse, daß ein *positives* Ergebnis dabei herauskäme. „Wenn Sie Ihrem Mann Sex verweigern, führt das nur dazu, daß sie beide ärgerlich werden", erklärten wir Pam. „Anstatt es Ihrem Partner heimzahlen zu wollen, sollten Sie sich lieber intensiv darum bemühen, das zu bekommen, was Sie möchten. Ergreifen Sie beim Sex die Initiative, wenn *Sie* wollen. Wenn er nicht immer darauf reagiert, lassen Sie sich dadurch nicht bremsen. Ergreifen Sie weiterhin die Initiative. Sie werden überrascht sein, wie oft Sie ihn umstimmen können." Als Pam sich frei fühlte, ihre Wünsche trotz Dexters gelegentlicher Ablehnung weiter zu verfolgen, verschwand ihr Ärger. Das Ergebnis war positiv. Am Ende hatten beide eine sexuell befriedigendere Beziehung als zuvor. Sie sollten aufgrund Ihres Ärgers immer etwas *tun*. Was Sie tun, sollte zu einem *positiven* Ergebnis führen.

Im letzten Kapitel haben wir darüber gesprochen, auf welche Weise die verschiedenen Reaktionen und Gefühle, welche mit dem <braven Mädchen-Dasein> einhergehen, gewaltige und unendliche Schuldgefühle und Sorgen verursachen können. In diesem Kapitel möchten wir uns mit dem Gegenteil beschäftigen: dem Ärger. Wie viele von ihnen waren schon verärgert, weil sie nicht alles tun *konnten*, was man von ihnen erwartete, oder weil sie etwas tun wollten, das sich für <brave Mädchen> nicht gehörte? Aber wetten, daß die meisten von ihnen ihren Ärger nicht gezeigt haben, auch wenn sie wirklich wütend waren? Warum nicht? Weil Ärger nicht zu einer Frau paßt. <Brave Mädchen> zeigen keine Wut.

Wenn Sie nicht in der Lage sind, etwas gegen Ihre Wut zu *tun*, dann sind Sie in großen Schwierigkeiten. Sie werden dann nicht nur daran gehindert, konstruktiv zu handeln, sondern der Ärger frißt Sie dann auch innerlich auf. Die Folgen sind Streß und Krankheiten. Manchmal taucht Ihr Ärger auch dort auf, wo er unangebracht ist. Wenn Sie sich nicht mit der Ursache Ihres Ärgers auseinandersetzen, kommt er in Situationen zum Vorschein, in denen er völlig unangebracht ist. Jemand bittet Sie im Büro vielleicht um eines von vielen Dingen, zum Beispiel, ob Sie ihm Ihren Bleistift leihen, und schon explodieren Sie. Ein Fahrgast rempelt Sie versehentlich in der Untergrundbahn an, und Sie stoßen ihn ebenfalls mit Absicht. Sie sind der Meinung, daß das Auto vor Ihnen zu langsam fährt, und beginnen zu hupen, weil Sie überzeugt sind, daß der Fahrer absichtlich so langsam fährt, damit Sie zu spät kommen. Keiner dieser Vorfälle würde Sie in Wut versetzen, wenn Sie nicht schon vorher geladen gewesen wären, wenn Sie nicht schon so viel unterdrückten Ärger in sich hätten, daß Sie platzen könnten.

Da aber Wut, Aggressivität und Durchsetzungsvermögen Eigenschaften sind, die Männern vorbehalten sind, besteht die einzige Möglichkeit, Ihre Bedürfnisse befriedigen zu können, darin, die Regeln zu umgehen und eine Taktik anzuwenden, die man „passive Aggressivität” nennt. Für diese Manipulation sind Frauen sehr bekannt. Wenn Sie auch für das „Umgehen” einer Regel nicht öffentlich bestraft werden, kommen Sie trotzdem nicht ungeschoren davon. Sie werden wahrscheinlich damit bestraft, daß man Sie beschimpft oder abstempelt. Männer haben Angst, daß starke Frauen sich ihnen widersetzen und nicht mehr auf Kommando ihre Forderungen erfüllen; so erfinden sie Ausdrücke für diese sogenannten maskulinen Frauen, die alles andere als schmeichelhaft sind.

In diesem Kapitel werden wir Ihnen zeigen, wie Sie Ihren Ärger direkt ausdrücken können, und zwar so, daß ein positives Ergebnis dabei herauskommt. Sie werden begreifen, wie wichtig es ist, den ersten Schritt zu tun, und wie Sie Ihren Ärger ohne Schuldgefühle akzeptieren können. Am wichtigsten ist, Sie werden erkennen, daß Ärger weder männlich, noch weiblich ist, er ist einfach menschlich - und, wenn man richtig mit ihm umgeht, kann er die treibende Kraft sein, um Ihr Leben enorm zu verbessern!

Wie die Einstellung, daß Ärger nicht feminin ist, entstand

„Nun ist mir klar", erzählte Pam uns später, „daß mir Dexter nur deshalb sagte, Frauen sollten nicht wütend werden und daß das nicht weiblich sei, damit es keinen Unfrieden gab und er bekam, was er wollte!" Da Frauen wie Pam ihre Wut nicht offen zeigen sollen, fressen sie sie oft in sich hinein, was zu hohem Blutdruck oder zeitweisen Depressionen führt. Das Schlimmste dabei ist nicht nur, daß dieses Verhalten für andere ungefährlich ist und von diesen als statthaft angesehen wird, sondern daß man oft auch noch dazu ermutigt wird. „Ich weiß noch, wie ich Dex einmal sagte, daß ich so aufgebracht wäre, daß ich Kopfschmerzen hätte, weil wir nicht regelmäßig Sex haben konnten", erzählte Pam. „Wissen Sie, was er darauf antwortete? <Wenigstens spielst du deswegen nicht verrückt>. Können Sie sich das vorstellen? Er bekräftigte mich doch tatsächlich darin, nichts gegen meinen Ärger zu tun, sondern stattdessen krank zu werden!" Wenn Sie den Ärger in sich hineinfressen, dient er, ähnlich wie Schuldgefühle und Sorgen, einer Selbstbestrafung, die unabhängig von der Situation bestehen bleibt. Wenn Sie Ihre Wut verdrängen und in sich hineinfressen, bleibt das Problem, das Sie quält, bestehen. Sie halten die Wut, die möglicherweise das, was Sie beunruhigt, beseitigen könnte, solange zurück, bis sie Sie stattdessen zerstört oder schwächt.

Gladys, eine unserer Klientinnen, litt sehr unter ihrer Wut. Gladys größtes Problem war ihr Übergewicht: Sie wog fast 45kg zuviel. Als wir über ihr Gewichtsproblem sprachen, stellte sich bald heraus, daß Gladys aß, um sich selbst zu bestrafen. „Je mehr ich mich über mich aufrege, desto mehr esse ich", sagte sie. Seit zwanzig „undankbaren" Jahren schuftete sie schon in einer unbefriedigenden Position auf der unteren Verwaltungsebene einer großen Spedition. Sie fühlte sich vom männlichen Personal völlig ausgenutzt. Sie setzten als selbstverständlich voraus, daß sie ohne Vorankündigung Überstunden machte, würdigten nie ihre Arbeit und drückten sich vor ihrer Verantwortung, indem sie ihr ihre Arbeit anhängten. Je mehr sie sich bemühte, umso mehr wurde sie von denen, die ihre Arbeit nicht machen wollten, ausgenutzt. Gladys war schrecklich gewissenhaft, und, auch wenn sie sehr gut wußte, daß sie schon sträflich überarbeitet war, vertrat sie die Meinung „Einer muß die Arbeit ja machen."

Gladys bezahlte einen hohen Preis dafür, daß sie ein so <braves Mädchen> war. Sie arbeitete nicht nur schwerer als alle anderen, sie verspürte auch eine große unterdrückte Wut auf ihre Peiniger, die auf sie zurückfiel. Sie konnte sich nirgendwo entladen. Deshalb griff sie sich selbst in Form von bemitleidenswerten Freßorgien an. Gelegentlich ließ sie ihre aufgestaute Feindseligkeit an ihren Kolleginnen, die sie unbewußt haßte, weil diese genauso schwach und unfähig waren wie sie, aus. Sie verlor ihre Freundinnen und wurde von den meisten ihrer Arbeitskolleginnen gemieden.

Nachdem sie einige Zeit zu uns gekommen war, wurde Gladys langsam klar, daß der Grund, warum sie sich den Männern am Arbeitsplatz nicht widersetzen konnte, der war, daß sie sich als Frau minderwertig fühlte. Ihre erste Einsicht kam ihr, als sie zugab, daß sie es für nicht weiblich hielt, den Männern in ihrer Abteilung zu widersprechen oder ihre Wut auf irgendeine Weise zum Ausdruck zu bringen. „Sie werden mich für einen Drachen halten, wenn ich ihnen widerspreche", sagte sie. Wenn sie dagegen bei Frauen in die Luft ging, machte sie sich darüber keine Gedanken. Ihre Identität hing also davon ab, wie die Männer, und nicht die Frauen, sie sahen. Unsere erste Strategie bestand darin, ihre Definition von Weiblichkeit zu verändern. Sie sollte sich nicht mehr durch die Männer definieren, sondern sie selbst sein. Sie *war* eine Frau. Alles, was sie tat, war also feminin. Wenn sie einen Mann anschrie, weil er sie schlecht behandelte, dann war dieses Verhalten feminin. So beschloß sie, am Arbeitsplatz ihren Ärger gegenüber Männern auszudrücken. Sie tat dies gewöhnlich, indem sie einem Mann einfach sagte, daß sie gewisse Aspekte an seinem Benehmen ärgerten. Es war nicht nötig zu brüllen, toben oder rot zu werden; nicht daß solches Verhalten unweiblich wäre, aber es war einfach nicht besonders wirkungsvoll, und es tat ihr nicht gut. Als Gladys zu verstehen begann, daß bestimmte Umstände sie wütend machten, stellte sie auch fest, daß die meisten Männer bereit waren, ihr entgegenzukommen. Anstatt sich zu überfressen und sich über ihre Freundinnen zu ärgern, fand sie Erlösung und Erfüllung, indem sie sie selbst war. Nun ist sie dünner und glücklicher. Sie weiß, daß kein Mann das Recht hat, ihr vorzuschreiben, was sie fühlen soll. Als wir sie das letzte Mal sahen, erzählte sie uns: „Es tut so gut, zu wissen, daß es in Ordnung ist, jemanden wissen zu lassen, wenn man wütend ist.... besonders, wenn man es den Männern sagt."

Alle Gefühle, die Sie als Frau verspüren, sind „feminin". Ärger ist genauso ein weibliches Gefühl wie Liebe und Fürsorge. Akzeptieren Sie dieses Gefühl bei sich. Haben Sie keine Angst, ihn vor anderen in positiver Weise auszudrücken. *Benutzen* Sie ihn, um in Ihrem Leben positive Veränderungen zu bewirken.

Passiv-aggressiv sein: Ein Weg, um die Regeln „zu umgehen"

Während Gladys ihren Ärger gegen sich selbst richtete, wählen viele Frauen einen weniger selbstzerstörerischen, wenngleich auch nicht den wirkungsvollsten Weg, und drücken ihren Ärger aus, jedoch nur auf indirekte Art. Da es nur Männern gestattet ist, Ärger, Durchsetzungsvermögen und Aggression offen zu zeigen, flüchten sich viele Frauen in ein Verhalten, das die Psychologen als „passiv-aggressiv" bezeichnen. Darunter versteht man ein Verhalten, mit dem man Regeln umgehen kann, ohne sie offen abzulehnen.

Gewöhnlich besteht dieses Verhalten darin, absichtlich eine „Unterlassungssünde" zu begehen, durch die eine Frau durch Passivität und nicht durch Handeln gegen das System meutert. Selbst wenn sie zum Beispiel zuhause ist, vernachlässigt sie vielleicht die Hausarbeit in hohem Maße, oder sie ist beim Sex, auch wenn sie immer gehorsam ist, eher passiv, oder sie erledigt zwar alles, was von ihr bei der Arbeit verlangt wird, doch viele notwendige Kleinigkeiten, die sie ohne Aufforderung ausführen sollte, bleiben liegen.

Auch wenn passiver Widerstand Indien die Freiheit von England brachte, und so manche Gewerkschaft dadurch höhere Löhne für ihre Arbeiter erzielte, wird er die Frauen nicht weiterbringen. Er macht nur allen das Leben schwerer. Jede einzelne von ihnen hat nämlich mit einem individuellen Problem zu kämpfen, das auf seine Weise angepackt werden muß.

Es ist für Sie wichtiger, zu lernen, Ihren Ärger direkt auszudrücken. Damit Ihr Ärger wirksam sein kann, muß er sich in Taten äußern. Sie müssen lernen, die Regeln zu ändern, nicht zu „umgehen". Ihr Verhalten muß positiv und konstruktiv sein. Es muß eine Veränderung zum Besseren bewirken. Ärger ist eine gewaltige Kraft - ein Anstoß zum Fortschritt. Ihr Ärger über Krankheiten, Unwissen, Armut, ja sogar über den Tod, kann Sie sogar weiter bringen. Zeigen Sie Ihren Ärger über die Hindernisse, die sich auf Ihrem Weg zum Erfolg befinden. Setzen Sie die Energie Ihres Ärgers gezielt gegen seine Ursache an und zerstören Sie sie, nicht durch Tatenlosigkeit und Passivität, sondern durch energisches Handeln! Auf den folgenden Seiten werden wir Ihnen genau zeigen, wie man das macht!

Warum es wichtig ist, den ersten Schritt zu tun

Wie wir bereits angedeutet haben, ist Ärger ein starkes Unbehagen gegenüber einer Sache, die Ihnen im Weg steht, oder die Sie für unrecht halten. Dies ist ein gutes Gefühl, denn es stellt die treibende Kraft bereit, um Hindernisse niederzureißen.

Es ist zwar toll, sich durchzusetzen, aber das allein ist nicht genug. Sie können anderen zu verstehen geben, daß Sie verärgert sind, aber Sie werden erst selbständig sein, wenn

Sie auch bereit sind, Ihre Ideen in die Tat umzusetzen. Um das zu tun, müssen Sie gewillt sein, den ersten Schritt zu tun. Das ist Ihr Schlüssel zur Macht. Defensiver Ärger kann Sie schützen, doch nur offensiver Ärger kann etwas bewirken und Ihr Leben verändern. Wenn Ihr Ärger konstruktiv sein soll, müssen Sie ihn benutzen, um energisch die Initiative zu ergreifen.

Alice, eine unserer Patientinnen, kam mit vielen Sorgen zu uns. Sie war 36 Jahre alt und ihre Ehe lief sehr schlecht. Sie glaubte jedoch, daß sie weder etwas ändern, noch sich von ihrem Mann Reggie trennen könnte. „Das wäre nicht richtig", sagte sie. Die Sache wurde dadurch noch komplizierter, daß sie unglücklich war, weil sie nie eine Familie hatte gründen können, da sich durch ihre starke Anspannung ihre Scheidenmuskeln jedesmal verkrampften, wenn sie und ihr Mann Geschlechtsverkehr haben wollten. Ihre Wut war über die Jahre hinweg stetig größer geworden, und durch das Alkohol- und Spielsuchtproblem ihres Mannes wurde sie noch geschürt. Sie hätte sehr gerne eine Familie und eine gute sexuelle Beziehung gehabt, doch der Gedanke, ihren Mann mit Scheidungspapieren zu überfallen, läßt sie erschauern. Stattdessen wurde sie älter und wandte passiv-aggressive Taktiken an, wie zum Beispiel sich sexuell zu verweigern und lange Zeit zu schmollen, alles in der Hoffnung, daß *er* sie mit der Zeit verlassen würde. Alice wußte, daß es mehr als unwahrscheinlich für sie war, Kinder zu bekommen, wenn sie sich nicht änderte. Ihre „Weiblichkeit" hielt sie davon ab, den ersten Schritt zu ihrem Glück zu tun. „Sie müssen sich zuerst Ihren Ärger verzeihen", sagten wir zu ihr. „Wütend zu sein, verwandelt Sie nicht in einen schlechten Menschen. Ihr Körper teilt Ihnen auf diese Weise mit, daß Sie etwas *tun* müssen, damit es Ihnen besser geht." Als Alice in der Lage war, ihre Wut als einen Teil ihrer Persönlichkeit zu akzeptieren, konnte sie auch den ersten Schritt tun, der so wichtig für ihr Glück war, und trennte sich von Reggie.

Es ist gut, verägert zu sein, wenn Sie etwas Positives damit *tun*. Das bedeutet, daß Sie handeln und nicht darauf warten, daß die anderen zuerst handeln. Setzen Sie Ihre Kraft ein und tun Sie den ersten Schritt!

Ärger versus Rage: Akzeptieren Sie Ihren Ärger ohne Schuldgefühle

Es ist wichtig, daß Sie die beiden Gefühle Ärger und Rage von einander unterscheiden können. Der Unterschied liegt in der Beherrschung. Rage ist unkontrollierter Ärger. Ärger kann als Kraft für konstruktives Handeln genutzt werden, und um Hindernisse aus dem Weg zu räumen. Rage dagegen ist wie alle unkontrollierten Gefühle nicht nur reine Energieverschwendung und unproduktiv, sie kann oft auch gefährlich sein. Für viele Frauen ist Ärger und Rage das gleiche: Sie lassen ihren Ärger nicht hochkommen, aus Angst, daß er in Rage ausartet. Gegen Ärger ist jedoch nichts einzuwenden. Es besteht kein Grund, Schuldgefühle zu bekommen, wenn Sie ihn ausdrücken, oder Angst zu haben, daß er Sie zerstört. Sie haben das Recht, Ihrem Gegner Ihren Ärger zu zeigen und sich darin zu üben, Ihre Gefühle unter Kontrolle zu bringen.

Martha, die ihr Haushaltsgeld aufbesserte, indem sie als Vertreterin Kosmetika verkaufte, kam zu uns, weil sie eine sehr schlechte Ehe führte. Martha war um die 40 und schon seit über 20 Jahren verheiratet. Als wir uns das Problem näher betrachteten, stellte sich heraus, daß die Untreue ihres Mannes Pete der Hauptgrund für die Spannungen in der Ehe war. „Meine Freundinnen sagten immer, ich sei zu empfindlich, die Männer seien eben so, aber ich kann nicht mehr so weiterleben", erklärte sie uns verwirrt. Wir fragten sie, ob sie schon mit ihrem Mann über seine Affären gesprochen hätte, und sie gestand uns: „Ich kann nicht. Ich habe Angst, daß ich etwas Falsches sage, und dann die Hölle los ist. Wenn ich damit anfange, könnte ich vielleicht am Ende etwas Schreckliches tun!" Zwanzig Jahre unterdrückter Ärger über das System der Männer, und nichts hatte sich geändert. Durch unsere Beratung sah Martha die Notwendigkeit ein, Pete ihren Ärger über seine Affären mitzuteilen. Wir erklärten ihr, daß sie nicht befürchten müsse, ihre Beherrschung zu verlieren, wenn sie begann, Pete ihren Ärger zu *benennen*.Wenn sie auf das Thema zu sprechen kämen, sollte sie sagen: „Jetzt bin ich wirklich verärgert", und ihm dann erklären, womit er sie so ärgerlich machte, und was er tun konnte, damit es ihr besser ging. Als Pete sah, daß Martha wegen seiner Affären wirklich aus der Fassung geriet, nahm er sich vor, in Zukunft treu zu sein.

Martha und ihre Ehe sind ein klassisches Beispiel dafür, daß man seinen Ärger aus Angst, er könnte zur Rage werden, zurückhält. Aus Angst, die Kontrolle über sich *völlig* zu verlieren, hatte sie sich durch ihre übertriebene Beherrschung gelähmt. Sie sagte lieber nichts, als das Risiko einzugehen, zu viel zu sagen. Doch Martha hatte gelernt, daß eine Situation sich niemals verbessert, wenn man nichts sagt und den Ärger zurückhält. Dadurch fühlen Sie sich nur ständig sehr unwohl. Wenn Sie Ihr Leben verbessern wollen, müssen Sie Ihren Ärger konstruktiv ausdrücken, indem Sie seinen Ursprung attackieren. Das heißt nicht, daß Sie versuchen sollen, ärgerlich zu sein, sondern daß Sie Ihren Ärger auf richtige Weise *nutzen* sollen, wenn er aufkommt. Natürlich kann Ärger ein unangenehmes Gefühl sein, und Ihnen wäre vielleicht wohler, dieses Gefühl nicht zu haben; doch die einzige Möglichkeit, es loszuwerden, besteht darin, sich erst einmal dem Ärger zu stellen! Nutzen Sie die Energie des Ärgers, um Dinge zu verändern. Ärger ist das positivste Anzeichen, nach dem ein Therapeut bei der Therapie einer Depression Ausschau hält. Er zeigt, daß die lähmende Apathie vorüber ist und Sie wieder Interesse am Leben haben. Seinen Ärger auf produktive Weise einzusetzen, ist immer gut! Sie müssen nur lernen, mit ihm umzugehen.

Einige Beispiele unterdrückten Ärgers

Nun, da wir darüber gesprochen haben, woher Ihr Wunsch, den Ärger zu unterdrücken, kommen kann, wollen wir uns anschauen, wie es sich äußern kann, wenn Sie dieses Gefühl anstauen. Das zeigt sich auf verschiedene Weise. Hier finden Sie einige Verhaltensweisen, die Sie vielleicht zeigen, wenn Sie glauben, Ärger sei nicht feminin.

• Sie zeigen Ihren unterdrückten Ärger, indem Sie Ihren Hund treten, die Schubladen zuknallen, mit der Faust gegen die Wand schlagen, Ihre Kinder anschreien.
• Sie sind immer nervös, nehmen das Leben zu ernst, kämpfen mit den Tränen, fühlen sich abgespannt und nervös, weil Sie Ihrem Ärger keine Luft machen können.

• Sie können über die komischen, unsinnigen Dinge um Sie herum nicht lachen.
• Zuhause oder bei Arbeitskollegen kommt es oft zu langen Phasen des Schweigens.

Ellen, 26-jährige Chefsekretärin von Harvey, einem Vize-präsidenten eines großen Architekturunternehmens, stellte fest, „daß sie immer hochging". „Ich weiß nicht, was mit mir los ist", erzählte sie uns. „Ich werde beim Autofahren so wütend, daß ich jeden, der mir in die Quere kommt, umbringen könnte. Wenn jemand mit den Fingern auf die Kantinen-theke trommelt, stelle ich mir vor, wie ich sie mit einer Axt in Stücke haue. Wenn mich jemand versehentlich auf der Straße oder im Büro anrempelt, könnte ich ihm die Zähne ein-schlagen. Scheinbar hasse ich alle Menschen. Ich habe sogar meine Katze getreten, weil ich über sie stolperte, als ich ans Telefon wollte. Ich gehe schon an die Decke, wenn ich nur ein unerwartetes Geräusch höre. Ständig bin ich den Tränen nahe. Meine Arbeitskollegen meinen, ich müßte fröhlicher werden, aber ich kann nicht. Ich finde nichts mehr lustig. So beiße ich eben die Zähne zusammen und ertrage es."
Nachdem wir eine Weile mit Ellen geredet hatten, wußten wir, daß sie sich über eine Forderung Harveys ärgerte, die sie einfach nicht erfüllen konnte. Harvey wollte, daß sie ihn abends zu Geschäftsessen mit potentiellen Kunden in außer-gewöhnliche Restaurants begleitete. Er verlangte auch, daß sie persönliche Einladungen dieser Kunden annehmen sollte, „wenn der Geschäftsabschluß hoch genug war." Noch nie hatte Harvey seine männlichen Kollegen darum gebeten, ihn bei diesen „Treffen" zu begleiten. Ellen fühlte sich manipu-liert, mehr als ihre Pflicht zu tun. Anstatt sich mit ihrem Ärger auseinanderzusetzen, ließ sie ihn größer werden. Wir befürchteten, daß sie am Ende ihre Arbeit verlieren könnte, wenn ihre emotionaler Damm brach, was nicht zu vermeiden war. Wir zeigten Ellen drei Schritte, wie sie mit ihrem Ärger wirksam umgehen konnte: 1. Sie sollte Harvey ganz ruhig sagen, daß sie sich über ihn ärgerte. 2. Sie sollte ihm mitteilen, worüber sie sich ärgerte. In diesem Fall war es seine Forderung, daß sie geschäftliche Pflichten mit dem Vergnügen seiner Kunden in Verbindung bringen sollte. 3. Sie sollte ihm erklären, was er tun konnte, damit sie sich

nicht mehr ärgern mußte - sie nicht mehr zu Abendessen mit Kunden einladen. Harvey protestierte und meinte, das gehöre alles zu ihren geschäftlichen Pflichten. Ellen ließ sich nicht darauf ein, mit ihm zu streiten. Sie wiederholte einfach in Ruhe, daß diese „geschäftlichen Pflichten" sie ärgerlich machten, und was Harvey dagegen tun konnte. Im Augenblick gab Harvey nicht nach. Doch er bat sie nie wieder um ein abendliches „Geschäftstreffen". Ihr Ärger verschwand, als sie ihn auf konstruktive Weise ausgedrückt hatte.

• Sie befürchten, wenn Sie sagen, was Sie stört, könnte das in einem unkontrollierten Anfall von Rage enden.
• Sie reagieren überempfindlich. Sie reagieren gefühlsmäßig auf eine Situation nicht nur, wie es der Situation angemessen wäre, sondern mit dem zusätzlichen Reservoir von Ärger, den Sie gegenwärtig mit sich herumtragen.
• Sie lügen oft aus Bequemlichkeit (die Unehrlichkeit, mit der Sie Ihren Ärger verleugnen, greift auch auf andere Bereiche Ihrer Beziehung über).
• Sie gehen Streit aus dem Weg; Sie könnten dadurch verleitet werden, ärgerlich zu werden (das kann in jeder wichtigen Beziehung verheerende Folgen haben).
• Sie verspüren Haß, weil Sie nicht in der Lage sind, die Verhältnisse zu klären, indem Sie Ihrem Ärger Luft machen.

Elsie, eine 36-jährige Hausfrau, sagte, sie hasse ihren Mann Oliver so sehr, daß sie „ihn umbringen könnte". Ihr Ärger auf ihn hatte sich über fünfzehn Jahre hinweg aufgestaut. Es begann damit, daß er ihren Bruder bei ihrer Hochzeit geringschätzig behandelte. Die Liste ihrer Beschwerden gegen Oliver war schon so groß, daß sie einen ganzen Ordner damit hätte füllen können. Elsies Gefühle der Abneigung waren schon fast krankhaft, weil sie diese niemals auf positive Weise ausgedrückt hatte und Oliver nie wissen ließ, wie sie unter all diesen „Ungerechtigkeiten" litt. Stattdessen versteckte Elsie ihre wahren Gefühle ständig, indem sie log: „Ich liebe dich" und „Ach, wie nett", während sie innerlich vor Wut kochte. Der Deckel, mit dem sie ihre Gefühle niederdrückte, stand so unter Druck, daß sie jeden Streit vermied, aus Angst, sie könnte explodieren. Daß Elsie mit ihrem Mann nicht über wichtige Dinge reden wollte, trug noch mehr zu der Unehrlichkeit in Elsies und Olivers Beziehung bei. Da Elsie sich nicht erlaubte, ihren Ärger an dessen Ursache - Oliver - auszulassen, äußerte er sich in schlimmen Wutausbrüchen gegenüber ihren Freundinnen und ihren Kindern. Sie hatten auch jeden Monat erstaunlich viele Ausgaben für zerbrochene Haushaltsgegenstände. Durch unsere Gespräche mit Elsie erfuhren wir, daß ihre Mutter, eine zurückhaltende, unterwürfige Arbeiterin, ihr von Kindheit an eingetrichtert hatte, daß „nur Männer wütend werden." Bei dem Versuch, der Vorstellung ihrer Mutter von einer Frau zu entsprechen, ruinierte Elsie ihre Gesundheit und ihre Ehe. Als sie ihre Meinung darüber, was „feminin" war, änderte und ihren Ärger auf positive Weise ausdrückte, um ihren Problemen Abhilfe zu schaffen, war Elsie in der Lage, mit ihrem Mann über ihre Gefühle zu sprechen und ihm zu sagen, wie er ihr helfen konnte.

• Getratsche und Gerede hinter dem Rücken eines anderen, zwei typisch „weibliche" Verhaltensweisen, bei denen Sie, statt das nicht feminine Gefühl von Ärger dem Verursacher gegenüber auszudrücken, lieber schlimme Dinge hinter dem Rücken des Betreffenden sagen.
• Sie haben das Gefühl, daß niemand Sie mag, weil die Schuldgefühle, die Sie wegen Ihres „unweiblichen" Ärgers haben, Ihnen das Gefühl geben, daß Sie ein schrecklicher Mensch sind, der keine Liebe verdient.
• Sie mißtrauen anderen auch, weil der versteckte Ärger in Ihrem eigenen Gesicht ein Betrug gegenüber anderen ist.

Ellie Mae, 23, eine Verkäuferin in einer Schreibwarenhandlung, hatte wegen all der „unnötigen Beschränkungen", die ihr auferlegt wurden, eine Stinkwut auf ihre Vorgesetzte Tammy. Um sich zu rächen, zeigte Ellie Mae nach außen eine engelhafte Maske, während sie hinter Tammys Rücken ständig mit den Kolleginnen über sie herzog: „Sie wird sicher bald wieder von Ihrem Machttrip runterkommen", oder „Sie ist nicht kompetent genug, um diese Arbeit selbst zu machen, und deshalb müssen wir sie tun." Ellie Mae war auch die erste, die sofort alles Schlechte, was sie über Tammy erfahren konnte, weitererzählte, wie zum Beispiel gescheiterte Liebesbeziehungen, abgelaufene Kreditkarten, überzogene

Konten - alles, was Tammy in Verruf brachte. Leider brachte das Ellie Mae nur dazu, sich selbst für ihre teuflischen Gefühle zu hassen. Da sie so scheinheilig war, begann sie zudem, der Freundschaft der übrigen Belegschaft zu mißtrauen. Sie fragte sich, ob die Gefühle der anderen ihr gegenüber genauso unehrlich waren, wie es ihren Ärger Tammy gegenüber anbetraf.

Wir erklärten Ellie Mae, daß sie ihren Drang, hinter dem Rücken der anderen zu reden und zu lästern, ablegen, sich wohler in ihrer Haut fühlen und anderen wieder vertrauen könnte, wenn sie nur eines tat: ihren Ärger gegenüber dem Verursacher auszudrücken, indem sie Tammy genau sagte, welche unnötigen Einschränkungen sie wütend machten. „Das kann ich nicht machen", stöhnte sie. „Sie ist meine Chefin." „Das gibt ihr weder das Recht, Sie schlecht zu behandeln", antworteten wir, „noch bedeutet das, daß Sie Ihren Ärger nicht auf positive Weise zeigen können." Ellie Mae war in einer strengen Familie der unteren Mittelklasse aufgewachsen, in der ihr beigebracht wurde, nie „eine Autorität in Frage zu stellen". Wir machten ihr klar, daß ein gewaltiger Unterschied darin bestand, ob sie die Autorität eines Menschen in Frage stellte, oder ob sie ihm sagte, wie sein Verhalten auf sie wirkte. Die erste Strategie, die ihr helfen sollte, mit ihrer Wut umzugehen, bestand darin, eine Liste mit bestimmten Punkten zu erstellen, - nämlich über die Einschränkungen am Arbeitsplatz, deretwegen sie auf Tammy wütend war. Als die Liste vollständig war, fragten wir sie, ob sie irgendeinen dieser Punkte mit Tammy besprochen hätte, aber das hatte sie nicht getan. „Ich wollte nicht, daß sie weiß, daß ich verärgert bin", gestand Ellie Mae. Wir antworteten ihr: „Es ist gut, andere wissen zu lassen, was man fühlt, wenn man es auf eine positive Art und Weise tut." Dann schauten wir uns die Liste an. Ganz oben stand: „Ich darf nicht vor halb sechs Uhr nach Hause gehen, auch wenn ich die Zeit durch eine kürzere Mittagspause leicht vorarbeiten könnte." Wir baten Ellie Mae, Tammy zu erklären, was diese Regelung für sie bedeutete, und wie Tammy ihr helfen konnte, indem sie ihr gestattete, die Zeit mittags vorzuarbeiten. Sie hatte Erfolg. Tammy respektierte Ellie Maes Gefühle. „Ich möchte, daß meine Mitarbeiter glücklich sind", sagte sie lächelnd. „Dann machen sie ihre Arbeit besser." Ellie Mae hatte gelernt, ihren Ärger auf positive Weise zu nutzen, um dessen Ursache aus der Welt zu schaffen und sich so das Leben leichter zu machen.

• Sie sind gemein zu anderen und versuchen absichtlich, diese zu verletzen, um ihnen heimzuzahlen, was sie Ihnen angetan haben, anstatt Ihren Ärger offen zu zeigen, um die Dinge zu verändern.
• Sie lächeln *immer* und sprechen in sanften und süßlichen Tönen.
• Sie machen nie offen Einwände gegen etwas, was Sie ärgerlich machen *sollte*. Wenn ein Mann Sie versetzt, abfällig über Sie redet, eine Verabredung in der letzten Minute absagt, Sie tagelang nicht anruft, unerwartete Gäste mit nach Hause bringt, immer erst nach Hause kommt, wenn das Essen kalt ist, Ihren Geburtstag oder Hochzeitstag vergißt, von jedem anderen Essen schwärmt, nur nicht von Ihrem, wenn er Ihren neuen Haarschnitt oder Ihre neue Kleidung nicht bemerkt, nach dem Sex gleich zu schnarchen beginnt, nie mit Ihnen ausgeht, Sie im Urlaub kochen läßt, sich nicht mit den Kindern abgibt, von Ihnen erwartet, daß Sie wie eine Glucke ständig hinter ihm herräumen..., dann lächeln Sie nur, als ob Ihnen das alles nichts ausmachte. Aber die Wut in Ihnen steigert sich immer mehr.

Florence, eine 26-jährige Zahntechnikerin, wurde von Bernhard, ihrem Chef, zu uns geschickt. Bernhard erzählte uns am Telefon: „Ich weiß wirklich nicht, was mit ihr los ist. Sie ist eine der qualifiziertesten Angestellten, die ich je hatte, aber sie verhält sich manchmal so seltsam. Sie tut so kleine gemeine Dinge, um mich zu ärgern, zum Beispiel, das Kaugummi platzen lassen, obwohl sie weiß, daß ich das nicht ausstehen kann, oder das Radio so laut aufdrehen während der Mittagspause. Einmal habe ich sie sogar dabei erwischt, wie sie Salz in meinen Kaffee streute. Trotzdem scheint sie sich nie über mich zu ärgern. Sie lächelt immer und ist immer nett und freundlich. Ich glaube, sie hat sich in den fünf Jahren, in denen sie für mich arbeitet, noch nicht ein einziges Mal bei mir beklagt."
Wir fragten Bernhard, wie Florence in Situationen reagierte, in denen sie hätte ärgerlich sein sollen, wenn zum Beispiel

etwas im Büro schief lief. Er sagte, daß sie dann scheinbar nur noch mehr lächelte, doch es sei „ein unheimliches Grinsen, als ob ihr Kiefer dazu bestimmt war, nicht anders zu reagieren." Wir erfuhren von Florence, daß sie sich zwar über viele Dinge im Büro aufregte, Bernhard aber nicht verletzen und nicht das Risiko eingehen wollte, daß er schlecht von ihr denken könnte, wenn er sie wütend sähe. Sie war der Meinung, daß solche Gefühle am Arbeitsplatz „unangebracht" seien.

Wir erklärten Florence, daß es in *jeder* Situation eine angemessene Möglichkeit gab, ihren Ärger auszudrücken. Der erste wichtige Schritt bestand darin, Bernhard wissen zu lassen, wenn sie sich ärgerte, damit sie zusammen nach Abhilfe suchen konnten. Florence war jedoch so sehr davon überzeugt, daß Ärger unangebracht und nicht feminin war, daß sie diese Gefühle weiterhin am Arbeitsplatz unterdrückte. Schließlich baten wir Bernhard um Hilfe, indem er ihr verräterisches Grinsen als einen Wink nahm, es ihr jedesmal, wenn er glaubte, daß sie gerade wütend auf ihn war, mitzuteilen. Dadurch, daß er Florence auf diese Weise überrumpelte, erkannte sie, wie sehr sie ihre Gefühle wirklich verleugnete. Dies half ihr, sie offen zu zeigen. So konnten sie und Bernhard zusammen klären, durch welches Verhalten er solche Gefühle bei ihr auslöste, und wie er das ändern konnte. Es stellte sich heraus, daß Florence sich am meisten ärgerte, wenn Bernhard die Termine der Patienten änderte, ohne ihr vorher Bescheid zu geben. Dies wurde sofort geändert, als es zur Sprache kam. In weniger als einem Monat war Florence herrlich entspannt bei ihrer Arbeit, da sie ihren Ärger nun ruhig seinem Verursacher zeigt. „Ich hatte solche Angst, anderen zu zeigen, daß ich wütend war", sagte sie. „Ich konnte es nicht einmal mir selbst zugestehen. Wenn Sie Bernhard nicht darum gebeten hätten, mich auf diese Gefühle anzusprechen, würde ich wahrscheinlich noch heute meine Wut vor mir selbst verleugnen."

Was Sie davon haben, wenn Sie Ihren Ärger nicht zeigen

Wie wir schon gesagt haben, ist das Verständnis, warum Sie Ihre Gefühle unterdrücken oder zum falschen Zeitpunkt zeigen, die Voraussetzung dafür, daß Sie ihren Ärger kon-

struktiv ausdrücken können. Wenden wir uns nun einigen
Vorteilen zu, die Sie haben, wenn Sie Ihren Ärger unterdrücken. Dann können Sie daran arbeiten, Ihren Ärger
angemessen auszudrücken.

• Keinen Ärger zu zeigen trägt zu dem Bild bei, eine Heilige
zu sein.
• Sie bekommen weiterhin Anerkennung, und Ihr Gefühl für
Ihre Identität bleibt erhalten. Wenn Sie Ihren Ärger über die
Regeln zum Ausdruck bringen, könnten Sie dadurch einen
Mann verärgern.
• Ihr Ärger könnte tatsächlich wirken und Sie könnten sich
durchsetzen. Doch dann müssen Sie die Energie aufbringen,
zu entscheiden, was Ihre Bedürfnisse sind. Sich zu über-
legen, was Sie vom Leben haben wollen, macht Mühe und
Arbeit. Es ist immer bequemer, sich von anderen sagen zu
lassen, was man wollen *sollte*.
• Wenn Sie Ihren Ärger nicht zeigen, fallen Sie nicht auf. So
können Sie Ihre Persönlichkeit noch mehr schwächen.
• Andere können sich dadurch, daß Sie Ihren Ärger nicht
zeigen, durchsetzen. Sie fühlen sich dann tugendhafter. Sie
sagen sich selbst, daß Sie anderen helfen, wenn Sie Ihren
Ärger über deren Entscheidungen unterdrücken, selbst wenn
Ihnen diese Entscheidungen schaden.
• Sie können sich endlos selbst bemitleiden, weil niemand
Sie versteht. Wie sollte Sie auch jemand verstehen, wenn Sie
Ihre wahren Gefühle nie preisgeben?
• Die Einstellung „Mit mir stimmt etwas nicht" wird dadurch
bestätigt. Eine wütende Frau denkt vielleicht: „Etwas muß
mit mir nicht in Ordnung sein, sonst wäre ich nicht so
wütend." Das Syndrom ist ein System, das sich auf perfekte
Weise selbst nährt und verstärkt, weil es Sie zu dem Glauben
bringt, daß Sie im Unrecht sind.
• Indem Sie Ihren Ärger nicht dafür einsetzen, um das System zu bekämpfen, bewahren Sie sich nicht nur die Wertschätzung der Männer, sondern Sie genießen dabei auch die
Anerkennung anderer Frauen. Viele <brave Mädchen> fühlen
sich besonders bedroht durch selbstbewußte, resolute
Frauen, die keine Angst davor haben, mit ihren Gefühlen
ehrlich zu sein. Sie haben ein althergebrachtes Interesse
daran, „brav" zu sein, und wollen nicht, daß ihre Entschei-

dungen von einer anderen Frau, die ein besseres System für sich geschaffen hat, umgestoßen werden.

All diese Belohnungen dafür, daß Sie Ihren Ärger nicht zeigen, lähmen und hindern Sie daran, sich weiterzuentwickeln. Sie halten Sie am status quo fest, dem System der anderen, dem gegenüber Sie sich nicht trauen, Ihren Ärger auszudrücken. Doch es gibt nichts, was den Preis dieses Gefängnisses wert wäre. Brechen Sie aus! Nutzen Sie die Energie Ihres Ärgers dafür, um dorthin zu gelangen, wohin Sie möchten!

Einige Techniken, die Ihnen helfen, Ihren Ärger auf positive Weise auszudrücken

Einer der grundlegendsten Punkte, den wir in diesem Kapitel zu verdeutlichen versuchten, ist, daß es menschlich ist, sich zu ärgern, und daß Ärger deshalb genauso „weiblich" sein muß, wie er „männlich" ist. Jeder Mensch verspürt Ärger. Doch besonders Frauen müssen darauf achten, in welcher Form sie ihn zum Ausdruck bringen. Um eine positive Veränderung zu bewirken, müssen Sie Ihren Ärger offen, ehrlich und konstruktiv ausdrücken. Hier finden Sie einige Vorschläge, wie Sie das tun können.

• Sagen Sie sich, daß Sie den Ärger, den Sie verspüren, ausdrücken müssen, so wie wir es Pam gelehrt haben, auch wenn es angenehmer ist, sich nicht zu ärgern. Das ist tausendmal besser, als ihn hinunterzuschlucken und dabei krank zu werden, ständig nervös und geladen zu sein.

• Merzen Sie Ihren Ärger völlig aus, indem Sie sich die Freiheit nehmen, gegen die Regeln vorzugehen, die dieses zerstörerische Gefühl hervorrufen. Wenn Sie verärgert sind, wie Pam es war, weil Ihr Partner so „egoistisch" ist, nur mit Ihnen zu schlafen, wenn er Lust hat, dann tun Sie den ersten Schritt, wann Sie es wollen.

• Machen Sie einen Mann auf das Verhalten aufmerksam, das Ihnen nicht gefällt, - so wie sich Gladys nach unseren Empfehlungen in der Spedition verhalten sollte. Wenn Sie etwas möchten, bitten Sie darum. Wenn Sie sich darüber ärgern, daß die Männer bei Ihren geschäftlichen Sitzungen am meisten reden, melden Sie sich zu Wort. Sorgen Sie dafür, daß Sie die gleiche Redezeit bekommen.

• Zeigen Sie Ihren Ärger, so wie Elise ihn Oliver gegenüber zeigen sollte. Beschreiben Sie ihn deutlich, so daß Ihre Mitmenschen besser verstehen, welche Konsequenzen ihr Verhalten hat, und damit sie wissen, wie sie sich verhalten müssen, um Sie nicht mehr so oft zu ärgern.

• Betrügen Sie sich nicht selbst, indem Sie sich einreden, daß Sie nicht verärgert sind, wenn Sie es in Wirklichkeit doch sind. Es ist sehr wichtig, mit diesen Gefühlen in Berührung zu kommen, und die anderen wissen zu lassen, daß man sie hat. Erfahren Sie diese Gefühle wirklich auf körperlicher Ebene. Spüren Sie die körperlichen Empfindungen, die sich in Ihrem Körper einstellen. Stellen Sie für zehn Minuten alle Gedanken in Ihrem Kopf ab, atmen Sie tief durch. Konzentrieren Sie sich auf Ihren angespannten Bauch, die Schluckbeschwerden, den Schmerz in Ihrer Brust. Durch „Gefühlsfokusierung", wie wir es nennen, erkennen Sie, wie wichtig es für Sie ist, Ihrem Ärger Luft zu machen, so daß Sie nicht krank werden.

• Bitten Sie andere um Hilfe, wie wir Bernhard gebeten haben, Florence zu helfen. Weisen Sie diese an, Sie darauf aufmerksam zu machen, wenn Sie ärgerlich zu sein scheinen, damit Sie Ihren Ärger im gleichen Augenblick angemessen ausdrücken können, wenn Sie ihn fühlen.

• Erklären Sie den anderen *genau*, was Sie wütend macht, damit sie *bestimmte* Aspekte an ihrem Verhalten ändern können. Stellen Sie eine Liste dieser bestimmten Punkte zusammen, wie Ellie Mae es tat, um das Verhalten ihrer Vorgesetzten Tammy zu ändern. Erklären Sie den Menschen diese Punkte dann, wenn Sie wütend sind, und zu einem späteren Zeitpunkt noch einmal, um ihnen ihr Verhalten deutlicher vor Augen zu führen. Lassen Sie die anderen auch wissen, daß Sie sie nicht nur aus Ihrem Ärger heraus angesprochen haben, sondern daß Sie wirklich der Meinung sind, daß sie sich um eine Besserung bemühen sollen.

• Beginnen Sie, Ihre Wut auszudrücken, indem Sie sie beschreiben, wie wir es Martha gezeigt haben. Sagen Sie: „Ich bin jetzt wirklich wütend." Dann machen Sie deutlich, auf welches Verhalten der anderen Person hin Sie wütend geworden sind. Bitten Sie diese Person, dieses störende Verhalten abzulegen oder es zu ändern.

• Verzeihen Sie sich Ihre Wut, wie es Alice tun mußte, bevor sie Reggie verließ. Auch wenn es nicht unbedingt erstrebenswert sein mag, sich zu ärgern, sind Sie kein „schlechter" Mensch, wenn Sie dieses Gefühl erfahren und auch ausdrücken. Nur ein Verhalten kann als „schlecht" bezeichnet werden, und auch nur dann, wenn es zu einem negativen Ergebnis führt, d.h. wenn Sie einen anderen Menschen verletzen.

• Sagen Sie dem anderen genau, was er *tun* kann, um Ihren Ärger zu vertreiben, wie Ellen es mit ihrem Chef Harvey tat. Manchmal reicht es nicht, daß Sie dem anderen sein Verhalten, das Sie ärgert, nennen, damit er weiß, wie er es besser machen kann. Eine unserer Klientinnen sagte ihrem Geliebten, daß sie wütend war, weil er sie vernachlässigte. Er versuchte, sich zu bessern, indem er sie öfter sah, doch sie fühlte sich immer noch vernachlässigt. Schließlich fragte er sie: „Was kann ich *tun*, damit du dich nicht so vernachlässigt fühlst?" Erst da wurde ihr klar, daß sie eigentlich wollte, daß er sie heiratete. Als sie dann über die Möglichkeit einer Heirat sprachen, verschwand ihr Ärger. Mit drei Schritten können Sie die Ursachen Ihres Ärgers beseitigen: 1. Teilen Sie der entsprechenden Person mit, daß Sie verärgert sind. 2. Sagen Sie ihr, was sie getan hat, daß Sie so reagierten. 3. Sagen Sie ihr, was Sie *tun* kann, damit Ihr Ärger sich legt.

• Machen Sie sich keine Sorgen, daß Sie jemanden verletzen, wenn er weiß, daß Sie wütend sind, oder wenn Sie mit ihm diskutieren, so wie Florence es bei ihrem Chef tat. Sie können diese drei Schritte leicht durchführen und freundlich dabei sein. Auf die Dauer gesehen, tun Sie beiden einen

Gefallen, denn Sie bewahren ihre Beziehung. Die Psychologin Joyce Brothers drückte die Notwendigkeit, über Ärger zu sprechen, mit folgenden Worten aus: „Unterdrückte Wut kann eine Beziehung ganz sicherlich genauso vergiften wie die grausamsten Worte." Es ist besser, ab und zu ein hartes Wort fallenzulassen, als sich mit den Konsequenzen unterdrückter Wut auseinandersetzen zu müssen, wenn der Betreffende explodiert. Nichts von dem, was Sie sagen können, kann so vernichtend sein wie das Explodieren. In <Ann Landers Says Truth is Stranger> weist die Kolumnistin Ann Landers daraufhin, wie wichtig es ist, zu diskutieren und zu streiten, wenn man eine gesunde Ehe führen will: „Alle verheirateten Paare sollten ebenso die Kunst des Streitens lernen wie die Kunst des Liebens. Ein guter Streit ist objektiv und ehrlich, niemals teuflisch und grausam. Ein guter Streit ist gesund und konstruktiv und führt in die Ehe das Prinzip einer gleichberechtigten Partnerschaft ein."

Ihren Ärger zu unterdrücken ist unehrlich. Was noch schlimmer ist, es kann keine wahre Gleichberechtigung geben, solange Sie dieses echte Gefühl verleugnen.

Alles, worüber wir in diesem Kapitel gesprochen haben, deutet daraufhin, daß Sie das sind, was Sie tun. Je mehr Sie beginnen, Ihren Ärger zu zeigen, um eine positive Veränderung herbeizuführen, desto wohler werden Sie sich dabei fühlen. Wenn Sie fortfahren, Regeln zu entwickeln, die gut für Sie sind, dann werden Sie nicht mehr so oft Anlaß dazu haben, wütend zu sein. Sie werden auch viel glücklicher dabei sein! Wie Florence es ausdrückte: „Bernhard muß mich nun nicht mehr darauf aufmerksam machen, wenn er glaubt, ich sei wütend, weil ich es nicht mehr bin. Dadurch, daß ich ihm sagte, wodurch er mich wütend machte, änderte er sein Verhalten. Nun gibt es nichts mehr, worüber ich mich ärgern müßte!"

12
„Selbständigkeit ist gefährlich"

„Es scheint,
als ob ich mein ganzes Leben
Angst gehabt habe. Die Frage ist nur:
Angst wovor?"

Linda C.
Anruferin bei einer Radiosendung

Linda, eine 30-jährige, ledige Sozialarbeiterin, erzählte uns, daß sie ihr ganzes Leben lang nur das getan hatte, was die anderen wollten, weil sie Angst vor ihnen hatte. „Was, befürchten Sie, könnten die anderen tun?" fragten wir sie. „Ich vermute, sie fangen einen Streit an, wenn ich ihnen nicht gebe, was sie wollen", antwortete Linda. „Zum Streiten gehören immer zwei", fügten wir hinzu. Dann baten wir Linda, etwas Neues auszuprobieren. „Wenn das nächste Mal jemand etwas von Ihnen verlangt, was Sie nicht tun wollen, dann reagieren Sie einfach nicht darauf. Wenn er dann wütend wird, Sie beschuldigt und versucht, Streit mit Ihnen anzufangen, lassen Sie sich nicht darauf ein. Tun Sie einfach, was Sie wollen, ganz gleich, was die anderen von Ihnen erwarten. Streiten Sie nicht und lassen Sie sich nicht in eine Diskussion ein. Sie werden freudig feststellen, daß es wirklich nichts zu befürchten gibt, außer der Gefahr, daß Sie sich vorstellen, es gibt etwas zu befürchten."

Nur Abhängigkeit kann gefährlich sein. Alles, was Sie davon abhält, für sich selbst zu denken, kann zu einem Leben führen, das eher anderen als Ihnen von Nutzen ist. Andererseits haben Sie, jedesmal, wenn Sie für sich selbst denken, Selbständigkeit gewonnen. Sie können in *jeder* Situation selbständig sein. Ob Sie jung verheiratet sind, zum ersten Mal von zuhause oder Ihrer Familie getrennt sind, eine neue Arbeit beginnen, ein Baby bekommen, in ein anderes Bundesland ziehen - es ist lebenswichtig, selbständig zu denken. Selbständigkeit ist wie das Sich-Zuhause-Fühlen eine Frage der Einstellung; ein Zustand, in dem Sie Ihre eigenen Antworten finden, anstatt sich darauf zu verlassen, daß andere für Sie Entscheidungen treffen. Wir sind alle täglich so vielen Einflüssen ausgesetzt - den Einflüssen von Nachrichtensprechern, von der Reklame, von Schulen, von der Regierung, der Familie, - daß es oftmals leichter ist, diesem Druck nachzugeben, als den entsetzlichen Konsequenzen ins Auge zu sehen, die scheinbar mit der Durchsetzung unserer eigenen Selbständigkeit verbunden sind. Diese negativen Konsequenzen, die in Ihrer Vorstellung existieren, und die Sie auf sich zukommen sehen, wenn Sie dem äußeren Druck nicht nachgeben, sind die stärkste Kraft, um Sie in einer Abhängigkeit zu halten. Wir nennen sie *Angst*.

In den vergangenen Kapiteln haben wir über Ärger, Frustration, Schuldgefühle und Sorgen gesprochen. Dies sind alles sehr starke Gefühle, die Ihre ganze Persönlichkeit beeinträchtigen und die Art verändern können, wie Sie die Welt sehen, und nicht nur, wie Sie sich selbst sehen. Nun wollen wir uns mit der vielleicht stärksten Kraft von allen beschäftigen: der Angst.

Selbständigkeit ist gefährlich und etwas, vor dem man sich fürchten muß, denn die Männer werden nahezu alles tun, um Sie unselbständig zu machen. Sie nutzen die Tatsache aus, daß Sie, wie jeder andere auch, unter extremem Druck nachgeben. Wenn Sie Schwierigkeiten haben, die Sie überwinden möchten, versuchen Sie zuerst, Ihre jahrelange Erfahrung zu nutzen, um ein Problem auf intelligente Weise zu lösen. Wenn das nicht gelingt, greifen Sie auf Verhaltensweisen zurück, mit denen Sie vielleicht Erfolg hatten, als Sie jünger waren. Sie benutzen vielleicht Strategien von Jugendlichen, wie Flirten und charmant sein, oder Sie nehmen bestimmte Haltungen an wie „cool sein", oder Sie tun, was gerade „in" ist, um zum Ziel zu gelangen. Wenn das Problem drängt und die Verhaltensweisen von Erwachsenen und Jugendlichen Sie nicht weiterbringen, dann greifen Sie vielleicht auf noch ältere Verhaltensweisen zurück, die einst sehr erfolgreich waren. Sie weinen, flehen und toben dann vielleicht wie ein kleines Mädchen. Wenn Sie Ihre Enttäuschung darüber, daß Sie das Problem nicht lösen können, schließlich überwältigt, dann heulen Sie vielleicht wie ein Baby und sind aufgrund der bloßen Enttäuschung darüber, daß Sie sich nicht von dem Problem befreien können, völlig infantil.

In diesem Kapitel werden wir Ihnen zeigen, wie Sie Ihre Angst durch kluges Handeln überwinden können. Sie werden Ihren kindlichen Gehorsam gegenüber dem System der anderen ablegen, ein Gehorsam, der aus der Angst heraus entstanden ist, alleine nicht zurechtzukommen. Sie werden daraus als Mensch hervorgehen, der keine Angst hat, für sich selbst zu denken und zu handeln. Verhaltensweisen, wie z.B. „brav" zu sein, aus Angst, anders zu sein, zu glauben, andere werden für Sie sorgen, da Sie nicht für sich selbst sorgen können, anderen zu erlauben, Sie wie ihr Eigentum zu behandeln, sich in Gefahr zu bringen, um von denen, die Sie für überlegen halten, beschützt zu werden, alle diese Verhaltensweisen werden der Vergangenheit angehören. Sie werden den Kampf gewinnen, der automatisch bei Ihrer Geburt beginnt, den Kampf um Selbständigkeit. Mit dieser neu gewonnenen Selbständigkeit werden Sie beginnen, sich wahrhaft zu lieben, und Sie werden auch zu Ihren Mitmenschen um vieles liebenswerter sein.

Angst als Grund dafür, um <brav> zu sein

Die Selbständigkeit hat viele Gesichter. Es ist nicht die Situation an sich (ob Sie Ihre eigene Wohnung in einer teuren Gegend haben oder bei Ihren Eltern leben), die darüber bestimmt, ob Sie selbständig sind, sondern eher, wie Sie mit dieser Situation umgehen. Sie können im häuslichen Bereich selbständig sein, indem Sie nicht jedesmal, wenn eines Ihrer Kinder einen Schnupfen hat, Ihre Mutter anrufen. Sie können im Beruf selbständig sein, indem Sie nicht jedesmal, wenn Sie eine neue Aufgabe bekommen, die ganze Belegschaft um Hilfe bitten, oder indem Sie selbst nach einer Lösung suchen, ohne immer jemanden zu fragen. Keine Frau und kein Mann ist eine Insel. Sie werden immer abhängig sein von Ihren Bedürfnissen nach Liebe, Freundschaft und Nahrung. Wir möchten Ihnen jedoch helfen, nicht von Ihrer

Angst abhängig zu sein, der Angst, daß Sie es ohne den Schutz des Mannes zu nichts bringen können, - ohne dafür den Preis zu zahlen, seine Regeln, statt der Ihren zu befolgen. In diesem Fall sind Sie nur <brav>, da Sie sich nicht trauen, anders zu sein.

Viele Frauen sind von dieser Angst betroffen. Schauen wir uns an, wie sie sich ausdrückt. Erst dann können Sie beginnen, sie zu erkennen und zu vertreiben. Angst vor Selbständigkeit äußert sich auf zwei Arten: 1.) Sie haben Angst, Sie werden Ihre „Identität" und „Sicherheit" verlieren, die Sie bereits haben, und 2.) Sie glauben, es wäre richtig, die Männer die Entscheidungen für sich treffen zu lassen. Die Angst vor dem Mann wird so zu einer „Tugend", aber zu einer sehr lästigen.

Schauen wir uns eine der vielen Arten an, wie diese Angst vor Selbständigkeit beginnt. In der zweiten Klasse war Marilyn die klügste Schülerin ihrer Klasse. Als sie die Unterstufe des Gymnasiums besuchte, nahm sie an einer Diskussionsgruppe teil und war bei jeder Diskussion ein ernst zu nehmender Gegner. „Aber", erklärte Marilyn, „in der Oberstufe des Gymnasiums verlor ich meinen ersten Freund, da er sagte, ich sei zu <überheblich>. Nach der Abschlußprüfung wollte ich auf die Hochschule gehen, aber ich dachte, ich hätte einen größere Chance, einen Mann zu halten, wenn ich meine Intelligenz unterdrückte, anstatt sie zu entfalten. Also heiratete ich so früh wie möglich, als ich 19 war." Als Marilyn 40 war, waren ihre drei Kinder schon aus dem Haus. Ihr Mann Stan verbrachte seine ganze Freizeit mit fernsehen und unterhielt sich nie mit ihr. Marilyn war entsetzt. „Ich habe mein ganzes Leben versaut", sagte sie. „Ich bin ein Verlierer." Wir sagten Marilyn: „Es ist nie zu spät, um zu gewinnen." Dann baten wir sie, sich selbst zu fragen: „Was *tue* ich, um unselbständig zu sein?" und sich diese Verhaltensweisen zu notieren. Oben auf der Liste stand: „Ich lasse zu, daß Stan mich davon abhält, mich weiterzubilden." Wir sagten ihr, sie solle diesen Punkt zuerst angehen, und das tat sie auch! Gegen Stans Willen ging sie auf die Schule zurück, um Datenverarbeitung zu lernen. Er trennte sich von ihr, aber trotzdem hat es für sie ein glückliches Ende genommen. Sie fand einen anderen Mann, der eine selbständige Frau zu schätzen wußte!

Wenn Sie von jemandem abhängig sind, können Sie nie eine eigene Identität oder Sicherheit erlangen. Es ist auch niemals tugendhaft oder richtig, andere für Sie die Entscheidungen treffen zu lassen. Wahre Identität kommt daher, daß Sie das tun, was für *Sie* und nicht für andere richtig ist.

Warum Sie glauben, daß die Männer für Sie sorgen werden

Es ist gefährlich, wenn Sie glauben, andere wüßten besser als Sie selbst, was für Sie das Beste ist, und wenn Sie dann Ihr Wohlergehen in deren Hände legen. Die Einstellung von Kapitel 1 „Etwas stimmt mit mir nicht" trägt zu Ihrer Überzeugung bei, daß Sie beschützt werden *müssen*. Die Antwort darauf, wer Sie beschützen soll, gibt Ihnen das 2. Kapitel „Männer sind besser". Gewöhnlich sind es die überlegenen Menschen, die andere beschützen. Die einzige Gefahr jedoch, die im Garten der Selbständigkeit auf Sie lauert, sind Sie selbst und Ihre *Überzeugung,* daß Sie geführt werden sollten. Das einzige Problem liegt darin, Ihre Einstellung zu ändern. Warum ist die Arbeitswelt nur so gefährlich für eine Frau? In erster Linie, weil Sie glauben, dort nicht hinzugehören. Warum ist Selbständigkeit gefährlich? Weil Sie Angst haben, die Männer werden Sie so nicht mögen!

Die Psychiaterin Matina Horner, beschreibt in ihrem Buch <Women and Success: The Anatomy of Achievement>, wie den Frauen beigebracht wird, Angst vor Spitzenleistungen zu haben und davor, sich durch Überlegenheit auszuzeichnen. „Ungewöhnliche Leistungen von Frauen wurden ganz klar in Verbindung gebracht mit einem Verlust an Weiblichkeit, gesellschaftlicher Ablehnung, persönlichem oder gesellschaftlichem Untergang oder einer Kombination dieser Dinge."

Kein Wunder, daß die Frauen glauben, Selbständigkeit sei gefährlich. Spitzenleistungen, Erfolg und Unabhängigkeit führen zu Ablehnung. Wenn Sie jedoch Ihre Selbständigkeit gegen Beschützung eintauschen, dann ist das so, als tauschten Sie Ihre Zähne gegen eine Zahnbürste ein. Wenn der Biß weg ist, was gibt es dann noch zu verteidigen?

Clara, 42, sagte, sie fühle sich ständig von ihrem Mann Swen, einem Landwirt und Mann mit traditionellen Überzeugungen, gedemütigt. „Nichts, was ich als Hausfrau tue, beeindruckt ihn im geringsten", sagte sie. „Ihn interessiert nur seine Ernte. Die Arbeiten, die ich erledige, nimmt er einfach als selbstverständlich hin." „Worin sind Sie gut?" fragten wir Clara. „Ich? In gar nichts", sagte sie. „Dann wollen wir es mal so sagen, was können Sie am besten?" „Ich mache fantastische Gewürzgurken in Dill", sagte sie lächelnd. „Dann werden Ihre Gewürzgurken das Vehikel für eine außerordentliche Leistung sein", beschlossen wir. Wir ermutigten Clara, an mehreren Wettbewerben teilzunehmen, und bald gewann sie mit ihren Gewürzgurken Preise. „Ich fühle mich großartig!" erzählte sie uns. „Ist Swen beeindruckt?" fragten wir. „Wen interessiert das?" antwortete Clara. „Ich weiß selbst, daß ich gut bin, das *braucht* er mir nicht zu sagen." Dann zwinkerte sie mit den Augen. „Außerdem glaube ich, daß ich ihn langsam verstehe. Er sagt nicht viel zu mir, aber ich hörte zufällig, wie er vor einem seiner Freunde mit mir prahlte." Entwickeln Sie Ihre Stärken. Lernen Sie, sich selbst zu schätzen. Je stärker Sie werden, desto weniger glauben Sie, sie bräuchten jemanden, der für Sie sorgt. Wenn Sie sich selbst mehr schätzen, werden die Menschen, die Ihnen nahe sind, Sie auch mehr zu schätzen wissen.

Ablehnung äußert sich auf vielerlei Art. Die Gesellschaft zeigt sie nicht mehr so offenkundig wie früher, aber die Botschaft existiert immer noch, daß Sie sich nicht hervortun sollen. Nur wenigen Frauen gelingt es, über das mittlere Management hinauszukommen. Nur wenige Frauen erlangen in der Politik Macht. Frauen, die das schaffen, werden oft als „kühl" abgestempelt, und, wie wir bereits zitiert haben, in der Umfrage der Los Angeles Times als „unweiblich" bezeichnet. Für einen Mann ist es in Ordnung, wenn er strebsam und hartherzig ist, eben ein Erfolgsmensch. Aber für eine Frau ist das nicht in Ordnung, da es „unweiblich" ist. Das Problem besteht nicht darin, die Welt dazu zu bringen, kühle Frauen zu akzeptieren, sondern darin, sich fürsorgliche Erfolgsmenschen vorzustellen. Diese Lektion müssen wir alle lernen - wie man liebenswert und gleichzeitig erfolgreich ist, fürsorglich und leistungsorientiert, freundlich und gebildet. Wenn Sie erst einmal erkennen, daß „weiblich" und „erfolgsorientiert" keine Gegensätze sind, sondern sich ideal ergänzen, dann werden Sie davon überzeugt sein, daß

Sie beides haben können - Liebe und Selbständigkeit.

Die Idee vom menschlichen Besitz

Die Begriffe Abhängigkeit und Besitz gehen Hand in Hand.
Je mehr Sie von anderen abhängig sind, desto mehr Macht
geben Sie diesen. In dem Maße, in dem die Macht der
anderen über Sie zunimmt, steigt auch deren Kontrolle über
Sie bis zu dem Punkt, an dem Sie diesen im großen und
ganzen gehören. Sie haben so viel von diesen in sich
aufgenommen, daß diesen Ihr Verhalten buchstäblich gehört.
Es besteht kein Zweifel: Ihre Abhängigkeit führt dazu, daß
andere Sie besitzen.

Sie fragen sich vielleicht, wie Sie persönlich ein Opfer der
Abhängigkeit wurden. In vielen Fällen sind es die Eltern, die
die Idee von der Abhängigkeitsfalle als erste an uns weitergeben. Sie erreichen das, indem sie Sie glauben machen, daß
sie nicht nur für Sie verantwortlich sind, sondern Sie auch
kontrollieren. „So lange du deine Füße unter unseren Tisch
streckst, machst du, was wir dir sagen". Dieser Satz beinhaltet: Wenn man von einer Person unterstützt wird, dann
gehört man ihr auch. Wer auch immer für Ihren Lebensunterhalt bezahlt, hat ein Recht, Ihnen zu sagen, wie Sie Ihr
Leben zu leben haben. Aber niemand hat das Recht, die Seele
eines anderen zu besitzen, nicht einmal die eines Kindes.

Für viele Frauen wird die Sklaverei durch den Ehevertrag
äußerlich festgehalten. Sie fühlen sich vielleicht per Gesetz
dazu verpflichtet, bis ans Ende Ihrer Tage Ihrem Mann zu
dienen. Auch wenn das in Wirklichkeit nicht „lieben",
„achten" und „ehren" bedeutet, haben Sie vielleicht die
falsche Vorstellung, man erwarte von Ihnen, daß Sie für
diese einzigartige Beziehung mit Ihrer Freiheit bezahlen
sollen, so wie das im wesentlichen auch bei Ihren Eltern der
Fall war. Da Ihr Mann Sie vielleicht wie Ihr Vater unterstützt
und beschützt, mag Ihnen das nur natürlich erscheinen.
Schutz setzt dann voraus, daß Sie Ihr Recht auf Selbständigkeit im Austausch gegen „Sicherheit" aufgeben. Im
Idealfall ist die Ehe eine Bindung an einen anderen Menschen, die Sie eingehen *wollen*. Während es früher vielleicht
noch einen Sinn ergab, wegen der finanziellen Sicherheit zu
heiraten, heiraten heutzutage glücklicherweise mehr Frauen

aus Liebe. Der Begriff Ehe wandelt sich von der Vorstellung, daß der eine Partner den anderen besitzt, in die Vorstellung, daß eine Ehe eine Beziehung ist, die auf Gegenseitigkeit beruht, und in der beide gleichermaßen die Bedürfnisse des anderen befriedigen. In einer solchen Beziehung ist es in Ordnung, wenn Sie für Ihren Mann sorgen, denn es ist Ihre *Entscheidung,* nicht Ihre Pflicht. Sie sind dann im großen und ganzen immer noch Ihr eigener Herr. Um diesen Zustand der Harmonie erreichen zu können, müssen Sie bei sich beginnen.

Sie müssen sich darüber klar werden, daß Sie einen Wert haben, und daß dieser Wert Ihr Schlüssel zur Unabhängigkeit ist. Wenn Sie wirklich daran *glauben,* daß alles mit Ihnen in Ordnung ist, daß Sie gleichwertig und manchmal anderen überlegen sind, dann werden Sie ein Gefühl für Ihren Wert haben. Sie haben eine Menge zu geben. Wenn Sie das voll erkennen, werden Sie sehen, wie wichtig Sie sich für andere *machen* können.

Um diese Wahrheit in einem persönlicheren Licht zu überprüfen, wollen wir uns Judys Fall ins Gedächtnis rufen. Judy, eine unserer Patientinnen, war eine junge Hausfrau. Sie kam zu uns, weil es ihr schlecht ging - sie merkte, wie sie immer mehr in einen täglichen Trott hinein geriet. Sie erklärte, daß sie einem strikten Plan, den ihr Mann für Sie aufgestellt hatte, folgen müsse. Das Frühstück sollte um 7 Uhr fertig sein, das Mittagessen um 12 Uhr, das Abendessen um 20 Uhr, Wäsche sollte dienstags gewaschen werden, (damit er frische Hemden hatte, weil er mittwochs immer zu seiner Mutter zum Abendessen ging), einen Imbiß für seine Pokerrunde montags, dabeisein bei allen Sportsendungen im Fernsehen, und eine Bettgefährtin, wenn er müde war oder Lust auf Sex hatte. Es war eine Lebensordnung, die dazu bestimmt war, ausschließlich *seine* Bedürfnisse zu befriedigen. Judy war sehr unglücklich, weil sie glaubte, sie sei es nicht wert, selbst Ansprüche zu stellen. Nicht, daß sie es haßte, Hausfrau zu sein, sie wollte nur eine *selbständige* Hausfrau sein, eine Frau, die den Haushalt so führt, daß die Bedürfnisse aller Mitglieder befriedigt werden und nicht nur die ihres Mannes. Judy hatte jedoch Angst. Sie dachte, sie begebe sich in ein gefährliches Wasser, wenn sie ihn ab und zu selbst kochen ließe oder während eines Fußballspieles das

Haus verließe. „Er würde mich umbringen, wenn ich nicht da wäre, wenn er was zu essen haben will", sagte sie. Sie wollte ihr nicht allzu glückliches Heim nicht verlieren.

Judys wahres Problem bestand darin, daß sie sich nicht bewußt war, wie wertvoll sie in Wirklichkeit für ihren Mann war. Wir ließen sie alles aufschreiben, womit sie sich von ihrem Mann abhängig machte. Ganz oben auf der Liste stand: „Mache mein Glück von dem seinen abhängig". Sie konnte nicht glücklich sein, wenn er es nicht war. Und er konnte nicht glücklich sein, wenn sie nicht alles tat, worum er sie bat. Wir sagten ihr, sie solle einen Tag lang *nichts mehr* für ihn tun. Natürlich brach der ganze Haushalt zusammen, aber das war es wert. Ihr Mann erkannte, wie sehr *er* doch von ihr abhängig war, und über Nacht lernte er ihre Arbeit zu schätzen. Ihr Ein-Tages-Streik brachte ein Übereinkommen, eine Liste der Dinge, die sie nicht mehr tun mußte, um ihn glücklich zu machen. So mußte sie beispielsweise seine Kumpels nicht mehr während Fußball-Übertragungen im Fernsehen verköstigen.

Estelle, 34, eine Lehrbeauftragte für Chemie, und verheiratet mit Charles, 35, ordentlicher Professor für Physik an der gleichen Universität, hielt sich für eine emanzipierte Frau, bis ihrer besten Freundin Suzie etwas auffiel: „Wie kommt es, daß immer, wenn es etwas zu erledigen gibt, du deinen Stundenplan ändern mußt, und nicht Charles?" „Ich denke, weil er ein ordentlicher Professor ist und ich nicht", erklärte Estelle. Im folgenden Jahr bekam Estelle eine ordentliche Stelle als Professorin, aber es änderte sich nichts in ihrer Beziehung zu Charles. Wenn man sich Zeit nehmen mußte, um zur Bank zu gehen, die Kinder zum Arzt zu bringen oder ein Gerät zu kaufen, war es immer noch Estelle, die ihren Stundenplan ändern mußte, und nicht Charles. „Wie fühlen Sie sich dabei?" fragten wir Estelle. „So als ob er wichtiger ist als ich", sagte Estelle. „Als ob ich ihn die größeren Entscheidungen in unserem Leben treffen lassen müßte. Ich hasse es, es zu sagen, aber ich fühle mich abhängig." „Sagen Sie ihm das", erklärten wir. „Lassen Sie ihn wissen, was sein Verhalten bei Ihnen auslöst. Beschreiben Sie es ihm genau. Sagen Sie zum Beispiel: <Wenn ich immer diejenige bin, die ihren Stundenplan wegen Dingen, die uns beide angehen, ändern muß, fühle ich mich dir gegenüber als

minderwertig. Das ist kein schönes Gefühl>." Estelle nahm unseren Rat an und war erstaunt, was dabei herauskam. „Ich kann es gar nicht fassen, wie einfach es war, als ich es getan hatte. Charles war wirklich nicht aufgefallen, daß er sich so verhielt. Er sagte, er würde mit Freuden auch ab und zu seinen Stundenplan ändern, jetzt, wo er wußte, wie ich darüber dachte."

Manchmal müssen Sie bereit sein, eine Beziehung zu verlieren, wenn Sie sie retten möchten. Sie müssen für Ihre Bedürfnisse eintreten. Wenn Ihr Partner Sie schätzt, wird er sie erfüllen. Wenn er Sie nicht schätzt, ist es die Beziehung vielleicht nicht wert, daß Sie sie retten. In jedem Fall müssen Sie zuerst sich selbst schätzen lernen.

Die Gefahr, Selbständigkeit gegen Schutz einzutauschen

Wir alle wollen Schutz und Sicherheit haben. Das ist nur menschlich. Doch so wichtig diese Dinge in unserem Leben auch sein mögen, im wirklichen Leben sind Schutz und Sicherheit oft nur Illusionen. Garantiert Ihnen ein Ehevertrag wirklich Sicherheit vor Scheidung, Verlassenwerden, oder daß es Ihnen gut geht? Wenn Sie Ihre Freiheit gegen Schutz eintauschen, geben Sie damit vielleicht *für nichts* Ihr Recht auf Glück auf. Das Bedürfnis, nie erwachsen zu werden und für immer Papis „braves Mädchen" zu bleiben, könnte Ihre Chance zunichte machen, eine erfüllte und selbständige Frau zu werden.

Wir wissen, daß Sie nicht den Fehler machen werden, Ihre Selbständigkeit für einen illusorischen Schutz zu opfern, sonst hätten Sie nicht bis hierher gelesen. Sie haben eine sehr gute Wahl getroffen. Nichts ist belebender als Selbständigkeit! In ihrem Buch <Don`t Fall Off the Mountain> schreibt Shirley McLaine von ihrem Wunsch, daß ihre Tochter die Unabhängigkeit der Freiheit erleben solle. „Freiheit, mit ihren geöffneten und unverschlossen Fenstern, mit Stürmen und Herausforderungen, die hineinwehen. Ich wünschte, sie lernte sich durch die Freiheit kennen. Ich wünschte, sie würde darunter verstehen, daß es so etwas wie Sicherheit nicht gibt - es gibt für niemanden, der die Wahrheit erfahren will, einen sicheren Himmel, - *welche Wahrheit es auch immer sein mag,* Wahrheit über sich oder über andere."

Eine Patientin von uns, Lissa, scheute das Risiko, ihre sichere Arbeitsstelle für eine andere aufzugeben, in der sie ihre Fähigkeiten besser einsetzen konnte. Lissa hatte die Ausbildung für eine leitende Position in der Wirtschaft, nahm aber die Stelle einer Sekretärin in einem Datenverarbeitungsunternehmen an. Sie tat das in erster Linie, weil sie Angst hatte, sie könne keine bessere Stelle bekommen. Sie glaubte einfach nicht, eine bessere Stelle zu verdienen, obwohl sie dafür ausgebildet worden war. Sieben Jahre später schloß sich ihre Firma mit einer anderen zusammen und sie wurde entlassen. Sie bewarb sich um eine neue Stellung und gab ihre Sachkenntnisse an. „Warum haben Sie denn mit Ihrer Ausbildung so lange als Sekretärin gearbeitet?" fragte der Personalchef. „Ich fürchte, wir können Sie nicht einstellen." Der Zufluchtsort, als Sekretärin zu arbeiten, war nicht nur unsicher, denn sie verlor ihre Stelle, sondern der einfachste Weg war auch gefährlich. Auf die Dauer gesehen hatte sie dadurch nur Nachteile. Wir schlugen Lissa vor, daß sie auf ihrer Selbständigkeit mit aller Macht bestehen und eine Stelle suchen sollte, die ihren Fähigkeiten entsprach, ganz gleich, wie viele Vorstellungsgespräche sie führen mußte. Wir empfahlen ihr auch, sich im Laufe des Tages immer wieder zu sagen: „Meine Arbeit ist $ 40.000 im Jahr wert", das Gehalt, das sie anstreben wollte. Sie begann zu verstehen, daß sie soviel wert war, wie sie es von sich selbst *glaubte*. Drei Wochen später zog sie eine hervorragende Stelle an Land, bei der sie soviel Geld verdiente, wie es ihrem Wert entsprach. Sie hatte ihre Lektion gelernt: Der einzig wahre Schutz im Leben ist ein Gefühl für den eigenen Wert und die Unabhängigkeit, ihn geltend zu machen. Mit Lissas Worten: „Wenn du selbst nicht daran glaubst, daß du es wert bist, dann werden es die anderen auch nicht glauben."

Wahrer Schutz beginnt bei Ihnen selbst. Es gibt keine größere Sicherheit, als die, so gut wie möglich zu sein, und sich nicht mit weniger zufrieden zu geben. Selbständigkeit ist der beste Schutz, den es gibt!

Die Selbständigkeit fördern: Jeder braucht sie

Unser ganzes Leben ist ein Kampf um Unabhängigkeit. Wir alle brauchen sie. Von Geburt an kämpft ein Baby um Unabhängigkeit von seinen Eltern. Die Eltern lernen, Selbständigkeit zu fördern, das Kind zu lehren, wie es allein zurechtkommt, wie es überlebt, wenn die Eltern nicht mehr da sind. Kein Erwachsener sollte sein ganzes Leben lang von anderen abhängig sein. Tatsächlich nehmen wir es den anderen übel, wenn wir sie *zu* sehr brauchen.

Auf der anderen Seite führt Selbständigkeit zu Liebe - Liebe zu sich selbst und anderen, von deren Abhängigkeit Sie sich befreit haben. Akzeptieren Sie die Selbstbestimmung und die Macht, die damit einhergeht. Unabhängigkeit ist herrlich. Sie macht Sie zum liebevollen Künstler ihres eigenen Schicksals. Mit der Zeit wird es den anderen sehr viel leichter fallen, *Sie* zu lieben. Selbständigkeit macht Sie liebenswerter, weil Sie nichts als Gegenleistung erwarten. Es gibt auf Erden keine höhere Form der Liebe.

Einige Beispiele unselbständigen Verhaltens

Nun, da wir einige der Ursachen dargestellt haben, die dafür verantwortlich sind, daß Sie sich nach Abhängigkeit sehnen, wollen wir untersuchen, wie sich die Abhängigkeit in Ihrem Verhalten bemerkbar macht. Was *tun* Sie, wodurch deutlich wird, daß Sie *zu* abhängig sind?

• Tun Sie Dinge für Männer, weil es von Ihnen erwartet wird, und nicht, weil Sie es wirklich wollen (ärgern Sie sich, wenn Sie es tun, und haben Schuldgefühle, wenn Sie es nicht tun)?
• Sind Sie immer noch in vielerlei Hinsicht auf Ihre Eltern angewiesen? Brauchen Sie bei wichtigen Entscheidungen in Ihrem Leben deren Zustimmung, insbesondere die Bestätigung, daß Sie noch „brav" sind?
• Leben Sie nur durch Ihre Kinder, indem Sie diese in Ihrem Leben an die erste Stelle über Sie stellen, um deren Abhängigkeit von Ihnen zu fördern?

Beverly, eine 38-jährige Hausfrau und Mutter von drei Mädchen, erklärte ihren Kindern alle Benimmregeln mit folgenden Worten: „Als ich ein kleines Mädchen war, erlaubte mir mein Vater nie, zu..... und ich tat immer ....." Bis zum heutigen Tag rief sie immer noch ihren 78-jährigen

Vater an, wenn sie wissen wollte, ob sie in einer Angelegenheit, die für ihr Leben von Bedeutung war, die „richtige" Entscheidung traf. An zweiter Stelle, was die Autorität betraf, kam ihr Mann Anthony, den sie bei weniger wichtigen Dingen zu Rate zog, zum Beispiel, was sie zum Frühstück essen sollten, oder, wo sie das neue Sofa kaufen sollten. Indem sie ihren Kinder sagte, sie sollten tun, was ihr Vater ihnen auftrug, und indem sie Anthony ständig um Rat fragte, brachte Beverly ihren Töchtern bei, zu Männern aufzusehen und diese zu verehren. Wir befreiten Beverly aus dieser Abhängigkeitsfalle, indem wir sie lehrten, Bemerkungen zu machen, die unabhängig von ihrem Vater oder Mann waren, wie zum Beispiel: „Mach das, es wird anderen helfen" oder „Mach das, es wird dir dann besser gehen" oder „Mach das, du kannst daraus lernen", und nicht: „Mach das, weil ... gesagt hat, daß man es so machen soll."

• Glauben Sie, daß Ihnen Ihre Verwandten etwas *schulden*, nur weil Sie mit ihnen verwandt sind? Eine Blutsverwandtschaft gibt niemandem das Recht, Ihr Leben für Sie zu regieren oder zu leben. Außer Tochter, Mutter, Geliebte und Eheﬁ zu sein, haben Sie auch noch ein eigenes Leben. Sie besitzen Ihre Eltern, Ihre Kinder oder Ihren Geliebten nicht, und diese besitzen Sie nicht.
• Haben Sie Schuldgefühle, wenn Sie Ihren Mann oder Ihre Kinder „vernachlässigen", weil Sie etwas ohne sie tun, oder wenn Sie Ihre Eltern nicht so oft besuchen, wie diese es gerne hätten?
• Haben Sie das Gefühl, immer das zu tun, was Sie tun „sollten", statt das zu tun, was Sie wollen?

Bernadette, eine 24-jährige Krankengymnastin, schob ihre Hochzeit mit Ted, einem 24-jährigen Verkäufer, nun schon mehr als zwei Jahre hinaus. „Nicht, daß ich ihn nicht liebe", sagte sie, „ich habe lediglich Angst, meine Freiheit aufzugeben". Bernadettes Mutter hatte nur „für ihre Kinder gelebt", alles für sie geopfert, und tief in ihrem Herzen sah Bernadette das gleiche auf sich zukommen, wenn sie heiratete. Wir wiesen sofort daraufhin, daß die Ehe nur den zu einem Sklaven macht, der es zuließ. Kein Verwandter, ob Blutsverwandter oder angeheiratet, hat das Recht, Ihnen vorzuschreiben, was Sie zu tun haben. Deswegen besteht auch kein Grund, sich Schuldgefühle zu machen, wenn Sie tun, was Sie wollen. Die Tatsache, daß ihre Mutter „alles" für sie tat, zeigt, daß sie eine sehr abhängige Frau war, die ihre Kinder *brauchte,* um sich bestätigt zu fühlen. *Wollte* Bernadette genauso abhängig sein, indem sie ausschließlich für ihre zukünftige Familie da war, ohne Rücksicht auf sich zu nehmen? Wir wußten, daß dem nicht so war. Deshalb schlugen wir vor, sie sollte sich, *bevor* sie heiratete, einen persönlichen „Unabhängigkeitsplan" aufstellen. Sie sollte genau formulieren, wie sie sich ihr Leben vorstellte. Sie sollte die Dinge hervorheben, die ihr am wichtigsten waren. Mit freudigem Erstaunen stellte sie fest, daß es keinen Grund gab, warum die Ehe sie am Erreichen dieser Ziele hindern sollte. Dadurch, daß sie dies zu Papier gebracht hatte, hatte sie ein größeres Gefühl von Sicherheit, und war entschlossen, sich an erster Stelle ihre persönliche Freiheit zu bewahren. Bernadette war in der Lage, Ted eher mit einem Gefühl von Freisein als von Gefangensein zu heiraten.

• Glauben Sie, es sei immer besser, keine Wellen zu schlagen, es sei unmöglich, „das System der Männer zu besiegen" oder „die Welt zu verändern"? Schon möglich. Aber Sie *können* sich Ihr eigenes System schaffen, Ihre eigene Welt schaffen. Es ist nicht nötig, daß sich jeder nach den alten Regeln richtet.
• Müssen Sie Ihren Partner in dem Glauben lassen, daß er Ihnen überlegen ist? (Das rührt von der Angst her, er könnte Sie verlassen, wenn er nicht dominieren darf.)
• Sind Sie der Meinung, daß es für Frauen „natürlich" ist, abhängig zu sein? Unabhängigkeit ist ein natürliches, grundlegendes Bedürfnis *beider* Geschlechter. Schon von Geburt an kämpfen sowohl Tiere als auch Menschen gleichermaßen um Unabhängigkeit. Das war der Grundstein bei der Gründung unserer Nation. Keine Beziehung kann lange in Harmonie bestehen, wenn die Partner sich gegenseitig das Recht auf eigene Erfüllung verwehren. Wenn die Regeln der Männer Sie an Lebensfreude, Freiheit und dem Streben nach Glück hindern, sind sie es nicht wert, daß man sie befolgt. Denken Sie daran, eine schlechte Regel kann nur so lange existieren, wie es jemanden gibt, der sie befolgt.

Opal, eine 24-jährige Sängerin, befand sich in ihrer fünf Monate dauernden Beziehung mit Warren, 28, dem Schlagzeuger der Band, in der sie sang, in einem gefühlsmäßigen Durcheinander. „Ich bringe ihn einfach nicht dazu, mich zu heiraten", klagte Opal. „Ich verstehe das einfach nicht. Ich tue alles für ihn. Ich versuche nie, ihn zu ändern. Ich stimme allem zu, was er sagt. Ich behandle ihn wie einen König. Manchmal denke ich, er glaubt, er sei zu gut für mich." „Kein Wunder", sagten wir. „Sie haben alles getan, um aus ihm einen König zu machen. Nur gekrönt haben Sie ihn noch nicht! Sie haben ihn auf ein so hohes Podest gestellt, daß Sie ihn nie verdienen könnten." Opal stöhnte. „Was soll ich tun?" „Ihn *ändern*", sagten wir. „Fangen Sie an, ihm zu widersprechen, wenn er etwas tut, womit er zeigt, daß er sich für zu gut für Sie hält." Opal hatte uns erzählt, daß eine von Warrens abwertenden Verhaltensweisen war, daß er nie mit ihr ausgehen wollte. Er sagte dann, er sei müde, aber Opal glaubte, er würde sich schämen, mit ihr gesehen zu werden. Also schlugen wir vor: „Wenn Sie das nächste Mal mit ihm ausgehen wollen und Warren sagt, er will nicht, dann *widersprechen* Sie ihm. Sagen Sie ihm, Sie wollen unbedingt ausgehen, ob er will oder nicht. Kümmern Sie sich nicht um seine „Gründe", warum er nicht will. Ihr einziges Ziel sollte sein, daß sie beide in ihr Lieblingslokal gehen. Bestehen Sie darauf. Seien Sie bereit, sich von ihm zu trennen, wenn er Ihnen nicht entgegenkommen kann." Opal zögerte, bis wir hinzufügten: „Natürlich nur, wenn Sie nicht denken, Sie hätten etwas Besseres verdient." Als Warren sah, daß Opal genug von sich hielt, um ihren Standpunkt zu vertreten und *in* der Beziehung unabhängig zu sein, respektierte er ihre Wünsche und gab nach. „Er hat zwar noch nicht um meine Hand angehalten", erzählte uns Opal kürzlich, „aber er behandelt mich sicher sehr viel besser, seit ich einige Wellen schlage und für mich selbst eintrete."

• Vermeiden Sie jede Art von Auseinandersetzung? Ertappen Sie sich dabei, daß Sie sagen: „Ich würde alles tun, um einen Streit zu vermeiden"?
• Leben Sie im Schatten des Ruhmes Ihres Partners und sind nur glücklich, wenn er bei der Arbeit oder seinen anderen Aktivitäten Erfolg hat?

• Lassen Sie sich von Männern herumkommandieren?

Myrna, eine 52-jährige Direktorin eines Krankenhauses, brauchte, so gebildet und selbständig sie zu sein glaubte, dennoch einen Mann, der besser war als sie. Als ihr Mann Denver, 63, ein hoher Regierungsbeamter, eine wichtige Wahl und damit auch seine Macht und seinen Posten verlor, brach Myrna zusammen. „Ich fühle mich wie ein Nichts", klagte sie. „Was werden die Leute jetzt von mir denken, da Denver so eine Schlappe erlitten hat?" „Was denken Sie von sich selbst?" fragten wir sie. Die Frage ließ Myrna erstarren. Dann fing sie an zu weinen. „Ich hasse mich", sagte sie. „Weil Denver die Wahl verloren hat?" fragten wir. „Nein", antwortete sei, „ich hasse mich, weil ich so fühle. Ich war mir nie darüber klar, daß sein Erfolg so wichtig für mich ist. Ich will ihn seinetwegen lieben und nicht wegen seiner Arbeit." „Das ist großartig", sagten wir. „Es gefällt uns, daß Sie das sagen." „Mir auch", sagte Myrna lachend. „Plötzlich wird mir klar, daß ich viel lieber eine Frau sein sollte, die ihren Mann bedingungslos liebt, als nur dann, wenn er besser ist als sie." Mit diesem neuen Wertgefühl gewann Myrna eine neue Unabhängigkeit - Liebe ohne Bedingung. Wenn Sie die anderen von Ihren Erwartungen befreien, werden Sie plötzlich feststellen, daß Sie selbst auch freier sind!

Die obigen Beispiele sind am weitesten verbreitet, wenngleich sich Abhängigkeit auf vielerlei Weise äußert. Wie Sie sehen, ist es in jeder Situation möglich, unabhängig zu sein. Nicht die Umstände, sondern die Art, wie Sie damit umgehen, bestimmt Ihre Unabhängigkeit. Denken Sie für sich selbst, und Sie haben sie erreicht!

Warum wir unsere Abhängigkeit am Leben halten

Sie sind nahe daran, unabhängig zu werden. Doch zuerst müssen Sie verstehen, warum Sie Ihre Unabhängigkeit trotzdem bekämpfen. Hier finden Sie einige Motive für Ihre Abhängigkeit.

• Sie machen sich Männer nicht zu Feinden. Sie brauchen so

nicht zu befürchten, daß Sie jemand nicht mögen könnte.

• Es ist nicht nötig, sich zu ändern, etwas zu riskieren oder Verantwortung zu übernehmen. Was auch immer Ihnen widerfährt, es ist durch die Abhängigkeit von den Regeln der *anderen* verursacht.

• Die anderen werden Sie lieben. Ihr Gefühl, <brav> zu sein, steigt.

• Sie haben jemanden, den Sie anbeten können, und nichts fördert die Anbetung mehr als Abhängigkeit. Indem Sie sich eine „höhere" Person suchen, die Ihnen sagt, wo es lang geht, drücken Sie sich vor der Verantwortung für Ihr eigenes Schicksal.

• Es ist viel einfacher, abhängig, als unabhängig zu sein. Es ist leichter, nach den Regeln der Vergangenheit zu leben, als sich von ihnen zu lösen. Das einzige Problem dabei ist der schrecklich hohe Preis, den Sie dafür zahlen müssen: Ihre Identität.

• Sie fühlen sich sicher. Solange Sie sich an überlegene Männer anlehnen können, was sollte da schief gehen?

• Sie haben oft ein großes Gefühl der Zugehörigkeit.

• Sie müssen nie erwachsen werden. In gewissem Sinne fühlen Sie sich durch die Abhängigkeit ewig jung.

Wichtige Empfehlungen für Ihre Unabhängigkeit

Es ist ganz sicher möglich, aus der Abhängigkeit von einem anderen, auszubrechen und sich zu einem selbständigen Menschen zu entwickeln. Das erfordert, daß Sie Ihre Angst durch Taten ersetzen, Schutz gegen Freiheit und Sklaverei gegen Macht eintauschen. Hier finden Sie einige konkrete Strategien, mit denen Sie sicherlich Unabhängigkeit erlangen können:

• Beginnen Sie, sich zu fragen: „Was *tue* ich, um von Männern abhängig zu sein?" - so wie es Marilyn und Judy taten. Schreiben Sie diese Verhaltensweisen auf und arbeiten Sie an ihnen. Führen Sie ein Tagebuch, wenn Sie möchten. Die anderen haben immer nur so viel Macht, wie Sie ihnen geben.

• Stellen Sie sich Ihren eigenen „Unabhängigkeitsplan" auf,

in dem Sie Ihre Absicht, unabhängig zu sein, erklären und notieren, wie Sie Ihr Leben führen möchten, - wie es Bernadette tat, bevor sie Ted heiratete. Schreiben Sie alles möglichst genau auf. Haben Sie keine Angst, Ihre Ängste ebenso aufzuschreiben wie Ihre Wünsche. Versuchen Sie dann, hervorzuheben, was am wichtigsten für Sie ist. Sie werden erstaunt sein, wie befreit Sie sich fühlen, wenn Sie Ihre Gedanken aufschreiben!

• Sprechen Sie mit den Männern, von denen Sie sich abhängig fühlen, - wie Estelle es mit Charles tat. Erklären Sie ihnen, wie Sie sich in einer solchen Art von Beziehung fühlen. Dadurch wird diesen ihr Verhalten, das Ihnen das Gefühl gibt, abhängig zu sein, bewußt. Eine unserer Patientinnen sagte, sie fühle sich immer wie ein unselbständiges kleines Mädchen, wenn ihr Mann ihr über den Kopf streiche, ehe er ins Büro geht. Denken Sie daran: Männer brauchen auch Zeit, sich umzustellen. Deren Kenntnis von Ihrem Problem trägt dazu bei, daß Sie den Kampf gewinnen.

• Achten Sie auf Ihr Verhalten, um sicher zu gehen, daß Sie nicht zu den Männern hinaufschauen. Machen Sie es, wie wir es Beverly beigebracht haben, um ihren Kindern Selbständigkeit zu lehren. Geben Sie bei Unterhaltungen eine eindeutige Erklärung darüber ab, was Sie denken, unabhängig davon, was die anderen von Ihnen erwarten mögen.

• Seien Sie vorsichtig, den Männern in Ihrem Leben zu oft recht zu geben - wie wie es Opal geraten haben. Tun Sie das nicht, nur damit der andere Sie mag. Andere könnten Sie dadurch ausnutzen. Was noch schlimmer ist, Sie haben das Gefühl, sich selbst zu verraten.

• Fahren Sie mit Ihrer Arbeit fort, wenn Ihr Chef am Arbeitsplatz den Raum betritt. (Das gilt auch, wenn Ihr Chef weiblich ist.) Unterbrechen Sie den Brief nicht, den Sie gerade schreiben. Gehen Sie Ihren Pflichten nicht in übertriebener Weise nach.

• Wenn ein Mann Ihnen gegenüber zu forsch ist, reagieren Sie in der gleichen Weise. Zeigen Sie ein gleiches Maß an

Unabhängigkeit. Wenn er Sie zu sehr kritisiert, kritisieren Sie ihn auch. Wenn er laut wird, brüllt, fordert, auf etwas besteht, dann gehen Sie genauso mit ihm um.

• Versuchen Sie, die Versuche der anderen, Sie zu kontrollieren, zu ignorieren, indem Sie einfach nicht darauf eingehen, - so wie wir es Linda vorschlugen. Sehen Sie davon ab, sich zu weigern, Dinge in Frage zu stellen oder zu diskutieren, reagieren Sie einfach nicht auf deren Verhalten. Tun Sie unabhängig, was Sie wollen, gleichgültig, ob die Männer in Ihrem Leben darauf vorbereitet sind.

• Seien Sie gut auf Ihrem Gebiet. Es gibt keine bessere Vorbereitung für Unabhängigkeit als Kompetenz. Wenn Sie Ihre Arbeit gut machen, dann sind Sie Wer und haben es nicht nötig, abhängig zu sein.

• Geben Sie sich für Ihre Dienste nicht mit weniger Lohn zufrieden, als das, was Ihnen Ihrer Meinung nach zusteht. Machen Sie es, wie wir es Lissa geraten haben, um eine bessere Stellung zu bekommen. Setzen Sie die Höhe des Gehalts fest, das Ihnen Ihrer Meinung nach zusteht, und wiederholen Sie täglich: „Meine Arbeit ist ... im Jahr wert", bis Sie daran *glauben*. Seien Sie bereit, die Stelle zu wechseln, wenn man Sie dort nicht richtig schätzt. Wenn Sie feststellen, daß ein Mann für die gleiche Arbeit mehr Geld bekommt, fordern Sie von Ihrem Arbeitgeber das gleiche Gehalt. Wenn er sich weigert, kündigen Sie!

• Versuchen Sie, sich selbst zu schätzen, - wie wir es Clara gelehrt haben, indem sie preisgekrönte Gewürzgurken machte, und Myrna, die ihre Wertvorstellungen änderte. Sagen Sie sich, daß das, was Sie tun, gut ist. Um von anderen geschätzt zu werden, müssen Sie sich zuerst selbst schätzen.

• Seien Sie am Arbeitsplatz besonders auf der Hut vor den Forderungen der Männer, was „weibliche" Arbeiten anbelangt, die nicht Ihrer beruflichen Stellung entsprechen, wie zum Beispiel Erledigungen und Botengänge zu machen, für jemanden in der Telefonzentrale einzuspringen oder Geschenke für deren Ehefrauen auszusuchen. Wenn diese einen Mann in Ihrer Position nicht um solche Dinge bitten würden, dann brauchen Sie sie auch nicht zu tun. Fragen Sie einfach: „Würden Sie auch einen Mann bitten, Ihre Hemden aus der Reinigung zu holen, Ohrringe für Ihre Frau zu kaufen, oder Ihnen eine Tasse Kaffee zu machen?" oder was auch immer er von Ihnen verlangt.

Wir wissen, wie leicht es ist, ängstlich zu sein. Wir alle haben unsere Ängste. Doch das einzige, was Sie wirklich fürchten müssen, ist Ihre Abhängigkeit. Diese kann Sie daran hindern, der wunderbare Mensch zu sein, der Sie sind. Schlagen Sie einen unabhängigen Kurs ein, und Ihr Weg wird klar sein. Sie werden nicht mehr von Männern beherrscht sein und Ihr Leben selbst in der Hand haben. Halten Sie einen Kurs, der Ihren Vorstellungen entspricht, und Sie werden dafür fürstlich belohnt. Wir setzen auf Sie! Mit Victorias Worten: „Meine Unabhängigkeit gab mir die Chance, ohne Zwänge zu lieben. Das ist die größte Liebe, die es gibt!"

13
Die Befreiung

„Ich weiß nur eines.
Morgen will ich anders sein ... besser."

Jane K., 30 Jahre

SIE SIND frei! Jetzt sind Sie frei von den selbstein-
schränkenden Mythen, die wir gerade untersucht haben. Es
steht Ihnen nun alles offen! Ihre Lust auf die Zukunft, Ihre
ungezähmte Energie, die Herausforderungen von morgen
anzupacken und zu bewältigen, Ihr Verlangen, morgens aus
dem Bett zu springen und einen neuen und aufregenden Tag
zu schaffen - mehr als alle anderen zeichnen diese Qualitäten
eine Frau aus, die kein „braves Mädchen" mehr ist.

Porträt einer Frau, die sich vom Braven-Mädchen-Syndrom
befreit hat - Sie!

Sie haben nun die Freiheit, Sie selbst zu sein, Ihre eigene
Identität zu finden und auszudrücken. Die Einschränkungen
durch die Überzeugungen der anderen sind verschwunden!
Sie werden nicht mehr durch Blockaden eingeschränkt,
weder durch psychologische, noch durch geographische. Wo
auch immer Sie sein wollen, dort fühlen Sie sich wohl. Sie
werden sich im afrikanischen Busch oder auf den vollen
Märkten von Marrakesch genauso wohl fühlen wie in einer
Küche. Obwohl Sie nicht tollkühn oder dreist sind, lassen
Sie sich durch Angst nicht in Ihren Entscheidungen beeinflussen. Sie verfolgen Ihre Ziele, unabhängig davon, was
andere von Ihnen denken könnten, und genießen Ihre
Unabhängigkeit in vollen Zügen. Wenn Sie noch nie an einer
Vorlesung an der Universität teilgenommen haben, dann tun
Sie es jetzt. Wenn Sie noch nie studiert haben, dann tun Sie
es. Wenn Sie einen Doktortitel haben wollen, finden Sie
einen Weg, es zu schaffen - ob mit fremder Finanzierung

oder in Abendkursen, gleichgültig, was dazu nötig ist. Sie freuen sich über das, was andere für Sie tun, und schätzen es, aber Sie vermeiden es, abhängig zu sein. In erster Linie sind Sie ehrlich zu sich selbst.

Sie sind eine Frau, die keine Bedenken hat, Ihre Bedürfnisse zu befriedigen. Sie können sich durchsetzen und aggressiv sein und sind oft diejenige, die den ersten Schritt macht. Wenn Sie etwas von einem Mann haben möchten, sagen Sie es ihm. Wenn Sie wütend sind, haben Sie keine Bedenken, Ihre Wut gegenüber Ihrem Verursacher direkt und konstruktiv zu äußern.

Schuldgefühle und Sorgen kennen Sie kaum. Sie gehen überzeugt Ihren eigenen Weg und übernehmen die Verantwortung für alles, was Ihnen widerfährt. Sie verpflichten sich, Ihr Leben selbst zu steuern. Fehler akzeptieren Sie als einen Teil Ihrer Entwicklung.

Wenn die alte Vorgehensweise, die Dinge anzupacken, gut für Sie ist, behalten Sie sie bei, wenn nicht, suchen Sie nach neuen Wegen. Sie verehren nichts, nur weil es schon immer so war. Für Sie sind Ziele, Qualität und Nützlichkeit wichtig. Sie wollen für sich und die, die Sie lieben, das bestmögliche Leben. Sie sehen keinen Grund, warum Sie heute im alten Trott weitermachen sollten, nur weil etwas früher so gemacht wurde. Wenn es vorteilhafter ist, daß Ihr Mann bei den Kindern zuhause bleibt, während Sie ins Büro gehen, so folgen Sie diesem neuen System.Wenn der Mann in Ihrem Leben lieber kochen möchte, während Sie sich um die Schreiner-, Klempner- und elektrischen Arbeiten kümmern, ist das auch in Ordnung. Sie sind mehr am Ergebnis Ihrer Bemühungen interessiert, als daran, dem alten System zu huldigen.

Auch wenn es Sie interessiert, was andere von Ihnen halten, ist es Ihnen wichtiger, wie Sie sich selbst sehen. Sie stimmen niemals zu, nur weil ein anderer es will oder erwartet. Ihre Identität wird dadurch geprägt, daß Sie sich Ihre eigenen Maßstäbe setzen und sie erreichen. Anerkennung von anderen bedeutet Ihnen wenig, wenn Sie sich nicht selbst anerkennen. Sie genießen Sex und schämen sich nicht, wenn andere - besonders Ihr Partner - das wissen. Sie wissen, daß Sie Ihrem Partner eine große Freude bereiten, wenn Sie ihm Ihren Spaß am Sex zeigen.

Als eine Frau, die sich vom Braven-Mädchen-Syndrom befreit hat, leben Sie nach dem Grundsatz, daß Zufriedenheit mit sich selbst und nicht Selbstaufopferung eine Tugend ist. Wenn Sie glauben, jemand fordere zu viel von Ihnen, dann sagen Sie es ihm und geben seinen Forderungen nicht nach. Sie lassen sich nicht von anderen manipulieren, die Sie dann als „tugendhaft" bezeichnen, wenn Sie ihnen geben, was sie wollen.

Sie sind flexibel. Es ist ganz natürlich für Sie, sich zu verändern. Sie wissen, daß Regeln nicht „heilig" oder unantastbar sind, wohl aber hilfreiche Werkzeuge, um einen bestimmten Lebensabschnitt zu bewältigen. Danach sind die Regeln schon so veraltet wie die Zeiten, in denen sie entstanden sind. Sie scheuen sich nicht, einen Beruf zu ergreifen, der vielleicht früher oder heute noch als „Männerarbeit" angesehen wird, wie zum Beispiel Taxifahrerin oder Justizbeamtin. So wie Sie vor Regeln keine Ehrfurcht haben, lassen Sie sich auch nicht von anderen einschüchtern. Sie geben niemanden das Recht, zu bestimmen, was am besten für Sie ist. Dieses Recht behalten Sie sich selbst vor.

Sie erkennen sehr gut, daß kein Mensch besser ist als der andere. Sie behandeln jeden Menschen gleich und mit Achtung. Was am allerwichtigsten ist, Sie respektieren und akzeptieren sich selbst. Sie verstehen, daß Sie so, wie Sie sind, vollkommen, wertvoll und gut sind. Sie sind ein Kind des Universums das sich selbst das Recht gibt, zu leben, zu wachsen, und sich voll im herrlichen und unabhängigen Erwachsensein zu entfalten.

Wir vertrauen fest darauf, daß wir Ihnen den Weg zeigen konnten, wie Sie das Beste aus sich machen können. Vielleicht nutzen Sie nicht alle Informationen, die wir Ihnen in den einzelnen Kapiteln vermittelt haben. Das ist in Ordnung. Das erwarten wir nicht von Ihnen. Wenn Sie nur eine einzige Anregung davon benutzen, *einen* wichtigen Schritt tun, machen Sie uns damit sehr glücklich. Dann haben wir es geschafft!

Manches in diesem Buch werden Sie gleich umsetzen. Für anderes werden Sie mehr Zeit benötigen. Vielleicht haben Sie sogar während des Lesens gedacht: „So bin ich nicht", und dann kommen Sie plötzlich in eine ähnliche Situation. Nur, dann wissen Sie, wie Sie *wirkungsvoll* handeln können, ohne sich selbst zu gefährden. Schon bald wird vieles von dem, was wir Ihnen vorgeschlagen haben, automatisch zu Ihnen gehören, ein Teil von Ihnen sein, der Sie fast wie von selbst in die richtige Richtung lenkt. Eines wundervollen Tages werden Sie es dann wissen. Sie *sind* frei! Es kann Sie ohne Vorwarnung treffen, vielleicht Monate, nachdem Sie das Buch gelesen haben, vielleicht aber auch sofort. Wenn Sie das Gefühl des Freiseins erleben, werden Sie keinen Zweifel mehr haben. Das Gefühl von Freude und Heiterkeit ist unverkennbar. Sie werden es erkennen, wenn es Sie überkommt. Es *wird* kommen. Eine unserer Patientinnen beschreibt es so: „Es war das unglaublichste Gefühl, das ich je hatte. Plötzlich kam einfach alles zusammen. Ich fühlte mich so unbehindert, so frei ... und ich wollte leben!"

Das ist der Anfang Ihres neuen Lebens. Es gibt wunderbare Neuigkeiten! Sie sind endlich Sie selbst! Wir senden Ihnen unsere Liebe. Herzlichen Glückwunsch!

Danksagung

Ich möchte unserer Herausgeberin Melinda Corey ganz herzlich danken, daß sie sich so für unser Buch eingesetzt hat. Von Anfang an war es ihr Projekt. Sie war immer bereit, uns in den langen vielen Monaten des Schreibens, Aus-formulierens und Findens neuer Quellen der Inspiration zu helfen und zu unterstützen. Ganz herzlichen Dank auch an meinen Literaturagenten Evan Marshall für seine Brillanz, mit der er die einzelnen Teile zusammengefügt hat, für sein Wissen und seinen starken und begeisterten Glauben an mich.

William Fezler

In der Zeit, als ich dieses Buch schrieb, fühlte ich meinen Patienten gegenüber eine immer größere Dankbarkeit. Sie teilten mir ihre Erfahrungen und Veränderungen mit, um das Versprechen dieses Buches zu erfüllen.
Ich möchte Fred Villani, einem Verfasser von Theaterstücken und Freund für die erste Durchsicht meines Manuskriptes danken.
Ich erhielt Ermutigung, Unterstützung und wichtige Einsichten von vielen meiner Kollegen und von meiner Herausgeberin Melinda Corey, die sehr viel Geduld mit uns beiden Autoren hatte. All dies kam dem Inhalt dieses Buches zugute.
Ich möchte meinem Geliebten und Mann Boris für seine Ermutigung und Unterstützung danken, meinen Eltern Goldie und Lou für ihre bedingungslose Liebe und für ihre große Weisheit, die sie an mich weitergaben, und meiner Tochter Noreen Barbara, die sich selbst in ihrer Selbständigkeit und Unabhängigkeit übertrifft.
Vor allem aber möchte ich dieses Buch meinem Großvater Nathan Shustermann widmen und ihm meine Dankbarkeit ausdrücken. Er zeigte mir, daß ich einzigartig bin, und er brachte mir bei, zu rebellieren und mich zu lieben. Er förderte in mir den Geist der Selbstverwirklichung, der es mir ermöglichte, mein höchstes Potential zu verwirklichen. Daß Sie alle dies auch erreichen, das ist die Absicht und das Ziel dieses Buches.

Eleanor S. Field

Weiterführende Literatur

Die folgenden Literaturempfehlungen sind von der Redaktion in Anlehnung an die amerikanische Originalausgabe zusammengestellt worden.

Blanchard, K. und Spencer, J.: Der Minutenmanager, Rowohlt, 1986

Carnegie, D.: Sorge dich nicht -lebe!, Scherz, 1986

Dowling, C.: Der Cinderella-Komplex, Fischer, 1987

Kassorla, I.: Auch anständige Frauen tun es, Heyne, 1985

Kiley, D.: Das Peter Pan-Syndrom, Kabel, 1987

McGinnis, A.L.: Wie Sie das Engagement Ihrer Mitarbeiter gewinnen, PAL, 1988

Merkle, R.: Depressionen besiegen, mvg, 1986

Merkle, R.: Laß Dir nicht alles gefallen, PAL 1990

Merkle, R.: So gewinnen Sie mehr Selbstvertrauen, PAL 1989

Norwood, R.: Wenn Frauen zu sehr lieben, Rowohlt, 1986

Ray, S.: Schlank durch positives Denken, Kösel, 1986

Schwarzer, A.: Simone de Beauvoir heute, Rowohlt, 1986

Shainess, N.: Keine Lust zu leiden, Schweizer Verlagshaus, 1987

Steiner, C.: Wie man Lebenspläne verändert, Junfermann, 1982

Schenkel, S.: Mut zum Erfolg, Campus, 1986

Völkner-Schmitz, Ch.: Wie ich zu mir selbst fand, PAL, 1987

Wolf, D.: Übergewicht und seine seelischen Ursachen, PAL, 1988

Wolf, D.: Einsamkeit überwinden, PAL, 1987

Wolf, D. und Merkle, R.: Gefühle verstehen, Probleme bewältigen, PAL, 1987

Die Lebenshilfe-Bibliothek
aus der Hand erfahrener Therapeuten

Dr. Rolf Merkle
**Laß Dir nicht
alles gefallen**
1. Aufl., DM 24,–
ISBN 3-923614-35-7

Dr. Nicolas Hoffmann
**Wenn Zwänge das
Leben einengen**
1. Aufl., DM 19,80
ISBN 3-923614-37-3

Rolf Merkle
Eifersucht
3. Aufl., DM 16,80
ISBN 3-923614-24-1

Doris Wolf
**Übergewicht und seine
seelischen Ursachen**
4. Aufl., DM 18,–
ISBN 3-923614-09-8

Doris Wolf
Wenn der Partner geht
2. Aufl., DM 18,–
ISBN 3-923614-11-X

Rolf Merkle
**So gewinnen Sie
mehr Selbstvertrauen**
1. Aufl., DM 18,–
ISBN 3-923614-34-9